北京市建设委员会　编

北京市房地产年鉴

BEIJING REAL ESTATE YEARBOOK

2008

中国计量出版社

图书在版编目（CIP）数据

北京市房地产年鉴.2008/ 北京市建设委员会编. 北京：中国计量出版社，2008.7

ISBN 978-7-5026-2870-3

Ⅰ.北… Ⅱ.北… Ⅲ.房地产业–北京市–2008–年鉴 Ⅳ.F299.271-54

中国版本图书馆 CIP 数据核字（2008）第 108706 号

中国计量出版社出版

北京和平里西街甲 2 号

邮政编码 100013

电话（010）64275360

http://www.zgjl.com.cn

北京市联华宏凯印刷有限公司印刷

新华书店北京发行所发行

*

880mm × 1230mm　16 开本　23 印张　600 千字

2008 年 10 月第 1 版　2008 年 10 月第 1 次印刷

*

印数 1–3000　定价：298.00 元

北京市建设委员会　编

北京市房地产年鉴

BEIJING REAL ESTATE YEARBOOK

2008

中国计量出版社

图书在版编目（CIP）数据

北京市房地产年鉴.2008/北京市建设委员会编. 北京：中国计量出版社，2008.7

ISBN 978-7-5026-2870-3

Ⅰ.北… Ⅱ.北… Ⅲ.房地产业－北京市－2008－年鉴 Ⅳ.F299.271-54

中国版本图书馆 CIP 数据核字（2008）第 108706 号

中国计量出版社出版

北京和平里西街甲 2 号

邮政编码 100013

电话（010）64275360

http://www.zgjl.com.cn

北京市联华宏凯印刷有限公司印刷

新华书店北京发行所发行

*

880mm × 1230mm　16 开本　　23 印张　600 千字

2008 年 10 月第 1 版　　2008 年 10 月第 1 次印刷

*

印数 1–3000　　定价：298.00 元

《北京市房地产年鉴2008》编委会

主编单位： 北京市建设委员会

参编单位： 北京市发展和改革委员会

北京市国土资源局

北京市规划委员会

北京市统计局

中国人民银行营业管理部

北京住房公积金管理中心

北京市城建研究中心

主　　任： 陈　刚

副 主 任： 隋振江　苗乐如　张　工　安家盛

魏成林　黄　艳　崔述强　姜再勇

杨学锋　王银成　程建华

《北京市房地产年鉴2008》编辑部

主　　编：苗乐如

常务副主编：王银成

副 主 编（按姓氏笔画排列）：

王荣武　孙惠林　李持缨　汪平华
沈　洁　郑　新　骆远骋　秦海翔

编撰人员（按姓氏笔画排列）：

丁红梅　丁　杰　丁卓茹　于　伟　于　良
于佩平　于　雷　马春明　卫海红　王玉明
王铁梅　王秀国　王慎言　石春兰　田卫华
叶　伟　白　璐　孙　娴　孙　怡　刘长松
许　丽　李连仲　李青竹　李海辉　李雪雁
李　宁　宋　杰　肖　楠　张玉娟　张兴国
张　侠　张建兴　张　茹　张　琳　张　磊
陈建军　陈瑞虹　孟湘晖　杨志强　林少华
林妍艳　罗洪京　金旸滟曈　金耀东　周　硕
周　蓉　贺雪飞　钟　昊　赵　成　赵　唯
贾小刚　倪　娜　高　扬　高稳慧　桂彬彬
聂燕军　桑　飙　黄　蔚　崔海岐　崔　崴
葛腾飞　蒋　然　韩方明　韩秀英　韩晓华
程十春　赖昌干　雷晓阳　翟露静　潘卫锋

制作设计：北京建研弘毅房地产信息咨询有限公司

目　　录

附图表目录

北京市房地产年鉴2008

第一章 特稿

《2007年北京市人民政府工作报告》摘要

强化房地产市场监管，对经济适用住房的建设和交易实施全过程监控，整治和查处房屋交易中的违法违规行为，重点打击囤房、炒房，遏制投机性购房。对工程建设、土地出让、医药购销等15个重点领域进行整顿，切实规范市场主体行为，维护良好的市场秩序。

把握好土地供应总量和开发建设规模，调整房地产结构和布局，保持房地产投资平稳增长。推进实施住房建设规划，增加中小户型、中低价位住宅建设用地，积极促进二手房交易市场发展，抑制房价过快增长。完善经济适用住房管理办法，出台政策性租赁住房政策，缓解低收入家庭的住房困难。努力提高农民和城镇中低收入家庭的收入水平，密切监测群众生活必需品市场供求和价格变动，稳定消费预期，增强消费需求的拉动作用。全面落实商业服务业迎奥运三年行动计划，推进奥运餐饮服务、特色商业街区建设等工作，营造安全、规范、便利的消费环境。健全经济运行各项调控预案，建立联合调度协调机制，做好煤电油气运保障工作。

完善物业管理法规，健全物业服务标准和收费标准指导体系，强化属地管理，加大执法力度，妥善处理物业纠纷。成立流动人口和出租房屋管理委员会，加快区县、街乡相关管理机构建设，设立社区（村）管理站，修订流动人口户籍管理规定，搭建流动人口和出租房屋综合信息平台。

统一思想　狠抓落实　全面加强住房保障和房地产市场调控工作

北京市人民政府副市长　陈　刚

住房问题是重要的民生问题，党的十七大明确提出了“住有所居”的目标。国务院下发了《关于解决城市低收入家庭住房困难的若干意见》（国发［2007］24 号），并召开了全国城市住房工作会议，全面系统地部署了低收入家庭的住房解困工作。市委、市政府高度重视住房工作，把解决低收入家庭住房困难作为改善民生问题的重要任务，摆在更加突出的位置。刘淇同志主持召开市委常委会议研究贯彻国发［2007］24 号文件的意见，金龙同志主持召开市长办公会议研究有关政策，对住房工作作出了明确的部署。新年伊始，市政府决定召开这次住房工作电视电话会议，主要目的是学习贯彻党的“十七大”精神，认真落实党中央、国务院和市委、市政府工作要求，总结分析本市住房保障和房地产市场调控工作情况，部署下一步工作。

刚才，市建委、市规划委和市国土局的主要负责人发了言，西城区、宣武区、朝阳区政府和住总集团的有关负责人交流了工作经验。建设部侯淅民司长做了很好的讲话，请大家认真贯彻落实。下面，我再讲三点意见。

一、2007 年本市住房工作取得了较大突破，为进一步加强住房保障和房地产市场调控工作奠定了坚实的基础

（一）不断完善住房保障政策，创新住房保障管理体制和工作机制。制定并印发实施了新的经济适用住房和廉租住房管理办法，出台了配套文件，明确了市、区县、街道（乡镇）在住房保障工作中的职责，创建了一整套的管理制度，基本形成了完善的住房保障建设、管理体系。成立了全市住房保障工作领导小组，办公室设在市建委，各区县政府也都设立了相应的管理机构，构建了建设、审核、分配、监管四大实施体系，全面推行了三级审核、两级公示的审核机制，建立了更加规范、透明的管理制度。市有关部门、各区县政府把住房保障作为一项重要的职责，创造性地开展工作；街道办事处、乡镇政府克服机构编制紧张、人员经费不足等困难，做了大量艰苦细致的工作。目前，全市已设立 280 多个住房保障审核窗口，新的住房保障审核管理机制正在全面推行，极大地方便了群众。

（二）加快推进保障性住房和两限商品住房建设，超额完成建设计划目标。市发展改革、国土资源、规划、建设等部门建立了联合办公平台和绿色审批通道，简化手续，落实建设资金，加快项目招标，加大工程协调力度；各区县政府切实加强属地管理和协调服务；各有关开发建设单位全力抓好项目建设。在近两年商品住房新开工面积持续下降的情况下，经过共同努力，2007 年全市保障性住房、两限商品住房开工规模达到 590 万平方米，超额完成了开工建设 530 万平方米的计划目标。

（三）加大廉租住房政策实施力度，对申请廉租住房租赁补贴的低保廉租家庭实现应保尽保。市政

府办公厅转发了《关于2007年底前对本市申请廉租住房租赁补贴的住房困难城市低保家庭实现应保尽保加大廉租住房建设力度的工作方案》，并将工作完成情况纳入对区县政府的政绩考核。市、区县政府加大财政支持力度，提高了廉租住房租赁补贴标准。市建设、民政部门和各区县政府组织力量，逐户走访，完成了对全市低保廉租家庭的调查核实工作。2007年底前，全市新增申请廉租补贴家庭2781户，市、区县两级财政预留了租房补贴资金。各区县政府还结合实际，通过各种方式积极落实房源，协助低保家庭解决租房困难问题，全力完成应保尽保的目标。

（四）加快推进旧城区风貌保护修缮和老旧小区整治工作，改善群众居住条件。积极探索解决历史风貌保护区群众住房困难的新思路，按照“修缮、改善、疏散”的总体要求，提出了由政府主导、结合住房保障政策，进行旧城区风貌保护和修缮整治的新模式，切实解决了危房区老百姓的居住困难，同时对四合院进行了全面修缮和保护，得到了专家的充分肯定。市政府安排了10亿元启动资金，相关区政府因地制宜，创新思路，大胆实践，开展多种形式的平房院落修缮和街巷整治工作。开创了风貌保护和危房改造工作的新局面。与此同时，市有关部门和区县政府克服困难，圆满完成了7132户居民解危排险任务，妥善解决了1714户危改拆迁居民回迁安置问题。市市政管委、市建委、市“2008”环境办等部门组织对200个老旧住宅小区进行整治改造，对815栋旧楼房实施了平改坡，改善了居住环境，受到了广大群众的欢迎。

（五）加大土地、规划调控力度，逐步优化住房供应结构。全面落实住宅用地供应计划，优先保证保障性住房、两限商品住房用地供应。2007年全市各类住宅用地实际供应1684公顷，同比增长5%。廉租住房、经济适用住房、两限商品住房和其他套型面积90平方米以下的普通商品住房用地占全部住宅用地供应量的比重达到80%以上。市规划、建设、国土资源等部门落实套型结构比例要求，新审批规划项目单套90平方米以下的住房占87．5%。同时对已出让尚未入市的住宅项目进行了分类清理，督促开发进度，增加有效供应。

（六）加强房地产市场监管和专项整治，市场秩序逐步好转。市政府制定了工作方案，建立了联席会议制度，市、区县有关部门开展专项执法和联合执法，组织全市1647家房地产开发、拆迁等企业进行了自查自纠，共查处涉嫌违规项目913个，对103家企业进行了通报和行政处罚，有力打击了房地产市场违法违规行为。

2007年，在各级政府、各有关部门和单位及广大干部职工的共同努力下，本市住房保障和房地产市场调控工作扎实推进，开创了新的局面，取得了突出成绩。在这里，我代表市政府向全市各有关部门、各区县政府、各街道（乡镇）、各开发建设单位及所有工作人员表示衷心的感谢和诚挚的慰问！对关心、指导和支持本市住房工作的建设部等国家有关部门表示衷心的感谢！

二、工作中存在的主要问题和2008年工作目标

在充分肯定成绩的同时，我们也要清醒地认识到解决住房问题的艰巨性和复杂性。当前，本市住房建设与管理，房地产市场调控和监管工作中还存在一些亟待解决的矛盾和问题：一是住房市场结构性矛盾仍然比较突出，商品住房价格仍在高位运行，保障性住房和两限商品住房建设还处于全面启动和展开阶段，新增加的土地投放和中低价位、中小套型住房形成实际供应、发挥市场调控作用还需要一个过程。二是新的住房保障体系还需要进一步落实，各区县工作进展还很不平衡，区县及街道、乡镇住房保障建设和管理工作需要尽快正常运转。基层住房保障实施体系还没有全部落实到位，机构和人员力量还需要加强。三是房地产市场监管长效机制还不完善，违法占地、违章开发、违规拆迁以及在房屋交易、广告宣传、物业管理等方面的违法违规行为仍然不同程度地存在。因此，我们要进一步完善政策，健全制度，采取切实措施，予以解决。

2008年，全市住房工作要实现四大目标：一是进一步抓好总量调控和结构调整，稳定房价。加大

住房新增供应量，保证土地供应。加快保障性住房和两限商品住房建设，确保完成新开工800万平方米的建设任务。二是落实市委十届三次全会提出的“无城镇危房户”的工作任务，切实解决居住在五类危房中居民的住房困难问题。全面推进旧城区风貌保护和修缮整治工作。三是进一步加大廉租住房政策实施力度，完善住房保障管理体系，将廉租住房保障对象扩大到低收入住房困难家庭。四是进一步加强房地产市场监管，继续整顿规范房地产市场秩序，切实维护消费者合法权益。

三、需要重点抓好的几项工作

（一）进一步完善分层次的住房供应体系，使住房保障政策惠及更多市民。一方面要进一步扩大廉租住房政策的覆盖面，切实落实好经济适用房政策，加快解决低收入家庭的住房困难问题。另一方面要坚持住房市场化的基本方向，不断完善分层次的供应体系，采取租售并举的住房消费模式，满足各类群体的住房需求，做到低端需求有保障、中端需求有支持、高端需求有市场。对没有购房能力的低收入家庭，通过实施廉租住房政策解决住房困难；对有一定购房能力的低收入家庭，通过实施经济适用住房政策解决住房困难；对中等收入家庭，通过购买两限商品住房和其他普通商品住房解决住房问题；对于中等收入以上家庭，通过市场购租商品住房。同时，要大力培育和发展住房租赁市场，改善住房消费结构，采取扶持政策，鼓励企业开发建设中小户型住房面向社会出租。在解决本地居民住房困难和需求的同时，要切实为在京中央国家机关和驻京部队等中央单位服好务，并逐步解决引进人才、外来务工人员等群体的住房问题。

（二）坚决落实2008年住房建设计划，保质保量地完成800万平方米建设任务。一是市有关部门和各区县政府要立即行动起来，尽快落实项目选址和用地，把已经列入建设计划的项目全部落实到地块，切实保证土地供应，组织好项目招标，落实建设资金，确保按期开工。二是要继续完善市、区县联动的协调推进机制，市发展改革、国土资源、规划、建设等部门要完善绿色审批通道和协调服务平台，简化手续，加快工程建设进度。水、电、气、热等市政专业单位要积极支持保障性住房和两限商品住房涉及的市政设施建设、主动服务，优先保证需求。各区县政府要顾全大局，落实全市统建项目，加强属地管理和服务。三是市规划、建设等部门要抓紧研究制定保障性住房和两限商品住房建设的技术导则，加强指导和服务。四是各开发建设单位要按照“标准不高质量高、面积不大功能全、占地不多环境美”的总体要求，精心设计和施工，确保工程建设质量。

（三）进一步加强房地产市场调控，整顿和规范市场秩序，促进房地产业持续稳定健康发展。市发展改革、国土资源、规划、建设等部门要切实发挥调控市场的作用，抓好住房价位、套型、区位三方面的结构调整。要编制好住房建设规划、年度建设计划和土地供应计划，并及时向社会公布，稳定市场预期。要进一步增加住房的供应总量，合理安排今年以及今后几年各类住房的建设规模、布局和供应结构，缓解中心区供地压力。要加强土地储备和土地一级开发，积极盘活存量土地，确保住房建设用地稳定、有效、合理供应。

充分发挥房地产业作为国民经济支柱产业的作用，保持合理的开发投资规模。各开发、建筑企业特别是国有骨干企业要主动承担社会责任，积极参与保障性住房和两限商品住房建设。市有关部门和各区县政府对开发企业既要加强监管，也要积极主动服务，对因征地拆迁等原因确实难以推动的项目，要主动帮助企业协调解决存在问题，尽快开工建设，形成有效供应。

继续抓好房地产市场秩序专项整治工作。大力清理住宅用地和在建项目，对造成土地闲置的要依法处置，满2年未开发的土地，要坚决无偿收回，优先用于安排保障性住房建设。同时，市、区县有关部门要继续开展专项执法和联合执法，运用法律、行政等多种手段，严厉打击房地产企业发布违法广告、囤房惜售、哄抬房价、合同欺诈、偷税漏税以及违规拆迁、侵害消费者权益等行为。对违法囤地、不守信用的企业，要在土地招拍挂过程中予以限制。要注意总结经验，巩固整顿成果，完善房地产企业信用管理制度，建立房地产市场监管的长效机制，努力使本市房地产市场秩序得到根本好转。

要加强政策宣传和舆论引导，让社会各界及时、准确、全面地了解本市住房保障和房地产市场调控政策，市统计、发展改革、规划、建设、国土资源等部门要健全信息发布制度，稳定市场预期，引导住房理性消费。

（四）进一步完善制度，使保障性住房的管理更加公平、公正、透明。建房容易分房难，我们一定要把保障性住房建设好、管理好、分配好、维护好。要完善市、区县、街道（乡镇）3个层次的管理体系，抓紧组织政策培训工作，使基层工作人员尽快掌握有关政策和操作程序。从2008年一季度起，各住房保障审核窗口要投入正常运转，全面开展资格审核工作。各区县住房保障管理部门要落实属地管理责任，切实做好资格审核、公示、轮候、配租配售和后期管理等各项工作。各街道办事处、乡镇政府要切实承担属地住房保障工作职责，把工作做细致、做扎实。

要建立严格的管理制度，规范工作程序和工作人员行为，既要严格掌握政策，又要热情服务，确保房源分配工作的公开透明、公正廉洁和便捷高效。保障性住房是政府提供优惠政策的公共资源，各有关单位一定要严格管理，用好每一分钱、管好每一平方米房子，让群众放心，决不允许有任何弄虚作假、徇私舞弊的行为。要通过我们的工作，把住房保障政策真正惠及符合条件的低收入住房困难家庭，把党和政府对住房困难群众的关心落实到位，把这项得民心的好事办好。

（五）进一步推进城镇危房改造和旧城区风貌保护、修缮整治工作，确保完成“无城镇危房户”的工作目标。一是要抓好城镇危房修缮改造工作。各区政府是责任主体，要安排好解危计划和实施方案，抓好组织落实；要结合实际，针对不同产权形式的危房，研究制定具体的修缮改造政策和实施办法，落实解危责任；要将符合住房保障条件的城镇危房危户家庭纳入住房保障体系。市有关部门要全力配合，在政策、资金等方面给予支持。二是要加快推进旧城区风貌保护、修缮整治工作，实现保护古都风貌、改善居民住房条件和经济社会可持续发展的有机统一。做好这项工作，离不开3方面的支持：要发动群众，把群众的工作做通，取得群众的支持；要听取专家的意见和建议，取得专家的支持；要充分发挥市场机制的激励作用，在材料供应、修缮队伍选取上依靠市场，通过竞争，降低修缮建设成本，提高质量，取得市场的支持。三是要发挥政府主导作用，加快对危旧居住区、采空区、棚户区等危旧房集中区域的改造。要认真抓好试点工作，研究制定有关政策，探索新的危改模式，力争有所突破。同时，要积极推进老旧小区的整治，进行房屋维修、环境整治和建筑节能改造，要继续完成300个老旧小区的整治改造任务。

（六）进一步加强组织领导，落实责任，形成合力，为推进住房保障工作提供组织保证。住房保障是政府的重要职责，市政府负总责，区县政府抓落实。市政府对各区县政府解决低收入家庭住房困难工作实行目标责任制管理，纳入政绩考核。各区县政府要高度重视，切实履行职责，把住房保障工作列入重要的议事日程，制定发展规划和实施计划，落实机构和人员，重点抓好房源建设、资格审核、分配和日常管理工作。

市有关部门要重点做好政策制定和监督指导工作，在计划安排、政策支持、土地供应、资金保障等方面统筹协调，主动服务，形成合力。建设部门要落实牵头职责，统筹协调保障性住房建设和管理工作，加快建设进度，保证工程质量；国土资源部门要在土地供应计划中优先安排保障性住房建设用地，实行计划单列，并落实到具体项目；规划部门要会同有关部门制定并公布住房建设规划和计划，安排好保障性住房空间布局，做好建设项目规划设计方案的审查，保证设计质量；发展改革部门要落实对保障性住房建设免收各项收费的优惠政策，加快办理项目立项、价格核准等审批手续；财政部门要及时安排落实建设资金、租房补贴资金；民政、建设部门要组织各区县完成低收入家庭住房情况调查工作，建立低收入家庭住房档案；机构编制部门要会同建设部门研究落实全市住房保障机构的设置和人员配备；监察部门要监督各部门在解决城市低收入家庭住房困难中履行职责的情况。2008 年底前，市政府将组织专项检查，对工作不落实、措施不到位的区县和部门进行通报批评、限期整改，并追究责任。

同志们，加强房地产市场调控，做好住房保障工作关系到群众最关心、最直接、最现实的利益，关系到房地产市场健康发展和经济社会发展的全局；我们要从贯彻落实科学发展观、构建和谐社会首善之区的高度，扎实做好住房保障和房地产市场调控工作，加快解决群众住房困难问题，确保完成各项任务，为促进首都经济社会又好又快发展，为建设更加繁荣、文明、和谐、宜居的新北京做出贡献！

2007年北京城市建设工作概况及2008年工作要点

一、城市规划

（一）继续做好推进奥运工程规划建设的各项工作

积极落实“绿色奥运、科技奥运、人文奥运”三大理念，按时完成奥运倒排期折子工程的任务。完成全部奥运会比赛场馆新建及改扩建工程的审批工作，并完成17个奥运场馆的规划验收。完成了奥林匹克公园中心区演播塔、中心区下沉花园等30多项奥林匹克公园重点景观规划设计方案及奥运配套设施设计方案的组织论证工作；组织制定了奥运景观雕塑等规划，完成了奥运中心区，市内其他场馆的外部交通审批，以及计划中所有新建道路和改扩建道路水、煤、热、电、气等市政配套项目的方案研究及审批工作。

（二）积极做好保障性住房与“两限”商品房的规划建设工作

为解决市民基本住房需求，实现社会和谐稳定，市规划、国土、建设等部门进一步开展了《北京市“十一五”保障性住房及“两限”商品住房用地布局规划》编制工作，规划提出了用地布局原则和实施保障措施，明确了保障性住房和“两限”房的各类建设标准。通过加大资金投入和规划实施的力度，加快行政审批，努力实现对低保家庭住房困难户“应保尽保”，尽快使大部分低收入家庭和部分中低收入住房困难家庭的住房条件得到改善。

（三）以人为本、科学规划、专家决策、开放设计，积极推进轨道交通建设

按照市政府确定的2007年轨道交通建设“保四争六”的部署，加快做好今年开工建设项目的规划设计前期工作，快速办理后续规划审批工作。为争创一流设计质量，创新轨道交通设计，建立专家评审机制，构筑了开放式的设计平台。对线路规划方案、国际方案征集成果、历史文物保护专题等进行深入研究、充分论证、科学决策。全面启动或按期完成了地铁计划项目的前期规划工作，并组织了11项方案征集，完成了部分线路的规划验收。

（四）创新规划编制理念，构建覆盖城乡规划体系，奠定协调的城市空间结构

在落实城市总体规划的基础上，构建了以市域各类专项规划、中心城控规、新城控规、新农村规划等不同层次的城乡规划体系，共确定安排了44项重点规划编制及相关的规划研究项目，比较系统地形成了加强规划管理工作的依据。完成或基本完成了《“十一五”北京历史文化名城保护规划》、《北京市限建区规划》等重要规划项目；在11个新城规划的基础上，完成新城控规（街区层面），为新城的发展提供有利的保障；为全面推进新农村建设规划工作，促进城乡协调发展，正式批复17个乡镇规划，31个乡镇总体规划正在进行审查审批；在全国率先组织编制完成《北京市村庄体系规划》，并在指导完成区县村庄体系规划的基础上，制定村庄规划管理实施指导意见，做到村庄规划建设指导的全覆盖，编制完成200个新农村规划。

（五）加强法规、标准和管理程序的制定和清理，扎实推进依法行政

根据市政府统一要求，对涉及规划管理工作的9件行政法规、41项部门规章、21项地方政府规章进行了清理；依据有关法律、法规、规章、政策和技术规范，结合我市规范管理工作的实践，组织编制了《规划管理技术规定》、《北京市城市建设节约用地规划设计指标》、《建设项目设计文件节能专篇

编制深度规定》、《公共建筑节能检测评估标准》等。同时，开展审批的机制研究，理顺审批流程，梳理执法程序，对业务流程做了基本规范，进一步落实依法行政、执政为民的理念。

（六）2008 年工作要点

1. 加强规划综合协调的先导作用，研究奥运前后城市发展的重大问题，为市委、市政府决策更好地发挥参谋作用

切实保障新城按规划有序地全面启动建设。以通州、顺义、亦庄三个新城为重点的新城发展是有序推动城市空间结构调整，实现奥运前后首都经济社会平稳发展的关键。要通过研究制定新城规划实施的办法，积极提出新城协调发展建设的机制、土地的综合化一级开发、公共设施的保障、城市环境与公共空间建设标准等方面的意见和建议，保障新城高起点、高标准、高水平地实施建设。通过完善和落实新城年度实施计划，协调好土地开发投放与基础设施建设时序，积极引导适合新城功能定位的产业向新城疏解聚集，促进新城有城有业地良性发展。通过强化对新城重点功能区、起步区、示范区的规划指导，引导节约、环保、绿色的宜居新城建设。

大力促进城市重点区域的功能调整优化。加强规划对城市重点区域土地、基础设施、公共服务资源等的合理配置，优化城市功能，提升城市的综合竞争力。系统研究包括六大高端产业功能区在内的各产业聚集区在规划实施中的经验和存在问题，针对发展需求，完善和细化规划，研究优化发展的策略和措施；抓住首钢搬迁机遇，完善优化西部地区改造建设综合规划，合理规划轨道交通线网与建设时序，做好“带状滨水”宜居城市的规划工作；深入研究南城发展规划，以交通枢纽和轨道站点周边多功能综合开发为契机，创新规划设计，提高规划实施综合效益，带动南城产业升级、功能更新和环境品质提升。

积极推进首都城乡一体化可持续发展。努力推进中心城 - 新城 - 镇（乡） - 村庄四个层面城乡统筹发展，统筹考虑新城、镇（乡）、村庄的规划和实施，加强规划整合，形成城乡规划一体化实施的有关意见，推进城乡协调可持续发展。强化对镇（乡）建设的规划引导，充分发挥镇（乡）在城镇化和新农村建设中的枢纽地位，将镇（乡）建设成为农村的产业基地，农民的就业、教育培训和公共服务基地。完善全市和各区县的村庄体系规划，务实有效地指导推进村庄规划编制，加强规划的分类指导，为公共政策集成和公共财政的有效投入提供规划基础保障。

加强城市规划实施的动态管理，积极发挥对城市发展建设的综合协调作用。准确把握城市发展的主导方向和规划实施的动态性特点，按照市委、市政府的年度重点工作部署，加快近期建设规划年度实施计划的编制，加强与相关城市发展建设计划的协调衔接，综合考虑土地开发储备、基础设施项目、保障性住房和重要功能区等的规划实施与建设时序，协调好方向与布局、总量与结构、项目与时序之间的关系，统筹考虑中央国家机关空间发展需求，发挥规划对城市发展空间布局统筹安排的综合引导作用。

2. 完善法律法规和标准，推进依法行政，建设节约型城市

依法加强建章立制，推动行政行为进一步规范。以实施《城乡规划法》、修订《北京城乡规划条例》（草案）为契机，完善和修订我市城乡规划工作各类配套的法规规章，进一步补充、完善和修订规划管理通则、守则，进一步理顺审批流程，梳理执法程序，完善内外分工合作和协调机制，为提高依法行政和社会管理水平完善基础依据。

把建设节约型城市作为修改和制订规划设计标准的基本依据和重要要求。建立、健全建设节约型城市的规划和设计标准体系，逐步达到在规划、设计和管理的各个环节上，都有明确的节地、节水、节能、节材、减排的标准和要求，提高资源、能源对全市经济社会可持续发展的保障能力。

以遏制违法建设为重点，加强规划实施的监管。根据城乡规划建设的新形势，深入贯彻《城乡规划法》，继续完善与相关部门、区县政府的协调制度，加强规划实施的共同监督。从规划监管、执法机

制、执法手段上加大对违法建设发现和查处的精度、力度，将违法建设遏制在初期阶段。同时，深入研究违法建设的成因，加强查违工作对依法行政工作的反馈和促进作用。

3. 更加重视改善民生，通过人性化和精细化规划设计工作，努力构建社会主义和谐社会首善之区

继续做好保障性住房的规划工作。保质高效地完成市委市政府确定的2008年开工建设800万平方米保障性住房的目标；组织编制2008年至2012年住房建设规划，并及时向社会公布；进一步加强住房特别是保障性住房规划标准的研究和制定，促进资源节约利用，保障良好居住环境，不断改善住宅使用功能和提升居住区宜居水平。

继续推进轨道交通建设。在今年即将完工、在施和计划开工的11条轨道线的规划建设中，切实落实综合性、人性化、节约型的规划宗旨，在地下空间的综合利用、无障碍环境的建设、换乘系统的便捷服务等方面，细化规划设计，发现并总结问题，及时纠正和改进，通过引导和改善市民的出行方式和条件，实现城市可持续发展战略。

坚持改善居民居住条件和保护古都风貌并重。继续按照旧城历史文化保护区“修缮、改善、疏散”的总体目标，落实市委市政府确定的胡同和院落的修缮改造工作计划，同时，结合具体改造整治项目，完善旧城历史文化保护区的城市功能，提升环境景观细化的具体工作质量，提高老城区的城市活力和品质。

加强规划和管理精细化工作，把建设宜居城市的目标落在实处。结合奥运环境整治和城市有机更新工作，从加强整体性规划着眼，从加强细节性设计着手，在社区和街道的公共环境和空间上找到精心规划设计的切入点，开展人性化、细节化的城市设计工作，提高规划工作服务民生的质量，使广大群众能够更好地享受城市建设与发展的成果。

4. 改进和创新规划工作方式方法，探索规划工作走出去、下基层的有效路径，推动政府职能转变

推进规划政务公开，增强政府工作透明度和公信力。结合实施《政府信息公开条例》和规划信息公开的工作，继续深化和完善有关规划公示的方式方法，加强面向社会，尤其是基层的规划宣传，让社会了解和认识规划工作的有关内容和具体服务方式，统一思想认识，共同做好城市的规划工作。探索责任规划师的工作机制，积极发挥规划沟通政府决策和百姓需求的桥梁作用。

创新规划管理和服务方式，优化城市发展环境。要进一步增强服务意识，进一步改善服务态度，深化行政审批改革，主动积极地沟通和协调，减少不必要环节，完善各项便利措施，积极扩大服务，以提高工作效率，优化城市发展环境，切实、全面地履行公共服务职能。

畅通百姓诉求渠道，满足人民日益增长和多元化的需求。充分利用街道、乡镇、社区的基层管理服务平台，切实服务百姓，积极听取市民诉求和对规划的意见。充分发挥各单位、各服务环节的窗口作用，畅通群众利益诉求表达渠道，主动了解并积极反馈群众的意愿和呼声，在改善民生方面进一步发挥职能作用。

加快研究保证公共服务设施和市政公用基础设施规划落实的实施机制。总结“代征、代建”方式在新形势下面临的问题，研究明确在社会主义市场经济体制下，政府和市场在规划实施中分担的不同责任，通过具体项目的实施，逐步探索适应城市发展要求的规划实施模式，保证直接关系市民生活质量的公共服务设施和市政公用基础设施及时、合理地按照规划得到落实。

5. 继续加强队伍建设，完善内部机制，为规划工作的开展提供强有力保证

按照刘淇书记在首规委第28次全体会议上提出的“建设一支政治合格、业务精湛的规划队伍至关重要”的要求，加强规划人才队伍建设，使规划工作更好地适应新形势、新任务的要求。

继续加强党风廉政建设和精神文明建设，保证规划事业和干部队伍的健康发展。以提高领导水平和执政能力为核心，着力建设高素质领导班子和干部队伍；进一步推进基层党建的创新，不断深化干部人事制度改革，完善干部选拔任用制度；通过创建文明机关，建立和谐团队等方法，进一步提高做

好“四个服务”的整体水平。

加强学习，以科学发展观指导首都规划建设和管理工作。按照中央和市委的要求和部署，组织引导全委党员和干部职工深入学习贯彻党的十七大精神，组织开展深入学习实践科学发展观的活动，深入学习国务院批复的《北京城市总体规划》，大力推进新一轮大规模培训干部工作，使全委党员和干部职工深刻领会科学发展观的本质、内涵和根本要求，增强搞好规划建设工作的责任感和使命感，不断提高政治素质和业务能力。

加强对内、对外机制的资源整合和程序梳理，提高工作效率和水平。全委各部门、各单位要按照全委的总体部署，建立健全分工、合作和协调的高效行政运行机制，形成全委“一盘棋”。同时要创新体制机制，激发规划队伍的创造活力和创造热情，使规划队伍更好地适应新形势、新任务的要求。

完善管理和监督机制，提高行业管理水平。委属各单位要紧密围绕全委中心工作，充分发挥职能作用，同时，稳步推进事业单位分类改革，提高综合协调、技术支撑和后勤保障作用，切实提高行业监管水平，保障城市规划工作得到进一步的加强和落实。

要加强对重大问题的调查研究。当前城市发展方式的转变仍需进一步加强引导，完善社会公共服务体系的任务还很艰巨，改善民生和维护群众利益还有大量细致的工作要做。因此，要从进一步加强城市规划的公共政策地位的角度，具体分析城市发展重大问题在新形势下的表现形式和特点，对城市规划管理的运作方式进行统筹研究，制定工作方案，不失时机地推进各项改革，促进规划工作全面、深入开展。

二、国土资源管理

（一）土地供应保障了全市经济社会发展的需要

按照“五统一”原则和计划安排，在土地供应上，做到了四个保证，完成了全市经济发展需要的土地供应工作。

全市的用地需求继续保持旺盛的态势，通过土地预审的各类项目用地总量约9700公顷；征地完成全年农转用指标的83%，其中占用耕地指标的90%；年度土地供应完成年度供应计划的100%，用地结构和空间布局基本合理。全年完成上缴市财政土地出让收入约257亿元。

（二）制定并落实措施，全力推进社会主义新农村建设

2007年，为积极支持首都社会主义新农村建设工作，国土资源管理部门在政策支持保障方面，积极开展调研，拟订和制定了五项政策：一是制定了支持新农村建设中都市型现代农业项目的用地政策；二是拟定了征地留用地、实物补偿、合作分成和土地补偿费入股等四种征地非货币安置的方式的《北京市征地多元化补偿安置指导性意见》；三是为解决新村建设、旧村改造中农民上楼后的居住用地问题，拟订了《北京市采取自征自用方式兴建村庄住宅小区的意见》；四是研究拟订了《关于扩大集体建设用地流转试点的指导意见》；五是拟定了绿化隔离带产业用地政策。

同时，我市突破单一用于农用地开发整理的模式，充分使用好土地开发整理专项资金，增加了支持农村环境治理和产业结构集体土地整理的项目。全年共申报了33个土地开发整理项目，建设总规模约15.8万亩，预计新增耕地1.3万亩，总投资预算约4.5亿元。

（三）积极推进土地管理五项改革工作

为贯彻落实国务院、市委、市政府的要求，今年，我市积极推进落实了五项土地管理改革工作。一是结合我市实际，积极落实了工业项目实行招拍挂方式供地的改革；二是结合我市实际，积极落实了国务院关于调整建设用地审批方式的改革；三是配合市财政局，积极落实了关于国有土地使用权出让收入全额纳入财政预算专项管理的改革；四是认真研究积极落实了关于加大政府

在土地征用、土地收购、一级开发和供地的主导作用改革思路；五是积极落实了房地产市场相关的供地制度改革。

（四）继续加强国土资源各项基础管理工作

全面展开全市区县土地利用总体规划修编工作。北京市土地利用总体规划修编大纲已上报国土部待批。我市18个区县土地利用总体规划修编已全面展开，同时，启动了乡镇土地利用总体规划修编试点工作。目前各区县修编及乡镇修编试点前期工作进展正常。

基本完成农村集体土地地籍调查。今年，完成了集体土地地籍调查数据库验收前期工作，初步建立起城乡一体化的地籍数据库。启动了在土地利用总体规划修编、房屋普查中运用集体土地地籍调查成果的工作。开展了农村居民点调查试点工作。

完成本市农用地分等及县级定级估价试点工作。这项工作是国土部专门部署、作为新一轮国土资源大调查的重要组成部分，也是一项重要的基础性、战略性和公益性工作。目前，这项工作已经得到国土部组织的专家组的验收，并给予高度的评价。

开展了全国第二次土地调查工作。第二次全国土地调查工作是国务院部署的一项重要的基础性调查工作，是为科学制订发展战略和规划、促进经济又好又快发展的重要基础性工作。我市按照国务院的部署，认真组织，积极开展了全市的第二次土地调查工作。

强化了土地资源市场化配置。全年土地市场供地1471公顷，为2006年的140%，成交价款（438亿元）为2006年的170%，政府土地收益（204亿元）为2006年的222%。全年通过一级开发入市交易土地1258公顷，占市场供地总量的86%，同比去年增加了177%。全年土地市场推出工业用地10块，实行招拍挂方式供应。土地资源市场对土地资源配置的基础性作用得到进一步加强，全市土地市场体制、机制、制度正常发育。

积极开展了政府土地储备。为落实国有建设用地供应办法，我市积极开展了政府土地收购储备和对储备地块进行前期开发的工作。目前，全市共有政府收购储备及一级开发项目362个，土地面积约13233公顷。全年20个土地一级开发项目（土地面积约329公顷）实行了招投标方式。积极开展政府储备土地工作，全年，包括在施的政府储备土地面积约851公顷。经市政府批准为收购储备土地颁发土地使用证，为全市土地储备工作打下良好的基础。

土地权属登记发证取得新进展。全年全市共发放国有土地使用权证约3.9万件，面积约10000公顷，其中：划拨国有土地使用权证1281件，面积约4323公顷；出让国有土地使用权证2699件，面积约5701公顷；办理授权经营国有土地使用证15833件，面积约145公顷；变更国有土地使用权证约1.58万件，面积约374公顷。全市为在京中央单位办理登记发证234件，面积约500公顷。为部队办理登记发证49件，面积约387公顷。全市共办理土地抵押登记9726件，面积约6636公顷，抵押贷款约6754.亿元，贷款金额约3004亿元。

全面推进依法行政。健全了行政执法程序和执法责任制，坚持了依法行政的监督机制。修改完成了《北京市实施矿产资源补偿费征收管理规定办法》、《北京市人民政府关于加强农村村民建房用地管理若干规定》、《北京市实施中华人民共和国城镇国有土地使用权出让和转让暂行条例办法》、《北京市房地产抵押管理办法》等一批行政管理的法规、规范性文件；对全市国土资源系统的行政执法工作进行了全面清理，完成9部本市国土资源管理政府规章的清理、16部有关国土资源管理的国务院、国土部和建设部规章的清理建议，明确了现执行的有效法律法规共计62部，具体行政执法职权114项（其中行政处罚46项、行政许可22项、行政确认16项、行政裁决4项、行政强制2项、行政征收11项及其他行政执法职权13项）。全年接到行政诉讼案件32件，与去年同比减少65%；接受市政府和国土部审查的行政复议23件，与去年同比减少49%。为规范协助执行工作，建立了“北京市国土资源协助执行信息共享系统”。培训系统行政执法人员约300人，全系统执法人员做到岗位职责、执法法律依据、执法权限、执法程序、应承担法律责任的“五个熟知”，促进提高全系统管理和服务水平。

规范办事行为，建立健全了全市国土资源系统全部行政审批事项办事制度．依法依规制定了我市国土资源系统全部行政审批事项（包括行政许可和服务类事项）两大类50大项、94个子项目的规范性程序，制定了《北京市国土资源局关于修改和完善国土资源行政许可程序的通知》和《关于印发〈北京市国土资源局行政服务事项〉的通知》等14个规范性文件，在全系统贯彻执行。同时，为方便社会单位、个人办事并接受监督，将上述规范性文件在网站公布，并制成光盘，向社会单位、个人赠送。全市各区县国土资源分局均已建立窗口受理的办事大厅，实现了全程代理办事，方便了群众和单位办事。做到了全市国土资源系统在依法依规办事的五个统一：统一办事名称、统一办事时限、统一办事收件内容、统一审查标准、统一办事程序。

调查研究工作取得丰硕成果。据初步统计，2007年，全市国土资源系统共计完成237篇调研报告。其中《关于京承路都市型现代农业用地政策的调研报告》，形成了北京市都市型现代农业用地政策，得到市农委等部门的好评，也得到市政府领导的高度重视。关于采用区分功能、规划组团、政府储备、有序推进方式解决石景山区集体土地转性及利用问题的初步思路，得到了石景山区委、区政府和市发改委、市农委等部门的好评。对全市国土资源系统的基层管理所状况和下一步健全体制的工作建议进行了调研。形成的调研报告正式向市政府进行了汇报。

进一步加快电子政务和信息化建设。完善了北京市国土资源电子政务二期建设方案；完成了矿产资源开发状况遥感动态监测系统和试点区项目验收工作，形成了利用卫星遥感影像实现对矿产资源开发利用过程的有效监管和调控。完成了全局系统纵向VPN网络系统的互联互通。启动了土地利用规划数据库等七个数据库的整合协调工作。为提高工作的电子化、信息化的管理水平打下良好基础。

（五）大力开展了违法违规用地案件查处

积极开展了多次土地违法违规专项检查。今年全市开展了监察部和国土部布置的查处土地违法违规案件专项行动工作及回头看工作、国土部和国家土地督察局布置的土地执法百日行动、国土部布置的第六次、第七次卫片土地执法检查、“以租代征”违法违规用地清查工作、农村“小产权”房项目专项调查工作、“巩固开发区治理成果”和“治理以租代征”两项调研专项工作。

加大查处违法违规用地案件。全年以非法占地、“以租代征（占）”等违法用地案件作为工作重点，切实加大土地执法力度。全年全市共立案查处土地违法案件1035件，涉及土地约2051公顷，结案330件，收回土地面积约314公顷，案件罚没款3697万元；查处矿产违法案件139件，结案136件，案件罚没款194万元；追究了32名相关责任人的责任。对房山区青龙湖镇青龙头村违法占地建设别墅项目等13个区县的10起重大典型土地违法案件进行了公开查处，对顺义区木林镇非法占地案进行了查处，对通州张家湾镇和房山琉璃河镇非法占地建设所谓“小产权”房和海淀区四季青镇非法占地建设香山国际高尔夫球场项目案进行了核查处理。

积极开展第六次、七次卫片土地执法检查。今年第六次卫片土地执法检查发现的违法违规案件进行了查处，采取自行清理、拆除、整治等方式处理51宗，涉及土地面积1137亩（1亩=666.6m^2）。第七次卫片土地执法检查已初步查清违法用地887宗2108公顷（耕地766公顷），依法依规对违法违规用地提出处理意见。

（六）矿产资源管理工作取得一定的成绩

今年，全市继续贯彻落实了《国务院关于加强地质工作的决定》的有关工作；提交了《北京市地质灾害对城市建设影响调研课题》、《北京市突发地质灾害应急预案》，开展了《北京奥运期间地质灾害风险源评估》工作，配合市农委完成2007年山区采空区、泥石流易发区农户搬迁任务，汛期防止地质灾害工作正常进行。对《北京市矿山环境恢复治理保证金管理办法》进行了修改完善。贯彻落实《国务院办公厅转发国土资源部等部门对矿产资源开发进行整合意见的通知》和市委、市政府关于矿山关闭的要求，今年又关闭固体矿山95个，完成第一阶段三年内（2005—2007年）关闭固体矿山70%的任务，已关闭固体矿山71.4%。继续开展整顿和规范矿产开发秩序工作，开展打击非法开采砂石、打击非法开采强化爆炸物品管理、对煤矿超层越界的专项督察等多次专项活动，严厉打击了非法采矿特别是非法采煤和砂石活动。拟定了《北京市采矿权有偿出让管理暂行办法》，出台了《北京市探矿权采矿权出让价款缴纳办法》，完成《北京市矿产资源开发状态遥感动态监测（试点）项目》，并通过了专家评审验收。完成了北京浅层地温利用规划初稿编制，启动并部分完成了北京市地热资源动态监测项目、矿泉水远程监控系统项目、北京市城区热田地热回灌综合研究、北京市大兴区长子营镇留民营地区地热地质勘查、北京市热井远程监控系统扩大安装项目。加大了地热勘查开发利用中的监督检查管理力度。完成了北京市《“十一五”时期地质勘查发展规划》实施办法初稿，完成了建设项目压覆矿产资源的核查、开采矿山矿产资源储量统计、矿山储量动态监督管理等项工作任务。

（七）2008年工作要点

1. 确保首都经济社会又好又快发展

进一步发挥土地参与宏观经济调控的职能，处理好保护和合理利用资源的关系，坚持集约、节约用地原则，支持首都经济又好又快可持续发展。继续坚决贯彻落实国务院关于加强土地调控有关政策要求，完成国务院提出的今年宏观调控的首要任务（防止经济增长过热和防止明显通货膨胀），按照市委、市政府的工作部署，作好有关工作，切实发挥土地参与宏观经济调控职能，促进首都经济又好又快发展，增加社会和谐的物质基础。

进一步加大国土资源各项管理政策方面的改革力度，紧紧围绕探索构建保障科学发展新机制，结合首都的国土资源管理的特点和需求，着力加强调查研究，积极探索，在依法依规的前提下，在国土资源各项管理政策方面加大改革创造的力度，积极抓好相关试点，及时总结经验。进一步发挥国土资源保障首都科学发展的作用。

按照“五统一”原则和计划安排，在土地供应上继续明确五个确保，即：一是确保中央在京机关单位和国防的用地需求；二是确保以六大新兴产业功能区及产业转型为核心的各项重点工程的用地需求；三是确保各区县经济社会发展建设的用地需求；四是确保民生用地需求；五是确保社会主义新农村建设，特别是重点新城建设的用地需求。

2. 确保第29届奥运会顺利举办

落实“维护首都安全稳定、实现平安奥运目标责任书”，作好各项工作要求，确保奥运会举办期间国土资源系统不发生任何事故。

履行政府部门职能，作好服务工作。确保不发生由于我们的工作不到位、服务不及时而引发的各种社会矛盾。

以信息化建设为重点，继续夯实各项国土资源管理的基础义务工作。要进一步加快“金土工程”一期项目建设，确保目标任务的按时完成。要加快推广政务管理信息系统在区县分局的应用，实现全市国土资源系统联网审批，基本形成市、区县两级国土资源监管与信息服务体系。要进一步整合、优化国土资源数据库，实现信息资源的高度共享，为全面提升国土资源管理和公共服务水平提供有效信息。

在初步完成全市土地利用总体规划修编的基础上，加快推进全市各区县土地利用总体规划修编工作。

加强统一、有序的土地市场建设，探索有经营性收入的基础设施项目用地有偿使用和产业项目用地市场化配置办法，推进土地资源的市场化配置的比例和水平。

3. 确保民生、和谐社会建设

全面贯彻落实《中共中央关于构建社会主义和谐社会若干重大问题的决定》和《中共北京市委关

于构建社会主义和谐社会首善之区的若干意见》精神，按照中央提出的和谐社会总要求和市委提出的八项具体目标，积极参与构建和谐社会建设，切实加强国土资源严格保护和合理集约节约利用，在建设创新型城市、资源节约型和环境友好型社会方面发挥重要作用。

确保以本市800万平方米经济适用房、廉租房等政策保障性住房、两限房，以及轨道交通、基础设施为代表的民生用地需求。

大力研究制定促进农村产业结构调整、转变经济发展方式、扶植农民生产致富相关政策，扎实推进社会主义新农村建设。继续围绕社会主义新农村建设“生产发展、生活宽裕、乡风文明、村容整洁、管理民主”的目标和要求，结合国土资源管理职能，要在大力促进农村产业结构调整、转变经济增长方式、扶植农民生产致富相关政策研究制定；加大农用土地、集体建设用地开发整理；加大矿山环境治理、小城镇及新村建设等方面积极开展工作。

坚持严格保护耕地和基本农田基本国策，加强征地管理，切实保障被征地农民切身利益，在认真落实我市一系列征地管理法规政策的基础上，进一步改革完善全市征地管理机制。

有效防范、坚决制止、严肃查处各种土地违法违规行为，建立良好的土地管理秩序。加强矿山环境保护和山区生态建设，全面实施矿产资源保护战略，搞好全市的地质灾害防治。巩固矿山资源开发秩序清理整顿成果，严厉打击非法勘查开采行为，坚决制止盗采滥挖，坚持不懈地开展打击盗采砂石的违法行为。

三、房屋建设与管理

（一）建筑业发展质量稳步提升，房地产市场总体运行平稳

2007年全市完成固定资产投资3966.6亿元，比上年增长17.6%。房屋开复工面积1.42亿平方米，同比增长0.6%，竣工面积3866万平方米，同比下降7.7%；建筑业完成总产值2576.6亿元，同比增长18.9%，完成建筑业增加值426亿元，同比增长15.3%。建筑领域节约能耗约合100万吨标准煤。

房地产市场在调控中总体运行平稳。全市完成房地产开发投资1995.8亿元，同比增长16%，占固定资产投资总额的50.3%，为2001年以来的最低值。房地产开发施工面积为1.04亿平方米，同比下降0.4%，其中新开工面积2557.4万平方米，同比下降19.6%；竣工面积2891.7万平方米，同比下降9.5%。销售面积2176.6万平方米，同比下降13.3%。存量住房成交9.4万套、886.3万平方米，同比增长21.8%。住房供应结构进一步优化，新开盘的住宅项目套型面积90平方米以下的住宅所占比重超过50%。受住房供应持续下降和高端需求、外埠需求旺盛影响，房价仍然处于高位运行，商品住宅价格指数为112.8，存量住房价格指数为110.2。房地产实现利税317.2亿元，同比增加49.2%，占全市税收总额的23.2%。

（二）加大协调服务力度，集中力量解决难点问题，加快推进奥运、地铁等重点工程建设

市区建设部门进一步落实奥运、重点工程建设联动协调机制，推动解决难点问题。朝阳、丰台、通州、顺义、大兴等区县发挥属地优势，深入细致地做好拆迁工作，解决了地铁5号线宋家庄停车场、京津城际线北京段、北京南站周边路网、机场二通道等工程拆迁问题，为顺利推进工程建设创造了条件。2007年，全市实现新开重点工程16项，竣工54项，在施52项，完成投资669.36亿元，占年度计划投资的105.7%，同比增长15个百分点。除国家体育场外，所有奥运比赛场馆已基本建成，保证了“好运北京”系列测试赛的成功举办。地铁5号线正式运营，机场线、奥运支线、地铁十号线完成正线铺轨，京津城际铁路、地下直径线正在抓紧建设，地铁九号线、六号线、八号线二期、十号线二期、亦庄线、大兴线6条线路实现开工。其他各项基础设施、社会事业和产业项目建设进展顺利，国家大剧院顺利交用，首都机场扩建工程进入试运行阶段。

（三）创新管理体制，完善监管和服务体系，提高质量安全管理水平

一是推动管理体制改革，整合监管力量，创新工作机制。由安全质量监督总站在安全、质量、建材使用、工程承发包、招投标等方面实施综合执法，通过规范市场保证质量安全。进一步深化网格化管理，建立了安全质量协管体系，市建委划拨专项资金支持各区聘用了692名施工现场监督协管员，将管理力量延伸到施工一线。二是从安全质量管理薄弱环节入手，提高农民工素质，夯实管理基础。建立了农民工夜校制度，在全市设立夜校4575所，对农民工进行安全生产技能培训。推行农民工实名制管理，搭建施工现场作业人员个人信息、考勤、工资支付、技能培训等情况为基础的管理与服务平台，发放实名制卡近60万张。三是深入开展专项整治，进一步加大施工现场安全质量执法力度。采取专项执法、联合执法等方式，开展深基坑、大型机械设备、模板支撑体系等专项治理12次；定期组织执法检查，累计检查在施工程2.4万项次，对4084项工程责令限期整改，3291项停工整改。加大执法力度，全年共处罚2591起，罚款1803万元。暂扣安全生产许可证40家，停止投标资格67家，吊销资质1家，暂扣项目经理及总监资格证书45个。四是进一步加强了对奥运和地铁工程的监管，探索重点工程安全质量监管新模式。专门成立了奥运、地铁两个管理小组，实施驻场监督，每月组织巡查和讲评，及时发现和消除各类质量安全隐患。对奥运和地铁工程全部实施了风险源控制管理，在地铁工程中推广使用安全质量风险远程监控系统。

通过健全体系、创新机制、夯实基础、强化执法，全市建筑施工安全生产形势明显好转，有力地保证了奥运决战之年各项工程建设的顺利进行。工程质量总体良好，特别是奥运、重点工程质量保持较高水平，建设了一批精品工程。去年全市建委系统发生建筑施工安全生产事故60起，死亡70人，同比分别下降16.7%和15.7%。昌平、门头沟、平谷、密云和延庆5个区县实现了“零死亡”目标。

（四）加大住房保障力度，创新住房保障政策和管理体制机制，多渠道解决群众住房困难

在市委、市政府领导下，2007年市建委在推进住房保障政策创新和管理创新、破解旧城区风貌保护和危旧房改造难题方面取得了突破性进展，得到了国务院检查组和建设部的充分肯定。一是基本建立起符合我市特点的住房保障政策体系和新的管理体制。形成了涵盖准入标准、申请、审核、公示、建设管理、配租配售、再上市交易、后期管理等各个环节的一整套的政策体系和管理制度，全面推行了三级审核、两级公示的审核机制。各区县克服机构、人员编制、经费等困难，设立住房保障窗口312个，极大地方便了办事群众。

二是加快推进保障房和两限房建设，市区两级建委建立了协同配合的推进机制，加强协调服务，开工建设保障房和两限房590万平方米，超额完成了开工530万平方米的建设计划目标。

三是在旧城历史风貌保护和解决群众住房困难有机结合方面走出了新路子。在东城区、西城区组织试点，提出了以政府为主导，“保护、改善、修缮”相结合的旧城风貌保护和修缮整治的新模式，研究制定了指导意见和技术导则，提出了实施计划和工作方案，全面启动了旧城区房屋修缮整治工程。东城、西城两区现已开工396个院落，崇文、宣武两区正加紧进行前期准备工作。

四是落实应保尽保工作目标，多种方式改善群众住房条件。全市18个区县全部实施了廉租住房政策，消灭了政策盲区。各区县完成了5.2万户低保廉租家庭入户核查工作，核定符合条件的家庭1.98万户，年底前对新申请租房补贴的2341户低保廉租家庭实现了应保尽保。同时圆满完成了7132户居民解危排险任务，妥善解决了1714户危改拆迁居民回迁安置问题。对200个老旧住宅小区进行整治改造，对815栋旧楼房实施了平改坡，改善了居住环境。

（五）深入开展房地产市场专项整治，建立健全长效管理机制，加强房地产市场监管和服务

制定了房地产市场秩序专项整治工作计划和实施方案，建立了联席会议制度，市、区有关部门条块结合，开展多种形式的联合执法、专项执法，严厉查处违法违规行为。各区县房管部门加强执法队伍建设，充实执法力量，目前已有6个区县建立起专职执法队伍。朝阳区积极探索“市区两级建委、三级管理”工作模式，充分发挥房管所和街乡属地管理作用，将房屋市场管理关口前移，很好地解决了监管不到位的问题。昌平区拿出专项资金为全区8个乡镇配备了32名城镇建设管理员，协助建筑市场和房地产市场的日常综合监管，对维护市场秩序发挥了重要作用。

在专项整治工作中，坚持企业自查自纠与监督执法检查相结合、专项检查与综合检查相结合、实施约谈告诫与进行网上公示相结合、专项整治与建立长效机制相结合，对全市1647家房地产企业进行了自查自纠，查处违规项目125个，处罚违法违规行为149起，罚款金额420万元。加强地下室使用安全整治，发放普通地下室标志牌1.4万处，占总数的92.6%，搭建了网上投诉、电话投诉、信访投诉、舆情反应“四位一体”的投诉管理平台，妥善处理群众投诉的突出问题。在市区两级建设、房管部门和相关部门的共同努力下，专项整治工作取得了显著成效，市场秩序逐步好转。

与此同时，进一步健全房屋市场管理制度。一是推行住宅小区及配套设施同步交用和商品房交用预验收制度，区县建委开始对住宅项目的建设方案进行审核和公示，并加强实施过程中的监督检查。二是推行了存量房网上签约，基本建立起覆盖商品房预售、现房销售和存量房交易网上签约和公示信息的房屋交易管理系统。同时，建立了存量房交易资金第三方监管制度。三是加强房屋拆迁计划管理，实际完成拆迁房屋建筑面积639.3万平方米。动迁居民4.2万户。加快清理拆迁滞留项目，完成52个拆迁项目的清理工作。四是全面实施和谐物业工程，积极推动居住区物业管理纳入社区建设，研究提出了加强居住区物业管理工作的指导意见；引入人民调解制度，建立起市、区县、街道、社区四级物业纠纷指导和调解机制；积极推动物业标准化服务，制定了三级物业服务等级标准，在西城、石景山和房山区进行了物业服务标准化试点，取得良好效果。房山区积极推进“政府主导、属地管理、行业指导、业主自治”的物业管理模式。怀柔区加强对组建业主委员会的指导，全区大部分住宅小区已经组建起业委会，有效推动了物业服务的规范化，减少了矛盾纠纷。

（六）深入抓好建筑节能和资源节约，推动行业科技进步，加强建材专项监管

建立了市级联席会议制度，推进建筑领域节能减排工作。新建公共建筑和住宅工程严格执行建筑节能65%节能设计标准，组织开展了建筑节能施工专项检查，实施专项验收。对奥运工程全面进行了节能评估，普遍运用了“四节一环保”技术或设备。积极推动建筑节能向既有非节能建筑改造、推广利用可再生能源和农村建筑节能领域转移，制定了既有建筑节能改造专项实施方案，完成了既有建筑节能监管基础数据统计工作。落实了1250户农村居民抗震节能住宅示范项目。

积极引导和推动行业科技进步。发布了地铁暗挖、深基坑支护、安全监理、安全施工资料管理和绿色施工等17项施工管理规程，完善了技术管理体系。在奥运工程建设中运用了大量新技术、新工艺，特别是国家体育场钢结构、国家游泳中心膜结构等施工技术达到了国际领先水平。对新工艺、新技术组织制定了47项专项技术标准，填补了技术标准的空白。

加强建材专项管理。发布了五期推优限劣建材产品目录，定期将落后的建材产品淘汰出建筑市场。推广使用节水型用水器具，城市居民节水器具普及率达到80%，郊区达到75%。将建材质量管理关口前移，完善了建材设备采购和使用管理制度，加强了建材招投标备案管理，防止假冒伪劣建材流入施工现场。制定了建材质量责任可追溯制度，落实建材供应商和采购者的质量责任。

（七）深化行政管理体制改革，加强基础工作和机关自身建设

2007年在推进管理体制改革、促进政府职能转变方面迈出了一大步。市建委在住房保障、房屋市场管理、物业管理、节能管理，房屋交易权属登记，安全质量管理和行政执法等方面进行了机构整合或职能调整。推进管理重心下移，发挥区县属地监管作用。各区县结合实际，适应形势发展需要，相应调整了机构和职能。同时，深化人事制度改革，推行系统内竞争上岗，从市区两级建设房管部门公开选拔了14名副处级领导干部。市建委还对建设、房管系统28家行业协会进行了清理，转出、合并、撤销11家，保留了17家具有代表性的行业协会。

全面加强了基础工作。推进依法行政，不断提高立法质量，建立了法律顾问制度，健全行政复议制度，在全市委办局中率先挂牌设立了行政复议接待室。加大执法力度，去年全系统立案3367起，作出处罚3324起，罚款金额4042万元。完善了行业数据统计分析和报送制度，定期进行讲评考核。建立健全突发事件应急处置机制，全面做好政府信息公开的各项准备工作，加强了对舆情社情的监测分析，有针对性地制定政策，改进工作。开展全市房屋普查，基本完成全市房屋普查分幢现场调查工作，取得阶段性成果。

进一步推进建设、房管系统政风行风建设。着力解决群众反映的突出问题。委托第三方对全系统政风行风情况进行了测评和意见反馈。进一步完善了行风政风特约监督员制度，实施了副处长以上干部信访接待制度，完善了全程办事代理制和网上监察系统，全面开展了行政许可和管理事项的监督检查，对存在的问题督促整改。全面清理评比达标表彰事项，撤销21项，保留28项。对委机关和直属单位人员在协会和企业兼职情况进行了一次集中清理。

进一步加强机关党建工作。采取专题讲座、集中轮训等形式多次组织机关党员干部培训，提高了干部综合素质。全面推进反腐倡廉惩防体系建设，组织反腐倡廉系列教育，建立健全领导干部述职述廉、民主生活会、个人重大事项报告、收入申报、礼品礼金上缴登记、民主评议和经济责任审计等项制度，对新任职的51名处级干部和32名军转干部实施了廉政谈话，增强了党员领导干部廉洁自律意识。

（八）2008年工作要点

1. 加强协调和服务，全面完成奥运等重点工程建设任务，保证工程建设质量安全

按照“建设一批、落地一批、储备一批”的思路，统筹考虑奥运会前后项目安排，认真做好协调服务工作，在确保圆满完成奥运工程建设任务的基础上，重点保障城市综合交通体系和民生工程建设，支持新城、南城和产业功能区建设，完成六大类、127项重点工程建设任务。在奥运会召开之前，市区建设主管部门要密切配合，深入细致地做好工作，保证新项目尽快落地，在施工程顺利推进。在奥运会召开期间，要切实做好各项准备工作，维护社会安定，保证环境质量，奥运会结束后要迅速组织会战，加大协调力度，促开保竣，确保完成全年建设任务。

2. 保障和改善民生，多渠道解决群众住房困难，让更多的市民享受到发展的成果

市委十届三次全会、市人大十届三次全会以及全市住房工作会议对解决居民住房困难问题作出了部署，提出了明确目标要求，我们市区两级建设房管部门要克服困难，确保完成各项工作任务：一、高质量完成800万平方米保障性住房和两限房建设任务；二、进一步完善住房保障政策，健全管理制度；三、切实做好住房保障资格审核、配租配售和后期管理等各项工作；四、全面实施旧城保护修缮整治工程；五、确保完成“无城镇危房户”目标。

3. 创新建筑市场服务监管制度和手段，促进建筑市场持续健康发展

一是改进招标投标方式，加强有形建筑市场建设；二是建立健全建筑市场动态监管制度，完善建筑市场信用体系；三是以合同履约监管为主线，规范建筑市场秩序；四是建立健全劳务管理体系。

4. 推动建筑节能和科技进步，加快转变建筑业发展方式，促进建筑业可持续发展

一是落实节能减排要求，大力推进建筑节能工作；二是引导和促进行业科技进步，增强企业自主创新能力；三是转变建筑业发展方式，推动产业结构优化升级。

5. 加强房屋市场管理和服务，完善房屋管理和服务体系

一是健全房屋市场管理和服务长效机制；二是完善物业服务管理体系；三是调整和完善房屋征收和拆迁补偿安置政策；四是逐步建立房屋全生命周期数据管理平台。

6. 适应新形势发展需要，加强建设、房管系统自身建设，为全面完成全年各项工作任务提供保障

一是“平安奥运”服务保障工作要做到万无一失；二是要进一步解放思想，更新观念，大胆创新管理方式；三是要下大力气抓好队伍建设。

四、房地产金融管理

（一）建立健全房地产监测指标体系，探索建立预警指标体系。

（二）推进房地产开发企业融资渠道拓展工作，关注住房贷款产品创新及其影响。

（三）分析预售制度实施情况，推动商业银行加强预售住房信贷资金管理。

（四）配合总行做好房地产金融制度研究，探索房地产市场发展与金融的联系。

（五）开展专项调研，深入了解北京住房市场的政策调控效应、二手房市场和租赁住房市场情况。

（六）通过加强与市建委、土地局等政府相关部门的沟通联系，建立联合调研机制，开展房地产市场微观运作和居民收入分配情况的调研。

（七）建立与房地产开发企业的联系，掌握真实充分的情况，为政府部门制定房地产调控政策提供有价值的决策依据。

（八）2008 年工作要点

1. 完善房地产金融监测机制。完善与辖内重点房地产开发企业之间的信息交流机制，按季召开房地产金融联系会议，加强房地产调控政策效应分析。

2. 建立房地产金融数据的时间序列，提高监测分析水平，分析房地产市场变化与政策效果。

3. 督促金融机构认真贯彻落实银发［2007］359 号和银发［2007］452 号文件。

4. 探索解决弱势群体住房问题的金融政策，重点研究有关廉租住房问题的金融支持政策，进一步探索支持低收入人群和特定人群住房的金融政策。

5. 配合有关部门继续做好公积金中心、土地收购储备机构、住房置业担保机构等房地产金融相关管理工作，完善相关制度。

6. 鼓励房地产金融创新，及时掌握新动向，拓宽提高弱势人群住房机会的金融支持渠道。

五、住房公积金管理

（一）完善规章制度，依法规范业务

一是按照《关于 2007 年度住房公积金缴存有关问题的通知》（京房公积金管委会［2007］1 号）的要求，严格限定北京地区住房公积金缴存比例及限定住房公积金缴存额上限。二是研究拟定《北京住房公积金管理中心实施〈北京市关于行政执法协调工作的若干规定〉细则》等配套制度；制定住房公积金主动执法操作规范，完善住房公积金投诉操作规范和行政执法操作规范，初步形成一套科学完善的住房公积金行政执法制度体系。

（二）认真履行职责，维护职工权益

一是积极采取有效措施，不断加强归集工作力度。截至 2007 年底，北京地区建立住房公积金单位数 53，693 个，职工人数 398.32 万人，在统计口径内，住房公积金覆盖率达到 98.33%。二是私营企业人员纳入住房公积金保障比例较低，是全国住房公积金管理工作的难点。2007 年，管理中心全体动员，联系市区两级工商、统计和国资委等部门排查底数，对各部门数据进行筛选分析，对北京地区私营企业和个体工商户进行了地毯式摸查，采取上门催建等形式努力推进建立工作，取得了较好的成效，截至 2007 年 12 底，私营企业和个体工商户新增住房公积金人数 16.70 万人，完成全年新增 10 万人计划的 167%。三是对不按照《住房公积金管理条例》规定建立住房公积金的单位提起法律诉讼，对依托

法律手段保障职工权益进行了有效探索。四是提高行政执法案件办理效率，2007 年受理职工投诉案件 750 件，结案 458 件，涉及职工 5，028 人，催建催缴住房公积金 2，249.74 万元。

（三）改进服务方式，提高服务效果

一是归集方面：积极拓展人性化服务措施，首次在全市范围内开展邮寄住房公积金对账单工作，共邮寄单位对账单 47，915 份、个人对账单 3，825，521 份；升级同城特约委托收款业务系统，拓展住房公积金同城委托收款业务；进一步加强 96155 咨询服务平台建设，增加咨询岗位人员，延长咨询服务时间至晚十点；改造住房公积金网站，做好“首都之窗——政风行风热线”来信的回复工作，提高政策公布的及时性，加强与单位和职工的交流；继续发放住房公积金联名卡，联名卡发放量已占建立住房公积金职工人数的 85%，方便了缴存职工监督和查询；按时发布结息对账公告，向媒体公布管理情况。二是贷款方面：与房地产开发企业加强沟通合作，安排百余人次深入新开楼盘项目宣传住房公积金贷款业务；参加二手房房展会和秋季房展会，发放宣传手册 10，000 余册。

（四）基础工作进一步加强

一是完成数据仓库一期建设，实现对历史数据统一存储和管理，利用多维分析（OLAP）工具，提供有力的数据支持。二是中央国家机关分中心修改完善归集业务操作规范，全面规范银行前台业务处理流程和后台监管、考核工作；北京铁路分中心住房公积金管理系统软件完成升级。

（五）2008 年工作要点

1. 加强行风建设，全面提高服务水平

一是加强行风建设，围绕住房公积金发展的要求，从标准化、专业化管理入手，继续加强员工教育，提高员工服务意识和综合素质；严格落实岗位职责，规范工作用语和业务流程，提高工作效率和工作质量。二是不断拓展服务方式，研究制定住房公积金约定提取方式；加强与受托银行的深入合作和业务拓展，缩短组合贷款办理时间；推行人性化约定还款方式，提供个性化服务；贷款中心延长办公时间，方便借款人办理住房公积金贷款；推广建设银行住房公积金联名卡。中共中央直属机关分中心在现有人工短信提醒服务的基础上搭建自动化短信服务平台，进一步扩大短信通知业务的范围；中央国家机关分中心在严格审核的同时，缩短贷款办理周期，研究开发建设自动语音系统，努力提高业务咨询解答服务质量和水平。

2. 稳步推进扩面工作，完善支取政策

继续做好私营企业建立住房公积金工作，推进住房公积金覆盖面的提高；重点抓好缴存率，加强各单位缴存情况的监督，确保已建单位按时足额缴存；继续加强执法人员管理，实现行政执法标准化，进一步开展主动执法工作，积极维护职工权益；研究租赁住房支取政策，与支持廉租住房等解决城市低收入家庭住房困难的政策相衔接，加大对低收入家庭政策支持；调整住房公积金缴存比例为 12%，做好缴存单位政策解释和降低缴存比例审批工作。

3. 配合政策性住房政策实施，推动住房公积金贷款发展

加强住房公积金贷款研究，按照“优化流程、完善管理、加强服务、创新发展”的工作思路，紧密结合市场变化情况，形成北京地区全面服务政策性住房格局，推动住房公积金贷款全面发展；加大对政策性住房项目的支持力度，研究制定相关优惠政策，进驻两限房等政策性住房项目现场办公，形成住房公积金贷款全面服务政策性住房项目的局面；拓展组合贷款办理银行，推进组合贷款业务全面发展，实现管理中心与受托银行双赢；加强二手房贷款研究，进一步修改完善办理模式和业务流程，实现二手房贷款新突破。

4. 大力加强基础工作

充分运用数据仓库，进一步提高数据分析水平，结合分析成果合理调整相关政策；加强与市统计局、市工商局等部门的沟通，及时掌握单位变动情况，保证住房公积金归集工作稳步、持续发展；加

强政策研究力度，做好住房公积金制度长远发展的研究，明确住房公积金制度的定位、政策目标及需要解决的关键问题，促进住房公积金制度健康发展。

5. 做好风险防范

积极落实后期资产管理工作制度，加强后期资产管理监督、考核、管理，促进住房公积金贷款持续健康发展；加强内部管理制度建设，强化内部监督；加强逾期贷款管理，进一步强化资产管理。

六、房地产领域统计工作

（一）明确责任，提高管理检查力度

为保证建设领域统计数据质量，提高统计工作水平和工作效率，做到情况明、数字准、信息通，今年的工作重点是抓落实。加强执法检查和数据质量检查；提高基层统计人员的质量意识和责任意识；加强对基层基础工作的指导检查力度。

（二）圆满完成国家各项工作任务，并取得优异成绩

在2006—2007年度全国建设领域统计工作评比中，房地产开发统计在评比中荣获特等奖。

（三）认真落实局队折子工程

一是在2006年整合全市各部门数据资料的基础上，今年又增加了全市土地供应情况、社保和住房公积金等方面内容，使整合后的《北京市房地产综合报表制度》更加充实和完善，其中的部分报表还被纳入部门统计报表制度中；二是编制完成并试运行《北京市房地产市场运行监测报告》，从土地供应、房地产开发、资金、贷款、房屋销售等多方面对北京房地产市场运行状况做了全面完整的分析阐述，今后将要在征求有关部门意见的基础上不断加以充实完善，使之成为了解我市房地产市场变动情况的窗口；三是对北京市房地产景气指数的核心指标及计算方法进行了调整修改，使之更加规范，更能真实反映北京市房地产市场的变化情况。

（四）结合实际做好房地产价格统计工作

一是为保证调查样本的同质可比，对上报企业建立了价格统计台帐制度，做到数出有据；二是认真做好样本库的维护工作。及时更新调查企业样本库，并在每月上报数据时对本月调查企业变化情况加以说明，保证了样本的代表性；三是加强数据审核制度。为保证数据的准确性，在区县统计局上报数据时要对价格同比涨跌幅在正负10%、环比涨跌幅在正负1%的项目写出具体的价格变动说明；在数据上报前由区县队长对当月原始数据库进行审核签字。此外，还要对价格变动较大的项目逐一与企业进行核实。做到数据的真实可信；四是积极参与国家局对房地产价格统计调查方案的修订工作，并结合北京房地产市场的实际情况提出了切合实际的意见和建议，得到广泛采纳。

（五）积极参加市政府进行的全市房屋普查

为了保证全市房屋普查工作的顺利进行，认真做好此次房屋普查的前期准备工作，并抽调专人参与此项工作。在方案制定、组织实施等方面做了大量的工作。与市局咨询中心配合对全市居民住房现状进行了清查摸底；召开了区县主管局长会议通报具体调查情况；与市局设管处合作对调查表进行了多次设计修改和审定；积极配合咨询中心做好普查员入户调查工作和各方面的协调组织工作，开展普查宣传；落实活动经费等。

（六）完成了统计分析报告和信息上报工作

结合国家宏观调控政策的出台和市场变化情况，积极撰写统计分析报告和市场信息，为各级领导和社会服务。共撰写了《新一轮房地产调控政策对我市房地产市场影响》（之一、之二）、《房地产开发企业拥有土地10645公顷》、《房地产市场整体转弱，结构性矛盾仍然突出》、《投资和房地产业对我市经济影响简析》、《基础设施投资与经济增长关系》等统计分析报告和专报等33篇、经济信息100余

篇、政务信息 36 篇、新闻通稿 13 篇。

（七）组织开展全市房地产开发企业土地开发利用情况调查

为全面了解我市土地开发利用进展的基本情况，掌握房地产开发企业所拥有的一级开发土地、出让、划拨类土地和转让类土地的基本情况，了解房地产开发企业对未来土地的需求状况，从年初开始即着手进行调查方案、调查表的设计工作，在征求了国家局和市有关部门的意见后，在全市正式开展了房地产开发企业土地开发利用情况一次性调查。在调查的基础上，不仅撰写了分析报告，而且报送的信息“本市房地产开发企业土地利用情况的调查报告”，被市政府办公厅刊物《昨日事情》第 107 期特刊刊登。副市长陈刚同志就此信息批示：“请国土、规划、建委研究这一情况，结合近期对遗留项目的处置，切实形成有效的市场供应。特别要注意是审批环节造成的积压。”

（八）2008 年工作要点

1. 注重人才培养，继续抓好队伍建设。

2. 加强投资统计工作，提高数据质量。

3. 做好民生统计工作，加强房地产市场监测。

4. 努力做好信息化二期工作，加强对基层数据的监控。

5. 加强对建设领域基层统计人员的培训。

基层统计人员业务素质的提高，直接关系着统计工作的有效开展。因此，加强对基层统计人员的培训，对于做好建设领域统计工作和构建大都市统计体系，有着十分重要的意义。

第二章

北京社会经济发展概况

第一节 自然环境

北京市位于北纬39°56′，东经116°20′；西北毗邻山西、内蒙古高原，南与华北大平原相接，东近渤海；市中心海拔43.71米。西、北、东三面环山，主要河流有永定河、潮白河、北运河等。北京市属暖温带半湿润季风型大陆性气候，四季分明，春季干燥多风，秋季清爽，是一年中最好的季节，冬季寒冷、少雪。2007年，年平均气温14℃。年极端最高气温为37.3℃，出现在8月9日。年极端最低气温-11.7℃，出现在1月2日。

2007年，全年平均降水量483.9毫米，比上年增长8%。

第二节 行政区划

截止到2007年，北京市共辖16个区、2个县。按功能区划分为核心区：东城区、西城区、崇文区、宣武区；拓展区：朝阳区、丰台区、石景山区、海淀区；发展新区：房山区、通州区、顺义区、昌平区、大兴区；生态涵养区：门头沟区、怀柔区、平谷区、密云县、延庆县。

全市共辖街道办事处134个、建制镇142个、建制乡41个、有社区居委会2554个、村民委员会3955个。

表2-1 2007年北京市行政区划表

单位：个

地区	街道办事处	建制镇	建制乡	社区居委会	村民委员会
全市	134	142	41	2554	3955

第三节 经济发展

一、国内生产总值

2007年实现地区生产总值9353.3亿元，比上年增长13.3%，增速比上年提高0.5个百分点，已连续第9年实现两位数增长。按常住人口计算，当年全市人均GDP达到58204元（按年平

注：本章部分数据为初步统计数。

均汇率折合 7654 美元)，比上年增长 10%。三次产业结构由上年的 1.3:27.8:70.9 变化为 1.1:26.8:72.1。

表 2-2 2000—2007 年地区生产总值

年份	地区生产总值（亿元）	人均 GDP（元）
2000	3161.0	24122
2001	3710.5	26998
2002	4330.4	30840
2003	5023.8	34892
2004	6060.3	41099
2005	6886.3	45444
2006	7861.0	50407
2007	9353.3	58204

二、产业结构

2007 年，第一产业增加值 101.3 亿元，同比增长 2.2%；第二产业增加值 2509.4 亿元，增长 12.7%；第三产业增加值 6742.6 亿元，增长 13.8%。第三产业中，信息传输、计算机服务和软件业，批发和零售业，金融业，租赁和商务服务业，科学研究、技术服务与地质勘查业等行业发展较快，增速高于第三产业平均水平。

表 2-3 地区生产总值

单位：亿元

指　　标	2007 年	比上年增长（%）
地区生产总值	9353.3	13.3
第一产业	101.3	2.2
第二产业	2509.4	12.7
工业	2082.8	13.1
建筑业	426.6	10.9
第三产业	6742.6	13.8
交通运输、仓储和邮政业	502.6	9.7
信息传输、计算机服务和软件业	855.9	17.5
批发和零售业	879.4	14.9
住宿和餐饮业	247.0	9.2
金融业	1286.3	22.3
房地产业	644.2	-1.8
租赁和商务服务业	554.5	20.5
科学研究、技术服务与地质勘查业	539.3	20.6

续表

指　　标	2007 年	比上年增长（%）
水利、环境和公共设施管理业	50.5	4.6
居民服务和其他服务业	95.6	-2.1
教育	411.5	10.3
卫生、社会保障和社会福利业	154.7	8.2
文化、体育和娱乐业	227.4	11.7
公共管理和社会组织	293.7	7.1

三、固定资产投资

固定资产投资是经济增长的重要拉动力，发挥着供给和需求的双重职能。2007 年，北京市积极落实各项宏观政策，实现了固定资产投资的平稳运行，拉动经济又好又快发展。全年北京市累计完成全社会固定资产投资 3966.6 亿元，比上年增长 17.6%。其中，城镇固定资产投资完成 3656.7 亿元，增长 18.5%；农村投资完成 309.9 亿元，增长 8.7%；城镇投资中，房地产开发投资完成 1995.8 亿元，增长 16%。

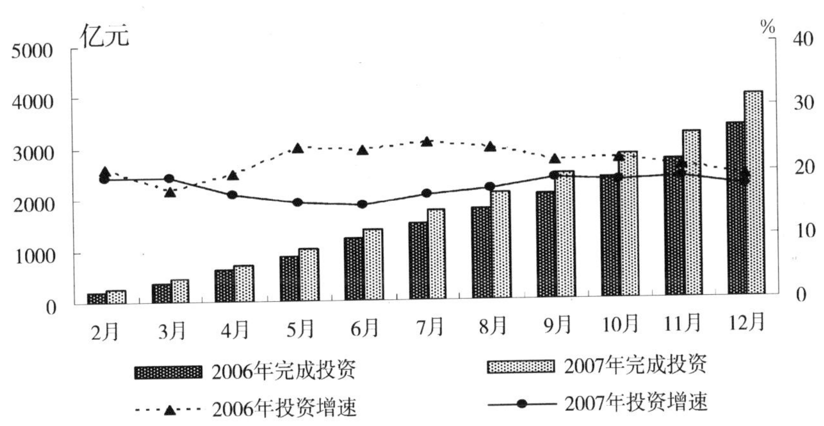

图 2-1　2006 年以来北京市投资完成额及增速走势

中央投资继续加强。2007 年以来，中央投资增长迅速，占全社会投资比重逐步上升。2007 年北京市共完成投资 659.5 亿元，同比增长 33%，占全社会投资比重为 16.6%，同比上升 1.9 个百分点。从投向看，四成中央投资投向基础设施建设。2007 年中央单位共完成基础设施投资 276.5 亿元，同比增长 32.1%，占中央总投资比重为 41.9%，比地方高 14.7 个百分点，对基础设施投资增长的贡献率为 27.9%。

工业投资增长迅速。2007 年，北京市工业完成投资 477.7 亿元，比上年增长 33.4%，增幅比 1—11 月提高 4.7 个百分点，比上半年提高 27.4 个百分点，占全社会投资的比重为 12%，同比上升 1.4 个百分点。从行业来看，工业投资主要集中于黑色金属冶炼及压延加工业、交通运输设备制造业、通信计算机及其它电子设备制造业和电力燃气及水的生产供应业。2007 年上述四个行业分别完成 45 亿元、83.3 亿元、26.4 亿元和 201.4 亿元，分别占工业投资的 9.4%、17.4%、5.5% 和 42.2%。其中，黑色金属冶炼及压延加工业投资主要靠首钢冷轧薄板生产线项目带动，今年该项目共完成投资 44 亿元。

表 2-4　2001—2007 年 全社会固定资产投资

单位：亿元

	"十五"时期						2006	2007
	合　计	2001	2002	2003	2004	2005		
合　　计	10857.4	1530.5	1814.3	2157.1	2528.3	2827.2	3371.5	3966.6
固定资产投资	10033.6	1417.1	1688.2	1999.9	2333.0	2595.4	3086.3	3656.7
#房地产开发投资	5974.0	783.8	989.4	1202.5	1473.3	1525.0	1719.9	1995.8
零星建造及购置	34.0	10.0	11.5	12.5				
城镇私营个体投资	36.6	8.8	11.9	12.9				
城镇私人建房投资	1.1	0.9	0.2					
农村投资	755.4	93.7	102.5	132.1	195.3	231.8	285.2	309.9
#农村非农户投资	622.9	62.7	72.5	93.4	179.7	214.6	265.8	286.4
农户投资	132.5	31.0	30.0	38.7	15.6	17.2	19.4	23.5

表 2-5　2001—2007 年产业投资结构表

单位：亿元

年份	全社会固定资产投资	第一产业	第二产业	第三产业
2001	1530.5	8.4	154.2	1367.9
2002	1814.3	7.5	185.0	1621.8
2003	2157.1	10.0	254.0	1893.1
2004	2528.3	6.5	336.5	2185.3
2005	2827.2	11.9	409.7	2405.6
2006	3371.5	14.5	363.2	2993.8
2007	3966.6	16.7	484.1	3465.8

四、财政收支

2007 年，全市完成地方财政收入（一般预算）1492.6 亿元，比上年增长 33.6%，增幅比上年提高 12.1 个百分点；其中，实现增值税、营业税、企业所得税和个人所得税 134.8 亿元、601.1 亿元、309.3 亿元和 135.2 亿元，分别增长 14.5%、30.4%、44.6% 和 32.2%。地方财政支出（一般预算，含中央追加支出）1646.9 亿元，增长 27%。

五、人民生活

2007 年，全年城镇居民人均可支配收入达到 21989 元，比上年增长 13.9%；扣除价格因素，实际增长 11.2%。农村居民人均纯收入 9559 元，比上年增长 10.9%；扣除价格因素，实际增长 8.2%。城镇、农村居民恩格尔系数分别为 32.2% 和 32.1%，比上年上升 1.2 个和 0.1 个百分点。年末城镇居民人均住房使用面积 20.3 平方米，比上年末增加 0.3 平方米；农村居民人均住房面积 39.5 平方米，增加 0.4 平方米。

表 2－6　2007 年 20%高、低收入户收入情况

单位：元

指　标	城镇居民		农村居民	
	人均可支配收入	增长（%）	人均纯收入	增长（%）
20%高收入户	40656	14.5	19562	11.7
20%低收入户	10435	15.9	3783	15.5

六、对外经济

2007 年，全年北京地区进出口总额 1929.5 亿美元，比上年增长 22.1%；其中出口 489.2 亿美元，增长 28.9%；进口 1440.3 亿美元，增长 19.9%。

全年新批外商投资项目 2177 个，比上年增长 3.4%。实际利用外资 50.7 亿美元，增长 11.3%。其中，制造业所占比重为 17.7%；租赁和商务服务业为 18.3%；房地产业为 23.6%；批发与零售业为 6.6%。

表 2－7　2007 年北京市进出口情况

单位：亿美元

指　　标	2007 年	比上年增长%
北京地区进出口总额	1929.5	22.1
出口	489.2	28.9
进口	1440.3	19.9

第四节　社会发展

一、人口和就业

2007 年末，全市常住人口 1633 万人，比上年末增加 52 万人。其中，户籍人口 1213.3 万人，增加 15.7 万人；外来人口 419.7 万人，增加 36.3 万人，占常住人口的比重为 25.7%。全市常住人口出生率 8.32‰，死亡率 4.92‰，自然增长率 3.4‰。全市常住人口密度为 995 人/平方公里，每平方公里比上年末增加 32 人。

二、科技技术

2007 年研究与试验发展（R&D）经费支出 503.5 亿元，比上年增长 16.3%；相当于地区生产总值的 5.6%，比上年提高 0.1 个百分点。

全市科技活动人员 40.8 万人，比上年增长 6.5%。全市专利申请量与授权量分别为 3.2 万件和 1.5 万件，增长 19.3%和 33.1%，其中发明专利申请量与授权量分别为 1.9 万件和 0.5 万件，增长 31.9%和 24.8%。全年共签订各类技术合同 5.1 万项，下降 1.2%；技术合同成交总额 882.6 亿元，增长 26.6%。

三、文化

2007 年末，全市共有公共图书馆 25 个，总藏量 3921 万册（件），比上年末增长 3.84%。市属 11 个专业艺术院团，国内外演出 6610 场，其中：国内演出 6206 场；国内观众 346 万人次，演出收入 11653.6 万元。年末有线电视用户达到 344.26 万户，比上年末增长 7.7%，有线电视入户率为

74.25%，比上年末提高3.5个百分点。北京地区出版报纸256种，与上年末持平；出版期刊2804种，减少5种；出版图书140397种，增加27165种。北京地区院线影院共放映电影34.7万场，观众1053万人次，票房收入3.66亿元。全市拥有全国重点文物保护单位98处，市级文物保护单位224处。北京地区注册登记的博物馆达到141座，馆藏文物329.5万件。全市共有国家综合档案馆19个，已开放各类档案83.34万卷。

四、卫生

2007年末，全市共有卫生机构6068个，比上年末增加1190个；其中医院534个，卫生院149个。卫生机构共有床位8.3万张；其中医院7.5万张。平均每千人拥有医院床位6.18张。全市卫生技术人员达到13.07万人，比上年末增长3%；其中执业医师5.2万人，注册护士4.84万人。平均每千人拥有执业医师4.29人，注册护士4人。全市医疗机构共诊疗8830.93万人次，健康检查461.2万人次。全年报告传染病发病率421.11/10万，死亡率0.76/10万。

五、体育

2007年末，全市共有体育场馆6126个，年内成功举办了6项大型群众体育活动。全市共有优秀体育运动员900人，获得国际性比赛奖牌39枚，其中金牌12枚，银牌10枚；获得全国性比赛奖牌287枚，其中金牌104枚，银牌98枚。

第五节　公用事业

一、电力供应

为进一步提高北京市供电可靠性和安全性，缓解地区用电负荷紧张局面，满足日益增长的居民用电需求。2007年重点完成了天坛东里、西罗园南里等105个老旧居民小区配电室改造，解决了10万户居民的用电困难；同时建成垡头、八里庄、北寺、草厂4座220千伏和青龙桥、周庄2座110千伏变电站。2007年北京地区全社会用电量为667亿千瓦小时（含线损和厂电），比上年同期增长9%。其中，第一产业用电量13.4亿千瓦小时，第二产业用电量309.1亿千瓦小时，第三产业用电量237.8亿千瓦小时，分别增长8.9%、5.0%和13.7%。城乡居民用电量106.7亿千瓦小时，增速为11.3%。

表2-8　2006—2007年北京市电力供应情况

单位：亿千瓦小时

项目	全社会用电	第一产业	第二产业	第三产业	城乡居民生活用电	#城镇居民	#乡村居民
2006	611.6	12.3	294.4	209.1	95.9	76.9	19.0
2007	667.0	13.4	309.1	237.8	106.7	86.3	20.4

注：表格中使用的“#”表示其中部分项目，下同。

二、城市供水

2007年，针对连续9年的干旱，北京市积极强化水资源保护和管理，保障水源安全，使全市城乡供水能力提高，质量全面提升。完成城市河湖治理，城市水系水质基本还清。南水北调干线基本贯通，辅线建设进展顺利，为调水进京奠定基础。2007年北京市城镇自来水与自备井用水总量为127296万立方米，同比降低1%。其中生产运营用水量为29651万立方米，同比降低14%、公共服务用水量42706万立方米，同比增长5.6%、居民家庭用水量53375万立方米，同比增长1.9%。全年完成节水措施370项，节约用水16513万立方米，同比增长19.3%。

表 2-9　2006—2007 年北京市城市供水情况

项目	自来水综合生产能力（万立方米/日）	供水管道长度（公里）	销售总量（万立方米）	#生产运营用（万立方米）	公共服务用（万立方米）	居民家庭用（万立方米）
2006	372.7	11899.2	74969.5	12445.8	27577.5	34477.3
2007	345.2	11364.6	76738.5	11844.6	28321.0	35985.5

三、城市燃气

2007 年，北京市投资近 9 亿元新建燃气管线 210 公里，调压站（箱）38 座，全面提高了城市管网天然气输送能力。

2007 年，北京城镇居民炊事气化率已达到 100%。四环路以内的燃煤锅炉和食堂大灶已经全部改烧天然气。天然气在北京城市能源结构中所占比例已由陕气进京前的 0.4%，增长到目前的 7% 以上。为实现绿色奥运，改善首都大气环境质量，全市燃气供暖面积已达到总供暖面积的 70% 以上，北京成为全国最大的天然气用气城市。

2007 年，全市天然气供应量 43.4 亿立方米，天然气销售量达到 40.9 亿立方米，销售量比上年增长 9.6%；液化气销售量 31.96 万吨，减少 23.8%；天然气家庭用户达到 370.7 万户，增长 6.4%，全市居民燃气用户总量达到 556.4 万户。

表 2-10　2006—2007 年北京市城市燃气情况

项目	液化石油气供气总量	液化气销售量	液化气#家庭用量	液化气家庭用户	天然气供气总量	天然气销售量	天然气#家庭用量	天然气家庭用户	居民燃气用户
	（吨）	（吨）	（吨）	（万户）	（万立方米）	（万立方米）	（万立方米）	（万户）	（万户）
2006	418256	415268	205984	191.7	383803	373398	83855	348.6	540.2
2007	318828	319631	187232	185.7	433823	409419	70339	370.7	556.4

注：液化气销售量中含外购气量；天燃气销售量中不含燕山石化工业用量。

四、集中供热

2007 年，北京市新增集中供热面积超过 2000 万平方米，实现历史性突破，截至 2007 年 12 月，全市供热面积 37203 万平方米，供热能力达到 28989 兆瓦，供热总量为 14323 万吉焦，住宅采暖面积为 23697 万平方米，占全市集中采暖面积的 63.7%。

表 2-11　2006—2007 年北京市集中供热情况

项　目	供热面积（万平方米）	#住 宅（万平方米）	供热能力（兆瓦）	供热总量（万吉焦）	#热电厂供热（万吉焦）	#锅炉房供热（万吉焦）	供应管道长度（公里）
2006	34977.1	23157.7	30546	15189	3628	11561	7013
2007	37203.0	23697.2	28989	14323	3759	10564	10424

五、污水处理

2007 年，北京市遵循“提高水质，扩大利用”的原则，污水处理和再生利用取得新突破。先后完成北小河污水处理厂扩建工程，新建污水管道 30 公里，郊区新建 63 处污水处理设施。建成北小河、吴家村中水厂，中水日生产规模达到 43.5 万立方米。

2007 年，北京市污水处理能力进一步提升，污水处理率由上年 73.8% 提高到 76.2%，其中污水集中处理率由上年 68.9% 提高到 69.6%，二、三级以上污水处理能力达到 313 万立方米/日。全市排水管道长度达到 8526 公里，其中污水管道长度达到 4357 公里。

表 2-12 2006—2007 年北京市污水处理情况

项 目	污水处理能力（万立方米/日）	污水年处理量（万立方米）	污水处理率（%）	污水排放总量（万立方米）	排水管道长度（公里）	#污水管（公里）
2006	331	93198	73.8	129138	7523	3398
2007	353	98865	76.2	129820	8526	4357

六、公共交通

按照市委市政府确定的优先发展公共交通的总体思路，北京市坚持双管齐下，地下加快轨道交通建设，地上对公交系统全面提级改造，提升运营效率和服务质量。

对地面公交系统全面提升改造。一是优化调整公交线网。方便了昌平新城、百子湾、万泉寺等120余个小区居民的出行。二是统一公交票制票价，实行持卡打折优惠的低票价政策。累计发放一卡通卡超过1000万张，日均刷卡超过1000万次，最高日刷卡1128万笔。三是加大路权优先力度。完成50公里公交专用道的施划。地面公交日均客运量达到1160万人次，较改革前日增200万人次，增长20.5%，公交出行比例由30.2%提高到34.5%。

轨道交通建设稳步推进。地铁5号线正式开通运营；10号线、奥运支线、机场线均已完成建设，进入空载运行阶段，4号线正在加紧建设。2007年全市公交、地铁，总长度达16801公里，运营车辆达到20525辆。全年公共交通客运总量48.8亿人次，公交专用道长度达到216.9公里；其中轨道交通运营线路条数为5条，总长度142公里，客运量为6.5亿人次。

表 2-13 2006—2007 年北京市公共交通情况

项目	公共交通年末营运车辆（辆）	#轨道交通（辆）	营运线路条数（条）	#轨道交通（条）	营运线路长度（公里）	#轨道交通（公里）	公交专用道长度（公里）	客运量（万人次）	#轨道交通（万人次）
2006	20489	967	624	4	18582	114	176.2	468225	70306
2007	20525	1130	649	5	16801	142	216.9	488138	65493

注：轨道交通客运量计量方式发生变化，同期数据不可比。

七、垃圾处理

2007年，北京市清扫街道面积达到11741万平方米/日，垃圾清运量达到600.9万吨，垃圾无害化处理能力达到10350吨/日，全市垃圾无害化处理利率达到95.7%。环卫机械数量达到6253辆，公共厕所数量达到5333座。

表 2-14 2006—2007 年北京市垃圾处理情况

项目	清扫街道面积（万平方米/日）	垃圾无害化处理率（%）	粪便清运量（万吨）	垃圾无害化处理能力（吨/日）	环卫机械数量（辆）	公共厕所（座）
2006	10022	92.5	175.7	10350	6197	5091
2007	11741	95.7	189.1	10350	6253	5333

八、空气质量

2007年，北京市的空气质量又取得显著成效，一、二级天数达到246天，比上年增加了5天，占年日历天数的比重达到67.4%，实现了全年预定目标。其中，一级32天，比去年多6天，占全年天数的8.8%，四、五级天数总共比去年减少12天。

表 2-15 2006—2007 年北京市空气质量情况

项目	空气质量达到二级和好于二级天数（天）	可吸入颗粒物年日均值（毫克/立方米）	二氧化硫年日均值（毫克/立方米）	二氧化氮年日均值（毫克/立方米）	区域环境噪声平均值（分贝）	交通干线噪声平均值（分贝）
2006	241	0.161	0.053	0.066	53.9	69.7
2007	246	0.148	0.047	0.066	54.0	69.9

九、园林绿化

2007 年是奥运筹备工作决战之年，奥运绿化、城镇绿荫、生态修复等绿化工程全面推进，首都园林绿化建设取得突破性进展。全市人工造林完成 1.22 万公顷，植树 3000 万株，京承线、机场北线、航空走廊、奥运场馆周边联络线以及通往外埠和风景名胜区的主要干线、铁路沿线等绿色通道实现绿化 300 公里。京津风沙源治理、太行山绿化、“三北”防护林等重点工程全面推进。2007 年底，全市城镇范围内实有绿地面积 46320 公倾，公园绿地面积 12101 公倾，人均公园绿地面积（户籍非农）达到 12.6 平方米，城市绿化覆盖率达到 43%。林木覆盖率达到 51.6%。

表 2-16 2006—2007 年北京市园林绿化情况

项目	公园绿地面积（公顷）	平均每人占有公园绿地面积（户籍非农）（平方米/人）	城市绿化覆盖率（%）	全市林木绿化率（%）	绿地面积（公顷）
2006	11788	12	42.5	51	45495
2007	12101	12.6	43.0	51.6	46320

十、道路建设

2007 年，北京市继续加快道路建设，推进城乡交通一体化进程。全市道路总里程（包括道路和公路）25765 公里，其中城八区道路长度 4460 公里，其中快速路长度达到 236 公里，主干道长度达到 1187 公里，立交桥、过街天桥、地下通道分别达到 381 座、396 座和 202 座。

表 2-17 2006—2007 年北京市道路建设情况

项目	全市道路总里程（公里）	#快速路长度（公里）	#主干道长度（公里）	立交桥座数（座）	行人过街天桥数（座）	地下通道（座）
2006	25377	232	955	376	393	203
2007	25765	236	1187	381	396	202

第六节 交通运输

2007 年，货物周转量 528.6 亿吨公里，比上年增长 10.4%。其中，铁路 268.5 亿吨公里，增长 2.3%；公路 72.6 亿吨公里，下降 18.1%；民航 37.6 亿吨公里，增长 11.9%；管道 149.9 亿吨公里，增长59.8%。铁路、公路、民航、管道各种运输方式货物周转量比重分别为50.8%、13.7%、7.1%和28.4%。

全年旅客周转量960.2亿人公里，比上年增长16.3%。其中，铁路90.8亿人公里，增长2%；公路147.4亿人公里，增长86.1%；民航721.9亿人公里，增长9.8%。铁路、公路、民航三种运输方式旅客周转量比重分别为9.5%、15.4%和75.2%。

年末全市民用汽车保有量达到277.8万辆，比上年末增长13.8%；其中轿车180.7万辆，增长17.3%。私人汽车保有量达到212.1万辆，增长17.2%；其中轿车146.3万辆，增长20.9%。

第七节　奥运工程及基础设施建设

一、奥运工程建设进展情况

2007年以来，奥运工程建设有条不紊，逐步进入收尾阶段。全年奥运及相关设施建设完成投资154.2亿元，占全社会完成投资的3.9%。其中，奥运场馆建设完成51.9亿元，相关设施完成102.3亿元。

截止到2007年底，除国家体育场外，已全面竣工26个比赛场馆，4个（国家体育馆、国家游泳中心、五棵松体育馆、工人体育场）已基本完工并正在进行保洁和有关单项验收，45个训练场馆中已有44个竣工，相关设施中数字北京大厦已竣工。57条道路和4座桥梁中，已有43条道路和3座桥梁具备通车条件。

二、基础设施建设情况

基础设施投资保持高速增长。2007年以来，北京市继续加大轨道交通和环境整治等多方面的建设力度，基础设施投资在2006年增长53.2%的基础上继续保持增长态势，共完成投资1175.8亿元，同比增长25.7%，对投资增长的贡献率达到40.4%，连续三年保持高速增长。其中，能源投资完成200.2亿元，增长76.5%；公共服务业完成289.5亿元，增长9.2%；交通运输业完成548亿元，增长24.7%（详见图2-2）。

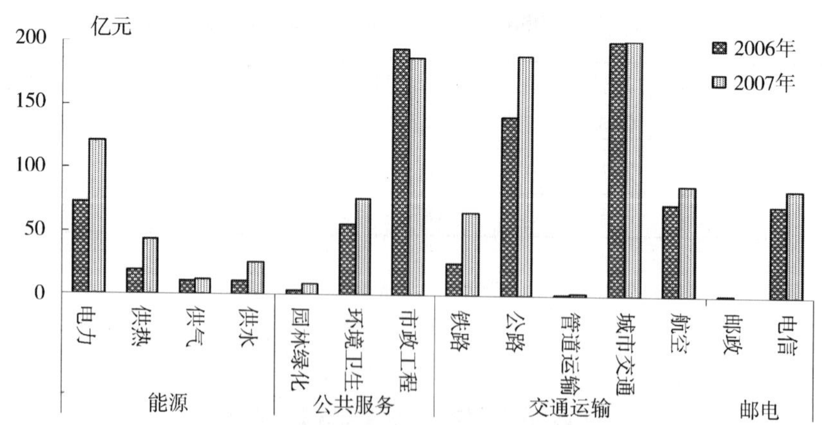

图2-2　2007年北京市基础设施投资完成情况

注：本章部分数据为初步统计数。

第三章

城市规划与建设

第一节 2007年北京城市规划概述

2007年北京市规划工作认真贯彻落实党的十七大精神，全面落实科学发展观，以构建和谐社会为目标，大力加强规划编制和规划管理工作，积极推进城市空间资源合理配置，促进了首都城乡经济和社会的可持续发展。

一、继续做好推进奥运工程规划建设的各项工作

积极落实“绿色奥运、科技奥运、人文奥运”三大理念，按时完成奥运倒排期折子工程的任务。完成全部奥运会比赛场馆新建及改扩建工程的审批工作，并完成17个奥运场馆的规划验收。还完成了奥林匹克公园中心区演播塔、中心区下沉花园等30多项奥林匹克公园重点景观规划设计方案及奥运配套设施设计方案的组织论证工作；组织制定了奥运景观雕塑等规划，完成了奥运中心区，市内其他场馆的外部交通审批，以及计划中所有新建道路及改扩建道路以及水、煤、热、电、气等市政配套项目的方案研究及审批工作。

二、积极做好保障性住房与“两限”商品房的规划建设工作

为解决市民基本住房需求，实现社会和谐稳定，市规划、国土、建设等部门进一步开展了《北京市“十一五”保障性住房及“两限”商品住房用地布局规划》编制工作，规划提出了用地布局原则和实施保障措施，明确了保障性住房和“两限”房的各类建设标准。通过加大资金投入和规划实施的力度，加快行政审批，努力实现对低保家庭住房困难户“应保尽保”，尽快使大部分低收入家庭和部分中低收入住房困难家庭的住房条件得到改善。

三、以人为本、科学规划、专家决策、开放设计，积极推进轨道交通建设

按照市政府确定的2007年轨道交通建设“保四争六”的部署，加快做好今年开工建设项目的规划设计前期工作，快速办理后续规划审批工作。为争创一流设计质量，创新轨道交通设计，建立专家评审机制，构筑了开放式的设计平台。对线路规划方案、国际方案征集成果、历史文物保护专题等进行深入研究、充分论证、科学决策。全面启动或按期完成了地铁计划项目的前期规划工作，并组织了11项方案征集，完成了部分线路的规划验收。

四、创新规划编制理念，构建覆盖城乡规划体系，奠定协调的城市空间结构

在落实城市总体规划的基础上，构建了以市域各类专项规划、中心城控规、新城控规、新农村规划为不同层次的城乡规划体系，共确定安排了44项重点规划编制及相关的规划研究项目，比较系统地形成了加强规划管理工作的依据。完成或基本完成了《“十一五”北京历史文化名城保护规划》、《北京市限建区规划》等重要规划项目；在11个新城规划的基础上，完成新城控规（街区层面），为新城的发展提供有利的保障；为全面推进新农村建设规划工作，促进城乡协调发展，正式批复17个乡镇规划，31个乡镇总体规划正在进行审查审批；在全国率先组织编制完成《北京市村庄体系规划》，并在指导完成区县村庄体系规划的基础上，制定村庄规划管理实施指导意见，做到村庄规划建设指导的全覆盖，编制完成200个新农村规划。

五、加强法规、标准和管理程序的制定和清理，扎实推进依法行政

根据市政府统一要求，对涉及规划管理工作的9件行政法规、41项部门规章、21项地方政府规章进行了清理；依据有关法律、法规、规章、政策和技术规范，结合我市规范管理工作的实践，组织编制了《规划管理技术规定》、《北

京市城市建设节约用地规划设计指标》、《建设项目设计文件节能专篇编制深度规定》、《公共建筑节能检测评估标准》等。同时，开展审批的机制研究，理顺审批流程，梳理执法程序，对业务流程做了基本规范，进一步落实依法行政、执政为民的理念。

六、以提高管理效能为目标，加强队伍建设

在党风廉政建设方面，按照“一岗双责”、“一把手负总责”等原则，采取了一系列措施防患于未然。进一步建立民主生活会、干部述职述廉等各项制度，充分发挥纪检监察部门的职能作用，通过继续开展百家单位评规委活动、引入调查公司专业调查、建立行政审批网上监察系统等方法，全面推进“阳光规划”，同时，以“迎奥运、讲文明、树新风”为主题深入推进文明创建活动，凝聚队伍力量。

以加强领导班子建设为主线，努力提升决策能力和规划管理水平。研究建立了覆盖全委的人才培养和教育培训工作领导机制和责任制；组织实施了“城市规划管理领导干部公共行政能力培养计划”，形成全委、各处室的干部素质业务培训体系，进一步提高工作人员的素质。

第二节　2007年北京市重点规划

一、完成北京市“十一五”保障性住房及“两限”商品住房用地布局规划编制工作

北京市“十一五”保障性住房及“两限”商品住房用地布局规划编制工作由市规划委组织完成。规划对以中低收入家庭为主的保障对象需求情况进行了调查和预测，提出保障性住房及“两限”商品住房的规划目标和建设规模，并对年度目标进行分解以指导实施。通过划定控制区、地铁综合开发、开发配建、各区县安排等四种主要措施，以及清理回收、提高强度、实施代建等三种辅助措施及办法，对保障性住房资源进行了测算，提出符合城市空间结构调整方向、强化轨道交通引导作用、综合考虑就业与居住均衡发展、采用“集中”与“配建”相结合等用地布局原则，并完成用地布局方案。同时，明确了相关规划建设标准和规划实施保障措施，对本市“十一五”期间的保障性住房及“两限”商品住房用地供应具有指导意义。

二、奥林匹克公园中心区景观整体规划设计方案编制完成

市规划委配合新奥集团开展了对奥林匹克公园中心区景观总体规划设计方案的组织编制和协调深化工作。该规划设计范围南临北四环路，北临科荟路，西临景观路（北四环路以北，国家游泳中心以南地段西临景观西路），东临湖边东路（北四环路以北，凯迪克酒店以南地段东临北辰东路）。总规划用地面积约84.82公顷（不含国家体育场用地）。规划设计主要内容包括中心区景观规划总体方案、标识系统、中轴线和广场铺装、水体水岸、植物种植、环境设施、景观小品、高程、电气、照明、设备、雨洪系统、市政管线等。其中，就庆典广场、中轴线东侧下沉花园、信息灯柱、公共艺术品，包括雕塑等分别组织开展了专项规划设计。

三、《北京市轨道交通近期建设规划》(2007—2015)》获国家发改委批复

《北京市轨道交通近期建设规划》（2007—2015)》是总体规划中轨道交通规划部分的延续和深化，将是我市未来轨道交通建设工作的纲领性文件。根据该规划，到2015年，北京将新建15条（19个项目）的轨道交通线路，轨道交通建设里程将达561公里。北京市城市公共交通的出行

比例将达到46.4%，轨道交通占公共交通出行比例将达到50%。轨道交通在解决中心城拥堵的同时还将充分引导通州等7个新城的发展。

四、五个区五个新城的综合交通规划编制取得初步成果

年内，共有西城区、朝阳区、海淀区、丰台区、石景山五个城区和大兴、通州、顺义、昌平、密云五个新城的综合交通规划编制取得初步成果，并达到报审深度。分区综合交通规划的主要内容为：以城市总体规划为依据，对总规层面的交通规划内容进行深化和优化；从交通和土地相结合的角度，结合各区、各新城的不同特色，提出适合地方发展的交通发展模式和交通规划方案，使交通和土地协调发展；针对土地开发和交通设施建设不同步的问题，将各区和新城政府的意见和想法纳入到建设规划中。

五、北京市“十一五”时期历史文化名城保护规划编制完成

北京市“十一五”时期历史文化名城保护规划由市规划委、市发改委组织编制。规划提出了北京历史文化名城今后五年的保护工作方向和原则。具体内容包括世界文化遗产保护、文物保护单位及具有保护价值建筑的保护、历史文化保护区的保护、旧城整体保护和市域历史文化资源的保护。其中旧城整体保护包括空间形态的保护、人口疏解、用地功能调整、市政设施、交通设施、房屋修缮以及地下空间利用等七个方面。

六、完成《北京优秀近现代建筑保护名录》（第一批）

《北京优秀近现代建筑保护名录》（第一批）由市规划委组织编制完成。该名录界定了优秀近现代建筑的基本概念及登录标准，总结了本市近现代建筑的发展历程，普查登记了中心城内的近现代建筑，确定了第一批优秀近现代建筑保护名录（包括近现代建筑71处、188栋），建立了优秀近现代建筑数据平台。该名录填补了北京历史资源保护的一项空白，提出的第一批近现代保护建筑具有代表性，起到了抢救性保护的作用。

七、完成通州、顺义、亦庄等十一个新城控制性详细规划（街区层面）编制

市规划委与各区、县人民政府共同组织开展通州、顺义、亦庄等十一个新城控制性详细规划（街区层面）编制。规划重点以各新城的规划城市建设区为规划范围进行街区划分，以现状调查梳理及综合承载力分析为基础，深化落实各新城规划提出的发展目标，确定各街区的主导功能、建设总量、三大公共服务设施（指公共服务设施、交通市政基础设施、公共安全设施）配置、城市设计整体框架等规划内容，是指导下一层次（地块层面）详细规划编制以及规划管理的基本依据，对统筹安排新城实施时序，制定结构合理的土地供应计划和年度建设安排，推动土地一级开发和近期建设重点具有重要的指导作用。

八、北京市山区协调发展总体规划编制完成

北京市山区协调发展总体规划由市规划委会同市农委、市发改委、市国土局、市园林绿化局、市环保局、市水务局、市教委、市市政管委、市交通委、市文物局、市旅游局等15个市相关部门和7个山区区县政府共同组织完成。规划在深入分析山区“人口、资源、环境”现状的基础上，明确了山区的功能定位和发展目标，提出了“平原带动山区、浅山带动深山、城镇带动乡村、交通引导建设”的城乡建设空间发展策略，根据市域“两轴－两带－多中心”的空间布局，在山区范围内构建了“三区（指浅山区、深山区、延庆川区）、七线（指连接山区和中心城的七条放射状国道或高速路）、七核（指处于交通节点或重要经济增长点的七个山区核心重点城镇）”的城镇发展格局，以三区为平台，以七线为纽带，以七核为节点，形成山区与市域、山区自身统筹协调发展的空间体系。

九、中心城（01—18片区）工业用地整体利用规划研究完成

由市规划委组织中心城（01—18片区）工业用地整体利用规划研究。该项研究从旧城、中心地区、边缘集团三个层次，分析了中心城工业用

地存在的问题及未来发展方向，提出了中心城应否保留工业用地、保留用地的数量、类型、方式，需要调整的工业用地利用等问题，以及实施操作方式和政策建议。规划研究成果还包括4个子课题：中心城工业用地现状基础资源调查专题研究、国内外大城市工业用地调整案例研究、北京市工业遗产资源调查及评价体系研究、北京市重点工业区更新改造规划研究等。

十、《北京市限建区规划（2006年—2020年）》编制完成

《北京市限建区规划（2006年—2020年）》由市规划委与相关委办局及研究机构合作编制完成。限建区规划重点研究北京市域内城镇建成区以外的非建设空间，主要内容，一是全面系统分析市域5大专业组，16大类，56个限建要素，110个限建图层，生成覆盖全市域的25万个限建单元，并建立了限建区规划空间数据库，初步形成了市域资源环境和安全管理的基础平台。二是划定3类6级建设限制分区，为指导市域内城镇建设提供了基本依据。三是制定限建规划导则。四是形成了高效便捷的规划成果应用系统。该规划的编制是城市总体规划的细化和落实，在全国是首创，具有较强的开拓性和创新性。

十一、"一村一图"规划指导全覆盖区县村庄体系规划完成初步成果

市规划委会同市农委等部门共同指导下，10个远郊区县政府同时组织开展了区县村庄体系规划的编制工作，并全部完成初步成果。区县村庄体系规划在全市村庄体系规划的基础上，细化了区县村庄的产业发展方向、村庄类型、空间布局以及公共基础设施配置标准和原则等，还为每个村庄绘制了一张图则作为下一步发展的规划指导，明确了每个村庄的产业发展方向、公共基础设施建设原则、村庄建设的限制要素等内容，做到了远郊区县全部行政村"一村一图"，初步完成了全市村庄规划指导的全覆盖。

十二、《北京市村庄体系规划》编制完成

市规划委组织编制的《北京市村庄体系规划（2006年～2020年）》体现出三方面的特点：一是具有率先性，这是全国第一个编制完成的市（省）域村庄体系规划，具有积极的示范作用。二是规划思路和规划理念具有创新性。该规划贯彻了城乡统筹协调发展的科学发展观，从宏观上系统地研究全市村庄布局调整问题，改变了过去新农村建设中"就村论村"的做法。三是具有较强的指导意义和可操作性。该规划强调近期与远期、规划与实施的紧密结合，在分类方案和实施策略的制定方面与近期新农村建设重点相呼应。

十三、超额完成组织500个村庄规划编制的计划任务

按照全市村庄规划编制的有关安排，计划2006—2007年度编制500个村庄规划的编制任务。年内，在各方的共同努力下，10个远郊区县及朝阳、海淀和丰台区编制完成624个村庄规划。

十四、完成八达岭—十三陵风景名胜区总体规划修编

由市规划委、市园林局组织完成八达岭—十三陵风景名胜区总体规划修编。规划修编对原有规划范围进行了合理调整，补充完善了规划内容并划定核心景区；提出遗产本体保护和环境保护原则，确定了风景区的性质，明确了发展目标和规划对策；通过对长城防御体系及十三陵帝王陵寝群的历史发展、山水环境等进行分析，提出了系统的保护及展示要求；并结合八达岭－十三陵风景名胜区的资源特色，重点针对保护与培育、风景游赏、典型景观、专项保护等十一项专项规划内容进行了研究。

十五、完成奥林匹克公园市政工程综合规划编制

由市规划委组织完成奥林匹克公园市政工程综合规划编制。规划包括奥林匹克公园市政工程规划方案综合和市政工程设计综合。规划对奥林匹克公园内包括水系、排水、供水、供气、供电、供热、信息、雨洪利用等13个专业的系统方案进行了研究优化，从平面及竖向上对奥林匹克公园内地面道路、下穿道路、地下环形隧道、市政管

线等市政基础设施的相对位置进行了控制，协调和处理了地上空间与地下空间之间的关系及矛盾。规划考虑了赛时和赛后的需要，对2008年后27块待开发地块的市政基础设施建设进行了分析研究，并预留市政接引条件。

十六、完成长安街及其延长线环境整治设计方案综合规划编制

长安街及其延长线环境整治设计方案综合规划编制由市“2008”环境建设指挥部办公室会同市规划委完成。规划范围东起四惠桥，西至石景山首钢东门，全长约27公里，涉及石景山、海淀、西城、东城、朝阳5个区。规划工作思路以梳理整治、不大拆大建、拾遗补缺为主。为使长安街及其延长线环境整治有序展开，规划方案整合了道路大修、园林绿化、夜景照明、城市雕塑、城市家具等道路景观要素，并汇总朝阳区、海淀区、石景山区的深化设计方案，提出了长安街及其延长线环境整治综合方案。规划实施后，长安街的面貌将焕然一新，在实现“庄严、美丽、现代化”的总体目标的同时，为市民营造方便、舒适的城市宜居环境。

十七、完成朝阳区金盏金融后台服务区控制性详细规划编制

朝阳区金盏金融后台服务区控制性详细规划编制由市规划委组织完成。该区位于中心城东部，金盏乡楼梓庄地区。规划范围东至温榆河大道，西至首都机场第二通道，北至东坝路，南至坝河北滨河路，规划总用地面积约5.96平方公里。重点就以下四个方面进行了研究：扩大外围相关研究的深度与广度，从行业特点入手探索空间发展模式；增强规划弹性，以适应市场条件下城市发展的需求；建立多元化的控制手段，完善规划指标体系；建立规划动态实施机制。

十八、完成首都国际机场起降航线可视区域城市设计与规划管理研究

首都国际机场起降航线可视区域城市设计与规划管理研究由市规划委组织完成。该项研究通过对地面和空中两个视角下城市设计控制要点的比较和与国内外其他16个城市机场周边地区空中景观的比较，总结了空中景观良好的一般规律；将空中城市设计要点归纳为两个层次：中、高空层次由城市结构、功能分区、第五立面（指屋顶立面）、组团肌理、夜景照明、重要节点和建设时序7个要点组成，低空层次由界面控制、建筑形式、建筑屋顶、建筑立面和建筑高度5个要点组成。

十九、完成北京城市土地使用与交通协调发展研究

北京城市土地使用与交通协调发展研究由市规划委组织完成。研究内容包括城市土地使用与交通协调发展理论及规划实践研究，北京城市土地使用与交通协调发展规划导则、规划实施对策、规划评价体系研究，城市土地与交通整合模型研究，北京城市土地与交通地理信息系统（GIS）研究，北京轨道交通沿线居民通勤交通方式选择研究，北京市现状及2020年人口就业布局研究等。研究成果既具有重要的理论意义，同时对指导首都城市与交通规划建设具有重要的现实意义。

二十、完成亦庄、昌平、门头沟、密云新城市政基础设施专项规划编制

亦庄、昌平、门头沟、密云新城市政基础设施专项规划编制由市规划委组织完成。规划内容包括供水规划、防洪与河道治理规划、雨水排除规划、污水排除规划、中水回用规划、供电规划、供热规划、燃气规划、通信规划、有线广播电视规划、邮政设施规划和环卫规划等十二项专项规划。规划体现了城市基础设施建设的系统性和科学性，对新城各项市政基础设施建设具有指导意义。

二十一、完成北京市再生资源场站设施布局专项规划编制

北京市再生资源场站设施布局专项规划由市规划委组织编制完成。本次规划是国内首次系统地编制再生资源设施布局规划。规划提出建设再生资源专业分拣中心的目标，针对废纸、废旧塑料、废旧金属、电子废弃物等不同门类、不同品种的再生资源设立处理流程，并配套建设各类专业分拣加工设备和配置污水处理等环保、消防设

施。根据规划，到2020年，在全市建成8座一级分拣中心，10～12座二级分拣中心，形成产业化、规模化、高效率的再生资源网络体系，成为全社会循环经济的重要组成部分。

二十二、完成新媒体产业基地规划编制

新媒体产业基地规划编制由市规划院编制完成。该基地位于南六环外大兴区魏善庄镇魏善庄组团北区、西区，南中轴线从基地中间穿过，规划面积约304公顷。规划按照绿色创意社区，弹性规划控制的方针，提出产业用地规划指标的弹性分配原则，旨在创造丰富多样的城市空间形态，满足新兴产业发展的需要，打造集生产研发、展示娱乐、生活休闲于一体的高品质创意社区。规划对实现该地区和新媒体产业基地总体发展目标具有重要的指导作用。

第三节　规划管理

一、2007年建设项目审批情况

（一）市规划委共受理各类建设项目申报18205件。其中，规划许可事项申报11176件。

（二）核发《规划意见书》核定用地规模10991.41公顷。

（三）核发建设用地规划许可规模12879.51公顷。其中，建筑工程用地7730.04公顷，市政工程用地5149.47公顷。

（四）核发建设工程规划许可中，建筑工程规模5828.89万平方米，市政工程道路管线长度185.97万延米。

二、2007年规划建设亮点

（一）市规划委积极推进奥运工程规划审批工作

年内，市规划委积极做好各项奥运规划及协调工作。完成了铁人三项临时看台、公路自行车赛临时看台、沙滩排球中心及附属用房、奥运村国际区、四清集团新办公楼，奥运中心区土地一级开发及多功能演播塔等项目的规划手续的审批。有序组织开展了奥林匹克公园中心区景观规划、民族大道景观规划、奥林匹克公园中心区多功能演播塔、奥林匹克公园中心区下沉花园景观设计、地铁奥运支线和机场线车站室内装修设计、奥林匹克公园公共艺术设计、奥林匹克森林公园南广场景观设计、奥运城市雕塑规划等二十多项规划设计工作。

（二）重点工程规划审批工作

年内，市规划委配合完成了北京饭店二期工程、国家大剧院、京津城际轨道交通（北京段）、首都图书馆二期暨国家图书馆工程、机场二通道、北京协和医院二期工程、北京儿童血液肿瘤中心、北京电视中心一期工程、国家博物馆、国家话剧院、北京图书大厦二期工程等重点工程规划审批工作。

（三）《中心城控制性详细规划实施管理工作方案》执行

《中心城控制性详细规划实施管理工作方案》由市规划委制定，1月11日起开始执行。该工作方案明确了中心城控规实施管理的工作原则、工作要求、保障措施等。主要包括：建立中心城控规实施管理专题会议制度、组织学习培训、加强专家和公众参与、对外宣传控规、共享印发成果、完善工作制度纳入规管系统、纳入督察督导程序、深化完善控规、定期检讨年度评估等。

（四）14个保障性住房项目开工建设

依据北京市“十一五”保障性住房及“两限”商品住房用地布局规划，“十一五”期间，安排保障性住房约3000万平方米，占住房总量的24.4%，其中经济适用房1500万平方米（含廉租住房150万平方米），“两限”房1500万平方米 。安排中央、部队享受经济适用住房政策的住房约

1000万平方米。年内，约有700万平方米保障性住房及两限商品房进入规划审批流程，其中海淀区西三旗等14个保障性住房项目、200万平方米经济适用房、30万平方米廉租房已开工建设。

（五）完成中心城“城中村”环境整治用地规划研究

市委、市政府确定全市“城中村”环境整治项目171个，计划分三年实施（2005—2007年）。截至2007年底，该项目的用地规划已完成，由市规划委核发建设用地规划许可证、市规划院进行用地规划研究的城中村项目共142个，总用地面积约519.49公顷，其中2005年度41个（49.17公顷），2006年度78个（286.81公顷），2007年度23个（183.51公顷）。该规划以《北京中心城控制性详细规划》和各专项规划为基础，按照改造后的“城中村”用地主要用于城市绿化及城市公共设施建设的方针，明确提出原则上不再安排办公楼和住宅、写字楼等商业开发项目。

（六）完成北京旧城危旧房改造与古都风貌保护研究

北京旧城危旧房改造与古都风貌保护研究由市规划委组织。该课题在深入调查研究的基础上，回顾了1949年到2002年旧城危改的历程、改造模式、政策法规、取得的成绩以及存在的问题，汇总了危改前后旧城主要数据变化，提出了今后旧城危改的重点将转移至保护区，并分析了保护区的资源状况。同时对2003年以来旧城危改的新案例进行分类列举和分析，提出旧城保护区危改的实施对策。

（七）交道口南锣地区八条胡同整治修缮工程设计方案获批复

八条胡同包括：菊儿胡同西、帽儿胡同、北兵马司胡同、后圆恩寺胡同、秦老胡同、东棉花胡同、前圆恩寺胡同、雨儿胡同。南锣地区八条胡同地处北京旧城二十五片历史文化保护区，道路维持原断面不变，将沥青路面与两侧步道铺装用平缘石分隔。该八条胡同维持原交通组织不变。

（八）大栅栏文保区试点地块胡同修缮整治方案获批复

设计范围东起珠宝市街至粮食店街，南至珠市口西大街，西到大宏巷，北至前门西河沿大街。道路结合该地区的保护建筑及改造更新的具体保护方案进行定线。按胡同走向和宽度工程方案定线共计51条，其中24条胡同根据现况胡同走向，在不破坏胡同肌理的前提下，对路边建筑进行整治，27条胡同在综合整治的前提下，结合改造更新修建道路。

（九）北京无障碍设施建设和改造工作成效显著

1. 我市无障碍环境建设工作由市政府各部门依职责组织推动，工作涉及市属20多个行业主管部门和18个区县政府，以及相关的中央驻京单位。

2. 年内，市、区各有关部门和社会各有关单位投入经费3.8亿多元，保证了各项无障碍设施建设和改造任务的完成。

3. 编制了《北京市无障碍设施建设和改造规划导则》和10个行业细则。

4. 市政府将无障碍设施建设和改造纳入《市政府奥运会前重点工作倒排工期折子工程》，以制定“台帐”的形式，对全年无障碍设施建设和改造任务进行细化分解。

5. 通过检查，残奥委会IPC手册的相关标准在新建的残奥会场馆中均得到落实，总体上可以满足奥运会和残奥会的要求。

（十）无障碍设施建设和改造规划导则行业专项细则发布执行

市规划委2006年组织市政府各有关行业行政主管部门编制的无障碍设施建设和改造规划导则行业专项细则，经广泛征求了相关行业技术专家及无障碍设施使用者的意见，多次修改完善，经市政府同意，正式印发相关单位执行。

（十一）完成“地质广场”规划设计方案

该方案用地范围：北临阜成门内大街，东临西四南大街，西临地质博物馆，南临现状居民平房，占地面积约7000平方米。用地西南角为在建的地铁四号线地铁出入口。该方案以历史文化信息的“复现”理念结合地铁出入口交通功能要求、市民活动需求、以及“地质广场”的主题进行设计。

（十二）西单文化广场改造方案确定

市规划委审查并同意西单文化广场改造设计

方案。该项目南临西长安街，北至武功卫胡同，东临横二条，西至西单北大街，改造范围约2.6公顷。改造后广场绿地率约为44.2%。该改造方案优化了地铁4号线与地下商场西南角衔接方案，实现无障碍衔接，增加大量人流通行的便捷性，同时，整体广场铺装采用奥运色系之一的“长城灰”，与原有历史风貌相呼应，体现地方特色。

（十三）卫星查违工作

年内，市规划委组织开展了5次卫星查违工作，发现违法建设229处，比上年减少53.83%，违法建设面积66.26万平方米，比上年减少66.09%。

（十四）完成地铁5号线的规划验收工作

为确保地铁5号线在2007年9月20日实现顺利通车，市规划委采取措施，认真组织，严格标准，提前完成地铁5号线全部建设项目的规划验收工作，包括23个地铁车站和2个车辆段，建筑规模总计325073平方米。

（十五）完成22个奥运工程项目规划验收

年内，市规划委高效率，快节奏完成北京射击馆、顺义奥林匹克水上公园、北京射击场、五棵松棒球场、老山小轮车赛车、北京理工大学体育馆、中国农业大学体育馆、沙滩排球赛场、老山自行车比赛馆、老山山地车场、奥林匹克曲棍球场、奥林匹克森林公园射箭场、奥林匹克体育中心体育馆和体育场、英东游泳馆、数字北京大厦、北京工业大学体育馆、奥林匹克森林公园网球中心、北京科技大学体育馆、北京大学体育馆、首都体育馆、五棵松体育馆等22个奥运工程项目的规划验收。

（十六）北京市中小套型住宅设计方案征集与评选工作

北京市中小套型住宅设计方案征集与评选工作由市规划委组织。此次方案征集采取了定向邀请的方式进行，共邀请市建院、中国建院等十多家技术实力强、设计经验丰富的设计单位参加。征集活动共收到设计方案32个，其中，命题设计方案17个，实际工程方案15个。共评选出符合北京地区建设特点、富有创新理念、布局合理、经济适用，具有良好导向作用的优秀住宅设计方案21个，其中，一等奖2个，二等奖6个。

（十七）《首钢工业区改造规划》正式发布实施

《首钢工业区改造规划》4月20日发布实施。首钢搬迁是经国务院批准的一项重大工程，关系首都发展大局，关系北京城市规划总体布局，关系首钢职工能够妥善安置，关系石景山地区社会经济发展的未来。

（十八）举办第十四届首都城市规划建筑设计方案汇报展

12月2日，第十四届首都城市规划建筑设计方案汇报展暨2008奥运工程贯彻“绿色奥运、科技奥运、人文奥运”三大理念成果展在规划展览馆开幕。本次展览的意义和特色在于为首都的整个建筑领域注入了一种新的理念，也就是绿色、科技、人文的理念。

（十九）《北京规划建设》再获殊荣

由市规划院主管、主办的《北京规划建设》期刊，获得“北方优秀期刊”称号。“北方优秀期刊”奖评选活动于2004年发起，每两年举行一次，每次从3000余种期刊中，评选出100个优秀社科和科技期刊。

（二十）《北京市城市规划管理审批档案动态管理研究》立项为国家档案局科研课题

《北京市城市规划管理审批档案动态管理研究》课题在计算机技术、通信技术、地理信息系统技术、扫描技术、城市规划管理和档案管理的科学理论和方法的支持下，探索我国（特）大城市规划管理档案动态管理的理论、方法和技术。此项成果可使规划审批工作上一个台阶，使规划管理档案的管理工作实现一个飞跃，同时可为实现规划管理政务公开、依法行政提供有力的保证。

（二十一）完成城建档案目标管理任务

年内，市城建档案馆共接收、征集、整编各类档案4661项，37627卷；录音录像档案45盘；拍摄照片档案2000余张。在为社会提供档案技术服务中，拍摄缩微母片1534盘，拷贝片2802盘；复印图纸11985张，文字材料88429张；扫描胶片24842画幅；还原图纸、文字材料8000余张；编制工程竣工档案90项。同时，完成了市规划委的档案管理工作，共接收、整编各类规划管理档案6126卷；建筑、市政、用地、过程、机要、地名档案7075件；扫描加工委和部分分局档案

13813项，11774卷，362116页。另外，对外接待查阅城建档案、资料12000余人次，17600余卷次。

（二十二）编制完成通用图集、地方标准36本

年内，市规划委共编制完成通用图集、地方标准36本。其中北京市地方标准3本，地方通用图集6本，北京通用图集1本，专项图集22本，强制性条文汇总4本。

（二十三）开展建筑节能试点工作

通过对“亮马河大厦”、“崇文区政府17个独立办公楼”及“市规划委员会行政办公楼”的建筑能耗实际测试，了解公共建筑以及政府办公楼的各项实际运行技术指标与现行节能标准之间的关系及差距。为完善现行标准以及相关节能政策提供重要依据。

（二十四）编制完成“建设项目设计文件节能篇编制深度规定”

“建设项目设计文件节能篇编制深度规定”由市规划委组织编制。本规定分为可行性研究阶段节能篇和初步设计节能篇，主要内容包括：一般规定、项目概况、能源供应条件、用能标准和节能设计规范、能源种类及能源使用分布情况、项目节能措施、相关专业节能措施、节能政策分析、能源计量和检测与管理、以及工艺流程、建筑、结构、给水排水、暖通空调、热能动力和电气等各专业的节能设计要求。

（二十五）编制完成“公共建筑节能检测评估标准”

“公共建筑节能检测评估标准”由市规委组织编制，编制目的主要是通过对公共建筑在运行过程中的能耗情况进行测评，通过一系列的指标对设备系统用能的合理性做了评价，以便改善运行管理水平。本标准为本市公共建筑的节能检测和评估工作提供了规范化的判断依据，同时可作为业主、设计勘查、施工监理、运行管理、检测评估人员开展建筑节能工作的技术参考。

（二十六）北京市城市建设地下水保护现状研究项目通过验收

北京市城市建设地下水保护现状研究项目由市勘察设计研究院有限公司完成。本项目通过大量调查研究和对已有资料及工程实例的分析，针对北京市地下水资源严重匮乏的现状，得出施工降水对地下水资源的耗费和对地下水环境影响很大的结论，急需采取措施加强对地下水的保护。

（二十七）编制完成《太阳能热水器安装建筑构造应用图集》

《太阳能热水器安装建筑构造应用图集》适用于北京地区、华北地区和西北地区利用太阳能热水系统的新建和改扩建的民用建筑，也可供其它地区应用参考。该图集以目前建筑设计中通采用的平板式（含热管平板式）、普通玻璃真空管式（含单玻热管、双玻热管、U型管式）太阳能集热器为重点，根据其结构形式、性能特征、设置条件及其与建筑结合形式，对太阳能热水系统在建筑设计、施工、选用、安装提出指导。由市规划委组织编制。

（二十八）《北京地区农村居民建筑抗震设计施工规程》编制完成

《北京地区农村居民建筑抗震设计施工规程》由市规划委、市建委组织编制，规程对新农村住宅的墙体承重体系、梁柱构架承重体系做了较详细的说明，对结构材料选用、抗震构造、施工要点等均做了明确规定。该《规程》对于新农村建设，指导新农村居住建筑抗震防灾设计具有重要作用。

（二十九）《规范强制性条文汇总》（建筑专业）出版发行

《规范强制性条文汇总》（建筑专业）由市规划委组织将所有建筑设计中建筑专业常用的国家、行业、地方规范标准中的强制性条文汇编成册。本册的特点是将每本规范的“强条”集中整理在一起。本册按内容大致分类，如“节能类”、“消防类”、“防水类”等。方便广大建筑设计单位、施工图审查单位、建设单位，以及施工、验收等单位查对。所有收录规范截止日期为2007年5月。

（三十）《北京市小区雨水利用工程设计指南》发布实施

《北京市小区雨水利用工程设计指南》针对小区雨水利用规划、雨水设计流量、水力计算、雨水收集系统及入渗蓄存系统的设计，以及小区雨水回用和防洪系统设计均做了科学地、较全面的规定和阐述。该《指南》对小区雨水利用设计具有指导作用。

（三十一）举行第四届北京青年规划师建筑师演讲比赛

第四届北京青年规划师建筑师演讲比赛由市规划委主办，比赛分规划和建筑2个组，规划组参赛25人，建筑组参赛15人。本届演讲比赛主题要求是：绿色奥运、科技奥运、从文奥运——奥运形势下的北京城市规划建设。

第四节　奥运工程规划情况

一、市规划委积极推进奥运工程规划审批工作

2007年年内，市规划委积极做好各项奥运规划及协调工作。完成了铁人三项临时看台、公路自行车赛临时看台、沙滩排球中心及附属用房、奥运村国际区、四清集团新办公楼，奥运中心区土地一级开发及多功能演播塔等项目的规划手续的审批。有序组织开展了奥林匹克公园中心区景观规划、民族大道景观规划、奥林匹克公园中心区多功能演播塔、奥林匹克公园中心区下沉花园景观设计、地铁奥运支线和机场线车站室内装修设计、奥林匹克公园公共艺术设计、奥林匹克森林公园南广场景观设计、奥运城市雕塑规划等二十多项规划设计工作。

二、奥林匹克公园中心区景观整体规划设计方案编制完成

市规划委配合新奥集团开展了对奥林匹克公园中心区景观总体规划设计方案的组织编制和协调深化工作。该规划设计范围南临北四环路，北临科荟路，西临景观路（北四环路以北，国家游泳中心以南地段西临景观西路），东临湖边东路（北四环路以北，凯迪克酒店以南地段东临北辰东路）。总规划用地面积约84.82公顷（不含国家体育场用地）。规划设计主要内容包括中心区景观规划总体方案、标识系统、中轴线和广场铺装、水体水岸、植物种植、环境设施、景观小品、高程、电气、照明、设备、雨洪系统、市政管线等。其中，就庆典广场、中轴线东侧下沉花园、信息灯柱、公共艺术品，包括雕塑等分别组织开展了专项规划设计。

三、完成奥林匹克公园市政工程综合规划编制

由市规划委组织。规划包括奥林匹克公园市政工程规划方案综合和市政工程设计综合。规划对奥林匹克公园内包括水系、排水、供水、供气、供电、供热、信息、雨洪利用等13个专业的系统方案进行了研究优化，从平面及竖向上对奥林匹克公园内地面道路、下穿道路、地下环形隧道、市政管线等市政基础设施的相对位置进行了控制，协调和处理了地上空间与地下空间之间的关系及矛盾。规划考虑了赛时和赛后的需要，对2008年后27块待开发地块的市政基础设施建设进行了分析研究，并预留市政接引条件。

四、完成长安街及其延长线环境整治设计方案综合规划编制

长安街及其延长线环境整治设计方案综合规划编制由市“2008”环境建设指挥部办公室会同市规划委完成。规划范围东起四惠桥，西至石景山首钢东门，全长约27公里，涉及石景山、海淀、西城、东城、朝阳5个区。规划工作思路以梳理整治、不大拆大建、拾遗补缺为主。为使长安街及其延长线环境整治有序展开，规划方案整合了道路大修、园林绿化、夜景照明、城市雕塑、城市家具等道路景观要素，并汇总朝阳区、海淀区、石景山区的深化设计方案，提出了长安街及其延长线环境整治综合方案。规划实施后，长安

街的面貌将焕然一新，在实现“庄严、美丽、现代化”的总体目标的同时，为市民营造方便、舒适的城市宜居环境。

第五节 保障性住房规划

一、完成北京市“十一五”保障性住房及“两限”商品住房用地布局规划编制工作

北京市“十一五”保障性住房及“两限”商品住房用地布局规划由市规划委组织编制完成。规划对以中低收入家庭为主的保障对象需求情况进行了调查和预测，提出保障性住房及“两限”商品住房的规划目标和建设规模，并对年度目标进行分解以指导实施。

二、14个保障性住房项目开工建设

依据北京市“十一五”保障性住房及“两限”商品住房用地布局规划，“十一五”期间，安排保障性住房约3000万平方米，占住房总量的24.4%，其中经济适用房1500万平方米（含廉租住房150万平方米），“两限”房1500万平方米 。安排中央、部队享受经济适用住房政策的住房约1000万平方米。年内，约有700万平方米保障性住房及两限商品房进入规划审批流程，其中海淀区西三旗等14个保障性住房项目、200万平方米经济适用房、30万平方米廉租房已开工建设。

第六节 工程设计完成情况

一、完成轨道交通6条线路规划设计

年内，按照市政府确定的2007年轨道交通建设“保四争六”的部署，由市规划委组织，集中大量专业技术力量，开展了地铁9号线、地铁10号线二期、地铁8号线、地铁6号线、亦庄线、大兴线的规划设计工作。在各条线路规划设计的同时，为了加强轨道交通与城市用地的结合，至年底，6条轨道交通线路的规划设计工作已完成，并全部开工建设。

二、地铁大兴线设计完成

地铁大兴线工程起点为地铁四号线马家楼站以南预留接轨点，过南兆路后进入南兆路车辆段。大兴线工程沿途经过丰台区南苑西地区、大兴区西红门地区、大兴新城主城区、北京市生物医药产业基地，线路正线工程范围全长21.76km，地下段长约16.9km，高架段长约3.8km，路堑段长约0.66km，路基段长约0.4km。全线新建车站11座，其中地下车站10座，高架车站1座。一座车辆基地。该工程由市市政工程设计研究总院承担设计。

三、地铁亦庄线工程设计完成

亦庄线是连接市中心城和亦庄新城的轨道交通线路。线路起点位于宋庄路与石榴庄路交叉口南侧，到亦庄新城东部的亦庄火车站。起点设置

宋家庄停车场、终点设置车辆段各一处。本线路途经丰台、朝阳、大兴、通州四个辖区和亦庄开发区，正线全长23.23km，其中地下线长约8.59km，高架线路约13.95km，U形槽及路基段约0.69km。该工程由市市政工程设计研究总院承担设计。

四、地铁10号线二期工程设计完成

地铁10号线二期工程线路起点为一期工程终点站劲松站南，至火器营转向东到达本线终点地铁10号线一期工程万柳西折返线。地铁10号线二期工程线路全长31.89公里，全部为地下线。全线共设地下车站23座，设停车场两处。该工程由北京市城建设计研究总院承担设计。

五、地铁8号线二期工程设计完成

地铁8号线二期线路包括南北两段：回龙观~森林公园、熊猫环岛~美术馆东街与地铁6号线相接，中间段为在建工程奥运支线。地铁8号线二期工程线路总长约17.3公里，全部为地下线。地铁8号线二期工程设地下车站11座。工程设车辆基地一处。该工程由中铁工程设计咨询集团有限公司承担设计。

六、地铁9号线工程设计完成

地铁9号线起点设在丰台区的郭公庄站，经六里桥、北京西客站，终点设在白石桥站。线路全长16.5km，设车站13座，均为地下站。由市城建院设计。

七、地铁6号线工程设计完成

地铁6号线起点设在五路居站，经阜成门、朝阳门、定福庄，终点设在通州新城，线路长约41.74km，设车站28座，其中高架约7公里，3座高架车站。由市城建院设计。

八、首都机场第二通道工程设计完成

机场二通道利用现状东苇路和金盏东路的线位，北端与机场3号航站楼楼前道路相接，南端与规划京津第二通道相连，全长约27.2公里，近期实施机场二通道（首都机场~姚家园路）段及姚家园路（五环~机场二通道）段，道路长度约17km，道路等级为城市快速路，机场二通道设计车速100km/h，姚家园路设计车速80km/h。本段道路共与19条规划道路相交，其中高速公路、城市快速路3条：机场南线、京平高速、五环路；城市主干路5条；城市次干路6条；城市支路5条。相交主要河道3条：温榆河、坝河、小场沟。全线共设互通式立交7座，跨河桥2座。该工程由市市政工程设计研究总院承担设计。

九、京承高速公路（密云沙峪沟—市界段）工程设计完成

京承高速公路（密云沙峪沟—市界段）工程设计起点密云沙峪沟（接京承高速公路（高丽营—沙峪沟段）工程终点）至司马台（横城子隧道南侧，约54.7公里）为四车道高速公路，62.685公里，设计速度100公里/小时；司马台（横城子隧道南侧）至市界（约8.0公里）为四车道高速公路，设计速度80公里/小时（与河北省已建成段标准一致）。该工程由市市政工程设计研究总院承担设计。

十、五环路（闵庄路—香泉环岛）西辅路道路工程设计完成

五环路（闵庄路—香泉环岛）西辅路道路工程位于海淀区香山地区，设计起点南起闵庄路，向北经门头村北路、黄旗村东路、终于香泉环岛，道路全长2105.36m。五环辅路承担着区域交通的作用，按城市次干路标准修建，计算行车速度40km/h。旅游高峰期间，借助人行道路侧可用于临时停车，以缓解香山地区停车难的问题。该工程由市市政工程设计研究总院承担设计。

十一、西外大街西延（黑塔南街—规划二路）道路工程设计完成

西外大街西延（黑塔南街—规划二路）道路工程为其西延线，设计速度为80km/h，长约6.5km，西起五环路杏石口立交，经15条规划路后，东至车道沟立交西侧，与西外大街西延（三

环—东翠路）道路工程相接。该工程由市市政工程设计研究总院承担设计。

十二、奥林匹克公园市政配套工程辛店村路东延（北苑路—京承路）道路工程设计完成

奥林匹克公园市政配套工程辛店村路东延（北苑路—京承路）道路工程设计起点北苑路，终点京承高速公路。道路全长3.5km。道路性质为城市主干路，计算行车速度60km/h，道路红线宽度为35m。该工程有市市政工程设计研究总院承担设计。

十三、永定路（莲花池西路—太平路）道路整治工程道路工程设计完成

永定路（莲花池西路—太平路）道路整治工程道路位于海淀区境内，西四环与西五环之间，南北走向，是该地区生活、办公出行的主要集散道路。本次道路设计南起莲花池西路，北至太平路，线路全长约0.36km，按城市次干路标准设计，道路红线宽45m。该工程由市市政工程设计研究总院承担设计。

十四、108国道（南村—石门营段）改建工程设计完成

108国道（南村—石门营段）改建工程起点门头沟区南村，终点为门头沟区小园，与108国道（六环—石门营段）接顺，道路全长6.847公里，设计标准按四车道一级公路修建，设计速度采用60km/h。该工程是北京市道路网中西南部主要放射线，承担着北京与河北、山西、太原等地区的交通衔接任务，是北京城区与京郊门头沟、房山地区联系的重要交通纽带。该工程由市市政工程设计研究总院承担设计。

十五、北京市朝阳路快速公交系统工程初步设计完成

北京市朝阳路快速公交系统能够与其它快速交通方式一起构成首都可持续发展的公共交通骨干网络。该公交系一期系统工程建设起点为东大桥，沿朝阳北路向东与地铁10#线相接，利用东三环桥下空间南行至呼家楼，然后沿朝阳路东至杨闸环岛。全线含套跑部分设站共计21处。该工程有市市政工程设计研究总院承担设计。

十六、北土城东路（京承路—太阳宫中路）道路工程设计完成

北土城东路（京承路—太阳宫中路）道路起点与京承高速菱形立交终点相接，终点与太阳宫中路西侧路边相接，道路全长915.24m，该路段规划为城市主干路，设计速度$v=60$km/h，规划红线宽60m。该路段是北三、四环间唯一一条东西走向的主干路，不仅分流了北三环、北四环的交通，而且联系了多条放射线道路，集社会交通、区域交通、公共交通于一体。该工程由市市政工程设计研究总院承担设计。

十七、淀区采石路（金沟河路—阜石路）市政配套工程道路工程设计完成

规划采石路为南北走向，南起金沟河路，北至阜石路，全长约730m，道路红线宽40m，规划为城市次干路。计算行车速度：40km/h；车道宽度：3.5m。采石路向南延伸进入丰台区，向北与橡胶研究院东路相接，是连接海淀区、丰台区的交通通道。该工程由市市政工程设计研究总院承担设计。

十八、北京市朝阳区香河园路（工体斜街—新东路）道路工程设计完成

北京市朝阳区香河园路（工体斜街—新东路）道路是东直门交通枢纽周边路网的一部分，南起工体斜街，北至新东路路口，道路全长408.95m，规划为城市支路，本次工程按次干路标准实施。该工程由市市政工程研究设计研究总院设计。

十九、奥林匹克公园市政配套工程成府路（熏皮厂路—安立路）道路工程设计完成

成府路是贯穿奥林匹克公园东西向的一条重要道路。本项目为成府路的一部分，位于朝阳区，西起熏皮厂路（向西与成府路西段衔接），终点

至安立路（向东与成府路东段衔接），线路全长约2.264km。隧道长1760m。该工程由市市政工程设计研究总院承担设计。

二十、北小河污水处理厂改扩建及再生水利用工程设计完成

北小河污水处理厂改扩建及再生水利用工程建设规模为10万m^3/d。工程内容分为两部分：改造现状4万m^3/d污水处理设施，将处理水排入北小河；新建6万m^3/d污水处理设施，采用MBR处理工艺，出水水质一次达到回用要求，其中1万m^3/d的出水再经过深度处理成为高品质再生水，直接供给奥运公园景观水体。该工程由市市政工程设计研究总院承担设计。

二十一、奥林匹克公园中心区排水及再生水配套工程设计完成

奥林匹克公园中心区雨水总流域面积为915.44公顷，配合中心区道路的建设，设计雨水管线106.6公里。雨水系统设计分为地面排水及隧道内排水两部分。配合地面道路排水，设计雨水泵站6座；环形隧道共设计雨水泵站7座。奥林匹克公园中心排水及再生水系统的建设和完善，使该地区污水收集率达100%，处理率为100%，实现了申奥承诺，整体提升了该地区的生态环境。通过建设雨洪利用和污水再生利用设施，可以节约大量的清洁水源，可改善整体环境质量，促进良性生态循环。该工程由市市政工程设计研究总院承担设计。

二十二、关西庄泵站及配套设施工程设计完成

关西庄泵站及配套设施工程是北京市南水北调配套工程的重要组成部分之一，是充分、可靠地利用南水北调来水向城市供水的关键工程。该工程是缓解密云水库供水压力，为第九水厂开辟第二水源的重要措施，工程的实施将有利于北京市境外水和境内水、地下水和地表水的合理调度使用。该工程由市市政工程设计研究总院承担设计。

二十三、南水北调配套工程第三水厂改扩建工程设计完成

北京市第三水厂改扩建工程是利用南水北调工程向北京地区输送长江的水，将三厂小部分陈旧的地下水设施拆除后，新建了规模为15万m^3/d的地表水处理工艺，使三厂由单纯地下厂变为地下水、地表水双水源水厂。为保证绿色奥运的目标能够切实得到实施，设计在工程设计阶段，确定了合理的建筑规模、单位容积和面积指标，优化了建筑结构形式和材料的选择，改善自然采光、自然通风和隔声设计。该工程由市政工程设计研究总院承担设计。

二十四、清河污水处理厂再生水回用工程设计完成

清河污水处理厂再生水回用工程建设规模8万m^3/d。该工程采用当前国际水处理领域中先进的浸没式膜处理工艺，出水经臭氧去除色度后通过水泵提升输送至厂外再生水管网。再生水主要用于河湖景观补水，包括向奥运公园100公顷的奥运湖水面提供景观水源，市政杂用水水源。该工程由市市政工程设计总院承担设计。

二十五、田村山水厂改扩建工程设计完成

田村山水厂改扩建工程选择在田村山净水厂内进行，取用50%燕化一供水车间出厂水，在田村山水厂进行深度处理后向市区供水。工程预计于2008年5月底完工通水。工程总投资仅2.7亿元。设计中充分体现“以人为本”的设计思想，新建全厂自控系统，设计细节中充分考虑今后水厂管理人员的运行安全和方便以及施工人员的安全和可操作性。该工程由市市政工程设计研究总院承担设计。

二十六、丰北路（三环—四环）改扩建工程设计方案获奖

丰北路（三环—四环）改扩建工程设计方案获市第十三届优秀工程设计市政公用工程一等奖。该项目与市公交优先原则相结合，巧妙利

用立交型式和公交站点需求，增设公交专用匝道和公交车站，真正实现零距离换乘，方便百姓出行，提高公交通行能力。桥梁设计中采用了预应力混凝土曲线桥梁预制节段逐跨拼装技术，大量采用体外预应力技术，钢－混组合梁采用无支架施工新技术，这些技术在北京市均为首次采用。

二十七、莲花池西路（西四环路—西五环路）道路工程设计方案获奖

莲花池西路（西四环路—西五环路）道路工程设计方案获市第十三届优秀工程设计市政公用工程一等奖。该工程是位于北京西部的重要放射线，设计标准为城市快速路，在路网分析的基础上，较好的处理了与现况河道、铁路以及大量的地下管网的关系，立交桥型选择合理，主辅路关系因地制宜、功能合理。该工程设计功能合理，各项技术措施得当，效果良好，达到了国内先进水平。

二十八、京石高速公路（六里桥—市界）大修工程设计方案获奖

京石高速公路（六里桥—市界）大修工程设计方案获市第十三届优秀工程设计市政公用工程一等奖。该项目大修设计中，采用“沥青路面就地热再生”技术，有效利用旧路材料减少污染。设计中以人为本，重视景观及环境保护。该项目采用的上述设计技术有突出创新，达到了国内先进水平。

二十九、四惠立交桥北幅桥加固工程设计方案获奖

四惠立交桥北幅桥加固工程设计方案获市第十三届优秀工程设计市政公用工程一等奖。该工程结合火灾后对桥梁进行的检测和静载试验，对预应力混凝土简支梁受火灾后的应力状态及受损程度进行了深度研究，建立了一个火灾退化模型用以分析判定梁的预应力状态，此为国内首次对预应力混凝土桥梁的受火影响进行研究和加固。本次研究和实践所取得的成果，为今后此类研究和应用提供了可以借鉴的经验，为在不中断交通的情况下更换烧坏的支座，采用多跨、大吨位同时顶升的施工工艺，是北京市更换桥梁支座的一次成功尝试。

三十、市重点工程—安华桥积水点雨水改造方案获市规划委批复

改造方案包括：雨水泵站设计标准由重现期2年改造为3年。沿北中轴路（安华桥泵站—北土城沟）新建出水管线。改造部分高水区雨水管线，新增雨水口，增大高水管线的截流能力，减少流入泵站的客水量；改造部分低水区雨水支管，增建雨水口。

三十一、国展联络线（机场南线高速公路—安华街）道路工程设计方案获市规划委批复

国展联络线（机场南线高速公路—安华街）道路南起机场南线高速公路北侧辅路，经规划辛堡西沟河，终点至安华街，道路全长约3公里。该道路规划为城市主干路，道路红线宽50米，计算行车速度为40公里/小时。

三十二、大同至房山500千伏第三回输电线路（北京段）选线规划方案获市规划委批复

该工程起点为山西大同500千伏变电站，经河北省后进入北京市房山区，终点为房山500千伏变电站。线路全长约299.5公里，其中北京段线路长约19.1公里。该线路沿用现状大同至房山第二回线路的路径，将现状单回500千伏线路改造为同塔并架双回500千伏线路。

三十三、太阳宫热电厂天然气管线工程完成全部规划手续

太阳宫热电厂位于太阳宫芍药居东区，距北四环约500米，东侧为绿化隔离带及高压线走廊，南侧为太阳宫大街，西侧为太阳宫西路及芍药居东小区居住区。电厂年耗气量约为8.1亿立方米。该工程自六环路4.0兆帕高压天然气管线接气，沿京承高速路至调压站；从调压站引出2.5兆帕专线管道至热电厂。

三十四、大兴区庞各庄镇污水处理厂及配套管线初步设计获批复

大兴区庞各庄镇污水处理厂位于大兴区庞各庄镇镇区，西临天堂河东侧规划隆源大街，东至规划隆盛大街，南临规划惠源路，北至银湖庄园。总用地面积为58512.65平方米，规划污水处理厂处理规模为14000吨/日，其中近期污水处理规模11000吨/日、再生水处理规模3000吨/日。

三十五、市重点工程—昌平区北七家镇污水处理厂工程初步设计通过审查并获批复

该工程位于昌平区北七家镇，北起温榆河规划绿线，南至规划政府路，东临水源九厂输水管线，西至现状电力架空线，占地4公顷，工程总建筑面积3066.59平方米。工程处理规模为40000吨/日（近期2.5万吨/日），中水处理能力11000吨/日。

三十六、高安屯垃圾焚烧厂工程初步设计获批复

高安屯垃圾焚烧厂的建设规模为日处理能力1600吨，占地46666.69平方米，建设规模36793.64平方米。工程建设内容为2台日处理生活垃圾800吨的垃圾焚烧炉、2台15MW的汽轮发电机组。

三十七、中关村创新产业基地道路网及交通设施规划方案获批复

该基地范围内规划道路总长度约为26.87公里，其中城市主干路共3条，分别为北清路、翠湖南路和东马坊西路，总长度为7.06公里；城市次干路共4条，分别为创新基地环路、纬三路、稻香园东路和春阳路，总长度为7.66公里；城市支路共11条，分别为纬一路、纬二路、纬四路、纬五路、经一路至经七路等，总长度为12.15公里。该基地范围内规划城市道路与周家巷沟和东埠头排水沟相交处安排跨河桥共11座。该项目方案中包括了外部交通及道路、防洪和河道、雨、污水排除、供水、中水回用、供热、供气、供电、电信及有线电视规划等内容，为园区建设提供了完善的外部市政条件。

三十八、安立路快速公交工程设计方案获批复

安立路快速公交工程线路规划范围：南起安定门，向北沿安立路经北三环路等，至昌平区平西府，线路全长约21公里。首发站为安定门，终点站为平西府。全线设置地坛、蒋宅口、平西王府站等共计23处。

三十九、北京南站外部路网工程初步设计获批复

北京南站外部路网工程包括：新建、改建六条道路，分别是马家堡路北段、凉水河南侧路、万芳亭公园东侧路、四路通中路、站前街、永定门车站路；六座立交分别为高架桥东侧立交、高架桥南侧立交、高架桥西侧立交、高架桥北侧立交、站前街与马东路立交和南三环立交；新建三座人行天桥分别位于马东路车站南侧路口、马西路车站北侧和南侧路口；新建南北两个广场。城市轨道交通线网规划有地铁4号线（在施）和地铁14号线在南站设站。该站是集国铁、城铁、公交等多种交通组织方式为一体的大型综合交通枢纽。为配合南站改建工程，市政府将南站外部路网工程列入近期建设计划。

四十、清华大学医学院设计方案获奖

清华大学医学院设计方案获市第十三届优秀工程设计公共建筑一等奖，由清华大学建筑设计研究院设计。该项目位于清华园老校区，是一座现代化的教学科研室、实验室建筑，功能复杂，设备及实验要求较高。设计理性地研究了场地及环境特征。同时，考虑校园空间肌理及科教建筑的功能特征，采用简洁的梳形平面布局，使各部都有良好采光与通风。在同类项目中有明显的优势，体现了很高的设计水平。

四十一、首都博物馆新馆设计方案获奖

首都博物馆新馆设计方案获市第十三届优秀工程设计公共建筑一等奖，由中国建筑设计研究

院设计。该项目位于北京西长安街，白云路西南角。作为一个标志性的文化建筑。该项目用现代的材料和风格来体现古都风貌的建筑文脉。其主立面一侧的椭圆青铜体倾斜向上，破璃而出，颇有寓意，轻盈舒展的大屋顶，巧妙的表达了古建的风采，其内部空间充分体现首都“文化客厅”的念。该项目的建成，成为北京长安街上一个新的标志性建筑。

四十二、新疆体育中心体育场设计方案获奖

2007年年内，由北京市建筑设计研究院设计的新疆体育中心体育场设计方案获市第十三届优秀工程设计公共建筑一等奖。该项目为新疆自治区体育中心主场，可容纳4万人。除了满足自治区体育中心大型比赛和国际比赛标准外，该项目结构采用先进的环形斜拉索结构，跨度和规模为亚洲最大、世界第二（仅次于法兰西体育场）。

四十三、青藏铁路拉萨站站房设计方案获奖

2007年年内，由中国建筑设计研究院设计的青藏铁路拉萨站站房设计方案获市第十三届优秀工程设计公共建筑一等奖。该项目作为青藏铁路的终点站，是具有相当社会影响力的工程，其设计构思是在充分满足现代化交通枢纽功能的前提下，追求自然环境和西藏民族文化协调，而建造的成果也充分映证了设计构思的正确。其功能方面的设计考虑了拉萨站的功能需要和由于当地特殊气候条件、地理条件带来的有利既无利因素，设计上以尽量减低能耗和运行成本以及对自然生态环境的破坏为目标，实现“绿色设计”的概念。该项目造型语汇简洁有力，创造了与宽阔宏伟的高原景观风貌协调一致的大地景观。

四十四、清华大学美术学院教学楼设计方案获奖

2007年年内，由市建筑设计研究院设计的清华大学美术学院教学楼设计方案获市第十三届优秀工程设计公共建筑一等奖。设计代表着二十一世纪清华的新形象，体现清华大学这座历史悠久、世界级大学的胸怀，庄严典雅、亲切宜人，具有现代感和高科技特点而不事奢华张扬的教学建筑。

四十五、中国电影博物馆设计方案获奖

2007年年内，由市建筑设计研究院设计的中国电影博物馆设计方案获市第十三届优秀工程设计公共建筑一等奖。该项目为合作设计，建筑形态复杂，特殊做法等为设计带来极大难度和工作量。平面设计亦十分复杂，多个模拟、展示空间、声、光、电效果的应用，达到国际先进水平。

四十六、清华科技园科技大厦设计方案获奖

2007年年内，由清华大学建筑设计研究院设计的清华科技园科技大厦设计方案获市第十三届优秀工程设计公共建筑一等奖。该项目是清华科技园内的一座标志性建筑。设计将四幢塔楼至于园区核心区，形成一个完整的群体，是我国同类项目中成功的优秀设计，具有代表性，整体完成度高。

四十七、金融街B7大厦设计方案获奖

金融街B7大厦设计方案获市第十三届优秀工程设计公共建筑一等奖，由中国建筑设计研究院设计。该项目位于北京市金融街中心区，规模22平方米，为高档写字楼、会议中心、交易中心为一体的大型公共建筑。在完整的金融街中心区规划之下，建筑布局充分融合了城市规划要素，作为中心区的标志性建筑，两座塔楼相错布置，利用修长的端部处理面象城市的主要视觉（西向），突出了标志性，整体建筑处理高层部分简练挺拔，顶部处理含蓄而不尖个性，裙房在富于变化的同时仍不失气质，材料运用成熟干练，体现了现代技术与人文精神的追求，该项目达到国内先进水平。

四十八、中软昌平科技园1号2号研发楼设计方案获奖

中软昌平科技园1号2号研发楼设计方案获

市第十三届优秀工程设计公共建筑一等奖，由中国建筑设计研究院设计。该项目地处昌平郊区，风景极佳。在用地相对宽敞的条件下，将两幢不同产权1号2号楼既分离又有组合，用现代构成的设计手法使外立面虚实对比关系与平面大小房间有逻辑上的必然关系，是一个设计得体、现代感十足的富于灵气的现代建筑。

四十九、北京大学国际关系学院设计方案获奖

北京大学国际关系学院设计方案获市第十三届优秀工程设计公共建筑一等奖，由市建筑设计研究院设计。该工程地处北大校园内，北临燕园文物保护区，东邻静园一、二、三院，西临勺苑。总建筑面积：10000平方米，地上三层，地下一层。建筑布置适当、尺度、天际线的变化顺应校园规划总体布局。设计手法先进，有创意，具有国际先进水平。

五十、北京金融街B3大厦设计方案获奖

北京金融街B3大厦设计方案获市第十三届优秀工程设计公共建筑一等奖，由中国中元国际工程公司设计。该项目的总体布局具有鲜明的城市观念，严格沿续了金融街中心区的整体城市设计要求，在区域环境中取得了恰如其分位置和角色。建筑布局充分利用东南向区域集中绿地景观，使这一景观轴线穿越建筑大堂沿续到西部围合的庭院。该设计采用美国STAR WOOD WESTIN品牌，从功能、空间、室内设计、设备配置、管理及服务系统的标准上，完全达到品牌的标准。

五十一、北京东四D1区海洋石油办公楼设计方案获奖

北京东四D1区海洋石油办公楼设计方案获市第十三届优秀工程设计公共建筑一等奖，由中国建筑设计研究院设计。该项目位于北京东二环路朝阳门立交桥西北角，与东南角外交部大楼隔桥相望。是中国石油公司的总部办公楼，主楼高80米。该项目平面设计合理，空间安排得当，充满动感和活力，外立面向上扩张的玻璃幕墙隔层错缝排列，竖向间隔外挂玻璃翼，很有新意。

五十二、市高级人民法院审判业务用房设计方案获奖

市高级人民法院审判业务用房设计方案获市第十三届优秀工程设计公共建筑一等奖，由市建筑设计研究院设计。该项目位于东便门立交桥的东北角，东邻东二环路，南临通惠河，总建筑面积：47430平方米。包括审判楼、立案信访楼、安检厅三个弹体，为市民提供了2000平方米的共享中厅和15个法庭以及一个小型法律图书馆等空间。设计以空间的公共性为基点，将审判楼向东二环展开，留出开阔的城市广场面向东耳环，总图布局合理，交通流线清晰。

五十三、卫生部北京医院老北楼重建工程设计方案获奖

卫生部北京医院老北楼重建工程设计方案获市第十三届优秀工程设计公共建筑一等奖，由中国中元国际工程公司设计。该工程系北京医院为重要干部医疗就诊、治疗的门诊、病房建筑，地上10层，地下2层，总规模：6.02万平方米，高度：42.5米。就诊及住院对象为1、2、3类（干部等级分类）。为解决原有用地紧张与限高问题，同时针对干部医疗就诊模式的特殊性，平面布局采用大柱网、医、患、分离的双通道布局，并采用钢结构体系来解决跨度与层高的矛盾，在有限的控高下营造了舒适的使用空间。

五十四、商务部办公楼改造设计方案获奖

商务部办公楼改造设计方案获市第十三届优秀工程设计公共建筑一等奖，由市建筑设计研究院设计。该项目为改造项目，老办公楼由于当时的时代局限性设施标准过低、体型琐碎、与其地位及所处环境不相适应，急需内部功能及外部形象更新升级。该工程设计人以娴熟的技艺、深厚的建筑功底，及对现代建筑与传统建筑的深刻理解在外立面设计上将墙身填平补齐，形体肯定、形态完整、认知感强烈。

五十五、外语教学与研究出版社——国际会议中心设计方案获奖

外语教学与研究出版社——国际会议中心设计方案获北京市第十三届优秀工程设计公共建筑一等奖，由中旭建筑设计有限责任公司设计。规划设计沿基地四周布置，方正建筑，以形成围合感，基地内部灵活布置小空间建筑，互不干扰，又互相渗透，错落有序，布局合理。平面布局将人流量大、动态接待、多功能、会议厅结合室外景观内院置于首层，人流量小的布置于商埠，功能分区明确，动静有序。

五十六、北京新世纪国际儿童医疗保健中心设计方案获奖

北京新世纪国际儿童医疗保健中心设计方案获市第十三届优秀工程设计公共建筑一等奖，由市建筑设计研究院设计。该项目是在原有儿研所业务楼基础上拆除改扩建。该项目虽小，但要把原有旧的建筑拆改加固，安全新的设计理念进行设计。室内设计从儿童心理学出发，以家的概念进行设计，丰富的色彩、温馨的材料，人性化的细节设计，建筑师做室内设计更能符合园设计的要求，该项目是小医院改造成高标准现代化医疗设施的典范。

五十七、皇石国际设计方案获奖

皇石国际设计方案获市第十三届优秀工程设计公共建筑一等奖，由市建筑设计研究院设计。项目地处朝阳公园东门外，是一栋中等规模的涉外公寓。设计在狭小的用地内，采用C字型布局，形成一个半围合院落空间，布局合理，交通流线清晰。设计平面功能合理，分区明确，动静有序。设计理念先进，有创意，具有国际水平。

五十八、北京星海乐器有限公司星海乐器园设计方案获奖

北京星海乐器有限公司星海乐器园设计方案获市第十三届优秀工程设计工业项目一等奖，由市工业设计研究院设计。该项目工艺设计先进，不仅考虑了当前国内劳动力成本低的特点，在场地及辅助设施中，预留了未来自动化生产加工的空间，被国际、国内钢琴业内人士评价为达国际先进水平。

五十九、完成北京时尚创意广场设计师大楼设计

市规划院北京时尚创意广场设计师大楼设计。该工程位于电子城高新技术产业开发区(朝阳区酒仙桥路)的北京正东电子动力集团有限公司厂区内。建设用地面积13935平方米，新建建筑面积46467平方米，地上六层，地下三层。设计充分利用正东集团热电厂、煤气厂的特色工业背景题材，将方案设计的创意定位为继承与融合。为了突出工业历史背景，在原来旧建筑群中汲取灵感，采用保留工业符号的手法，将砖墙、清水混凝土框架、金属钢架和玻璃幕墙融合在一起，形成独特的工业景观。

六十、中国美术学院、启明星辰大厦获詹天佑奖

由市建筑设计研究院设计的中国美术学院、北京启明星辰大厦获得2007年中国土木工程学会11月颁发的第七届中国土木工程詹天佑奖。中国美术学院工程位于浙江杭州市，建筑面积6.2万平方米。设计以水墨韵味的黑白灰作为校园建筑外观色彩基调，与地域人文环境相协调，使建筑物具有沉厚有力且历久弥新的观感。北京启明星辰大厦位于北京上地高科技产业园区，该项目建筑面积2.4万平方米，以绿色建筑理念健康办公空间为设计主导，将高品质低装饰低造价的清水混凝土运用在整个建筑的内外构筑上。

第七节　城市雕塑管理及规划展览

一、北纬40度景观雕塑落户植物园

“北纬40度”景观雕塑在北京植物园建成。该雕塑以地球北纬40度的切面为基本造型，以各个温度带的植物为浮雕取材，表面刻有地理、天文、历法、气象和环境等科普知识，是集艺术欣赏与科普宣传于一体的景观地理标志性雕塑。

二、中国雕塑研究中心成立

2007年7月2日，中国雕塑研究中心在京成立。该中心为民间学术研究机构，旨在从事中国雕塑的历史、理论及学术研究，策划当代重要雕塑展览，推动中外雕塑界艺术和人文交流，建立中国雕塑图文资料库。

三、北京新建城市雕塑86座

2007年，北京新建城市雕塑86座。

四、北京四组雕塑全国获奖

2007年年内，建设部全国城市雕塑建设指导委员会公布2006年度全国优秀城市雕塑建设项目评选结果，北京报送的“千年运河步道”获得年度大奖，“中国公路零公里”、“捉迷藏”、“宣南文化标识系列”雕塑获得优秀奖。市规划委城雕办获优秀组织奖。

五、举办国际城市雕塑艺术展

2007年年内，市规划委和市文化局共同举办“北京奥林匹克艺术之梦—2007国际城市雕塑艺术展”，并召开国际研讨会。此次展览共选出102件国内外优秀雕塑作品，包括19件国际大师级雕塑家作品。展出作品主要采取以展代建的方式，直接在奥林匹克公园和城市公共空间选址建设。

六、奥运盛鼎坐落朝阳公园

2007年10月13日，由甘肃省人民政府赠送给北京奥组委的“奥运盛鼎”雕塑在北京朝阳公园落成。该雕塑高2.9米、重5.6吨，鼎上刻有五星、天安门、长城等中国元素符号和第29届奥运会会徽、奥运会五环等标识图案，寓意全国各民族鼎立支持北京举办第29届奥运会。

七、地铁站统一规划设计艺术雕塑

2007年年内，为配合北京轨道交通建设，市规划委已着手对已建和在建地铁站的艺术美化工程统一进行规划设计，采用壁画等艺术手段对地铁环境进行美化。5号线的雍和宫站、张自忠站的壁画和浮雕已建成，4号线、10号线各站点的艺术美化工程已进入规划设计阶段。

八、编制奥运场馆雕塑规划

2007年年内，《北京奥运城市景观雕塑规划—永久性奥运场馆雕塑方案》编制完成。该规划提供了23个永久性场馆雕塑建设计划和方案，除国家体育场、国家体育馆、国家游泳中心的雕塑纳入奥林匹克公园中心区统一建设外，其它20个场馆中有16个场馆需新建雕塑18件，其余场馆已建雕塑将进行修缮处理。

九、比利时政府向北京奥运会捐赠雕塑仪式在市规划委举行

6月15日，“运动员之路”雕塑安排在奥林匹克公园西南中段地区，该雕塑平均高度14米，长度将达100米左右。

十、举办第十四届首都城市规划建筑设计方案汇报展

12月2日，第十四届首都城市规划建筑设计方案汇报展暨2008奥运工程贯彻“绿色奥运、科技奥运、人文奥运”三大理念成果展在规划展览馆开幕。本次展览的意义和特色在于为首都的整

个建筑领域注入了一种新的理念，也就是绿色、 科技、人文的理念。

第八节 勘察与测绘管理

一、优秀青年勘察人才受到表彰

12月28日，市勘察院孙保卫、周宏磊分别获得“北京市有突出贡献的科学、技术、管理人才”和“北京市优秀青年知识分子”荣誉称号，受到市委书记刘淇，市委副书记、市长王岐山亲切接见并合影留念。

二、北京地铁首次穿越河湖勘察

北京地铁九号线军博站~白碓子站区间在玉渊潭东湖拟采用盾构法施工，隧道底部位于湖底下约20米。地铁下穿现状河湖在北京尚属首次。2月，市勘察院精心勘察，提出了严格控制施工误差、结构变形、隧道沉降以及测量误差等设计要求，建议采取控制出土、压注膨润土浆液、同步注浆、快速均匀通过玉渊潭等措施，确保施工安全。此项地铁工程勘察，引起《人民日报》、《北京日报》等媒体广泛关注并详细报道。

三、大规模投入地铁工程勘察

2月，北京地区各工程勘察单位积极参加北京地铁6号线（一期）、8号线（二期）、10号线（二期）、亦庄线、大兴线的招投标工作，随即进入现场勘察施工。这次招标勘察的各条地铁线路计约120余公里，设计各类车站、车辆段、停车场86座，其勘察工作量之大，是近年来罕见的。

四、修订北京地区勘察设计规范

8月，市规划委审查通过了《北京地区建筑地基基础勘察设计规范》。本次对《北京地基规范》（DBJ 01－501－92）的修订旨在适应1992年以来国家对相关技术规定的变动，满足首都建设规模和建设特点的变化对勘察设计工作的新要求，采纳新经验、新成果。市勘察院和市建院是这次修订工作的主编单位。

五、北勘公司完成改制挂牌成立

10月29日，市勘察设计研究院有限公司（简称“北勘公司”）完成工商登记挂牌成立。原市勘察院的工程勘察设计咨询和研究业务及科技人员全部转入该公司。作为科技型企业，北勘公司建立了产权多元化的管理体制，成为北京市第一家实现体制改革的市属大型勘察设计单位。

六、北京市多项工程获全国第十届优秀工程勘察奖

第十届“国优”评出工程勘察、岩土工程金奖4项、银奖11项、铜奖14项，10月通过建设部终审。其中，北京地区工程项目获金奖1项（国家大剧院岩土工程勘察、水文地质勘察场地渗流场及建筑设防水位分析与基础设计分析，市勘察院），银奖2项（北京LG大厦岩土工程勘察、设防水位分析与基础设计分析，市勘察院；石景山京西超市地基处理设计与施工，中航勘察院），铜奖3项（中兵勘察院1项；市勘察院2项）。本届同时评出工程测量金奖1项（北京市东城区地理信息资源数据库建设，建设综合勘察院），银奖2项（其中1项为北京城市系列比例尺数字地形图测绘工程，市测绘院）。

七、举办市第十届工程勘察评优

年内，北京市第十届优秀工程勘察评选工作结束。20项岩土工程和水文地质工程获奖，其中一等奖6项，二等奖7项，三等奖7项。一等奖中，市勘察设计研究院有限公司完成5项：北京银泰中心、北京电视中心、北京奥林匹克公园森林公园、北京五棵松文化体育中心、建外SOHO-

CFG 桩工程；建研地基基础工程有限责任公司完成1项：北京华贸中心。本届评比还产生了12项优秀工程测量项目。

八、19家勘察单位获诚信单位证书

年内，北京勘察设计协会开展诚信评估活动。经过自评、初评、网上公示、评估专家委员会审定，北京勘察设计协会批准，市勘察设计研究院有限公司、中航勘察设计研究院等19家勘察设计院（公司）成为“北京地区工程勘察诚信单位”。有效期为2008～2011年。排在前13位的单位经中国勘察设计协会组织的评审，成为“全国工程勘察设计行业诚信单位”。

九、地源热泵勘查服务绿色奥运

年内，由市勘察设计研究院有限公司负责的奥林匹克森林公园“地源热泵系统地质勘查和地层热物性测试评价”及工程前期初步设计等咨询工作展开。此项工程将为森林公园内5万6千平方米建筑物提供清洁，无污染的冷、热能源。同时以该公司为主承担了“国家科技部绿色奥运支撑项目——地源热泵系统关键技术研究”工作。

十、5个勘察项目获国家优质工程奖

12月，市勘察设计研究院有限公司完成工程勘察的中华全国总工会办公楼、富盛大厦、清华大学美术学院教学楼、金融街公寓、丰北立交桥等5项工程荣获2007年度国家优质工程银质奖。

十一、地铁新线风险评估研究基本完成

市勘察设计研究院有限公司受市轨道交通建设管理有限公司委托，开展了“北京市地铁新线的工程环境与风险评估研究”，研究内容涉及新线建设的工程环境分析、岩土工程风险分析与评价、地铁建设对环境的影响分析与评价，以及基于GIS和三维可视化技术的岩土工程风险分析与评价系统的开发工作。

十二、市勘察院荣获三项2006年度国家优质工程银质奖

由市勘察院勘察设计的昆泰嘉华酒店（原朝外商业中心C区工程）；北京佳程广场；国际投资大厦3项工程获得国家优质工程银质奖。

十三、组织编制地方技术规范、标准

年内，市规划委完成了《北京市建设工程施工图审查及设计变更管理办法》、《北京市住宅区及住宅安全防范设施建设和使用管理办法实施细则》（规划设计部分）、《北京地区建筑地基基础勘察设计规范》、《北京市勘察设计与测绘管理办公室不良记录信息管理办法》、《北京市勘察设计与测绘管理办公室市场监督检查办法》等11个规范、标准的编制和修订工作，为勘察、设计、测绘工作提供了技术保障。

十四、勘察设计招投标市场的监管

市规划委完善勘察设计招投标监管程序，明确监管责任。年内，受理建设工程招投标项目2515项，完成备案2353项，比上年同期增长了58%。完成了轨道交通67个合同段、奥运场馆的配套工程、平改坡工程、保障性住房等国家重点工程的设计招标监管工作。

十五、强化勘察设计质量监管

市规划委强化施工图审查备案管理工作，施工图审查管理信息系统正式投入使用。年内共完成施工图审查1248项，建设规模2865.22万平方米，其中违反强制性规范标准318条；违反一般规范标准15515条；违反法律法规标准498条。违反强条数量比上年显著减少。

十六、加大对违法设计的查处力度

市规划委加大对违法设计的查处和不良记录的登记、公示工作，建立联动机制，共对42家涉及违法建设的设计单位进行调查，并视情节轻重对参与违法设计的单位和设计负责人分别进行了处理。

十七、加强测绘政策研究和标准化工作

年内，市规划委组织编制了《关于进一步完善规划监督测量和地籍测绘管理工作的意见》、《关于进一步加强基础地理信息数据管理的若干意见》、《关于开展涉外测绘活动联合监管的实施意见》等

规定，为测绘市场的监管提供有效的法律保障。

十八、积极推进测绘标准化工作

市规划委积极推进测绘标准化工作。一是组织了国家级《城市轨道交通工程测量规范》的修订工作。二是组织编写了《基础地理信息系统数据库建设技术规程》。三是组织开展了北京市测绘与地理信息行业发展规划（2008－2012）的编制工作，涉及的专业范围包括基础测绘、工程测量、地下管线、地理信息系统、地图纸图、测绘仪器检定及行业管理。

十九、发布、推广、更新政务版电子地形图

市规划委正式发布了政务版电子地形图，并进行了首次更新，现已为建设、农业、教育、地震、交通、园林等行业提供了成果服务，满足了政府部门的需求。

二十、提供基础测绘成果为社会服务

年内，市规划委共受理199件涉密基础测绘成果申请，其中北京市基础测绘数据成果申请审批164件，含政务版电子地形图审批51件，对奥运安保、新闻出版行业监管、安全生产行业监管、检验检疫监管、规划研究、环保地理信息系统建设、公安通信指挥系统建设、信息化建设、推动首都经贸发展等方面发挥了重要作用。

二十一、更新基础地理底图

根据我市行政区域界线走向、政区名称及办公驻地位置的变更情况和地理要素变化现状，市规划委会同市民政局发布并更新了“北京市行政区域界线基础地理底图”，为市民提供最新的底图，满足了社会各界对行政区域界线基础地理底图的需求。

二十二、市测绘院获先进单位称号

12月，建设部授予市测绘设计研究院“全国建设系统精神文明建设先进单位”称号。

二十三、7项测绘项目国内获奖

年内，市测绘院《基于Web Services架构的多源多尺度数据库集成服务模型研究》和《综合测绘信息服务系统》获中国测绘学会测绘科技进步三等奖；《北京城市系列比例尺数字地形图测绘工程》获中国测绘学会测绘工程金奖；《北京市轨道交通首都国际机场线工程》获中国测绘学会测绘工程银奖；《北京市集体土地地籍调查四等控制测量及平原地区1：2000正射影像图制作过程》获中国测绘学会测绘工程铜奖。市测绘院参与完成的《北京市全球卫星定位综合服务系统》获中国测绘学会科技进步一等奖；《京津冀晋现代测绘基准体系建设——华北地区大地水准面精化》获中国测绘学会科技进步三等奖。

二十四、完成7项基础测绘项目

年内，市测绘院完成玉渊潭水准原点网复测和东部沉降区水准观测工程约860公里；B区（含亦庄工业开发区）城市一、二级导线复测；基本比例尺地形图数据更新（完成四环范围1:500地形图更新8449幅，平原地区1:2000地形图新测2513幅；平原地区1:10000地形图更新457幅）；北京市地址地名数据库建设的采集和录入工作；北京市政务版电子地形图（1:2000比例尺部分）更新工作；北京市行政区域基础地理底图更新工作；《新北京、新奥运地图集》地图部分的编制工作。

二十五、完成多项重要工程项目的测绘

年内，市测绘院完成了多项重要工程项目的测绘工作，包括地铁五号线、六号线、八号线和大兴线等轨道交通工程测量；郊区县132个村的“新农村”地形图测绘；网球馆、羽毛球馆等奥运场馆的竣工测量；长城资源调查测绘项目；首都机场改扩建工程中的导航系统精密测量工程；108国道等道路测绘工程。

二十六、开发完成多个地理信息系统

年内，市测绘院开发建设了多个基础地理信息系统，包括：“奥运安保三维系统”，“北京市民防局信息管理办公自动化系统”，“北京市村庄规划管理地理信息系统”，“学院路社区管理系统”和“北京市民防局信息管理系统二期（指挥通信部分）”等。

第九节 地名变更

2007年内，北京市地名变更共计184个，按地名类别划分，居住区和道路名称170个，地铁车站名称6个，桥梁名称8个。

西城区命、更名（6个）：长安融府，中铁天太家园，油坊胡同，大方胡同，车公庄南街，动物园路

崇文区命、更名（4个）：左安溪园小区，广渠门内滨河路，龙潭东路，广渠家园

宣武区命、更名（9个）：茶马西路，茶马北街，茶马南街，茶马街，茶马北小街，茶源路，茶马东路，红茶源西路，莲西路

朝阳区命、更名（51个）：北卫新园，鸿博家园一区，鸿博家园二区，鸿博家园三区，鸿博家园四区，鸿博家园五区，鸿博家园六区，鸿博中路，鸿博北街，鸿博东路，鸿博西路，鸿博街，观音惠园，拂林路，石佛营路，石佛营南街，石佛营西路，管庄南街，东十里堡路，东方东路，霞光里北街，麦子店西街，安家楼路，朝阳公园北街，芳园中街，百子湾东里，双桥南街，锦芳路，天畅园，天居园，水岸庄园，四路通中路，金桐东路，金桐西路，景华街，林泉街，常营北路，常营中路，水岸中街，水岸南街，朝新嘉园东里五区，朝新嘉园东里六区，朝新嘉园东里七区，高安屯北街，高安屯中路，高安屯南街，红坊路，湖光中街（向西延长），利泽西街（西端点变更），辛店路（向东延长），关庄路

海淀区命、更名（52个）：常青园北里，燕西台嘉苑，西杉创意园，宝盛里观景园，柳明家园，美丽东园汇秀轩，安宁庄锦顺佳园，巨山馨苑，彰化南路，建材城润生园，天香颐南里，悦西嘉园，慈献寺桥，美和园，定慧家园北里，定慧家园南里，畅茜园圣华里，展春园西路，育新花园东路，宝盛东路，育新花园西路，荷清路（延长命名），北洼东街，翠湖北路，永定华庭，北洼西街，厢黄旗东路，厢黄旗路，瑞旗家园，景天路，法桐路，冬青路，雾松路，木槿路，茜云路，连翘路，银桦路，铁杉路，紫藤路，紫雀路，文竹路，木荷路，忍冬路，常夏路，秋枫路，地锦路，龙柏路，知泉路，上庄大街（向北延长），西苑 好山居，巨山路（延长），瀚河园路

丰台区命、更名（12个）：恒福街，永福路，永福西路，永福东路，恒福南街，恒福北街，草桥北街，草桥西路，黄土岗—宜兰园，同仁东路，看丹南路，北京西站南路（向南延长）

石景山区命、更名（1个）：永引渠北路

大兴区命、更名（8个）：育政街，采伟路，民顺北路，安顺北路，郁花园三里，盛顺街，博苑，兴安北里

通州区命、更名（3个）：榆滨华，苑榆滨一街，河湾路

房山区命、更名（6个）：天骄俊园，溪雅苑，顺成嘉苑，瑞雪春堂，汇丰街，金丰路

顺义区命、更名（17个）：空港吉祥花园，港馨中路，蓝庭苑，空港融慧园，香堤漫步庄园，安泰大街，聚源中路，聚源东路，聚源西路，滟澜山庄园，鸿锦园，彩祥东路，彩祥西路，彩达一街，彩达二街，彩达三街，彩达四街

怀柔区命、更名（1个）：山水天地酒文化主题公园

地铁车站命名、更名（6个）：传媒大学站，奥体中心站，奥林匹克公园站，森林公园南门站，2号航站楼站，3号航站楼站

桥梁命名（8个）：榆树馆桥，安翔桥，管头桥，楼台桥，壁富桥，西甸桥，康营桥，湖光桥

北京市房地产年鉴2008

第四章

土地供应与市场

第一节 2007 年北京市土地政策概况

2007 年，中央继续加强土地宏观调控，切实要求各级政府真正承担住房保障责任，改善民生；北京市认真贯彻中央精神并积极制定完善相关措施，落实科学发展观，支持全市经济社会和谐健康发展。现将 2007 年土地政策精神概述如下：

一、中央对土地管理提出的新要求

1 月 1 日，2006 年修改出台的《中华人民共和国城镇土地使用税暂行条例》、《全国工业用地出让最低价标准》正式实施，运用经济手段进行调控的作用更加突出。2007 年，关于土地管理的基本制度更加成熟，宏观调控的措施和手段更加完备，土地供给监管不断加强，对民生保障的要求不断提高。

（一）土地管理的基本制度更加成熟

3 月 16 日，《中华人民共和国物权法》经人大审议通过，自 10 月 1 日起施行。《物权法》把土地权利纳入物权范畴加以保障，使土地管理的基本制度更加成熟。《物权法》对物权设立、变更、转让和消灭、保护等基本原则，对所有权（包括土地的国家所有权、集体所有权）、用益物权（包括土地承包经营权、建设用地使用权、宅基地使用权）、担保物权（建设用地抵押权）等进行明确规定。还特别规定了住宅建设用地使用权期届满自动续期，保护被拆迁人的合法权益、保障个人住宅被征收人的居住条件等，使土地管理的基本制度更加完善。

（二）宏观调控的措施和手段更加完备，土地供给监管不断加强

1. 1 月 19 日，国土资源部、财政部、中国人民银行联合制定印发《土地储备管理办法》

《办法》明确，土地储备是指市、县人民政府国土资源管理部门为实现调控土地市场、促进土地资源合理利用目标，依法取得土地，进行前期开发、储存以备供应土地的行为。土地储备工作具体实施由土地储备机构承担。土地储备机构应为市、县人民政府批准成立、具有独立的法人资格、隶属于国土资源管理部门、统一承担本行政辖区内土地储备工作的事业单位。还对土地储备的计划与管理、范围与程序、开发与利用、土地供应、资金管理进行明确。《办法》使土地储备机构的功能、定位更加明确，有利于达到土地储备进行宏观调控的目标。

2. 9 月 28 日，国土资源部颁布《招标拍卖挂牌出让国有建设用地使用权规定》

《规定》明确，招标、拍卖或者挂牌出让国有建设用地使用权，应当遵循公开、公平、公正和诚信的原则；工业（包括仓储用地）、商业、旅游、娱乐和商品住宅等经营性用地以及同一宗地有两个以上意向用地者的，应当以招标、拍卖或者挂牌方式出让；国有建设用地使用权招标、拍卖或者挂牌出让活动，应当有计划地进行。

3. 《土地登记办法》（中华人民共和国国土资源部令 第 40 号）

《办法》根据新的《中华人民共和国物权法》等进行修改，对土地登记的原则、类别、保护、及法律责任进行明确规定，规范了土地管理的基础工作。

4. 3 月 26 日，财政部、国土资源部发布《关于调整中央分成的新增建设用地土地有偿使用费分配方式的通知》

《通知》规定，中央分成（30%）的新增建设用地土地有偿使用费由各省分配给市县，专项用于基本农田建设和保护、土地整理、耕地开发等支出，落实到项目。此文件使新增建设用地土地有偿使用费分配方式更加合理，也使得土地权利、责任和义务更加明确，使宏观调控的保障措施落到实处。

5. 2007 年 8 月 22 日，财政部 国土资源部《关于落实规范土地收支管理文件等有关问题的通知》（财综［2007］49 号）

《通知》要求各地落实规范土地收支管理文件，切实实行土地出让收支两条线，进一步完善相关政策，确保国家土地调控目标的顺利实现。

（三）进一步保障民生用地

1.《国务院关于解决城市低收入家庭住房困难的若干意见》（国发［2007］24 号）

《意见》提出把解决城市低收入家庭住房困难作为维护群众利益的重要工作和住房制度改革的重要内容，作为政府公共服务的一项重要职责，加快建立健全以廉租住房制度为重点、多渠道解决城市低收入家庭住房困难的政策体系。

《意见》还要求，落实解决城市低收入家庭住房困难的经济政策和建房用地，一是廉租住房和经济适用住房建设、棚户区改造、旧住宅区整治一律免收城市基础设施配套费等各种行政事业性收费和政府性基金；二是廉租住房和经济适用住房建设用地实行行政划拨方式供应；三是对廉租住房和经济适用住房建设用地，各地要切实保证供应。要根据住房建设规划，在土地供应计划中予以优先安排，并在申报年度用地指标时单独列出。

2. 11 月 27 日，建设部、国土资源部等九部门联合发布《廉租住房保障办法》

国发［2007］24 号文件的配套文件，进一步明确廉租住房建设用地，应当在土地供应计划中优先安排，并在申报年度用地指标时单独列出，采取划拨方式，保证供应。

3. 11 月 30 日，建设部、发改委、国土资源部等七部门联合发布《经济适用住房管理办法》

国发［2007］24 号文件的配套文件，明确经济适用住房制度是解决城市低收入家庭住房困难政策体系的组成部分。经济适用住房建设用地以划拨方式供应，纳入当地年度土地供应计划，在申报年度用地指标时单独列出，确保优先供应。

4. 9 月 30 日，国土资源部《关于认真贯彻〈国务院关于解决城市低收入家庭住房困难的若干意见〉进一步加强土地供应调控的通知》（国土资发［2007］236 号）

《通知》要求，一要科学编制土地供应计划，优先安排用于解决城市低收入家庭住房困难的住房用地。各地在制定年度土地供应计划时，要根据当地住房建设规划和解决城市低收入家庭住房困难的发展规划以及年度计划，明确住宅用地的供应规模、布局和供应时序，并落实到具体地块。市、县国土资源管理部门要优先安排廉租住房、经济适用住房和中低价位、中小套型普通商品住房建设用地，其年度供应总量不得低于住宅用地供应总量的 70%。二加强土地供应管理，保证住宅用地供应。三要切实加强监管，严格落实用地政策。廉租住房、经济适用住房建设用地实行行政划拨方式供应；加强对集资合作建房用地的管理；加大批后监管的力度；要严格落实闲置土地处置的规定；加大对土地违法违规行为的查处力度。四要规范土地收益征收，加大资金支持力度。各级国土资源管理部门要加强与财政部门的工作配合，加大土地出让收入的征收力度，及时足额征缴入库，落实好“土地出让净收益用于廉租住房保障资金的比例不得低于 10%”的规定，为解决城市低收入家庭住房困难提供资金支持。

《通知》从土地供应源头和资金上保证保障性住房供应，充分发挥市场竞争作用，切实解决城市低收入家庭住房困难。

二、北京市的土地管理政策

北京市积极落实中央一系列宏观调控的政策，在土地管理方面取得一系列成果。

（一）完善计划调控体系，编制土地供应中期计划

《北京市人民政府关于印发北京市 2007 年至 2010 年土地供应中期计划的通知》（京政发［2007］20 号）

《中期计划》对北京市 2007—2010 年土地供应的调控目标（总量、结构和布局）、政策导向（优化空间布局、优化土地供应结构、促进土地节约集约利用）、中期计划实施等进行部署，强调 08 年以后，年度土地供应计划要紧密围绕落实区县功能定位和新城建设等重点开发区域进行安排。

（二）落实工业用地招拍挂

1.《关于全面实行工业用地招标拍卖挂牌出让的实施意见（试行）》（京政发［2007］14号）

《意见》明确工业用地招标拍卖挂牌出让范围和条件，规定自2006年8月31日国发［2006］31号文件下发之日起，本市行政区域内依据城市用地分类和土地分类确定的所有政府有偿供应工业用地，除符合国土资发［2007］78号文件规定可协议出让的外，一律通过招标拍卖挂牌方式公开出让。《意见》还对工业用地前期开发、公开出让程序、工业项目审批和开发利用监管进行规定，要求进一步加大市场配置资源力度。

2.《关于工业用地仓储用地招标拍卖挂牌出让有关问题的通知》（京国土市［2007］692号）

进一步解决工业用地招标拍卖挂牌出让实施中的具体问题，对工业用地前期开发、招标拍卖挂牌出让、仓储用地前期开发和招标拍卖挂牌出让进行规定，对供应信息发布、工业用地、仓储用地分类标准执行等进一步明确。

3.《北京市工业用地国有建设用地使用权招标拍卖挂牌出让程序（试行）》（京国土市［2007］865号）

对北京市工业用地国有建设用地使用权招标拍卖挂牌出让程序进行明确。

（三）妥善解决历史遗留问题

关于停止执行458号文件加快遗留项目处理有关问题的通知（京国土市［2007］622号）

2004年，《关于对不符合继续协议出让条件的经营性项目用地进行招标拍卖挂牌出让等有关问题的通知》（京国土出［2004］458号）开始执行。“8.31”停止经营性项目用地协议出让后，458号文件的实施为北京市土地市场的平稳健康发展提供了有力保障。为进一步规范北京市土地一级开发市场，市国土局决定停止执行458号文件。

《通知》规定，自2007年12月1日起，停止执行458号文件，市国土局不再办理符合458号文件条件的各类遗留项目的土地一级开发授权手续。符合458号文件条件但尚未通过政府储备土地和入市交易土地联席会审议项目和按照458号文件已取得的有关主管部门核发的告知单、项目核准备案或规划批准等文件均已过期项目，原建设单位可按属地原则自本通知印发之日起至2007年10月31日止向遗留项目所在地的区县土地储备机构进行申报。涉及中央、军队或市属单位用地的，原建设单位也可以向市土地储备机构直接申报。危改项目向市住房保障办申报。申报的遗留项目按照现行土地一级开发政策和管理程序予以审核，提请联席会审议。

（四）其他管理不断完善

1.《关于印发〈北京市村庄规划成果国土部门审查技术要点（试行）〉的通知》（京国土规［2007］662号）

《通知》对村庄规划成果提出要求，国土部门审查技术要点进行发布，同时要求将技术审查意见和村庄规划的最终成果报市局规划中心备案。

2.《关于集体建设用地审批有关问题的通知》（京国土耕［2007］581号）

对乡镇企业和乡镇（村）公共设施、公益事业建设用地范围，以及旧村改造和新村建设用地审批等进一步明确规定。

3.《关于加强外资企业用地审核管理工作的通知》（京国土用［2007］20号）

进一步加强和规范区（县）外资企业用地审核管理，对区（县）政府国有土地使用权划拨的权限、程序、申请书、审批表、合同等格式文本进行规范。

4.《关于加强国有土地使用权划拨管理工作的通知》（京国土用［2007］21号）

加强和规范区（县）国有土地使用权划拨管理工作，对区（县）分局外资企业用地审核程序、申请书、审批表、合同等格式文本进行规范。

第二节　征地管理

一、征地补偿费监管情况

2007年，北京市国土资源管理局严格执行《关于加强土地调控有关问题的通知》（国发［2006］31号）文件精神，在积极稳妥推进征地补偿费监管工作的基础上，为完善北京市征地补偿办法、拓展被征地农民安置途径、稳步推进征地制度改革，结合社会主义新农村建设，探索研究征地留地安置、实物补偿、合作分成、土地入股等多元化补偿安置办法，确保被征地农民合法权益。

二、审批建设用地情况

2007年，国务院及市政府批准建设用地共4666.2654公顷，其中国务院批准建设用地776.6188公顷，市政府批准建设用地3889.6466公顷（详见表4－1、表4－2）。

表4－1　2007年北京市审批建设用地情况一

单位：公顷

	合计			国务院批准			省级政府批准		
		农用地转用			农用地转用			农用地转用	
			耕地			耕地			耕地
总计	4666.2654	3064.7653	2171.3957	776.6188	513.5222	310.4942	3889.6466	2551.2431	1860.9015
市辖区	4195.6116	2767.034	2022.1276	776.6188	513.5222	310.4942	3418.9928	2253.5118	1711.6334
朝阳区	186.5667	126.7413	96.1845	22.3194	8.22	2.9819	164.2473	118.5213	93.2026
丰台区	234.6239	62.9806	9.4894	96.6229	31.9453	7.5796	138.001	31.0353	1.9098
石景山区	32.6417	15.3437	4.3748	5.1356	1.0009	0.6086	27.5061	14.3428	3.7662
海淀区	288.0817	203.7629	144.1185	103.3001	99.8845	66.6406	184.7816	103.8784	77.4779
门头沟区	10.0187	2.8924	1.3244				10.0187	2.8924	1.3244
房山区	232.4134	122.3329	112.4481				232.4134	122.3329	112.4481
通州区	917.4991	696.7289	612.5931	97.2569	91.4224	82.2385	820.2422	605.3065	530.3546
顺义区	876.6713	538.9357	389.7034	185.7516	92.5515	60.5005	690.9197	446.3842	329.2029
昌平区	237.2842	169.5106	137.5884				237.2842	169.5106	137.5884
大兴区	906.3649	595.7415	398.225	224.9936	152.7022	89.9445	681.3713	443.0393	308.2805
怀柔区	79.0549	54.6381	11.7095	41.2387	35.7954	0	37.8162	18.8427	11.7095
平谷区	194.3911	177.4254	104.3685				194.3911	177.4254	104.3685
县	470.6538	297.7313	149.2681	0	0	0	470.6538	297.7313	149.2681
密云县	394.8547	264.7487	129.8645				394.8547	264.7487	129.8645
延庆县	75.7991	32.9826	19.4036				75.7991	32.9826	19.4036

表 4－2 2007 年北京市审批建设用地情况二

单位：公顷

	分批次建设用地						单独选址建设用地			
		商服用地	工矿仓储用地	公用设施用地	公共建筑用地	住宅用地		交通运输用地	水利设施用地	
总计	3883.3410	74.3903	1552.6150	88.6267	158.1378	600.2720	782.9244	446.3311	0.0000	0.0000
市辖区	3418.6053	70.6340	1270.0520	87.0160	150.4051	547.4170	777.0063	446.3311	0.0000	0.0000
朝阳区	164.2473		59.0311	0		28.1372	22.3194	22.3194		
丰台区	138.0010	4.5776	0	5.273		80.0564	96.6229	96.6229		
石景山区	27.5061	0	12.9202	0	0	0.9313	5.1356	5.1356		
海淀区	184.7816	27.9016	0	58.0199	0.231	23.5354	103.3001			
门头沟区	10.0187	0	0	1.9621	0.8546	0.6663				
房山区	232.4134	4.0818	28.9378	4.3716	91.9137	47.5393				
通州区	820.2422	0	404.3161	5.7144	5.6954	39.8513	97.2569	97.2596		
顺义区	690.5322	0.85	269.8931	7.3817	11.4542	154.8203	186.1391			
昌平区	237.2842	17.9	105.936	0.125	28.8807	10.6572				
大兴区	681.3713	0.0000	247.4368	3.8336	10.7681	146.5978	224.9936	224.9936		
怀柔区	37.8162	9.0000	13.3434	0.3347		6.9465	41.2387			
平谷区	194.3911	6.323	128.2375		0.6074	7.678				
县	464.7357	3.7563	282.5630	1.6107	7.7327	52.8550	5.9181	0.0000	0.0000	0.0000
密云县	394.8547	0	282.563	1.2808	5.2277	5.4183				
延庆县	69.8810	3.7563	0	0.3299	2.505	47.4367	5.9181			

第三节 国有土地使用权出让情况

一、2007 年北京市国有土地使用权出让概况

2007 年北京市共出让土地 804 宗，出让土地总面积约 2439 公顷，合同地价款总额约为人民币 375.07 亿元（详见表 4－3）。其中市局审批出让土地 581 宗，出让土地面积约为 1483 公顷，占全市出让总面积的 61%，合同地价款总额约为人民币 356.47 亿元，占全市地价款总额的 95%；区县局审批出让土地 223 宗，出让土地面积约 956 公顷，占全市出让总面积的 39%，合同地价款总额约为人民币 18.60 亿元，占全市地价款总额的 5%。

表 4－3 2007 年北京市按区域划分国有土地使用权出让情况

区县	宗数	宗地面积（公顷）	合同地价款（万元）
东城区	67	21.1007	120602.55
西城区	30	8.4023	46575.15

续表

区县	宗数	宗地面积（公顷）	合同地价款（万元）
崇文区	36	7.5506	40527.40
宣武区	13	10.5406	75652.79
朝阳区	99	141.7620	825294.11
海淀区	74	198.5864	419045.03
丰台区	82	205.0141	535805.06
石景山区	15	25.3645	204076.46
昌平区	70	277.1608	315374.57
房山区	55	284.1801	97341.60
怀柔区	11	47.8510	90265.31
门头沟区	17	19.9321	4262.32
密云县	21	61.0318	38969.14
平谷区	18	79.7558	8898.41
顺义区	24	309.3539	221705.26
通州区	48	269.8979	291581.66
大兴区	55	301.2960	303448.38
延庆县	11	15.5558	9490.37
亦庄经济开发区	58	154.4164	101798.34
合计	804	2438.7528	3750713.92

二、2007 年北京市国有土地使用权协议出让情况

2007 年北京市共协议出让土地 713 宗（包括现状经营性用地补办出让手续、教科文卫用地等），出让土地总面积 1898 公顷，合同地价款总额为人民币 62.75 亿元（详见表 4－4）。其中市局审批出让土地 512 宗，出让土地面积为 1013 公顷，占全市协议出让总面积的 53%，合同地价款总额为人民币 49.21 亿元，占全市协议出让地价款总额的 78%；区县局审批出让土地 201 宗，出让土地面积 885 公顷，占全市协议出让总面积的 47%，合同地价款总额为人民币 13.54 亿元，占全市协议出让地价款总额的 22%。

表 4－4　2007 年北京市按用途划分国有土地使用权协议出让情况

用途		协议出让			
		宗地数	面积（公顷）	成交价款（万元）	纯收益（万元）
住宅用地	别墅、高档公寓	5	0.2244	366.79	366.79
	普通商品房	47	83.4797	48608.41	48608.41
	其他住房	3	19.6211	14880.71	0.00
交通运输用地		0.00	0.00	0.00	0.00
商服用地		288	164.7311	351530.95	351530.95
工矿仓储用地		336	1561.6388	165816.47	145323.15
公用设施用地		4	2.7519	1881.75	5.75
水利设施用地		0.00	0.00	0.00	0.00
公共建筑用地		30	65.5366	44410.89	30555.69
特殊用地		0.00	0.00	0.00	0.00
合　计		713	1897.9835	627495.97	576390.74

三、2007年北京市国有土地使用权市场交易出让情况

2007年，市土地交易市场和10个远郊区县、北京经济技术开发区土地交易分市场共成交土地85宗，土地面积约897.92公顷，规划建筑面积约1233.01万平方米，成交价款438.1亿元，其中，政府土地收益204.34亿元，为成交价款的47%（详见表4-5）。

表4-5 2007年北京市经营性土地使用权入市成交统计表

交易地点	成交宗数	交易类型			土地总面积（公顷）		规划建筑面积（万平方米）	成交价款（亿元）	
		招标	拍卖	挂牌	合计	其中建设用地		合计	其中增值收益
市土地交易市场	60	29	0	31	715.58	464.04	1014.84	392.91	134.39
远郊区县土地交易市场	25	12	0	13	182.34	136.6	218.17	45.2	14.54
合计	85	41	0	44	897.92	600.64	1233.01	438.11	148.93

四、1999年—2007年北京市国有土地使用权出让情况

1999年—2007年北京市国土资源局共审批出让国有土地使用权7651宗，涉及土地面积约18657公顷，规划建筑面积约31720万平方米。

2007年，北京市共转让土地182宗，涉及土地面积约371公顷，转让金额约116.52亿元。

第四节 划拨城镇建设用地情况

一、划拨城镇建设用地情况

1992-2007年的16年间，共办理划拨城镇建设用地1188宗，总用地面积7426.339公顷（详见表4-6）。

表4-6 2007年划拨城镇建设用地分年度统计表

单位：公顷

年度	宗数	比例	面积	比例
1992	25	2.10%	204.64	2.76%
1993	36	3.03%	241.02	3.25%
1994	39	3.28%	404.80	5.45%
1995	36	3.03%	215.33	2.90%
1996	24	2.02%	55.16	0.74%
1997	33	2.78%	122.24	1.65%
1998	38	3.20%	157.76	2.12%
1999	33	2.78%	187.10	2.52%

续表

年度	宗数	比例	面积	比例
2000	35	2.95%	67.40	0.91%
2001	72	6.06%	412.95	5.56%
2002	65	5.47%	311.21	4.19%
2003	79	6.65%	501.66	6.76%
2004	73	6.14%	447.67	6.03%
2005	123	10.35%	611.16	8.23%
2006	183	15.40%	2086.16	28.09%
2007	294	24.75%	1400.0790	18.85%
总计	1188	100.00%	7426.339	100.00%

（一）从用地宗数来看，从1992年的25宗开始逐年增加，至1994年达到最高点39宗，之后1995年开始下降，至1996年下降至最低点24宗，从1997年开始又逐年上升，到2007年达到最高点294宗。

从用地面积来看，从1992年的204.64公顷开始逐年增加，至1994年达到最高峰404.8公顷，之后1995年开始直线下降，至1996年下降至最低点55.16公顷，从1997年开始又开始逐步上升，到1999年达到一个小高峰187.1公顷，2000年有所下降至67.4公顷，2003年达到又一个高点501.66公顷，2004年稍有回落至447.67公顷，到2006年达到最高点2086.16公顷。

（二）从用地项目来看，其他住房用地最多，共345宗，占29.04%，用地面积2701.58公顷，占36.38%；其次是交通运输用地，共246宗，占20.71%，用地面积2138.8415公顷，占28.80%；随后是公共建筑用地项目共230宗，占19.36%，用地面积744.0066公顷，占10.02%；公用设施用地共191宗，占16.08%，用地面积488.0833公顷，占6.57%；特殊用地共87宗，占7.32%，用地面积385.8235公顷，占5.20%；最少的是经济适用住房共89宗，占7.49%，用地面积968.0041公顷，占13.03%（详见表4－7）。

表4－7　2007年划拨城镇建设用地分项目统计表

单位：公顷

项目名称	宗数	比例	用地面积	比例
公用设施用地	191	16.08%	488.0833	6.57%
公共建筑用地	230	19.36%	744.0066	10.02%
经济适用住房	89	7.49%	968.0041	13.03%
其他住房	345	29.04%	2701.58	36.38%
交通运输用地	246	20.71%	2138.8415	28.80%
特殊用地	87	7.32%	385.8235	5.20%
总　计	1188	100.00%	7426.339	100.00%

（三）自1992－2007年的16年间，市局办理划拨用地涉及北京市18个区、县，从用地位置来看，东城、西城、崇文、宣武、朝阳、海淀、丰台等七城区办理的最多，共1042宗，占87.71%，用地面积5329.9226公顷，占71.77%（详见表4－8）。

表4－8 2007年划拨城镇建设用地分区县统计表

单位：公顷

区县	宗数（宗）	比例	用地面积（公顷）	比例
东城	123	10.35%	529.75	7.13%
西城	179	15.07%	642.88	8.66%
宣武	119	10.02%	481.91	6.49%
崇文	103	8.67%	590.94	7.96%
海淀	193	16.25%	828.61	11.16%
朝阳	199	16.75%	810.11	10.91%
丰台	126	10.61%	465.49	6.27%
石景山	27	2.27%	84.25	1.13%
大兴	12	1.01%	102.14	1.38%
昌平	29	2.44%	222.81	3.00%
顺义	5	0.42%	1124.79	15.15%
密云	29	2.44%	69.81	0.94%
门头沟	5	0.42%	3.40	0.05%
房山	9	0.76%	8.21	0.11%
平谷	2	0.17%	12.67	0.17%
怀柔	14	1.18%	48.49	0.65%
通州	8	0.67	45.608	0.61%
延庆	4	0.34	3.8674	0.05%
亦庄	2	0.17	11.6432	0.16%
总计	1188	100.00%	7426.3390	100.00%

2007年共办理划拨城镇建设用地294宗，总用地面积1400.0790公顷（详见表4－9）。

表4－9 2007年按划拨土地用途分类统计表

项目类型	宗数（宗）	比例	用地面积（公顷）	比例
公用设施用地	107	36.39%	190.7533	13.62%
公共建筑用地	71	24.15%	413.6466	29.54%
经济适用住房	18	6.12%	248.3641	17.74%
其他住房	36	12.24%	202.3600	14.45%
交通运输用地	50	17.01%	287.7515	20.55%
特殊用地	12	4.08%	57.2035	4.09%
总　计	294	100%	1400.0790	100%

2007年市局办理划拨用地涉及北京市17个区县，从用地位置来看，东城、西城、宣武、朝阳、海淀、丰台、昌平、密云等十区县办理的最多，共259宗，占88.10%，用地面积1191.6449公顷，占85.11%。从用地面积来看，海淀区最多，共56宗，用地面积428.2612公顷，占30.59%；其次是朝阳区，75宗，用地面积279.0701公顷，占19.93%；昌平区，共11宗，用地面积174.1696公顷，占12.44%；丰台区，共43宗，用地面积161.4127公顷，占11.53%；其他区办理的较少（详见表4－10）。

表 4-10　2007 年按各项目用地位置分类统计表

区县	宗数（宗）	比例	用地面积（公顷）	比例
东城	15	5.10%	17.97	1.28%
西城	29	9.86%	57.3948	4.10%
宣武	21	7.14%	21.2838	1.52%
崇文	3	1.02%	14.84	1.06%
海淀	56	19.05%	428.2612	30.59%
朝阳	75	25.51%	279.0701	19.93%
丰台	43	14.63%	161.4127	11.53%
石景山	4	1.36%	16.6252	1.19%
大兴	3	1.02%	7.7635	0.55%
昌平	11	3.74%	174.1696	12.44%
密云	9	3.06%	52.0827	3.72%
房山	7	2.38%	72.1532	5.15%
怀柔	2	0.68%	3.3495	0.24%
密云县	9	3.06%	52.0827	3.72%
延庆县	4	1.36%	3.8674	0.28%
门头沟	2	0.68%	32.5841	2.33%
亦庄	2	0.68%	11.6432	0.83
总计	294	100%	1400.079	100%

第五节　外商投资企业用地管理

从 1993 年起到 2007 年底为止，北京市依法办理外商投资企业土地使用合同 158 家，占地 434.94 公顷，合同核定年土地使用费 10337.43 万元（各年用地合同签定情况详见表 4-11、表 4-12）。

表 4-11　外商投资企业用地合同分年度统计表

年度	宗数	用地面积（公顷）	年土地使用费（万元）	备注
1993	9	17.42	203.74	
1994	19	27.57	541.65	
1995	23	82.07	1830.30	
1996	39	50.57	1743.78	
1997	23	66.57	1366.47	修订 10 宗
1998	11	17.32	640.70	修订 13 宗
1999	10	62.15	1061.37	修订 5 宗

续表

年度	宗数	用地面积（公顷）	年土地使用费（万元）	备注
2000	9	43.59	826.60	修订 10 宗
2001	4	2.16	23.21	修订 6 宗
2002	5	9.76	939.47	修订 10 宗
2003	4	39.76	1022.78	修订 8 宗
2004	2	16.00	137.35	修订 3 宗
2005	0	0	0	0
2006	0	0	0	0
总计	158	434.94	10337.42	65 宗

表 4－12　外商投资企业用地分项目统计表（1993—2007）

项目名称	宗数	比例	用地面积（公顷）	比例	年土地使用费（万元）	比例
工　业	84	53.16%	329.92	75.85%	4188.16	40.51%
旅游饭店	40	25.32%	44.9	10.32%	4220.9	40.83%
综　合	7	4.43%	12.9	2.97%	899.47	8.70%
写字楼	13	8.23%	9.12	2.10%	753.19	7.29%
其　他	14	8.86%	38.11	8.76%	275.7	2.67%
总　计	158	100.00%	434.95	100.00%	10337.42	100.00%

1993 年以后，外商投资企业以缴纳土地使用费获得土地使用权的项目，主要是 1992 年 6 月以前成立的外商投资项目和 1992 年后利用中方原有场地，从事工业、农业、种植业及高新技术产业等生产型项目。从统计中可以看出，工业项目宗数占到 40.51%，用地面积占到 75.85%；旅游饭店、综合、写字楼等早期经营性用地，由于土地等级及土地类别等原因，年土地使用费合同核定额占到总核定额的 56.82%，而用地面积仅为 15.39%。这些客观反映了不同土地等级及类别项目的土地使用状况和近年来土地使用制度的变化。

从各年办理用地情况看，1994 年至 1997 年，外商投资企业要求完善用地手续的积极性较高，这与北京市土地管理政策制度的不断完善及我局管理职能及管理规程的逐步规范化密切相关。通过办理用地手续，一方面核定了比较准确的土地使用收费，保证了国家财政收入；另一方面有利于境外资金尽快投入北京市，同时，给外商投资企业的正常运营提供了法律保障。1998 年以后，随着北京市土地有偿使用制度改革的深入，外商投资企业一般要求采用出让方式使用土地，按年缴纳土地使用费方式办理用地手续的企业逐年减少，2005、2006 和 2007 年，没有一家外商投资企业向我局提出按年缴纳土地使用费方式办理用地手续的申请。

第六节　土地储备和一级开发

一、土地储备情况

积极开展政府土地储备，增加土地储备量。截至2007年底，政府储备土地面积达851公顷（含在施）。加大储备机构直接实施开发土地数量，积极探索市区两级储备机构联合储备开发的新模式。试点项目土地面积约634公顷，投资总额约145亿元。

二、经营性土地入市交易情况

截至2007年12月31日，全市共有368宗3115.58公顷土地入市成交，成交价款为1042.25亿元，其中政府土地收益增值234.79亿元。（详见表4-13）其中，2007年，市土地交易市场和10个远郊区县、北京经济技术开发区土地交易分市场共成交土地85宗，土地面积约897.92公顷，规划建筑面积约1233.01公顷，成交价款438.1亿元，其中，政府土地收益204.34亿元，为成交价款的47%。（详见表4-14）

表4-13　2001—2007年北京市经营性土地使用权入市成交统计表

年度	成交宗数	交易类型			土地面积（公顷）		规划建筑面积（万 m^2）	成交价款（亿元）	
		招标	拍卖	挂牌	合计	其中建设用地		合计	其中增值收益
2001	1	1	0	0	13.97	13.97	14.14	3.17	0
2002	8	2	1	5	250.48	174.79	331.26	61.35	2.61
2003	48	3	1	44	201.7	158.7	277.87	49.14	5.26
2004	89	4	0	85	537.92	403.53	609.51	115.31	11.16
2005	50	2	0	48	357.39	242.12	451.97	117.51	17.94
2006	87	29	1	57	856.2	594.96	935.05	257.67	49.01
2007	85	41	44	0	897.92	600.63	1233.01	438.1	148.94
合计	368	82	47	239	3115.58	2188.7	3852.81	1042.25	234.92

表4-14　2001—2007年北京市经营性土地使用权入市成交统计表

年度	成交宗数	交易类型			土地面积（公顷）		规划建筑面积（万 m^2）	成交价款（亿元）	
		招标	拍卖	挂牌	合计	其中建设用地		合计	其中增值收益
2001	1	1	0	0	13.97	13.97	14.14	3.17	0
2002	8	2	1	5	250.48	174.79	331.26	61.35	2.61
2003	48	3	1	44	201.7	158.7	277.87	49.14	5.26
2004	89	4	0	85	537.92	403.53	609.51	115.31	11.16
2005	50	2	0	48	357.39	242.12	451.97	117.51	17.94
2006	87	29	1	57	856.2	594.96	935.05	257.67	49.01
2007	85	41	44	0	897.92	600.63	1233.01	438.1	148.94
合计	368	82	47	239	3115.58	2188.7	3852.81	1042.25	234.92

三、继续完善政府储备土地一级开发的管理模式

自2001年至今，全市共批复一级开发项目362项，总占地面积13233公顷，其中：已完成土地一级开发项目160项，占地面积3220公顷，其中入市交易土地一级开发项目共132个，土地面积2310公顷；完成现场验收项目68个，土地面积1745公顷。截止2007年底，共完成了土地一级开发项目实施主体招标20项，涉及土地面积328.85公顷。

第七节　地价监测

一、北京市地价监测基本情况介绍

北京市地价监测工作自2001年开始，是按照国土资源部国土资源大调查的统一要求进行的。经过7年地价监测工作，北京市地价动态监测体系相对较为完善，地价监测点的更新与维护工作也在有条不紊地进行。随着北京市土地招拍挂市场的逐步完善，北京市地价监测点逐步走向市场化。为确保监测结果进一步接近市场，为宏观调控提供客观依据，2007年北京市根据市场发展的实际情况，将原有26个地价监测点进行了替换（其中居住用地替换13个，商业用地替换9个，综合用地替换4个），新替换点均来自土地招拍挂市场成交样点。目前，北京市地价监测点总量为350个，覆盖18个区县，形成了一系列地价监测成果，主要有北京市商业、居住、综合及工业用地地价监测点分布图及监测点地价调查表、地价指数调查表等。

开展本项工作的意义在于其是贯彻落实《国务院关于深化改革严格土地管理的决定》（国发［2004］28号）文件精神，确实履行国土资源部门参与宏观调控职能，提高地价信息获取能力的重要基础工作，是加强土地市场动态变化分析和国民经济运行形势分析的重要依据，对于加强政府和土地管理部门对城市土地市场及建设用地的宏观调控起重要作用。

二、2007年北京市地价监测的主要成果

2007年北京市地价监测工作严格按照国土资源部发布的《城镇地价动态监测技术规范》（报批稿）的要求，对北京市350个地价监测点进行监测、分析，并测算得出2007年北京市地价指数（详见表4－15）。

表4－15　2001—2007年北京市地价指数一览表

指数范围	类别	地价指数						
		2001	2002	2003	2004	2005	2006	2007
全市平均	综　　合	100	101	103	105	110	118	141
	商业用途	100	108	108	111	115	123	143
	居住用途	100	100	102	106	110	119	147
	工业用途	100	97	99	99	105	113	134
一级土地平均	综　　合	100	103	103	104	106	110	124
	商业用途	100	113	115	114	116	119	124
	居住用途	100	95	95	99	99	104	129
	工业用途	100	100	100	100	102	114	161

续表

指数范围	类别	地价指数						
		2001	2002	2003	2004	2005	2006	2007
二级土地平均	综　　合	100	109	112	116	119	121	136
	商业用途	100	128	131	136	142	142	145
	居住用途	100	97	101	110	112	113	148
	工业用途	100	103	106	101	102	125	157
三级土地平均	综　　合	100	105	105	111	118	125	140
	商业用途	100	120	122	127	132	139	146
	居住用途	100	97	98	107	113	120	149
	工业用途	100	97	97	98	109	115	124
四级土地平均	综　　合	100	108	109	111	120	125	139
	商业用途	100	127	127	128	137	142	154
	居住用途	100	108	109	113	120	126	143
	工业用途	100	90	91	92	102	105	125
五级土地平均	综　　合	100	98	101	108	113	122	143
	商业用途	100	110	111	117	118	127	143
	居住用途	100	86	89	103	112	123	155
	工业用途	100	99	104	104	108	114	124
六级土地平均	综　　合	100	104	105	103	106	117	142
	商业用途	100	101	101	104	106	115	139
	居住用途	100	107	110	102	102	114	143
	工业用途	100	105	105	104	109	128	134

第五章

房地产开发投资与建设

自2003年中国人民银行出台《中国人民银行关于进一步加强房地产信贷业务管理的通知》（银发［2003］121号）文件、国家对房地产市场进行宏观调控以来，我市房地产市场发展逐渐趋于稳定。2007年，受政策、资金、土地和市场预期等多种因素综合影响，房地产开发投资在保持16%的增长状态下，出现“供需双降，价格高走”的特点，市场销售渐冷，观望情绪渐浓，这在商品住宅市场上体现尤为明显。

第一节 房地产开发投资

一、房地产开发投资综述

2007年以来，我市房地产开发投资保持平稳增长趋势，全年完成房地产开发投资1995.8亿元，比上年增长16%，增幅提高3.2个百分点。从全年增速走势看，上半年房地产开发投资增速放缓，下半年起逐月回升。继1—5月投资增速达到2007年以来的最低点10.8%后，从下半年开始，受新增项目投资额较大，以及两限商品房和保障性住房用地集中入市因素影响，投资增速较快回升，全年增速比上半年提高5.1个百分点（详见图5－1）。

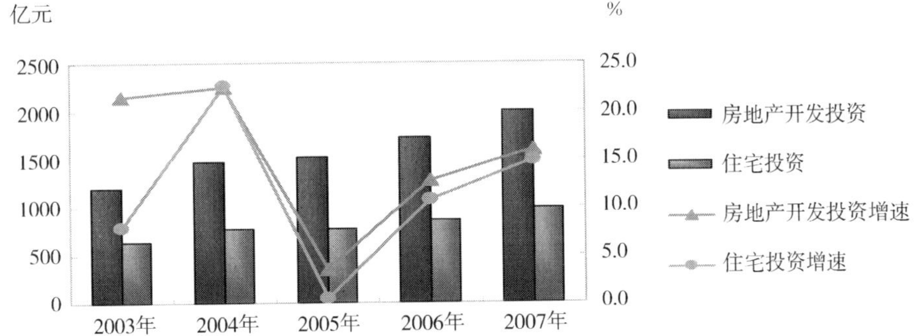

图5－1 2006—2007年房地产开发投资额及增速

房地产开发投资中，住宅完成投资991.7亿元，比上年增长14.8%，商业营业用房完成投资267.4亿元，同比增长18.3%，写字楼完成投资242.2亿元，同比增长11.8%。

从地区投资结构看，2007年核心区、拓展区、发展新区和生态涵养区房地产开发投资占全市房地产开发投资的比重分别为16.8%、60.8%、20.3%和2.1%。其中核心区和拓展区投资比重比上年有所回落，而发展新区和生态涵养区所占比重分别比上年提高2.8个和0.4个百分点（详见图5－2）。

图5－2 分区域房地产开发投资比重

2007年房地产开发企业本年共到位资金4154.5亿元，同比增长31.2%。其中，金融贷款1063.2亿元，增长26.4%；自筹资金867.9亿元，增长56.4%；其他资金到位2183.5亿元，增长26.2%，其他资金中，定金及预收款1518.6亿元，增长36.1%，占全部当年单位资金的36.6%（详见表5-1）。

表5-1　2006—2007年房地产开发投资情况统计表

单位：亿元

	房地产开发投资	全社会固定资产投资	所占比重（%）
2006年	1719.9	3371.5	51.0
2007年	1995.8	3966.6	50.3

2007年，全市经济适用房建设自年初累计完成投资53.8亿元，比上年下降33.6%。其中住宅投资28.3亿元，同比下降36.7%，比重由上年的55.1%下降到52.6%（详见表5-2）。

表5-2　2007年经济适用房投资额完成情况统计表

单位：亿元

	2007年累计完成	2006年累计完成	同比增长（%）
自年初累计完成投资	53.8	81.1	-33.6
其中：住宅	28.3	44.7	-36.7
本年资金来源合计	475.7	118.0	3倍

二、2007年房地产开发投资及投资完成情况

从完成房地产开发投资的区域分布看，朝阳区仍是投资的大户，其次是海淀区；比重分别为38.1%和12%（详见表5-3）。

表5-3　2007年按区县划分房地产开发投资完成情况统计表

单位：亿元

区县		完成投资合计
功能核心区	东城区	97.1
	西城区	99.7
	崇文区	66.7
	宣武区	71.6
功能拓展区	朝阳区	760.4
	丰台区	169.8
	石景山区	44.7
	海淀区	239.2
发展新区	通州区	59.0
	顺义区	101.7
	昌平区	124.4
	大兴区	81.3

续表

区县		完成投资合计
生态涵养保护区	门头沟区	4.2
	房山区	38.0
	怀柔区	13.5
	平谷区	3.7
	密云县	15.1
	延庆县	5.6

三、历年房地产开发投资完成情况

在2007年全市房地产开发投资中，用于住宅投资991.7亿元，比上年增长14.8%；用于写字楼（办公楼）投资242.2亿元，同比增长11.8%；用于商业营业用房的投资为267.4亿元，同比增长18.3%（详见图5-3）。

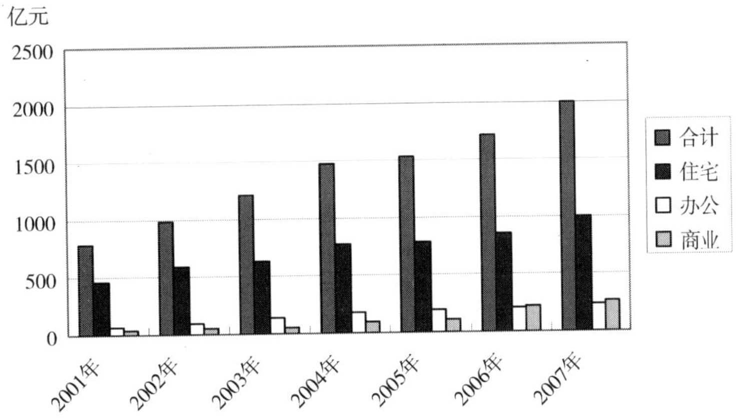

图5-3 2001—2007年按用途划分房地产开发投资完成情况

四、2007年房地产开发投资构成及变动情况

在2007年全市房地产开发投资中，用于建筑工程的投资为1001.8亿元，同比增长6.7%；用于土地开发的投资为25.6亿元，同比下降28.18%；用于安装工程的投资为13.5亿元，同比下降7.3%；用于设备、工器具购置的投资为58.9亿元，同比增长6.2%；用于其他费用的投资为921.7亿元，同比增长29.6%（详见表5-4）。

表5-4 2007年房地产开发投资构成及变动情况统计表

单位：亿元

指标	2007年	2006年	同比增长（%）
建筑工程	1001.8	938.6	6.7
#土地开发投资	25.6	35.7	-28.18
安装工程	13.5	14.6	-7.3
设备、工器具购置	58.9	55.5	6.2
其他费用	921.7	711.2	29.6

五、2007年房地产开发资金来源情况

2007年，全市房地产开发企业当年到位资金4154.5亿元，比上年增长31.24%。资金来源数字显示，企业自有资金增速较快，而外商直接投资资金增速明显下降（详见表5-5）。

表5-5 2003—2007年房地产开发资金来源情况统计表

单位：亿元

	2003年	2004年	2005年	2006年	2007年
自年初累计资金来源	2209.2	2872.5	3788.0	3922.0	5083.6
上年末结余资金	337.8	4693.2	686.1	756.5	929.1
本年资金来源小计	1871.4	2403.2	3101.9	3165.5	4154.5
金融贷款	586.9	550.0	676.9	841.4	1063.2
利用外资	33.2	48.5	38.6	38.6	39.9
#外商直接投资	9.9	22.9	29.2	23.4	19.0
自筹资金	375.8	434.5	604.1	555.0	867.9
#自有资金	192.0	249.1	337.0	307.5	552.8
其他资金来源	875.5	1370.1	1782.3	1730.5	2183.5
#定金及预付款	742.6	1240.3	1234.0	1116.2	1518.6

第二节 房屋建设情况

一、房屋建设总体情况

2007年以来，我市商品房施工面积稳步小幅增加，截至12月底，施工面积基本与上年持平，达到10438.6万平方米，增速比上年略降0.4%。全年新开工面积2557.4万平方米，下降19.6%（详见图5-4）。

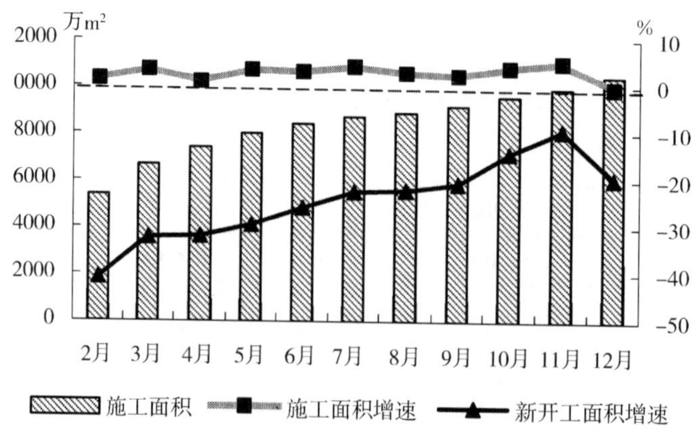

图5-4 2007年商品房开发面积及增速走势图

在商品房中，住宅施工和新开工面积呈双降趋势，住宅市场供应持续下降。截至12月底，全市住宅施工面积为5914.5万平方米，其中，本年新开工面积1639.9万平方米，分别比上年下降6.3%和12.3%。

解决百姓的住房问题上，北京市政府一方面用政策规范、控制房价过快增长；另一方面就是建立和完善惠及中低收入和最低收入家庭的住房保障体系（详见表5－6）。

表5－6 2007年经济适用房建设情况统计表

万 m^2

	2007年累计完成	2006年累计完成	同比增长（%）
房屋施工面积	710.5	806.5	－11.9
其中：住宅	440.1	551.9	－20.3
房屋竣工面积	237.2	323.0	－26.6
其中：住宅	188.6	270.1	－30.2
本年新开工住宅面积	162.5	114.8	41.6

二、商品房新开工及施工情况概述

2007年，全市商品房施工面积10438.6万平方米，比上年下降0.4%；商品房新开工施工面积2557.4万平方米，同比下降19.56%（详见表5－7）。

表5－7 2007年商品房施工面积及新开工情况统计表

单位：万 m^2

	2007年	2006年	同比增长（%）
施工面积	10438.6	10483.5	－0.4
新开工面积	2557.4	3179.4	－19.6

三、2007年商品房新开工、施工情况

2007年导致商品房施工面积下降的主要原因是全年商品住宅施工面积明显减少。从区域上看，施工面积朝阳区最多，为3643.06万平方米，海淀区位于第二1233.88万平方米，分别占全市商品房施工面积34.9%和11.8%（详见表5－8）。

表5－8 2007年按区县分商品房施工面积统计表

单位：万 m^2

区县	施工面积	区县	施工面积
东城区	468.48	房山区	381.58
西城区	475.32	通州区	418.54
崇文区	204.29	顺义区	421.86
宣武区	242.68	昌平区	818.80
朝阳区	3643.06	大兴区	391.47
丰台区	1114.24	怀柔区	59.63
石景山区	204.79	平谷区	70.65
海淀区	1233.88	密云县	199.50
门头沟区	48.67	延庆县	41.19
合计	10438.65		

四、历年商品房新开工、施工情况

在全市商品房施工面积中，当年新开工2557.4万平方米，比上年下降19.6%，占全市商品房施工面积比重为24.5%，同比降低5.8个百分点。2007年办公、商业和其他商品房新开工面积比上年都有不同程度下降，其中：住宅1639.9万平方米，同比下降12.3%；写字楼（办公楼）264.8万平方米，同比下降18.2%；商业等经营性用房253.8万平方米，同比下降40.8%；其他398.8万平方米，同比下降28.4%（详见图5-5）。

五、商品房竣工情况概述

2007年，北京市商品房竣工面积2891.7万平方米，比上年下降9.5%。其中商品住宅1854万平方米，同比下降15.5%。由于商品住宅占全市商品房竣工面积近七成，高达64.1%，因而拉动全市商品房竣工面积整体下降（详见表5-9）。

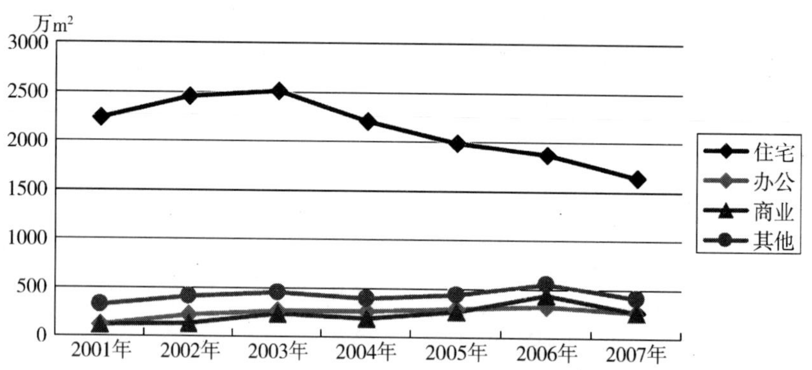

图5-5 2001—2007年商品房新开工面积情况

表5-9 2007年商品房竣工面积统计表

单位：万m²

	2007年	2006年	同比增长（%）
竣工面积	2891.7	3193.9	-9.46
其中：住宅	1854.0	2193.3	-15.47

六、2007年商品房竣工情况

从区域上看，全市商品房竣工面积为2891.7万平方米，朝阳区最多，丰台区位于第二，分别占33.7%和12.8%（详见图5-6）。

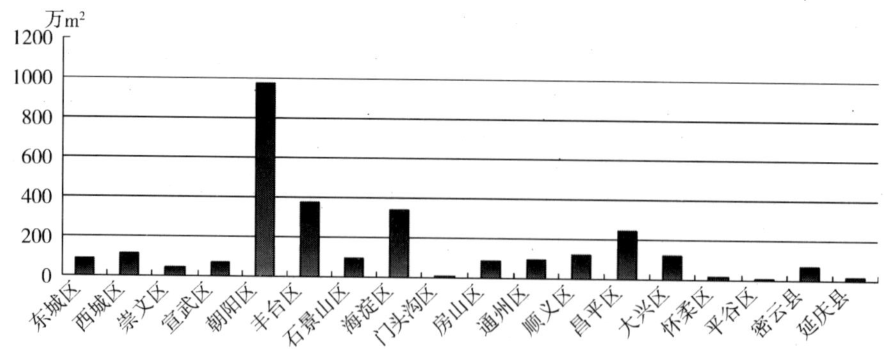

图5-6 2007年按区县划分商品房竣工面积统计表

七、历年商品房竣工情况

2007年全市商品房竣工面积为2891.7万平方米，比上年下降9.5%。其中住宅竣工面积为1854万平方米，同比下降15.5%；写字楼（办公楼）竣工面积为314.8万平方米，同比增长

3.4%；商业竣工面积为315.1万平方米，同比增长9%；其他竣工面积为407.8万平方米，同比增长0.2%（详见表5－10）。

表5－10 2001—2007年按用途划分商品房竣工面积统计表

单位：万 m²

	合计	住宅	办公	商业	其他
2001年	1707.35	1393.43	97.94	48.17	167.81
2002年	2384.44	1926.17	97.45	82.95	277.87
2003年	2593.65	2080.75	93.59	117.54	301.77
2004年	3066.99	2343.95	153.93	225.26	343.85
2005年	3770.87	2841.42	287.77	180.93	460.75
2006年	3193.9	2193.3	304.4	289.2	407
2007年	2891.7	1854.0	314.8	315.1	407.8
合计	19608.9	14633.0	1349.9	1259.2	2366.9

第三节 商品房空置情况

2007年，虽然住宅销售面积持续下降，受供应下降幅度较大影响，住宅空置面积在上年减少305.6万平方米的基础上继续减少82.3万平方米，截至2007年12月底，住宅空置面积为411.8万平方米，比上年下降16.7%，降幅同比缩小21.5个百分点（详见表5－11）。

表5－11 2007年商品房空置情况统计表

单位：万 m²

	2007年	2006年	同比增长（%）
空置面积	1136.2	1039.7	9.3
其中：住宅	411.8	494.1	－16.7

一、2007年商品房空置情况

2007年末，全市商品房空置面积从区域分布看，朝阳区空置面积最多，达4085216平方米，占35.95%；其次是海淀区，1038660平方米，占9.14%，第三是丰台区，1026927平方米，占9.03%（详见图5－7）。

2007年末，全市商品房空置面积按时间划分，1年以内的697.2万平方米，1年至3年的235.9万平方米；3年以上的203.1万平方米（详见表5－12）。

从用途上看，住宅同比下降16.7%；写字楼（办公楼）、商业和其他与去年相比分别上涨12.7%，40.8%和44.7%。

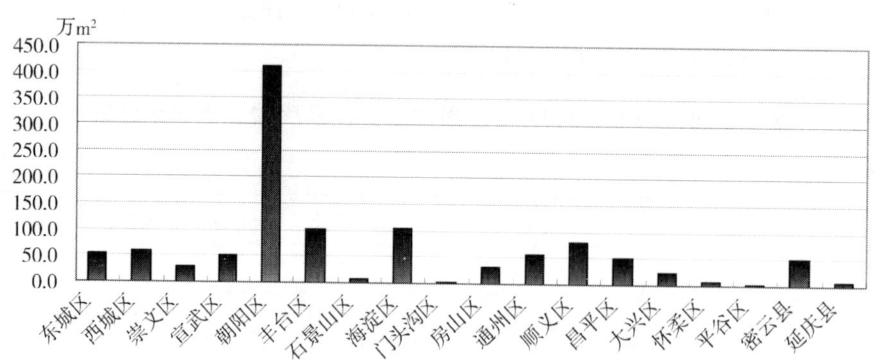

图5-7　2007年按区县划分商品房空置面积情况统计表

表5-12　2001—2007年按用途分空置一年以上商品房面积

单位：万 m²

一年以上空置面积	合计	住宅	办公	商业	其他
2001年	335.99	281.37	25.50	14.11	15.01
2002年	406.27	323.04	45.21	22.76	15.26
2003年	377.85	310.69	37.54	17.79	11.83
2004年	298.82	226.65	35.42	20.16	16.59
2005年	380.06	252.55	37.48	56.63	33.40
2006年	411.4	210.0	46.5	92.3	62.6
2007年	439.0	177.0	40.5	129.2	92.4

二、历年商品房空置情况

2007年商品房空置面积为1136.2万平方米，比上年增加了96.5万平方米。从用途上看，住宅空置面积为411.8万平方米，同比下降16.7%；写字楼（办公楼）空置面积为198.1万平方米，同比增长12.7%；商业空置面积为319.8万平方米，同比增长40.8%；其他空置面积为206.5万平方米，同比增长44.7%（详见表5-13）。

表5-13　2001—2007年商品房空置情况统计表

单位：万 m²

	合计	住宅	办公	商业	其他
2001年	774.1	634.1	73.5	26.4	40.1
2002年	919.0	763.2	73.0	49.0	33.4
2003年	1123.4	896.9	94.2	81.2	51.1
2004年	1044.1	723.9	110.1	123.8	86.4
2005年	1374.2	799.7	198.9	197.8	177.8
2006年	1039.7	494.1	175.8	227.1	142.7
2007年	1136.2	411.8	198.1	319.8	206.5

第四节 房屋拆迁情况

一、房屋拆迁情况综述

北京市城市房屋拆迁实行市和区县二级管理体制。市建委主管本市城市房屋拆迁管理工作，负责拆迁办法的组织实施和监督检查；区县建委（房管局）负责本行政区域内的城市房屋拆迁管理工作。具体拆迁项目的管理以区县为主，区县建委（房管局）负责进行拆迁公示、核发拆迁许可证、拆迁纠纷裁决等。

根据国务院《城市房屋拆迁管理条例》，本市制定了《北京市城市房屋拆迁管理办法》及其他一系列拆迁相关规定，同时，根据《北京市集体土地房屋拆迁管理办法》的规定，本市城市房屋拆迁主要有以下两种方式：

（一）一般货币拆迁项目

根据国务院《城市房屋拆迁管理条例》和《北京市城市房屋拆迁管理办法》规定，本市房屋拆迁，拆迁人对被拆迁房屋所有权人按照被拆迁房屋的房地产市场评估价给予补偿。

本市就拆迁评估出台了一系列配套规定，主要包括：《北京市房屋估价办法》（1996 年）、《北京市住宅楼房估价技术规范》（1999 年）、《北京市非住宅房屋拆迁评估技术标准》（1999 年）、《北京市房屋拆迁评估规则（暂行）》（2001 年）、《北京市房屋拆迁评估管理暂行规定》（2001 年）等。

对于公有住宅房屋，本市规定了承租人可以先按房改政策购买现住房，然后作为房屋所有权人按照拆迁办法规定得到拆迁补偿。本市规定拆迁范围内的公有住房，不论平房楼房、成套非成套，都可以按照房改政策出售。

（二）房改危改项目

为加快城市危旧房改造，进一步改善城市居民住房条件，2000 年 3 月份本市出台了《北京市加快城市危旧房改造实施办法（试行）》，在崇文、宣武、丰台三区五个危改片进行房改带危改的试点；2001 年 3 月，在总结三区五片试点经验的基础上，市政府决定扩大试点范围；2001 年 11 月 1 日新修改实施的《北京市城市房屋拆迁管理办法》专条对房改危改方式作了规定。在房改危改区，被拆迁人可以实行就地安置、异地安置或者货币补偿三种方式，其中实行就地安置的，被拆迁人按照房改相关政策购买经济适用住房。

（三）集体土地房屋拆迁项目

为了规范集体土地上房屋的拆迁，本市出台了《北京市集体土地房屋拆迁管理办法》及相关配套政策，于 2004 年 8 月 1 日起开始实施。该办法对适用范围、拆迁管理、补偿安置等方面做了明确规定；其规定的拆迁管理制度与国有土地房屋拆迁管理既有相同之处，也有不同的内容；确定了房、地分开补偿的原则。

二、房屋拆迁情况统计

（一）2001—2007 年居民拆迁情况

2001 年—2007 年，全市共启动拆迁居（农）民约 49 万户，住宅建筑面积 2347 万平方米。具体见表 5 - 14 所示：

表 5 - 14　2001—2007 年北京市房屋拆迁启动情况统计表

年　度	启动户数（万户）	住宅建筑面积（万 m^2）
2001	9.8	196.7
2002	9.4	356.2
2003	7.4	482.5

续表

年　度	启动户数（万户）	住宅建筑面积（万 m^2）
2004	5	318
2005	5	326
2006	5.7	287.6
2007	6.7	380
合计	49	2347

（二）2007 年北京市拆迁情况

2007 年全年，全市新启动拆迁项目累计 304 个，拆迁居（农）民 6.7 万户，建筑面积 380 万平方米。

三、拆迁管理工作情况

（一）编制北京市 2007 年度拆迁计划

市建委于 2006 年 11 月中旬开始启动 2007 年度拆迁计划编制工作，会同市发改委、市规划委、市市政管委、市交通委、市国土局、市财政局、市环保局、市文物局等部门组成拆迁计划编制工作小组，逐区县逐项目进行核定，拟定了《北京市 2007 年度房屋拆迁计划》。后经市政府批准确定我市 2007 年度拆迁计划为 6.4 万户，住宅建筑面积 529 万平方米。

（二）开展清理滞留项目专项工作

二季度，市建委组织召开了全市拆迁滞留项目清理工作动员大会，对全市拆迁滞留清理工作进行了统一布置。制定并下发了《加快清理拆迁滞留项目工作方案》，提出了清理工作三类重点，一是市政基础设施类，二是滞留规模 20 户以下的，三是滞留时间 2 年以上的。强化了滞留项目清理责任，理顺了清理拆迁滞留工作机制。

（三）继续加强拆迁现场管理，严查野蛮拆迁行为

2007 年，按照《北京市房屋拆迁现场管理办法》要求，市建委继续加强对拆迁现场的管理。针对出现的一些新问题，市建委 8 月份下发了《关于进一步加强拆迁现场管理严厉打击违法违规拆迁行为的紧急通知》，要求各区县对出现不文明行为的拆迁项目要立刻停止拆迁，限期整改，决不姑息。要进一步落实拆迁现场管理责任制度，明确拆迁人对拆迁现场管理承担主要责任。拆迁人和拆迁单位除按照管理办法的要求完成所负职责外，还应加强对现场的日常巡查工作，及时掌握现场所有未拆迁房屋的情况。

第六章
房屋交易市场

第一节 交易市场综述

2007年，国家出台了《国务院关于解决城市低收入家庭住房困难的若干意见》(24号文件)，召开了全国住房工作会议，加强了住房保障工作。同时，还陆续出台了关于加强土地和信贷政策调控、整顿规范市场秩序等一系列旨在改善住房供应结构、引导合理需求、抑制市场投机、切实稳定房价的调控措施，以实现“住有所居”的目标。北京市积极贯彻落实国家房地产市场宏观调控政策，和全国住房工作会议精神，在调整住房供应结构、强化住房保障、整顿规范市场秩序等方面采取了有针对性的措施，取得了初步的成效。供求总量和结构矛盾有所缓和，投资性需求得到一定程度的抑制，住房保障和市场监管力度不断加大，房价过快上涨的压力有所缓解，促进房地产市场持续健康发展的法规措施不断完善，解决居民住房问题的道路日益明确。

一、新建商品住房市场情况

2007年，由于商品住宅新开工面积的持续下降、竣工面积仍处低位，新增供应和销售面积大幅减少。新开工面积由2006年的1870万平方米减少至2007年的1640万平方米；竣工面积由2006年2193万平方米减少至1854万平方米。新增批准预售面积由2006年的13.9万套、1706万平方米，分别下降至2007年的11.3万套和1329.6万平方米。由于市场供应持续减少，2007年商品住房的成交面积和套数均呈下降趋势，由2006年成交16万套、1894万平方米，分别下降为2007年的12.2万套和1511万平方米。

二、存量住房市场情况

2007年，北京市存量房累计成交9.7万套、1011.9万平方米，成交面积同比2006年增长了4.9%。其中，存量住房成交9.4万套、886.3万平方米。目前，北京市存量住房市场仍主要由二手商品住房、已购公房和二手经济适用住房组成。从上述各类存量住房的成交面积在全市存量住房总成交中所占比重看，2007年，二手商品住房占61.3%，已购公房再上市占25.5%，经济适用住房再上市占0.9%。

三、住房租赁市场

2007年，北京市房屋租赁价格指数为102.7%，比2006年低0.2个百分点。与新建商品房和存量房市场相比，房屋租赁价格与房屋交易价格出现一定程度的联动，但租赁价格的涨幅低于房屋交易价格涨幅。从分用途上看，2007年住宅租赁价格指数为103.4，住宅租赁价格涨幅高于房屋平均租赁价格涨幅0.7个百分点。

四、房屋交易价格涨幅情况

2007年，北京市房屋销售价格进一步上涨，房屋价格指数继续上升。房屋销售价格指数为111.4，同比上涨11.4%，涨幅较上年提高2.6个百分点，超过全国平均涨幅3.8个百分点，位居全国第四名。

第二节　新建商品房供应情况

一、商品期房批准预售总体情况

2007年，北京市共批准预售许可证514个，面积1928.7万平方米，比去年同期减少22%。其中，批准住宅类房屋11.3万套、面积1329.6万平方米，批准面积比去年同期减少22%；批准办公、商业面积分别为222.6万平方米、171.3万平方米，分别比去年同期减少30%和35%。

表6-1　2001—2007年北京市商品房批准预售面积

单位：万 m^2

年份	合计	住宅	其中			商业	办公	其他
			普通住宅	公寓别墅	经济适用住房			
2001年	2107.0	2001.7	1251.0	186.4	564.3	20.8	61.2	23.3
2002年	2038.4	1779.4	1305.4	187.3	286.7	99.5	138.5	21.0
2003年	3206.5	2721.5	1841.9	279.9	599.6	99.9	148.2	236.9
2004年	3434.8	2862.9	2238.2	190.7	434.0	182.8	211.5	177.6
2005年	2852.5	2205.0	1922.0	170.3	112.7	233.8	195.6	218.1
2006年	2460.6	1706.0	1410.4	103.6	192.0	261.9	318.0	174.7
2007年	1928.7	1329.6	1164.3	77.4	87.9	171.3	222.6	205.2

从区域分布看，朝、海、丰、石外四区商品期房批准预售面积最多，为1085.5万平方米，占全市批准预售总量的56.3%。其中朝阳、海淀分别为655.9万平方米和233.2万平方米，居于各区县前列。东、西、崇、宣城四区商品期房批准预售面积为218.7万平方米，仅占全市总量的11.3%；其中东城和崇文占全市的比重均不足2%。其余10个远郊区县（含亦庄开发区）批准预售面积为624.5万平方米，所占比重为32.4%。

表6-2　2007年北京市新建商品房各区县批准预售情况

分组统计	上市套数（套）	上市面积（万 m^2）
合　计	149972	1928.7
东城区	769	27.7
西城区	3308	103.1
崇文区	2170	34.7
宣武区	4933	53.2
朝阳区	52095	655.9
海淀区	14452	233.2
丰台区	13537	173.2

续表

分组统计	上市套数（套）	上市面积（万 m^2）
石景山区	1749	23.2
通州区	5271	60.3
房山区	9553	102.0
顺义区	8917	121.7
门头沟区	1144	12.6
大兴区	6245	65.1
怀柔区	2171	26.2
密云县	2407	29.4
昌平区	16858	164.3
延庆县	1210	12.0
平谷区	785	8.4
开发区	2398	22.5

二、商品住宅批准预售情况

2007 年，北京市商品住宅期房批准预售面积为 1329.6 万平方米，比 2006 年下降了 376.4 万平方米，降幅为 22%。从分类型情况看，经济适用住房和公寓别墅批准预售面积分别为 87.9 万平方米和 77.4 万平方米，同比分别下降 54.2% 和 25.3%，降幅比较明显；普通商品住宅批准预售面积为 1164.3 万平米，同比降幅为 17.4%。

表 6－3　2001—2007 年住宅分类型批准预售面积

单位：万 m^2

年份	住宅	其中		
		普通住宅	公寓别墅	经济适用住房
2001 年	2001.7	1251	186.4	564.3
2002 年	1779.4	1305.4	187.3	286.7
2003 年	2721.5	1841.9	279.9	599.6
2004 年	2862.9	2238.2	190.7	434
2005 年	2205	1922	170.3	112.7
2006 年	1706	1410.4	103.6	192
2007 年	1329.6	1164.3	77.4	87.9

从区域分布看，住宅期房供应仍集中在朝阳、海淀、丰台、石景山外四区，2007 年这四区住宅批准预售面积为 731.3 万平方米，占全市住宅批准预售面积总量的 55%，所占比重比 2006 年下降了 6.7 个百分点；其中，朝阳批准预售面积为 481.6 万平方米，居各区县之首。东城、西城、崇文、宣武城四区住宅批准预售面积为 67.6 万平方米，仅占全市住宅供应总量的 5.1%，所占比重与 2006 年基本持平。其余 10 个远郊区县（含亦庄开发区）住宅批准预售面积为 530.7 万平方米，占全市总量的 39.9%，所占比重比 2006 年上升了 7.5 个百分点。

表 6-4　2003—2007 年住宅分区县批准预售面积

单位：万 m^2

	2003 年	2004 年	2005 年	2006 年	2007 年
合　计	2721.5	2862.9	2205	1706	1329.6
东城区	34.4	20.4	10.4	8.5	6.9
西城区	27.2	38.8	26.0	29.4	19.4
崇文区	101.3	35.8	53.3	28.2	23.7
宣武区	72.6	68.2	34.6	33.9	17.6
朝阳区	687.4	1019.1	841.7	630.6	481.6
海淀区	510.1	339.5	211.3	146.1	129.0
丰台区	280.6	432.8	359.4	217.2	98.0
石景山区	63.8	100.7	83.0	58.7	22.8
通州区	316.2	198.2	82.7	75.1	58.3
房山区	18.7	53.6	51.5	60.3	97.3
顺义区	56.0	56.5	74.1	56.5	108.8
门头沟区	24.6	12.5	26.1	6.8	12.3
大兴区	42.3	93.9	82.4	69.7	57.0
怀柔区	3.6	14.0	19.4	10.5	26.2
密云县	0.0	0.0	10.5	16.2	29.1
昌平区	482.7	379.0	180.7	241.1	119.5
延庆县	0.0	0.0	0.0	0.0	11.4
平谷区	0.0	0.0	23.2	10.9	7.3
开发区	0.0	0.0	34.5	6.4	3.5

三、办公用房批准预售情况

2007 年，北京市办公用房批准预售面积 222.6 万平方米，比 2006 年减少了 95.4 万平方米，降幅为30%。办公用房的供应仍以城四区（东城区、西城区、崇文区、宣武区）和外四区的朝阳、海淀、丰台为主，七个区的办公用房批准预售面积占全市供应总量的 81.9%。其中西城区和朝阳区的供应量最大，分别为 54.6 万平方米和 46.1 万平方米，占全市的比重分别为 24.5% 和 20.7%。其余区县中，除昌平、顺义、大兴、开发区有部分供应外，其他区县批准预售面积均为 0。

表 6-5　2003—2007 年办公用房分区县批准预售面积

单位：万 m^2

	2003 年	2004 年	2005 年	2006 年	2007 年
合　计	148.2	211.5	195.6	318	222.6
东城区	34.0	10.0	4.3	25.1	12.6
西城区	10.2	38.1	54.4	51.2	54.6
崇文区	12.1	0.0	3.6	4.6	6.9
宣武区	0.0	7.8	5.4	8.7	22.2

续表

	2003年	2004年	2005年	2006年	2007年
朝阳区	40.5	85.8	71.5	124.2	46.1
海淀区	49.1	47.2	43.6	84.2	29.0
丰台区	0.6	19.4	8.9	17.8	10.8
石景山区	0.0	0.0	0.3	0.0	0.0
通州区	1.6	0.0	2.8	0.0	0.0
房山区	0.0	0.0	0.0	0.0	0.0
顺义区	0.0	0.0	0.0	0.0	2.3
门头沟区	0.0	0.0	0.0	0.0	0.0
大兴区	0.0	0.0	0.0	1.8	1.8
怀柔区	0.0	0.0	0.8	0.0	0.0
密云县	0.0	0.0	0.0	0.0	0.0
昌平区	0.0	3.3	0.0	0.0	30.3
延庆县	0.0	0.0	0.0	0.0	0.0
平谷区	0.0	0.0	0.0	0.4	0.0
开发区	0.0	0.0	0.0	0.0	6.0

四、商业营业用房批准预售情况

2007年，北京市商业营业用房批准预售面积171.3万平方米，比2006减少了90.6万平方米，降幅为35%。商业营业用房的供应主要分布在城八区的朝阳、海淀、丰台，这三区供应量占全市供应总量的70.7%；其中朝阳区为66.7万平方米，占全市总量的38.9%，位列各区县第一位。远郊区县中，除了昌平供应量为10.3万平方米之外，其余区县供应量均在5万平方米以下。

表6-6　2003—2007年北京市商业营业用房批准预售面积

单位：万 m^2

	2003年	2004年	2005年	2006年	2007年
合　计	99.9	182.8	233.8	261.9	171.3
东城区	3.0	3.0	1.3	5.5	4.3
西城区	1.6	9.6	13.7	28.5	7.0
崇文区	19.9	3.1	7.1	9.6	2.1
宣武区	2.3	8.3	6.8	9.4	7.8
朝阳区	22.1	72.4	98.7	121.9	66.7
海淀区	18.3	34.1	49.1	38.1	34.0
丰台区	14.7	20.5	20.8	30.8	20.5
石景山区	1.5	3.3	4.0	3.3	0.5
通州区	13.4	17.0	11.5	2.4	2.0
房山区	0.0	0.0	1.0	2.0	2.6
顺义区	0.0	0.0	0.0	0.9	3.5
门头沟区	0.2	0.9	7.6	0.0	0.3

续表

	2003 年	2004 年	2005 年	2006 年	2007 年
大兴区	0.7	5.2	1.8	2.3	4.8
怀柔区	0.0	2.4	2.3	0.0	0.0
密云县	0.0	0.0	0.0	0.4	0.2
昌平区	2.3	2.9	6.2	4.8	10.3
延庆县	0.0	0.0	0.0	0.0	0.4
平谷区	0.0	0.0	0.6	1.0	1.1
开发区	0.0	0.0	1.2	1.0	3.2

五、2007 年发放销售许可证工程情况

2007 年，北京市共批准预售 513 个项目，主要分布在朝阳、海淀、丰台，分别为 158 个、69 个和 51 个，占全市批准预售的比重分别为 30.8%、13.5% 和 9.9%；其他区县批准预售的项目均在 40 个以下，所占比重均在 8% 以下。（详见附录四附表 1）

六、预售转现房和新批准现房情况

2007 年，北京市预售转现房和新批准现房销售面积为 637 万平方米，同比减少 28%。其中，住宅面积为 295.9 万平方米，比 2006 年减少 32%；办公、商业用房面积分别为 50.5 万平方米、117.1 万平方米，分别比 2006 年同期减少 5% 和 21%。

七、可售房屋情况

截止到 2007 年底，全市期房在售项目 765 个（按预售证）、面积 1912.4 万平方米。其中，可售住宅 7 万套、面积 972 万平方米；可售商业用房 1.6 万套、面积 353.8 万平方米；可售办公用房 1.4 万套、面积 315.6 万平方米。

表 6－7　截至 2007 年底北京市可售期房按用途分类情况

分组统计	可售套数（套）	可售面积（万 m^2）
合　计	126327	1912.4
住宅	69746	972.0
商业	15683	353.8
办公	14112	315.6
其它	26786	271.0

截止到 2007 年底，现房在售项目 2227 个（按所有权号），面积 1245 万平方米；其中可售住宅 2.2 万套，面积 349.3 万平方米；可售商业 1.4 万套，面积 323.5 万平方米；可售办公 0.5 万套，面积 154.4 万平方米。

表 6－8　截至 2007 年底北京市可售现房按用途分类情况

分组统计	可售套数（套）	可售面积（万 m^2）
合　计	110733	1245.0
住宅	22073	349.3
商业	13555	323.5
办公	4795	154.4
其它	70310	417.7

第三节 新建商品房销售情况

一、北京市新建商品期房预售成交情况

2007年，北京市商品期房预售登记成交14.9万套，成交面积1920.2万平方米，分别比2006年减少17.9%和15%。其中住宅成交12.2万套，成交面积1511.4万平方米，分别比2006年减少23.8%和20%；办公、商业成交面积分别为207.4万平方米、130.9万平方米，分别比去年同期增加19%、26%。

表6-9 2007年新建商品房按用途分预售登记情况

分组统计		成交套数（套）	成交面积（万 m^2）
合 计		148991	1920.2
住宅		121463	1511.4
其中：	普通住宅	103147	1295.6
	经济适用住房	10832	119.1
	公寓别墅	7484	96.7
商业		9545	130.9
办公		12433	207.4
其他		5550	70.6

从区域分布看，商品期房预售成交主要集中在城八区的朝阳区、海淀区、丰台区。三区成交面积为904.4万平方米，占全市商品房成交总量的47.1%；其中朝阳区成交面积553.1万平方米，远高于其他区县。其余10个远郊区县（含亦庄开发区）新建商品房预售成交面积为605万平方米，占全市比重的31.5%，其中除昌平成交面积占比在10%左右外，其余区县所占比重均在5%以下。

表6-10 2003-2007年新建商品房分区县预售登记面积

单位：万 m^2

	2003年	2004年	2005年	2006年	2007年
合 计	1826.7	2819.2	2378.1	2249.1	1920.2
东城区	47.8	46.3	29.2	50.0	10.0
西城区	22.0	22.0	55.6	69.9	80.3
崇文区	18.7	30.2	53.4	38.7	12.7
宣武区	21.6	48.9	54.1	44.8	30.4
朝阳区	52.6	61.3	934.0	827.0	553.1
海淀区	335.2	658.0	286.8	260.1	198.9
丰台区	330.7	372.0	351.9	306.8	152.4

续表

	2003 年	2004 年	2005 年	2006 年	2007 年
石景山区	202.7	397.3	72.0	51.1	15.5
通州区	31.3	93.5	148.5	100.4	62.1
房山区	89.4	143.8	26.9	61.0	72.0
顺义区	0.0	13.8	41.7	61.2	100.7
门头沟区	27.7	35.7	21.2	11.2	10.1
大兴区	11.2	12.8	71.7	85.8	85.2
怀柔区	84.7	86.9	8.0	12.6	25.1
密云县	8.8	10.6	0.8	5.2	19.2
昌平区	0.0	0.0	185.5	245.5	199.0
延庆县	282.8	449.2	0.0	0.0	10.2
平谷区	0.0	0.0	7.9	10.7	14.0
开发区	0.0	0.0	29.0	7.2	7.4
市交易所	259.4	337.0	0.0	0.0	262.0

二、住宅预售成交情况

2007 年，北京市商品住宅期房成交 12.2 万套，成交面积 1511.4 万平方米。其中普通住宅成交 1295.6 万平方米，占住宅成交总量的 85.7%；公寓别墅成交 96.7 万平方米，占 6.4%；经济适用住房成交 119.1 万平方米，占 7.9%。从区域分布看，住宅成交主要集中在朝阳、海淀、丰台，三区住宅共成交 672.1 万平方米，占全市住宅成交总量的 44.5%；其中朝阳区成交 421 万平方米，居于各区县之首。远郊区县中，昌平成交面积为 186.2 万平方米，占全市比重为 12.3%，位于各远郊区县前列，其余区县成交占比均不足 6%。

表 6－11　2007 年商品住宅分区县成交情况

单位：万 m^2

	住宅	其中		
		普通住宅	公寓别墅	经济适用住房
合计	1511.4	1295.6	96.7	119.1
东城区	6.5	4.5	2.0	0.0
西城区	13.2	9.0	4.2	0.0
崇文区	10.6	10.6	0.0	0.0
宣武区	20.3	17.5	2.8	0.0
朝阳区	421.0	355.6	40.7	24.7
海淀区	118.5	103.7	11.8	3.1
丰台区	132.6	120.7	5.4	6.5
石景山区	15.2	14.2	0.0	1.0
通州区	60.0	60.0	0.0	0.0
房山区	71.1	71.1	0.0	0.0

续表

	住宅	其中		
		普通住宅	公寓别墅	经济适用住房
顺义区	97.3	97.3	0.0	0.0
门头沟区	10.1	10.1	0.0	0.0
大兴区	80.2	80.2	0.0	0.1
怀柔区	25.1	24.1	0.9	0.0
密云县	19.1	19.1	0.0	0.0
昌平区	186.2	99.3	3.2	83.7
延庆县	10.2	10.2	0.0	0.0
平谷区	13.4	13.4	0.0	0.0
开发区	3.9	0.6	3.3	0.0
市交易所	196.6	174.2	22.4	0.0

三、办公用房预售成交情况

2007年，北京市办公用房预售成交1.2万套，成交面积207.4万平方米，成交金额322.3亿元。从区域分布看，以成交面积统计，办公用房成交主要集中在城八区等中心城区，城八区办公用房（含市交易所数据）共成交193.6万平方米，占全市办公用房成交总量的93.3%。其中朝阳、西城、海淀成交面积居于各区县前列，分别为59万平方米、41万平方米和40.1万平方米，所占比重分别为28.4%、19.8%和19.3%。

表6－12 2007年北京市办公用房分区县预售成交情况

	办公		
	成交套数	成交面积（万 m^2）	成交金额（亿元）
合计	12433.0	207.4	322.3
市交易所	961.0	35.4	64.4
东城区	116.0	1.8	2.7
西城区	258.0	41.0	79.0
崇文区	177.0	0.8	1.0
宣武区	1180.0	7.2	7.4
朝阳区	4599.0	59.0	91.9
海淀区	2131.0	40.1	55.6
丰台区	641.0	8.4	9.0
石景山区	0.0	0.0	0.0
通州区	6.0	0.1	0.1
房山区	0.0	0.0	0.0
顺义区	0.0	0.0	0.0
门头沟区	0.0	0.0	0.0
大兴区	381.0	3.1	2.1
怀柔区	0.0	0.0	0.0

续表

	办公		
	成交套数	成交面积（万 m^2）	成交金额（亿元）
密云县	0.0	0.0	0.0
昌平区	1983.0	10.7	9.1
延庆县	0.0	0.0	0.0
平谷区	0.0	0.0	0.0
开发区	0.0	0.0	0.0

四、商业营业用房预售成交情况

2007年，北京市商业营业用房预售成交9545套，成交面积130.9万平方米，成交金额255.4亿元。从区域分布看，以成交面积统计，商业营业用房成交主要集中在城八区，城八区的商业营业用房（含市交易所数据）成交面积为122.1万平方米，占全市商业营业用房成交总量的93.3%。其中朝阳、海淀成交面积居于各区县前列，分别为57.2万平方米和23.4万平方米，所占比重分别为43.7%和17.9%。

表6－13　2007年北京市商业营业用房分区县预售成交情况

	商业		
	成交套数	成交面积（万 m^2）	成交金额（亿元）
合计	9545.0	130.9	255.4
市交易所	635.0	18.8	44.2
东城区	49.0	1.6	4.2
西城区	1034.0	7.5	15.6
崇文区	261.0	1.3	2.6
宣武区	399.0	2.6	4.5
朝阳区	3052.0	57.2	121.6
海淀区	2059.0	23.4	39.6
丰台区	1254.0	9.3	13.2
石景山区	32.0	0.4	0.6
通州区	93.0	1.4	1.3
房山区	99.0	0.8	0.5
顺义区	77.0	0.8	0.9
门头沟区	0.0	0.0	0.0
大兴区	113.0	1.9	2.4
怀柔区	0.0	0.0	0.0
密云县	3.0	0.0	0.0
昌平区	158.0	1.9	2.1
延庆县	0.0	0.0	0.0
平谷区	23.0	0.6	0.5
开发区	204.0	1.2	1.6

五、2007年商品房市场购买对象情况

从商品房市场的购买对象分析，2007年北京市住宅购买人群以本地个人为主。本地居民购买商品住宅7.8万套，面积957.7万平方米，成交套数占全市住宅成交总套数的63.9%，所占比重与2006年基本持平。外省市个人购买商品住宅4.1万套，面积489万平方米，成交套数占全市的33.5%，所占比重比2006年略有上升。境外个人购买商品住宅679套，面积15.6万平方米，成交套数占全市的0.6%，所占比重比2006年下降了1个百分点。

表6－14　2007年各类购买对象预售备案情况

单位：套，万 m^2

	合计		住宅	
	成交套数	成交面积	成交套数	成交面积
本市个人	90047	10437909.63	77576	9576608.4
外省市个人	51823	5754376.57	40633	4889992.0
华侨、港澳台同胞、外国人购买	905	168521.71	679	155514.9
境内单位	5802	2765657.1	2292	450254.4
境外单位	414	75573.39	283	41140.1

表6－15　2006年、2007年商品住宅购买对象所占比重变化情况表

	本地	外地	境外
2006年	63.80%	33.30%	1.50%
2007年	63.87%	33.45%	0.56%

六、商品房现房转让情况

2007年，北京市新建商品房现房转移登记7.5万套，面积923.6万平方米，分别比2006年减少27.3%、26%。其中住宅6.6万套、786.5万平方米，分别比2006年减少31.5%、30%；办公用房为34.3万平方米，比2006年减少31%；商业用房为54.4万平方米，比2006年增加22%。

表6－16　2007年商品房现房转让成交情况

分组统计		成交套数（套）	成交面积（万 m^2）
合　计		75104	923.6
住宅		66403	786.5
其中	公寓别墅	2115	41.4
办公		1253	34.3
商业		2116	54.4
其它		5332	48.4

第四节　存量房市场

一、存量住房交易总体情况

2007 年，北京市存量房成交面积 1011.9 万平方米，达到历史新水平，同比增长 4.9%。与 2006 年相比，成交面积涨幅下降了 21.7 个百分点，成交金额同比增长了 46 个百分点。

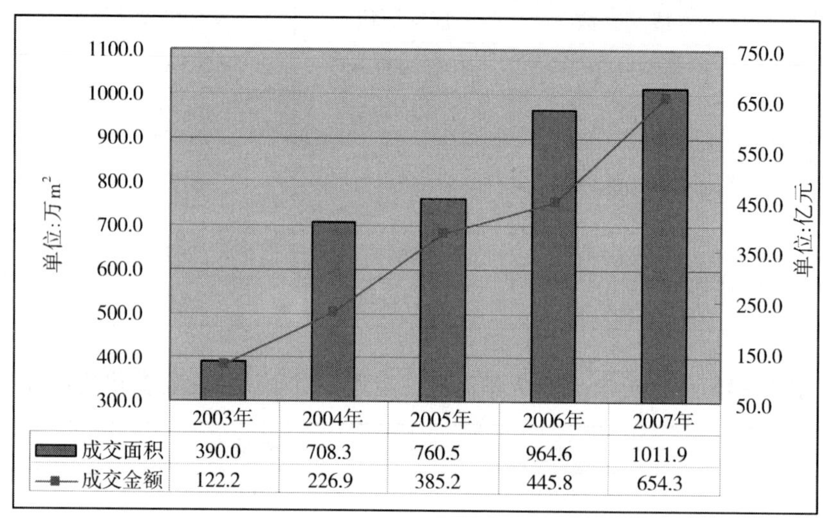

图 6－1　2003—2007 年度存量房交易情况表

在 2007 年成交的 9.7 万套存量房中，存量住宅 9.4 万套，占 97.0%（其中二手商品住宅占 60.0%，已购公房再上市占 36.1%，经济适用住房再上市占 0.9%）；二手办公用房成交 312 套，占 0.3%；二手商业营业用房成交 430 套，占 0.4%；其他类型二手房屋成交 2157 套，占 2.2%。

在 2007 年成交的 1011.9 万平方米存量房中，存量住宅 886.3 万平方米，占 87.6%（其中二手商品住宅占 61.3%，已购公房再上市占 25.5%，经济适用住房再上市占 0.9%）；二手办公用房成交 33.3 万平方米，占 3.3%；二手商业营业用房成交 28.4 万平方米，占 2.8%；其他类型二手房屋成交 63.9 万平方米，占 6.3%。

表 6－17　2007 年存量房成交总体情况：

单位：万 m²；亿元

分组统计		成交套数	成交面积	成交金额
合计		96833	1011.9	654.3
存量住宅		93934	886.3	469.1
其中	二手商品住房	58114	619.7	315.1
	已购公房再上市	34919	257.9	150.3
	经济适用房再上市	901	8.6	3.7

续表

分组统计	成交套数	成交面积	成交金额
二手办公	312	33.3	21.6
二手商业	430	28.4	17.9
其他	2157	63.9	33.0

从区域分布上看，朝阳区、海淀区、昌平区与丰台区成交面积居于各区县前列。朝阳区成交面积254.3万平方米，远高于其他区县，其次是海淀区、昌平区、丰台区，分别是128.9万平方米、124.9万平方米、84.3万平方米。二手房的成交依然以朝阳区、海淀区、丰台区与石景山区为主，随着轨道交通的日益发达，近郊的昌平区、大兴区、通州区与亦庄经济技术开发区所占的市场份额也越来越大。

表6-18 2007年存量房各区县成交情况表

	成交套数（套）	成交面积（万 m^2）
合　计	96833	1011.9
东城区	1901	14.0
西城区	2290	15.0
崇文区	1313	10.8
宣武区	3619	30.9
朝阳区	20995	254.3
海淀区	11045	128.9
丰台区	9510	84.3
石景山区	2960	21.2
通州区	6100	54.9
房山区	2340	21.0
顺义区	4321	38.5
门头沟区	1181	10.2
大兴区	6787	65.4
怀柔区	1377	19.0
密云县	1455	12.9
昌平区	11465	124.9
延庆县	782	7.2
平谷区	2132	20.6
开发区	1202	16.4

二、二手商品住房交易情况

2007年，北京市二手商品住房成交58114套，成交面积619.7万平方米。二手商品住房成交延续2006年上涨趋势，成交套数上涨了25.3%，成交面积上涨25.5%，达到了历史最高水平。

表6－19　2003—2007年北京市二手商品房再上市情况

年度	2003	2004	2005	2006	2007
成交套数	17218	26584	38419	46373	58114
月均成交套数	1435	2215	3202	3864	4843
成交面积（万 m^2）	186.7	334.1	403.7	493.8	619.7

从区域分布上来看，朝阳区、海淀区、昌平区、丰台区、大兴区和通州区成交面积居于各区县前列。朝阳区成交面积167.8万平方米，远高于其他区县，其次是海淀区、昌平区、丰台区、大兴区和通州区，分别是58.7万平方米、57.9万平方米、48.5万平方米、48.2万平方米、47.2万平方米。

表6－20　2007年二手商品房各区县成交情况表

	成交套数（套）	成交面积（万 m^2）
合　计	58114	619.7
东城区	1195	9.3
西城区	853	5.9
崇文区	706	6.5
宣武区	2140	17.8
朝阳区	12008	167.8
海淀区	5161	58.7
丰台区	5260	48.5
石景山区	1274	10.0
通州区	5048	47.2
房山区	1402	14.7
顺义区	3290	31.5
门头沟区	699	4.6
大兴区	4995	48.2
怀柔区	901	8.2
密云县	1455	12.9
昌平区	5619	57.9
延庆县	507	4.9
平谷区	2058	19.1
开发区	1092	13.5

三、北京市已购公房再上市情况

2007年，已购公房再上市成交34919套，成交面积257.91万平方米。已购公房再上市在经过了2006年宏观调控的影响后开始有所增长，成交套数上涨了16.31%，成交面积上涨了20.00%，达到了历史最高水平。

表 6－21 2003—2007 年北京市已购公房再上市情况

年度	2003	2004	2005	2006	2007
成交套数	17097	30223	31033	30022	34919
月均成交套数	1425	2519	2586	2502	2910
成交面积（万 m^2）	117.38	260.36	245.61	214.93	257.91

从区域分布上来看，昌平区、朝阳区、海淀区、丰台区和大兴区成交面积居于各区县前列。昌平区成交面积 62.69 万平方米最高，其次是朝阳区、海淀区、丰台区和大兴区，分别是 50.15 万平方米、37.16 万平方米、28.15 万平方米、12.50 万平方米。

表 6－22 2007 年已购公房再上市各区县成交情况表

	成交套数（套）	成交面积（万 m^2）
合　计	34919	257.91
东城区	693	4.38
西城区	1406	8.75
崇文区	595	3.96
宣武区	1457	9.28
朝阳区	7800	50.15
海淀区	5474	37.16
丰台区	4184	28.15
石景山区	1680	10.78
通州区	1012	7.11
房山区	938	6.31
顺义区	1031	7.03
门头沟区	454	4.56
大兴区	1747	12.50
怀柔区	415	2.86
密云县	0	0
昌平区	5756	62.69
延庆县	275	2.24
平谷区	0	0
开发区	0	0

第五节　房屋租赁市场

一、2007 年北京市住房租赁市场概况

2007 年，北京住宅租赁市场交易十分活跃，在供应稳定，需求旺盛的情况下，交易量、交易价格大幅上涨。

（一）2007 年北京市住房租赁市场租金情况

北京市建委城建研究中心 36 家指导价格信息采集单位 2007 年全年租赁成交 15.7 万套，同比增长 31.1%，日均成交达到 437 套，超过 2002—2005 年日均成交量的 2 倍。

1. 北京市住房租赁市场平均租金情况

2007 年，北京市住房租赁市场平均租金为 46.7 元/平米·月，同比增长 46.3%，高于 2002—2006 年租赁市场年均涨幅 37.4 个百分点。

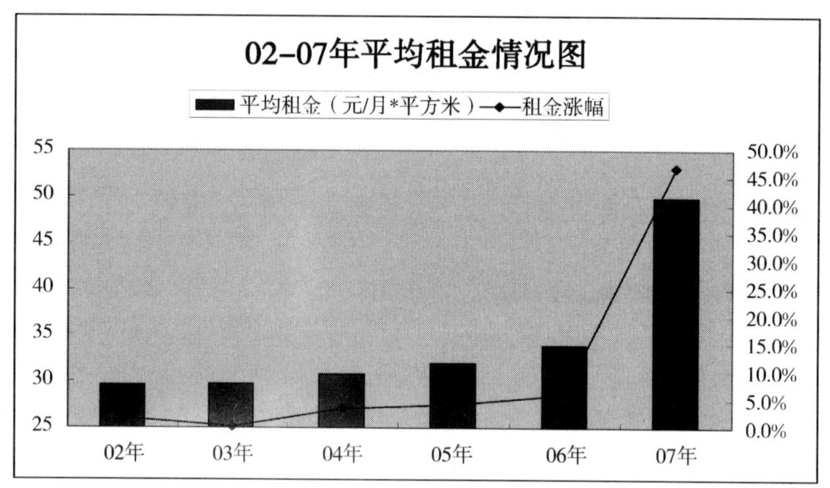

图 6－2　2002—2007 年北京市平均租金情况

2. 北京市交易活跃区县分居室住房平均租金情况

表 6－23　2007 年北京市交易活跃区县分居室住房平均租金情况

单位：元/月

成交区县	楼房一居室平均租金	楼房二居室平均租金	楼房三居室平均租金
东城区	2816	3708	5471
西城区	2470	3500	5143
崇文区	2624	3131	4743
宣武区	1823	2487	4313
朝阳区	2337	2858	4415
海淀区	2146	2759	3999
丰台区	1606	2008	2956
石景山区	1457	1824	2653

续表

成交区县	楼房一居室平均租金	楼房二居室平均租金	楼房三居室平均租金
城八区	**2165**	**2784**	**4270**
昌平区	857	1214	1571
通州区	892	1263	1635
大兴区	968	1371	1774

(二) 2007 年北京市住房租售比情况

2007 年，北京市住宅租赁市场与同期新建、存量房交易市场相比，价格涨幅分别高出 3.4 和 6.8 个百分点，呈现快速补涨态势。同时，商品住宅的房价租金比从 2006 年的 175∶1 上升到今年上半年的 219∶1，截至 9 月末，上述比例更高达 237∶1，年末回落至 177∶1。

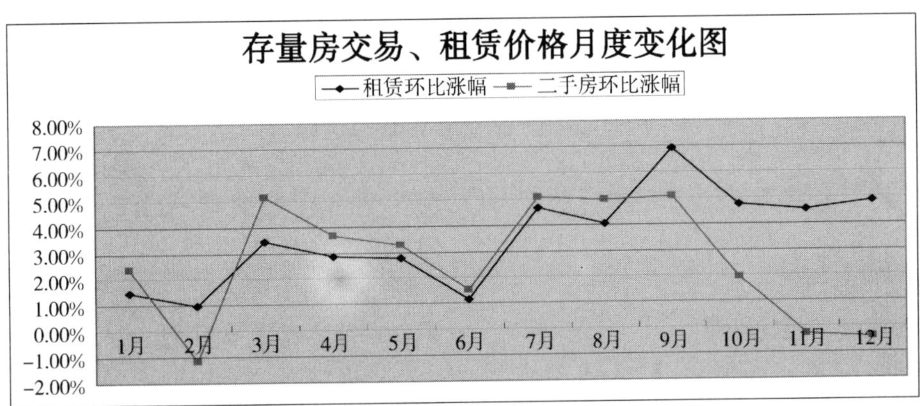

图 6－3　2007 年北京市存量房交易和租赁月度变化情况

二、北京市租赁住房的结构情况

(一) 租赁住房的居室结构特点

从租赁住房的结构特点看，一居室住房供不应求；两居室最受欢迎、成交比重最大；三居室住房供过于求。2007 年，北京市住房租赁市场分居室交易情况如下表所示：

表 6－24　2007 年北京市住房租赁市场分居室交易情况

	1 居室	2 居室	3 居室	3 居室以上
成交量所占比重	30.3%	52.5%	16.1%	1.1%
套均租金（元/月）	2109	2538	3796	4378
平均面积（平方米）	53.2	74.3	104.7	147.8
成交单价（元/平米·月）	54.3	41.1	46.2	56.4

(二) 租赁住房的区域分布特点

从区域分布上看，CBD 和中关村商圈及学校周边，奥运场馆周边是租赁热点区域。2007 年，CBD 商圈周边的劲松，松榆，东八里庄，国贸，团结湖等区域，租赁交易量占朝阳区总成交量的 45.2%，租金涨幅达 51.3%；中关村的万泉庄、文慧园、牡丹园、学院路等学校区域，租赁总成交量占整个海淀区的 36.7%，租金涨幅达到 53.4%。奥运场馆周边的安慧、亚运村、八达岭三至四环沿线、安外、德外、太阳宫、柳芳、左家庄等区域，租赁交易量占全市总成交量的 18.4%，租金涨幅达到 61.7%。上述区域 2007 年供需比基本都在 1∶1.5—1∶3 之间，供不应求态势明显，是租赁长期活跃的区域。此外，轻轨八通线、十三号线、五号线附近的新兴社区，如通州北苑、梨园，昌平回龙观、天通苑，丰台西马场、南苑等，租赁市场交易也较为活跃。

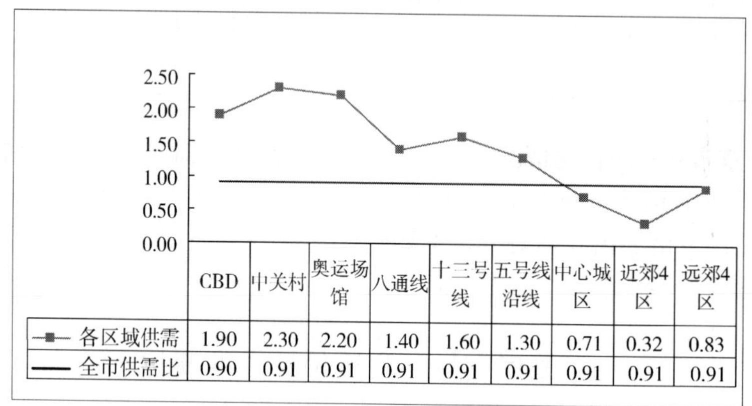

	CBD	中关村	奥运场馆	八通线	十三号线	五号线沿线	中心城区	近郊4区	远郊4区
各区域供需	1.90	2.30	2.20	1.40	1.60	1.30	0.71	0.32	0.83
全市供需比	0.90	0.91	0.91	0.91	0.91	0.91	0.91	0.91	0.91

图 6-4　2007 年北京市租赁市场分区域供需比情况

远郊区县，以及顺义、大兴和丰台的部分新城，没有轨道交通穿行，租赁市场供过于求。

（三）承租主体的结构特点

从承租人的结构看，接近 9 成都是 40 岁以下的中青年。按户籍区分，外地人居多，约占 63.8%，当地人和境外人士分别占 29.9% 和 6.3%。其中，租房的外地人以在京务工人员为主，占到总成交量的 53.4%；本地人则以新留京工作的大学毕业生为主。

第六节　房屋市场价格

一、房地产价格总体情况

2007 年，在贯彻落实国家前期各项宏观调控政策的同时，国家继续采取加息、提高第二套住房首付比例、提高房屋贷款利率及清算土地增值税等政策，通过金融、信贷、税收等经济杠杆对房地产市场进行调控，以达到抑制投资、打击投机、稳定房价的目的。然而，房价在需求旺盛、供应依然偏紧的情况下延续了上年的上涨走势，涨幅有所加剧。2007 年，北京市房屋销售价格指数累计为 111.4%，涨幅比上年提高 2.6 个百分点。房屋租赁价格指数累计为 102.7%，物业管理价格指数累计为 100.1%，土地交易价格指数累计为 109.4%。

从全国范围看，2007 年北京市房屋销售价格指数在全国 70 个大中城市中位居第三，前两位分别为深圳（116.3%）和北海（113.3%）。天津和重庆均为 106.9%，并列第二十位；上海为 103.4%，位居第六十五位。

表 6－25　2007 年房地产价格指数表

单位:%

指标	2007 年
房屋销售价格指数	111.4
商品房	111.8
其中：住宅	112.8
其中：普通住宅	114.4
高档住宅	110.3
二手房	110.2
其中：住宅	110.2
房屋租赁价格指数	102.7
其中：住宅	103.4
物业管理价格指数	100.1
土地交易价格指数	109.4

表 6－26　2001—2007 年房屋销售价格指数表

单位:%

项目	2001 年	2002 年	2003 年	2004 年	2005 年	2006 年	2007 年
房屋销售总计	101.3	100.3	100.3	103.7	106.9	108.8	111.4
一、商品房	100.2	100.0	100.4	103.9	106.6	108.6	111.8
（一）住宅	100.1	100.2	100.6	104.3	107.1	109.6	112.8
1. 经济适用房	100.0	100.0	100.0	100.0	100.0	100.0	100.0
2. 普通住宅	100.1	100.5	100.9	105.2	108.2	111.2	114.4
3. 豪华住宅（2005 年后为高档住宅）	100.3	99.6	99.4	101.7	106.3	106.5	110.3
（二）非住宅	100.3	98.4	99.1	101.2	102.4	103.4	106.5
1. 写字楼（2005 年后为办公楼）	100.3	98.2	99.7	97.6	103.1	103.8	107.1
2. 商业用房（2005 年后为商业娱乐用房）	100.0	100.2	98.5	103.9	101.9	100.4	106.2
3. 其他		100.0	100.8	100.4	103.3	109.3	102.4
二、私有住房（2005 年后为二手房）	100.0	100.8	100.2	103.3	109.4	109.8	110.2
（一）住宅	100.0	100.8	100.2	103.3	109.7	109.8	110.2
（二）非住宅	100.0						

二、房屋销售价格指数情况

（一）2007 年房屋销售价格指数运行情况

表 6－27　2006、2007 年分季度房屋销售价格指数表

单位:%

		一季度	二季度	三季度	四季度	累计
房屋销售	2007 年	109.0	109.5	111.9	115.0	111.4
	2006 年	107.1	108.7	109.7	109.5	108.8
普通住宅	2007 年	111.1	111.6	114.9	119.8	114.4
	2006 年	108.9	111.0	112.6	112.4	111.2

2007 年，北京市房价延续了上一年的走势，价格指数涨幅进一步加剧。据统计，2007 年房屋销售价格指数为 111.4%，涨幅比上年提高 2.6 个百分点。自 2006 年 6 月份指数达到 110.1% 后，北京市房屋销售价格指数持续在高位运行，2007 年 7 月份再次突破两位数涨幅（110.4%），除 6 月份涨幅低于上年同期外，其他各月涨幅均高于上年同期并呈现不断走高之势。

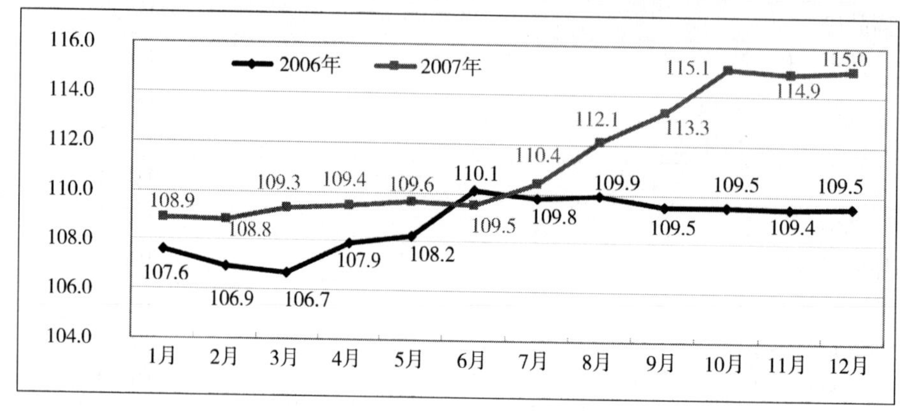

图 6－5　2006—2007 年北京市房屋销售价格指数（单位：%）

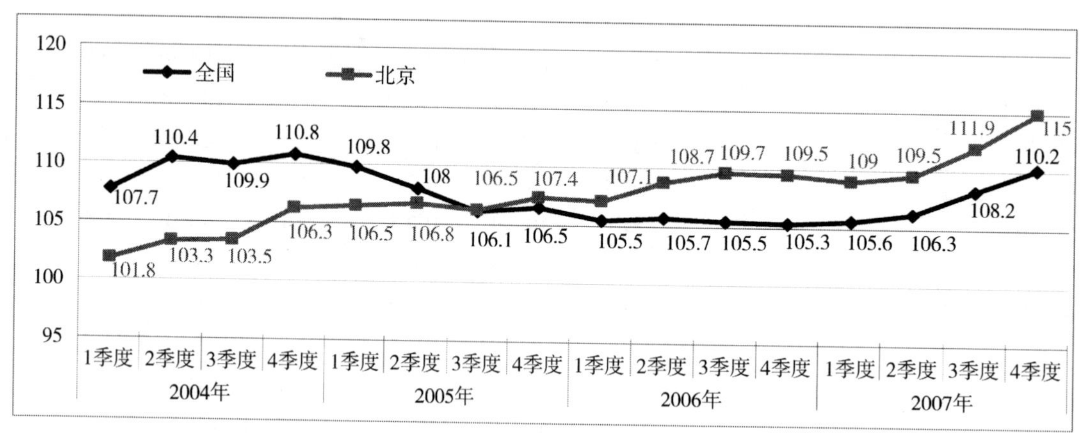

图 6－6　2004—2007 年分季度房屋销售价格指数比较（单位：%）

（二）2007 年分用途房屋销售价格指数运行情况

2007 年，北京市新建商品房销售价格指数为 111.8%，影响房屋销售价格指数（以下简称总指数）上升 8.6 个百分点；二手房销售价格指数累计为 110.2%，影响总指数上升 2.8 个百分点。在新建商品房中，住宅价格指数累计为 112.8%，影响总指数上升 7.8 个百分点；在新建商品住宅中，普通住宅由于面对市场上的主要购房群体，在需求的刺激下价格上涨较快，继 2006 年 5 月份达到 110.3% 后，已连续 20 个月保持两位数涨幅。2007 年普通住宅价格指数累计为 114.4%，拉动总指数上升 7.1 个百分点，是各类房屋中拉动总指数走高的主要因素。高档住宅价格指数为 110.3%，影响总指数上升 0.7 个百分点。

（三）2007 年分区域房屋销售价格指数运行情况

随着住宅供应的郊区化和城区房价已处高位，北京市房屋销售价格指数呈现出由市区向郊区逐步走高的趋势。据统计，2007 年功能核心区和功能拓展区房屋销售价格指数分别为 107.5% 和 112%，城市发展新区和生态涵养区房屋销售价格指数均为 112.7%，远郊区县房价涨幅较高。其原因：一是城区内住宅价格较高，部分中低收入人群不得不到郊区购房，加大了该区域的需求。二是道路交通的改善，特别是轨道交通的快速发展对房地产市场的影响日益显著，出行的便捷极大地缩短了城、郊间的空间距离，使得郊区的购房需求得以有效放大，从而拉动房价不断走高。

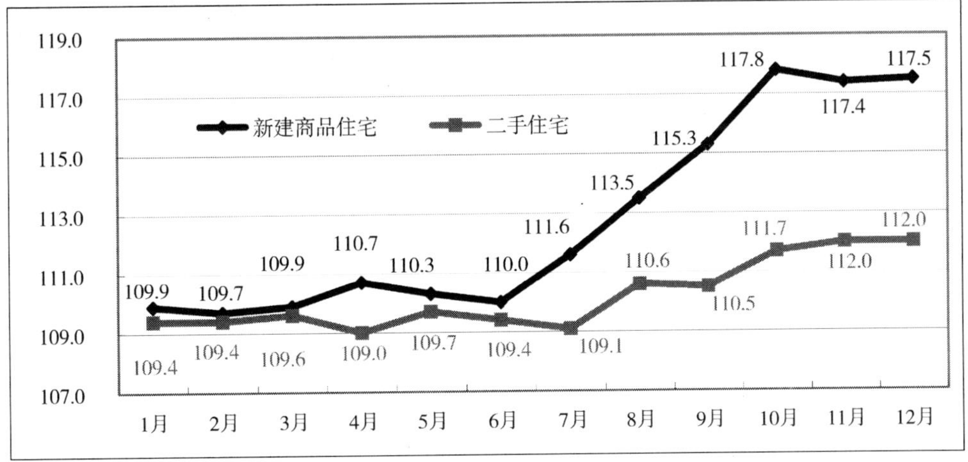

图 6－7　2007 年新建商品住宅与二手住宅价格指数对比（单位:%）

表 6－28　2007 年各区域房屋销售价格指数

单位:%

	北京市	功能核心区	功能拓展区	城市发展新区	生态涵养区
总指数	111.4	107.5	112.0	112.7	112.7
商品房	111.8	107.3	112.9	112.7	110.7
住宅	112.8	107.6	114.0	113.4	112.1
#普通住宅	114.4	107.8	115.8	114.7	112.6
#高档住宅	110.3	106.7	109.6	111.7	108.8
二手房	110.2	107.8	109.8	112.9	118.1

三、2007 年房屋租赁价格指数情况

2007 年，随着房价快速上涨，北京市房屋租赁价格也呈现稳中有升的态势。全年房屋租赁价格指数累计为 102.7%，各季度分别为 101.2%、101.7%、102.9% 和 104.9%。从分类指数看，住宅租赁市场在轨道交通快速发展、奥运效应、房价持续上涨等多重因素影响下，房屋租赁需求不断增加，租赁价格水涨船高，与住宅一、二级市场呈现联动走势。1—4 季度，北京市住宅租赁价格指数分别为 101.4%、102.1%、103.7% 和 106.4%，全年累计为 103.4%。其中，由于普通住宅面对主要租房群体，价格上涨较快，各季分别为 101.7%、102.4%、104.2% 和 107.1%，全年累计为 103.9%；高档住宅租赁价格呈相反走势，各季度分别为 98.9%、99.6%、99.5% 和 100.1%，全年累计为 99.5%。

四、2007 年物业管理价格指数情况

2007 年，北京市物业管理价格指数累计为 100%，由于从 2006 年 1 月 1 日起全市执行新的收费标准，经济适用房物业费出现上涨，但总体走势平稳，1—4 季度北京市物业管理价格指数分别为 100.2%、100.2%、100% 和 100%。

五、2007 年新建商品期房交易指导价格

（一）说明

本书所公布的新建商品期房交易市场价格是依据北京市房地产交易管理系统预售合同登记备案的信息测算形成。覆盖了全市所有行政区域内

的全部预售项目的成交数据。

本书所公布主要内容包括：

1. 北京市各行政区域新建商品期房交易市场价格；

2. 将全市划分为83个价格监测区域，公布了各监测区域内项目的以下4项参考监测指标；

（1）成交总套数（套）：即监测区域内所有项目的成交套数总和。

（2）总成交建筑面积（平方米）：即监测区域内所有项目的成交建筑面积总和。

（3）套平均成交建筑面积（平方米）即监测区域总成交建筑面积除以成交总套数。

（4）套平均成交价格（元/套）即监测区域平均成交均价乘以套平均成交建筑面积。

3. 在各监测区域图中，将北京市2007年全部在售新建商品期房项目的项目名称及地点进行了标识；

4. 2007年1—12月新增商品房期房项目公示信息；

项目中所标注的项目拟售价格由开发企业自行提供（最终房屋售价请与具体开发企业协商）。项目具体可售房屋请登陆北京市房地产交易管理网（www. bjfdc. gov. cn）查询相应楼盘可售房屋信息。

本次发布的是新建商品期房（居住类和非居住类）交易市场价格，它代表的是各区或各区内监测区域新建商品住房买卖市场价格的一般水平，不是具体单套房屋买卖的个案成交价。买卖双方可以综合考虑供求关系、交通便捷程度、小区环境、公共设施完善程度、楼层、朝向、户型、房屋设施、装修状况等因素的影响，最终确定实际的买卖成交价格。

（二）2007年新建商品期房交易指导价格表（详见附录四附表2）。

六、2007年二手房交易指导价格

（一）说明

1. 本次发布的交易市场价格是城八区以及昌平、大兴、通州、房山、门头沟、怀柔、延庆、顺义、密云、亦庄经济技术开发区共17个区（县）2007年10—12月份的区（县）（以行政区域为范围）和区（县）内各典型区域（以典型区域为范围）两个层次的存量住房交易市场价格，计价标准为每平方米建筑面积单价（元/m^2），同时公布各典型区域的套平均建筑面积（m^2）以及套总价（万元）。

2. 存量住房基准住房标准：1996年—2002年建设；房型为楼房；多层楼房3层，高层楼房次顶层；多层楼房朝南，高层楼房朝东；配套设施齐全的存量住房。

房屋修正系数：

（1）建成年代修正系数（详见表6-29）

（2）楼层修正系数

①楼型为多层的楼层修正：多层是指总层数在七层及七层以下楼房（详见表6-30）。

表6-29 房屋建成年代修正系数

建成年代	1985年以前	1986—1989年	1990—1995年
修正系数（%）	82	92	96
建成年代	1996—2002年	2003—2004年	2005年以后
修正系数（%）	100	102	106

表6-30 多层楼房楼层修正系数

层数	1层	2层	3层	4层	5层	6层	7层
修正系数（%）	94	97	100	98	95	94	90

②楼型为高层的楼层修正：高层是指总层数在七层以上楼房。

存量住房的基准房屋标准为高层的次顶层，因此设定次顶层的基础指数为100，其他楼层修正系数情况如下：由次顶层开始，21层及以上楼层每下降1层，修正系数下调8‰；11—20楼层每下降1层，修正系数下调1%；10层及以下楼层每下降1层，修正系数下调1.5%；顶层的修正系数为95%。

公式：交易房屋指导价格 = 区域均价 × {1 - 8‰（或1%或1.5%）×（次顶层数 - 本楼层数）}

（3）房型修正系数

①平房的修正系数

东城、西城、崇文、宣武区平房的修正系数为120。其他区域的平房不作房型修正。计算公式：平房交易指导价格 = 区域均价 ×120%

②地下室的修正系数　地下室：包含地下室和半地下室

A、楼型为多层的楼层修正

存量住房的基准房屋标准为多层的3层，以3层为基准，地下室的修正系数为65%。

B、楼型为高层的楼层修正

存量住房的基准房屋标准为高层的次顶层，以次顶层为基准，地下室的修正系数为50%。

存量房交易指导价格的计算公式为：

指导价格 = 区域均价 × 建成年代修正系数 × 楼层修正系数 × 房型修正系数

3. 本次发布的交易市场价格是基准住房的指导价格，代表了19区（县）和各区内典型区域存量住房交易市场价格的市场水平，不包含交易双方因房屋买卖发生的其他费用。交易双方可以按照修正系数综合考虑供求关系、交通便捷程度、小区环境、公共设施完备度、房屋设施、装修状况等因素的影响，最终确定实际的成交价格。

4. 区域情况描述内容为此次区域基本情况调查的结果。

（二）2007年二手房交易指导价格表（详见附录四附表3）。

七、2007年北京市租赁指导价格

（一）说明

1. 租赁指导价格公布的是城八区及昌平、大兴、通州、门头沟、房山、顺义、亦庄范围内普通住宅楼房租赁成交活跃的典型区域内基准住房的指导价格。

2. 租赁指导价格公布的指导价格是政府规定的各项税费由租赁双方各自交付，水电费由承租方交付，供暖费及物业费由出租方交付之后的成交价格。

3. 租赁指导价格公布的指导价格是指以下基准住房的典型区域租赁指导价格，租赁双方可参考指导价格，综合以下各存在因素以确定实际成交租金。

普通楼房基准住房标准：20世纪80年代、90年代建设；一居室建筑面积40—52m^2；二居室建筑面积53—65m^2；三居室建筑面积66—85m^2；一般装修（铺地砖，粉白墙，简单浴室及厨房装修）；有管道天然气（或煤气）、管道暖气、热水器及厨具；有简单家具，简单家电；周围环境一般；位于典型区域内交通便利的地点。

4. 区域情况描述内容为此次区域基本情况调查的结果。

（二）2007年北京市住房租赁指导价格表（详见附录四附表4）。

第七章

房屋交易市场监管

第一节 房地产开发市场监管

一、2007年房地产开发市场监管总体情况

为加强对房地产开发项目核准、商品房年度投资计划审查以及开发企业资质等方面的监管，进一步规范房地产开发市场秩序，北京市建委于2007年2月15日成立了房地产开发管理处。

2007年，北京市建委开发处共受理行政资质申请1706项，审查2254项（含开发办遗留500余项）。其中新备案企业265家，变更资质410家，为1197家企业办理了资质升级审批，向建设部报送了18家申请一级资质的企业。年底，北京市建委还对全市房地产企业资质进行了集中清理，并将拟注销的862家房地产开发企业在北京市建委网站上进行了公示。

年内，共核准房地产开发项目立项124件，面积2032.36万平方米，投资1078.47亿元；办理年度投资计划会审147件，面积1303.81万平方米，投资237.91亿元。项目建设备案方面，截止2007年底，全市共有7个区县建委审核备案了10个项目的建设方案，其中：分期建设的项目7个，建筑面积496.5万平方米；不分期建设的项目3个，建筑面积12.5万平方米。

二、2007年房地产开发市场监管具体情况

（一）严格资质审批，强化动态监管，各项行政许可工作十分扎实

1. 依法办理行政许可事项。2007年，北京市建委先后制定了《关于2005年度房地产开发企业资质审核合格企业资质证书加盖“年检合格”印章的通知》、《关于房地产开发企业申请延续暂定资质证书有效期的有关问题的通知》和《关于进一步加强房地产开发企业资质管理的通知》等规范性文件，进一步规范房地产开发企业资质许可工作要求和程序。

2. 建立部门联动机制。在办理房地产开发企业资质升级、延续和重新核定工作中，增加了企业市场行为审查环节。对于符合受理要求的企业，市建委组织开发处、建设市场处、工程建设管理办公室、工程质量管理处、建筑业服务中心、房屋交易管理处和行政监察执法大队等6处室联合执法，严查开发企业在工程招标、施工许可、质量管理、竣工备案、工程款支付、房屋交易等行为中是否存在违规情况，一经发现坚决不予升级。

3. 严肃查处违法违规企业。一是将在资质审查中发现有伪造政府部门公章行为的北京信网置业有限责任公司移送相关部门进一步处理；二是对在资质审查中发现的不按规定办理备案变更、无资质开发等违法违规企业移送执法大队处罚，增强企业守法意识。三是对存在延期交房等严重失信行为的北京京都商业中心管理有限公司、北京华野房地产开发公司等企业会同相关部门对其进行综合执法，并对相关违法违规行为进行处罚。

（二）以清理建设项目为基础，房地产项目动态监管体系建设初见成效

1. 为把握好土地供应总量和开发建设规模，调整房地产结构和布局，保持房地产投资平稳增长，北京市建委会同市国土局、市规划委联合对2002—2006年间已出让住宅项目的开发进展情况进行了全面调查，此次清理共涉及除平谷、北京经济技术开发区之外的十七区县750个项目，总用地面积4283公顷，规划建筑面积7943万平方米。基本搞清了这些项目的建设进展情况，按照全部未开工、部分未开工和开工未入市进行了划分，分析了影响建设项目进展的原因，提出了拆迁遗留问题、供应结构矛盾等突出问题，并提出了政策建议。

2. 结合对房地产开发过程进行动态管理的需要，拟定了《关于建立房地产开发项目手册加强房地产开发项目动态管理的通知》，并制定了工作实施方案，下一步将进一步完善有关操作细则，编制项目要求，开发网络系统。

（三）大力落实新建商品住宅小区住宅与市政基础设施、公共服务设施同步交用

北京市建委联合市规划委、市国土局下发了《北京市新建商品住宅小区住宅与市政基础设施、公共服务设施同步交付使用管理暂行办法》，对避免新建住宅与市政基础设施和公共服务设施不配套现象的发生将发挥重要作用。为贯彻落实这一规定，北京市建委又出台了《关于贯彻〈北京市新建商品住宅小区住宅与市政公用基础设施、公共服务设施同步交付使用管理暂行办法〉有关问题的通知》。截止到2007年年底，全市共有7个区县建委备案了10个项目的建设方案。

（四）加强公积金使用管理，维护购房人合法权益

结合群众反映的开发商拒绝住房公积金贷款影响群众利益问题，北京市建委会同住房公积金管理中心研究出台了《关于严禁房地产开发企业拒绝住房公积金贷款的紧急通知》，并组织了贯彻执行情况的专项执法检查。

（五）开发企业信用管理体系不断完善

根据建设部《关于建立房地产企业及执（从）业人员信用档案系统的通知》要求，按照“统一规划、分级建设、分步实施、信息共享”的原则，认真组织房地产信用档案系统的分级建设和管理工作。制定《北京市房地产开发企业资质动态监督管理暂行办法》和《北京市房地产开发企业违法违规行为记分标准》，针对当前房地产市场的突出问题，北京市建委将拖欠工程款、延期交房、捂盘惜售、哄抬房价等行为纳入资质动态监管范围，同时，做到委内处室联动和信用信息及时通报，一旦发现开发企业存在严重失信行为，一方面委内相关处室将综合联动，在开工审批、预售监管、资质升级、房屋交用等方面对失信企业进行限制；另一方面要将有关情况通报给国土、规划等部门，增加失信惩戒的震慑力，提高企业失信成本。

第二节　房地产交易和权属管理

一、房屋交易市场管理情况

（一）建立了定期召开联络员会议的制度

为保证北京市房屋交易权属信息系统安全稳定运行，加强市、区交易权属管理部门的沟通，自2007年3月起各管理单位设置了系统联络员1—2名，并建立了定期召开联络员会议的制度。

各单位系统联络员主要负责指导本单位交易权属系统的使用；按时参加联络员会议，将会议内容向各相关职能部门领导汇报并负责向有关工作人员传达并讲解系统操作方法；负责系统运行的硬件安全保障；负责向市建委汇报系统使用进展及存在问题。

通过市建委每月定期召开联络员会议，讲解权属系统更新说明及常见操作问题，并由联络员汇报本单位完善系统的需求和建议。充分发挥联络员上传下达的作用，使市、区管理单位、金融机构、开发企业和其他使用单位及时沟通了交易权属系统的需求、系统更新及权属系统操作。

（二）交易管理网公示司法协执信息

通过各管理部门对司法协执信息的清理，并在交易权属系统上进行录入并标识。自2007年6月1日起，北京市房地产交易管理网（www. bjfdc. gov. cn，以下简称交易网）对在售期房项目的司法协执信息进行公示；自2007年8月1日起，交易网将对在售现房项目司法协执信息进行公示。

（三）开通了统计查询系统

为方便查询交易权属系统中的信息，统计权

属系统中各项数据，为领导科学决策提供翔实的数据支持，自2007年7月20日起，北京市建委开通了交易权属统计查询系统试用版（网址：http：//202.108.186.27：7681/），各管理单位可利用此系统查询交易权属系统中各项业务办理进度、统计工作人员的工作量及生成各类交易权属的统计报表。

（四）初始登记补录工作转由权属登记部门办理

为进一步完善权属系统中楼盘表的管理工作，自2008年1月1日起，未通过权属系统办理初始登记的楼盘表补录确认及更正补录信息的工作转由各区县建委（房管局）、开发区房地局、市房屋权属登记中心负责具体实施。

二、房屋权属管理

2007年，全市共发放房屋权属证书55万余件，其中颁发房屋所有权证书38.3万件、共有权证书2.3万件，他项权利证书14.4万件。房屋抵押登记13.8万件，面积约4290平方米，贷款额约2538亿元。办理市政府对外联络重点工作事项、领导批办、人大代表政协委员提案、单位来函、群众来信、行政诉讼复议、信访复查等620件，注销房屋所有权证81件，通过建设网发布各类房屋权属公告2000余条。

（一）制定规范文件，完善登记制度

制定和实施了《关于房屋权属登记面积有关问题的通知》、《关于集资合作建房项目配套用房办理房屋权属登记有关问题的批复》、《关于增加房屋登记表样式等有关问题的通知》、《关于房屋权属登记有关问题的通知》、《关于变更房产测绘成果备案程序性规定有关内容的通知》、《关于商品房初始登记涉及楼外分摊部位有关问题的补充通知》等40余件规范性文件，进一步明确和规范了全市房屋权属登记工作。

（二）加快房屋权属登记信息化建设

以全市房屋交易权属登记系统为平台，以全市房屋普查为基础，制定了房屋权属证书更换工作方案和规则，推动全市建立完善登记信息数据库，将证书内容转化为数字信息，进一步加快各区县房屋权属登记信息化建设。目前海淀区、东城区、石景山区、怀柔区、昌平区等十六个单位对房屋交易和权属登记管理过程中的受理、审核、收费、缮证、质检、归档和统计分析等工作全部实现计算机处理，实现网上签约、申报、受理、审核。

（三）缩短登记时限，提高登记效率

为简化房屋转移及抵押登记业务流程，缩短业务办理时间，专门制定下发了《关于房屋权属登记有关问题的通知》，进一步明确规定，房屋转移登记和房屋抵押登记的办理时限分别要求在20个和10个工作日的时限内完成。各区县统一建立一体化办公、一站式服务、一个系统平台的房屋权属交易办理服务大厅，通过统一规范、统一标准、统一流程、统一制度等，进行预售登记备案、期房抵押登记、权属登记等一个窗口收件、一套资料内部传递、一个窗口办证，保证了权属登记服务安全、高效、便民。

第三节 经纪、评估机构管理

一、规范房地产经纪行业管理

（一）规范基础工作，明确房地产经纪行业监督管理的相关措施

2007年北京市建委制定下发了《关于印发〈北京市房地产经纪纠纷投诉处理管理规定〉的通知》（京建租［2007］98号）以及《关于加强北京市房地产经纪机构备案管理和动态监管工作的通知》（京建交［2007］301号）等相关房地产经纪行业管理规定，对行业的备案、巡检、投诉处理三大项基层管理工作予以了规范和统一。

（二）创新管理方法，通过技术手段规范房地产经纪行为

2007年北京市建委出台了《关于实行存量房买卖合同网上签约和信息公示有关问题的通知》（京建交［2007］508号），自7月1日起，存量房交易通过“北京房地产中介行业协会信息网”进行网上信息公示，网上签约、网上办理产权。自2007年4月15日起按照《关于印发〈北京市存量房交易结算资金账户管理暂行规定〉的通知》（京建法［2007］253号），明确凡房地产经纪机构与交易当事人签订房屋买卖经纪合同的，应执行交易结算资金账户管理的有关规定。上半年北京市建委还与市工商局共同制定了《北京市存量房屋买卖合同》示范文本，发布了《关于推行〈北京市存量房屋买卖合同〉示范文本的通知》（京建交［2007］507号）。自2007年7月1日起，《北京市存量房买卖合同》与《房屋购买委托协议》、《房屋出售委托协议》示范文本一同在我市被全面推行。这些措施有效地提高了存量房交易资金的安全性、房源信息的透明度。

为规范房地产市场，市建委继2005年3月15日推行期房网上签约、2006年1月1日现房网上签约之后，2007年5月下发了《北京市存量房买卖合同》示范文本，并同步推出存量房买卖合同网上签约和信息公示制度，自7月1日起凡经纪机构居间或代理（含代办转移登记手续）的，必须在北京市中介协会的存量房签约系统（www. breaa. cn）上发布房源信息，进行网上签约，并填写《北京市存量房交易结算资金划转协议》或《存量房交易结算资金自行划转声明》；买卖当事人和房地产经纪机构签订的房地产经纪合同须作为《存量房买卖合同》的附件一并提交到系统中。

存量房进行网上签约后，可通过存量房网上签约系统在线打印《房屋所有权转移登记申请书》，做为转移登记的申请材料之一。存量房网上签约信息通过数据交换，可自动生成权属系统中的转移登记申请信息。

截至2007年12月31日，存量房网签系统共注册单位用户427家，其中房地产经纪机构400家，交易保证机构27家。通过存量房网签系统发布房源信息17671套，合计面积1481952.12平方米，签订存量房买卖合同15465套，合计面积1274318.82平方米。共有54家单位放出“存量房交易结算资金专用存款账户”存量房买卖合同中有1373笔通过“专用帐户”划转交易结算资金。

（三）实施专项整顿，加大房地产经纪行业动态监管力度

为贯彻落实《关于进一步整顿规范房地产交易秩序的通知》（建住房［2006］166号），促进房地产交易市场健康发展，建设（房管）部门与工商部门联合开展了房地产经纪行业专项整顿工作。重点整治房地产经纪人无照经营、超范围经营、逾期未办理备案手续、发布虚假广告和信息、隐瞒重要事项、居间代理不符合上市交易条件的房屋以及与房地开发公司串通捂盘惜售、炒卖房号、哄抬房价等二十种违法、违规行为。

据统计，2007年1月至12月20日，全市共检查房地产经纪机构及分支机构1964家，发现各类问题共2275件，其中属于备案方面的问题有525件，内部管理制度问题有141件，公示制度未落实有1234件，行为规范问题有375件。根据巡检工作要求，检查单位还要对存在问题的单位进行复查，目前按照巡检部门发放的巡检记录限期整改的时间要求，还有670件尚未整改。各级管理部门针对存在问题严重或不按照要求进行整改的31家地产经纪机构，已通过媒体予以曝光。另外，在此期间全市共妥善处理房地产经纪纠纷投诉208件，通过调解，为投诉人挽回经济损失809965元人民币。

二、加强房地产估价机构的监管

2007年，市建委组织开展了对全市估价机构的检查，包括机构资质设立条件、制度建立和执行、法人股东、专职估价师、信用档案和报告质量等几方面内容。检查在各机构自查自纠并完成自查报告的基础上，由市建委、估价协会和部分专家组成的检查组重点对15家机构进行实地检查，涉及一级7家，二级2家，三级3家，三级暂定2家。针对检查发现的问题，市建委及协会对整改结果进行跟踪监督。对整改不合格的一家一级估价机构，及时将情况上报建设部，并撤销其一级资质。在对部分估价机构实地检查的基础上，市建委对北京市二、三级和三级暂定的80家房地产评估机构进行资质延续审核，符合条件的76家，其中二级机构21家，三级机构43家，暂定机构12家，不符合资质条件的4家。另外有1家三级机构、6家暂定机构未按时申请资质延续。对于存在问题的11家估价机构，公示其名单，并要求整改合格后，方可进行评估业务和办理资质升级。

2007年，我市进一步规范行政许可行为，从2007年3月1日起，全面贯彻实施《注册房地产估价师管理办法》（建设部令第151号），严格划分专、兼职估价师的注册情况。为保证房地产估价机构资质审批工作公开透明，使用房地产估价机构资质管理信息系统进行网上审批；为加强行业监管，我市具备房地产估价资质的机构和注册房地产估价师均建立了信用档案。

2007年，市建委共办理8家暂定估价资质的审批，初审合格上报建设部办理房地产估价机构一级资质延续的16家，已获得批准延续一级资质的8家。上报建设部变更一级资质证书5家机构。办理估价师初始注册139人，变更注册172人，续期注册191人。

第四节 房屋租赁管理和普通地下室安全使用管理

一、2007年北京市房屋租赁管理情况

（一）加强流动人口和出租房屋管理

为推动全市流动人口和出租房屋综合管理体制建设，加快在社区（村）建立来京人员和出租房屋服务站和招聘管理员等工作，2007年5月市建委与市流管办等部门联合印发了《关于在社区（村）建立来京人员和出租房屋服务站的工作意见》（京流管办［2007］4号）和《关于招聘流动人口和出租房屋管理员工作的意见》（京流管办［2007］5号），提出了基层服务站和管理员的在出租房屋管理方面的工作职责、日常管理制度、组建的时间要求等。

为加强流动人口和出租房屋管理工作，督促区县流管办和基层服务站建设，市流管委组成督导检查组，2007年10月25日至27日组成9个督导检查组，分别对18个区县的流管工作进行了一次全面深入的督导检查。市建委苗乐如副主任作为一个组的组长参加了全程督导，事后又组织相关人员对朝阳区崔各庄乡的房屋租赁管理工作进行了调研。

（二）《北京市房屋租赁管理若干规定》出台并实施

为促进流动人口和出租房屋管理的法制化建设，确立流动人口和出租房屋综合管理体制的法制基础，市建委积极推动了《北京市房屋租赁管理若干规定（草案）》的起草工作，并提请市法制办对其中部分条款进行修改，完善相关内容。2007年11月3日，市政府印发了《北京市房屋租赁管理若干规定》（北京市人民政府令第194号），建立房屋租赁综合管理体制，明确政府部门管理职责，进一步完善房屋租赁管理制度，确立了流动人口和房屋租赁管理体制的法律基础；按照市委、市政府“以房管人”的工作思路，对出租房屋和流动人口实行一体化管理。为加强《北京市房屋租赁管理若干规定》的宣传工作，2007年12月19日，与市流管办、市公安局等部门共同印发了通告，正面宣传，引导群众依法登记。

（三）完成《北京市建筑业农民工住房问题调研报告》

为做好流动人口的服务与管理工作，改善来京农民工居住环境，保障农民工居住权益，北京市建委承担了来京建筑业农民工住房问题的专题调研，并提交了《北京市建筑业农民工住房问题调研报告》。同时，配合市流管办参与了流动人口聚居区的调研工作。

（四）流动人口和出租房屋信息系统进入试运行

为便于信息采集工作，市流管办建立流动人

口和出租房屋信息系统，2007 年该系统处于试运行阶段。

二、全市普通地下室基本情况

根据 2007 年全市综合整治调查数据，北京市普通地下室（不含中央）共有 15094 处，2420.0 万平方米，已经使用的 13626 处，2225.9 万平方米，占普通地下室总处数的 90.3%，未用的 1468 处，194.1 万平方米，占普通地下室总处数的 9.7%（见表 7-1）。

表 7-1　在用普通地下室分类明细表

用　途	数　量（处）	面　积（万 m^2）	比　例
车库库房	4523	881.3	33.2%
人员居住	2768	322.0	20.3%
办公教学	1468	207.4	10.8%
商（市）场	506	197.2	3.7%
餐　饮	492	64.1	3.6%
文体娱乐	473	73.3	3.5%
旅　馆	436	49.3	3.2%
其　他	2960	431.3	21.7%

截止到 2007 年 12 月 31 日全市普通地下室发放标志牌为 13970 处，占总处数的 92.6%；全市普通地下室网上登记备案为 6881 处，1205.6 万平方米。

三、全面开展综合整治工作，摸清和排除隐患

为加强地下空间的安全使用和管理，消除各类安全隐患，确保首都安全稳定，北京市人民政府办公厅转发了《市建委市民防局关于首都地区地下空间综合整治工作方案的通知》（京政办发［2007］25 号），明确自 2007 年 4 月中旬至 12 月底，在全市范围内开展地下空间综合整治工作。

6 月初全市召开了动员大会，会上赵凤桐副市长做了重要讲话，各相关部门领导分别提出了要求。6 月中旬市建委召开全市地下空间综合整治和普通地下室管理工作会，会议部署和指导各区县建委（房管局）相关工作，对基层管理人员进行了执法工作的培训。

四、强化备案管理，建立协调机制

为进一步加强普通地下室登记备案工作，市建委下发了《关于加强普通地下室管理和综合整治工作的通知》（京建交［2007］596 号）明确了全市综合整治中建委主要职责、普通地下室登记备案提交的材料及办理程序。以“普通地下室安全使用告知单”的形式对普通地下室产权、使用人进行安全使用宣传；以“普通地下室安全隐患协查单”的形式与公安、卫生、安监、工商、消防等相关部门建立协查机制，发现安全隐患问题及时通报。

五、加大执法力度，消除安全隐患

市、区县建委（房管局）2007 年全年对 11846 处，1313.58 万平方米的普通地下室进行了检查，占使用总处数的 86.9%。在检查的 11846 处普通地下室中，发现存在安全隐患 2075 处，已经解决 1827 处，占发现隐患总数的 88%。对检查中发现的问题下发整改通知书 1670 份，罚款 41 处（共 41.29 万元），责令停业 37 处，关闭 8 处。另外，给相关部门发出协查单 439 份（消防 291 份，卫生 134 份，其他 14 份）。

六、明确中央在京单位普通地下室管理职责

为解决中央在京单位普通地下室管理职责不清的问题，中央国家机关人民防空办公室、北京市建

设委员会联合下发了《关于加强中央国家机关普通地下室安全使用管理有关问题的通知》（国机人防［2007］46号），明确了中央在京单位普通地下室的数据统计、制发标志牌、登记备案、日常检查等工作由国管局人防办负责，同时建立了普通地下室安全使用管理通报制度，加强信息沟通。

第五节 房地产市场秩序专项整治

一、贯彻八部委精神，深入开展房地产市场秩序专项整治工作

为贯彻建设部等八部委《关于开展房地产市场秩序专项整治的通知》（建稽［2007］87号）精神，进一步规范北京市房地产市场行为，做好房地产市场秩序专项整治工作，按照市政府的统一部署，在2006年两次交易秩序整顿工作的基础上，北京市积极落实为期一年的房地产市场秩序专项整治工作。

（一）加强专项整治组织领导，建立联席会议制度，健全日常协调工作机制

1. 建立联席会议制度。

为加强此次专项整治工作的组织领导，建立了由市政府主管领导主持，建设、规划、国土、发改委、工商、地税等十个委办局和各区县政府的主管领导参加的联席会议制度，明确了各成员单位的职责，要求各成员单位根据职责分工，部署和组织本系统、本辖区专项整治的具体实施工作。2007年7月5日，由陈刚副市长主持召开了第一次联席会，要求各单位、各部门要高度重视，以治假、治乱、治劣、治涨为原则，加大力度，形成机制，充分发挥联席会议的作用，确保专项整治工作取得实效。

2. 日常协调工作机制得到加强。

专项整治联席会议办公室设在北京市建委，由北京市建委主管领导担任办公室主任，各成员单位指派专人参与办公室工作，北京市建委还分别从5个处室、事业单位抽调专人充实了办公室力量，保证了专项整治日常工作的正常开展。

3. 建立了联动协查和信息共享制度。

各成员单位公布了专项整治工作投诉电话，对重大案件进行联合查处的联动协查机制初步建立。健全了信息共享制度。定期编制工作简报并及时上报典型案例及专项整治工作进展情况。

（二）多管齐下，全面开展专项整治工作

1. 组织开展自查自纠，增强企业规范经营意识。

2007年6至7月份，北京市组织全市房地产企业开展自查自纠工作。重点针对在建并已进入商品房预销售环节的房地产开发项目及是否存在囤房惜售、哄抬房价、合同欺诈、违约交房、违规强制拆迁以及危害群众利益等违规行为进行自查。开展自查的开发企业累计780家、房地产经纪机构633家、拆迁企业156家、测绘企业74家，分别占各类应自查企业的92.1%、90%、63%和100%。通过开展自查自纠活动，发现问题并及时督促整改，企业的规范经营意识得到了明显增强。

2. 深入开展房屋管理专项执法检查。

针对社会关注的热点难点问题，在全市范围内开展了房展会、地下空间安全使用、房屋销售、房地产经纪机构、物业企业管理、经济适用房违法销售等专项检查10余次，共检查售楼场所649个，检查销售人员2195个，受理网上投诉1324个，办结投诉1028个，办结率达78%。查处涉嫌违规项目125个，处罚违法违规行为149起，处罚金额661万元。通过深入开展房屋管理专项执法检查，有力地打击了房地产市场的违法违规行为，促进了房地产市场的健康发展。

3. 部门联动，市区协力，积极推动六项联动协查。

（1）北京市建设、工商、规划部门联合开展房地产项目广告宣传专项执法检查。重点针对无证或未按规定进行广告宣传和销售、对房屋性质、用途、价格、项目环境等进行虚假或夸大宣传、承诺升值和投资回报、发布不实销售进度等违规行为进行查处。

（2）市建设、发改、工商、地税等部门联合对全市823家房地产经纪行业开展专项执法检查。重点对房地产经纪业务中存在的无照经营、超范围经营、未按规定进行房源公示、资金监管、签订虚假合同逃税漏税、对交易双方隐瞒真实成交价格等违规行为进行查处，对发现的违规行为和处理情况进行通报，并在北京市房地产交易管理网予以公示。

（3）为摸清北京市土地供应和住宅项目总体情况，北京市建设、国土、规划部门对17个区县2002年—2006年已出让的750个项目、7943万平方米的住宅项目进行清理。各区县克服时间紧、任务重的困难，及时汇总上报，并对未形成供应项目开发进度进行了督促，为增加市场供应，明确下一步调控目标奠定了基础。

（4）市区联合突击检查，重点整治延期开盘。2007年9月中旬，北京市建委联合相关区县建委（房管局）组成联合检查组对部分区县存在投诉和领取预售证三日内未售的28个房地产项目进行突击检查，对存在问题的企业和执法人员当场下发了责令限期整改通知书，要求企业已获得预售许可的楼栋要全部对外销售，并在交易管理网进行公示，并在媒体上对存在违规行为的企业进行公示曝光。

（5）市区联动对63个涉嫌存在拆分销售商业及配套用房、违规承诺投资回报等违法违规行为的房地产项目进行了检查。检查范围包括目前在售商业及配套项目中销售单元比较小的项目和曾经被投诉销售中承诺有投资回报的企业和项目。重点检查宣传投资回报、售后包租、返本销售等方式销售商品房。

（6）部门联动，重点监控高价项目。市建委在交易管理网公示了均价排名前30名的项目。市发改委、市建委、市地税局、市审计局、市财政局等部门相互沟通，对涨幅过大、均价过高的房地产项目进行重点监控，发现违法违规行为随时查处。

与此同时，地税、发改、工商等部门还结合自身职能，配合此次专项整治，积极开展了大量工作。市地税局在专项整治工作中，重点针对房地产税收一体化和税收征管薄弱环节，加大依法查处房地产市场涉税违法行为力度，进一步整顿和规范房地产税收征管秩序。

北京市发改委重点针对项目核准、年度投资计划管理，房地产开发企业、房地产经纪机构在销售房屋的过程中是否按照规定明码标价，是否违反规定收取服务费用等环节开展专项检查，确保整治工作取得成效。北京市工商局整合执法力量，落实网络监管责任制，通过对房地产企业的全面检查和重点调查，严把房地产业准入关和年检关，加强对房地产企业和经纪人的监督管理，严厉查处房地产虚假广告、合同欺诈等违法违规行为。

4. 全面检查区县专项整治工作，巩固阶段性成果。

为检查专项整治工作开展情况，巩固整治效果，北京市于10月底和11月初，全面开展区县专项整治工作大检查，累计实地检查区县12个，分批召集6个区县负责人座谈汇报。

通过检查情况来看，各区县积极行动，认真组织落实，加强部门联动，加大检查力度，创新工作机制，专项整治工作富有成效。通过此次检查，各区县在专项整治工作中的好的经验做法得到肯定和推广，问题与不足得到及时总结剖析，为下一步专项整治总结巩固工作奠定了扎实基础。

（三）创新机制，积极探索建立健全房地产市场日常监管长效机制

1. 约谈告诫和网上公示相结合，加强整治效果。

针对部分企业存在的捂盘惜售、虚假广告宣传等违规行为，市建委以约谈告诫的方式，通过对企业负责人进行政策宣传和教育，促使相关企业及时纠正违规行为。通过约谈告诫，绝大部分企业均立即进行了整改，并承诺在今后的经营过程中严格依法办事。与此同时，充分发挥社会监督作用，加大对违法违规行为社会公示力度，对64家违法违规行为情节严重，且约谈告诫后整改不及时的房地产企业向社会进行了公示。

通过约谈告诫和违法违规行为社会公示，北京市房地产企业守法意识得到提高，经营违规行为明显减少。

2. 专项检查与综合检查相结合，增强执法效果。

在深入开展房屋管理专项执法检查的同时，为探索房地产市场执法检查经验，切实发挥行政执法的社会效用，2007 年 7 月下旬，选定了银泰中心、诺雅新州、新龙城三个均价高、项目规模大的房地产项目，会同政风行风监督员和新闻中心记者开展了为期三天的房地产项目综合执法检查。2007 年 8 月份以来针对媒体曝光的世贸奥林、华龙大厦等项目进行了综合执法检查。由市区建委 30 余人组成的检查小组同时进驻现场，对前期报建手续、工程质量安全、商品房销售三个方面八大项内容进行综合检查。对检查中发现的项目招投标、专业分包、房屋销售等方面问题进行现场处罚并责令企业立即整改。通过此次多部门联合综合执法检查，将检查内容延伸至房地产项目开发、施工、销售全过程，在日常巡查和专项检查基础上对执法模式进行了创新，进一步加大了执法力度，增强了行政执法震慑力。

3. 部门职能工作与联动协查相结合，部门联动与市区联动相结合，联动协查的长效机制逐步建立。

各部门在结合自身的职责分工，认真开展专项检查工作的同时，部门与部门之间，市、区之间，不断加强联动，积极开展了房地产广告宣传、房地产经纪行业专项检查、整治延期开盘等多方面联动协查工作。联动协查的长效机制逐步建立，有力地打击了房地产市场违法违规行为，保证了北京市房地产市场秩序健康有序发展。

二、以专项整治为契机，探索建立房地产市场日常监测监管长效机制

（一）积极指导区县执法，完善日常监管机制

针对区县房屋管理执法力量不足，监管工作不到位的情况，北京市建委于 9 月份下发《关于加强房屋行政执法有关问题的通知》，指导、督促区县组建专门监管执法力量，加强市场日常监管长效机制建设。全市房地产市场日常检查、巡查工作机制全面落实，有 6 个区县已建立了专职执法队伍，执法力度有所加强。如朝阳区积极进行“市区两级建委，三级管理”工作模式试点工作，充分发挥六个房政管理所的力量，划片巡查监管等方式下移管理重心，关口前移，充分发挥街乡属地管理作用，延伸了房屋管理的触角，监管不到位的局面得到有效改善。昌平区为加强基层日常监管力量，区财政每年拿出 300 万为全区 8 个乡镇配备 32 名城镇建设监督管理员，全区建设房管秩序得到有效维护。

（二）完善相关政策制度，整合监管力量，整治工作的针对性进一步增强

1. 整合监管力量，进一步加大监管力度。为落实一事一查机制，切实解决百姓实际困难，2007 年10 月中旬北京建委正式启动了房地产市场监测监管机制。重点围绕对房地产开发、物业、经纪、评估、测绘企业的投诉和矛盾纠纷，通过增设便民热线投诉电话，完善检查系统，搭建网上投诉、电话投诉、信访投诉、舆情反应等 4 大类投诉统一管理平台，建立市场投诉分办督办和回访制度，加强对重点项目、重大投诉问题、投诉集中的问题、造成群访群诉的问题和领导督办案件的联合查处和重点稽查等方式，进一步畅通投诉渠道，加强房地产市场行为的日常监测监管和快速反应，市场监管力度明显加强。

2. 大力推动建立房地产项目手册制度，加强对开发项目的实时监测监管。为全面、动态掌握开发项目的进度及异动情况，及早发现并采取预防措施，有效化解房地产开发项目实施过程中延期交房、无法办理产权登记、配套设施不落实等问题，进一步规范北京市房地产开发市场秩序。北京市建委积极推动建立房地产项目手册制度。截至 2007 年 12 月项目手册内容设计已经完成，将于 2008 年上半年全面启动。

3. 积极推行“分户验收、同步交付使用”制度，加强房屋住用管理。2007 年北京市正式实施了新建商品住宅小区住宅与市政公用基础设

施、公共服务设施同步交付使用制度，规范商品住宅项目交付使用行为，有效解决了只建住宅不建配套，先建住宅后建配套的问题，确保了房屋的使用功能。与此同时，在全国还率先实行了住宅工程质量分户验收制度，为百姓把住住房质量关。

4. 积极开展建设工程项目资金监管和预售资金监管的调研、论证工作。为减少资金风险，从源头上解决房地产开发项目工程款拖欠问题，防止工程延期交用甚至出现烂尾楼的现象，积极开展建设资金监管和预售资金监管的调研、论证工作，开发商品房项目建设资金监管、预售资金监管系统，建立网络信息平台，规范商品房项目资金和预售资金使用，切实保障资金安全，防患于未然。

第六节　房屋普查工作开展情况

按照北京市委、市政府的总体部署，根据《北京市房屋普查方案》要求，经过半年的前期准备工作，北京市房屋普查工作自2007年6月1日零时正式启动。截至2007年年底全市房屋普查外业现场调查工作已经全部完成。

一、宣传与准备工作

2007年5月中旬全市召开普查培训大会，东城等区县培训工作相继展开。全市共培训普查指导员500余名，普查员近万名；为房屋普查工作的顺利推进创造良好的社会环境和舆论氛围，市普查办进行立体式、全方位的宣传，以配合全市房屋普查整体工作进度为基本原则，将网络、报纸、电视三种方式组成有效的宣传组合，并以一封信、公告和海报等形式为普查工作全面造势，通过会议纪要和简报做好房屋普查工作的全程跟踪报道。印发《致全体市民、各物业公司及各管房单位的一封信》10万封、宣传折页与海报20万份，《关于实施北京市房屋普查的公告》5万份，共印发17期工作简报，18期会议纪要。并在前期宣传工作的基础上，利用北京电视台200次密集播放房屋普查公益宣传片，掀起了房屋普查宣传工作高潮。

二、总结经验，确保质量，全面深入推进房普工作

市普查办从各区县抽调的业务骨干，在朝阳管庄、宣武以及崇文等部分街道开展房普试点工作，反应问题，总结经验并坚持实行每周例会制度，集中研究、指导和解决区县反映的问题，区县房普工作扎实有序。普查期间，共完成工作底图6.7万份，图元清册13万张。

三、全程监理，严格把关，保证普查数据完整性

为保障普查数据的完整性，市普查办制定了《北京市房屋普查分幢现场调查工作细则》，对普查数据如何采集有着详尽的描述和要求；制定《北京市房屋普查数据质量控制实施细则》、《北京市房屋普查工作目标管理考核办法》，通过严格的管理手段来把住质量关。同时，在软件设计中严格加强对重要普查数据的设计，不符合要求数据不能入库，通过技术手段对数据质量进行把关。

在普查过程中，实行全过程质量控制，层层把关，统一工作流程及检查验收的程序、内容、方法、要求、标准，制定调查成果的自检、互检、审核和抽查验收制度。对普查工作出现的特殊问题提出解决办法，特殊情况确定统一口径后，及时通知各区普查办。定期检查房屋普查工作进度，对未及时按工作进度开展普查的单位，深入调查延误普查进度的原因，并及时督促解决，以确保按时、保质完成普查工作。

调查过程中采用的工作底图存有现势性不理想的情况，对此《北京市房屋普查方案》有严

格要求，利用“修补测”实现对现实建筑物的处理；借助2006年10月完成的遥感影像解译图以及先进的技术手段，检查漏查建筑，以此保证房屋普查数据的完整。同时，普查录入软件对数据的不漏计数和不重复计数有着严格的检查和审核方法。出图软件对普查工作底图、对每个图“建筑”元都进行了唯一编号，录入软件要求普查人员对每个“建筑”都进行检查，通过下发工作数据和录入工作数据的对比检查，保证数据的准确。另外，对于敏感数据（如建筑面积），通过普查数据比对验证该数据的前后一致性及正确性。

另外，为保障房屋普查数据的安全性，市普查办部署了有关数据安全的专项工作，并请有一级涉密资质的系统集成单位管理安全工作，制定了14个相关的安全保密管理制度和措施，以保障普查数据的安全。

四、房屋普查主要成果

（一）房屋普查成果形成流程

本次房屋普查调查全市国有土地上的，具有上盖、结构牢固、有围护设施、层高在2.20m以上（含2.20m）的永久性房屋；共分两个阶段，以幢为对象，全面调查全市国有土地上的各类房屋总量情况。全面调查楼栋的信息，具体包括坐落、层数、建筑面积、竣工日期、房屋结构、房屋用途、住宅成套情况、住宅套数等；调查房屋的权属状况，主要包括房屋所有权人性质等。即，（在哪里（位置）？有多少（数量）？做什么用（用途）？是谁的（产权）?）；以户为对象，抽样调查房屋的分产权登记情况、使用情况、居住人口状况和住房需求状况。抽样总量约为23万户，约占全市的5%。

（二）房屋普查成果数据分析

本次房屋普查全面采集全市国有土地上各类房屋的基础数据；全面实现全市国有土地上各类房屋基础数据落地；全面掌握全市国有土地上各类居住及非居住房屋数据；完成对城镇百分之五住户住房状况和住房需求抽样调查；基本建成全市房屋基础数据库。

五、房屋信息系统平台建设

（一）房屋普查管理平台框架

房屋普查工作平台由“出图调查”、“调查表录入”“测绘档案数字化”、“权属档案数字化”四个子系统和“调查库”、“测绘库”、“权属库”三个数据库构成。其中，通过“出图调查”和“调查表录入”子系统以及实际普查获得的数据建成基础的“调查库”，形成房屋普查数据库中最基础且最重要的数据库。

同时，为使普查整体工作不受“测绘档案数字化”和“权属档案数字化”工作进度的制约，“调查库”内的数据内容，几乎涵盖了房屋测绘和房屋权属的重要数据项。本次普查工作最终汇总统计的数据主要依据“调查库”，可以说“测绘库”“权属库”是“调查库”的重要补充，也是今后房屋管理数据库持续更新的源泉。

（二）搭建动态房屋管理信息系统平台，实现普查成果可持续性利用价值

目前北京市建委已会同北京市信息办等相关部门成立普查成果系统平台建设小组，研究系统平台的建设。实现普查成果信息共享，及普查后新竣工房屋和权属变更后的数据、房屋拆迁、权属注销数据的动态更新，建立长效机制，使普查成果具有可持续应用价值。通过本次房屋普查形成的现有房屋资源状况，尤其是住宅的数量、分布、用途及产权形式，改变了目前管理机构分散存储数据或以管理纸制档案为主的房屋管理模式，建立起房屋数据管理信息系统及长效的房屋管理机制；规范房屋产权产籍管理，挖掘房地产二级市场潜力；加强房屋拆迁、交易、租赁、普通地下室和地下人防工程管理，提高物业管理水平和加强房屋安全管理；完善经济适用住房、廉租房购租资格认定，为市政府建立健全住房保障体系、确定房地产发展规模、科学利用土地资源提供详实的数据支持等方面具有重要意义。

北京市房地产年鉴2008

第八章
住房保障

第一节 北京市住房保障制度建设综述

住房问题不仅是重要的经济问题，也是重要的社会问题、民生问题。政府对房地产市场的宏观调控和管理，不仅关系到国民经济的平稳运行，也关系到人民群众的切身利益。党的十七大报告明确提出了实现“住有所居”的工作目标；国务院下发了《关于解决城市低收入家庭住房困难的若干意见》（国发［2007］24号），全面系统地部署了低收入家庭的住房解困工作；中共北京市委、北京市人民政府高度重视住房保障工作，制定下发了《中共北京市委北京市人民政府关于贯彻落实〈国务院关于解决城市低收入家庭住房困难的若干意见〉的实施意见》（京发［2007］22号）等一系列文件落实党中央、国务院的工作部署。北京市正在逐步建立以廉租住房、经济适用住房、限价商品住房为主，政策性租赁房为补充的分层次住房保障体系。

一、北京市住房保障体系构成

1998年以来，北京市按照国务院的部署，全面停止了住房实物分配，基本建立了面向最低收入家庭的廉租住房制度以及面向中低收入家庭的经济适用住房制度，同时，加大危旧房改造力度，努力改善人民群众的住房条件。

2007年，北京市政府按照党中央、国务院关于住房保障工作的部署和要求，着力构建符合北京市实际的住房保障体系。目前，北京市住房保障制度的主要内容有：

（一）廉租住房、经济适用住房面向城市低收入家庭配租、配售；

（二）限价商品住房面向城市中等收入家庭配售。

二、住房保障体系建设逐步完善

2007年，是北京市住房保障事业大发展的一年。北京市确立了建立分层次的住房保障体系的目标，成立了北京市住房保障办公室，负责保障性住房的开发建设协调和后期管理；出台了新的经济适用住房和廉租住房管理办法等17个住房保障文件；创新了住房保障管理工作机制，全面建立了“三级审核、两级公示”的保障性住房资格审核体系；圆满完成了590万平方米保障性住房的开工建设任务；采取切实有效措施，对申请廉租住房租赁补贴的低保家庭实现应保尽保。

同时，进一步加大了政策研究力度。北京市为解决超过经济适用住房准入标准，又无力购买限价商品住房的夹心收入家庭，以及符合领取租房补贴条件但租不到合适住房的廉租家庭的住房困难，组织开展了政策性租赁住房制度的研究。

三、北京市“十一五”保障性住房及“两限”商品住房用地布局规划出台

2007年，我市编制完成《北京市“十一五”保障性住房及“两限”商品住房用地布局规划》，提出了5年新建经济适用住房和限价商品住房各1500万平方米，廉租住房150万平方米的目标。在实施时序上，明确2007年至2009年3年建设经济适用住房、限价商品住房各1000万平方米，其中2007年开工建设300万平方米限价商品住房、200万平方米经济适用住房、建设及收购30万平方米廉租住房。2007年，北京市完成了590万平方米保障性住房和限价商品住房的开工建设任务，超额完成了年初既定的530万平方米的开工建设目标。

四、全面规范了经济适用住房制度

自国务院1998年23号文件提出了经济适用住房概念后，北京市就开始了经济适用住房的建设。2007年，国务院下发了关于解决城市低收入家庭住房困难的若干意见的24号文件，北京市据

此制定出台了经济适用住房管理办法（试行），经济适用住房制度发生了以下变化：

（一）经济适用住房的定位回归为社会保障住房，面向城市低收入家庭配售。

（二）确定了经济适用住房申请家庭人口、年收入、总资产净值和人均住房使用面积的准入标准，并对准入标准实行动态管理。

（三）建立了“三级审核、两级公示”的资格审核体系，保证经济适用住房用于解决城市低收入家庭的住房困难。

（四）明确了经济适用住房只能自住，不得出租或出借；购买经济适用住房不满5年的，不得上市交易，确需上市转让的，可向购买人户口所在地区县住房保障管理部门申请回购；购买经济适用住房满5年的，出售时应当按照届时同地段普通商品房和经济适用住房差价的一定比例交纳土地收益等价款，并由政府优先回购。

（五）在城市地铁和公路交通干线地区建设经济适用住房，实现地区均衡分布，同时在经济适用住房项目中配建廉租住房。

五、进一步完善了廉租住房制度

北京市廉租房制度已初步建立了以公共财政为主的稳定的资金来源渠道，2007年将土地出让金净收益作为廉租房资金新的来源渠道；建立健全了市、区、街（乡）廉租住房审核管理机构和“三级审核、两级公示”住房保障管理体系；制定了规范的廉租房管理办法；针对廉租家庭的不同困难需求形成了多种方式并行的实施方式。

2001年，为解决低收入家庭的住房困难，北京市政府出台了《北京市城镇廉租住房管理试行办法》，规定申请廉租房的家庭应当同时具备两个基本条件：低保家庭；其他需保障的优抚家庭等。这些家庭由政府或单位提供住房租金补贴、低租金配租住房或对已承租的公有住房实行租金减免。当年，北京市房管局、民政局等联合出台了实施意见，明确在城近郊八区实施过程中，将人均居住面积在7.5平方米以下的低保家庭和优抚家庭纳入廉租房的解困范围内。

2005年5月，北京扩大了廉租房惠及范围，将住房困难家庭申请廉租房的收入标准从家庭人均月收入300元的“低保线”，提高到了家庭人均月收入低于580元即可申请廉租房。这一重大改革使得之前的低收入“夹心层”市民受惠。

2007年9月，北京市政府出台了《北京市城市廉租住房管理办法》，规定本市城镇户籍家庭申请廉租住房人均住房面积、家庭收入、家庭资产须符合规定的标准，2007年11月北京市根据家庭收入、住房、资产状况，制定了城八区新的准入标准，并明确实行动态管理，每年向社会公布。同时，调整了北京市城八区廉租住房租金补贴标准。按照《关于调整北京市廉租住房租房补贴标准有关问题的通知》，北京市城八区廉租住房租金补贴标准，统一调整为每平方米使用面积每月40元，城八区廉租家庭月租金补贴最低限额调整为550元，月租金补贴最高限额为1500元。市、区（县）两级财政按8:2的比例拨付廉租家庭租金补贴资金。

2007年11月，北京市出台了《北京市城市廉租住房申请、审核及配租管理办法》，基本建立了廉租住房三级审核、两级公示的资格准入审核制度。资格审核由原来市里一个窗口审核改为由申请人所在街道（乡镇）负责审核，既方便了群众，又提高了准确性。同时，建立了市民自愿申请，分期轮候，公平公开的房源分配制度。经资格审核符合准入条件的老人、残疾人、优抚家庭、被拆迁家庭、居住危房等家庭优先配租，同等条件下住房困难者优先，通过公开摇号方式确定选房顺序。对廉租住房承租对象灵活动态管理定期检查。已配租廉租住房家庭的收入、资产情况，一旦发现不符合条件，将收回已配租的住房或停发租赁补贴。

六、“十一五”期间北京市住房保障制度建设规划

“十一五”期间，北京市计划建立分类保障、分类供应、自愿申请、公开分配、动态监管的住房保障体系。

（一）建立覆盖市、区（县）、街道（乡镇）的三级审核、两级公示的审核体系，按照户籍所在地对申请家庭的资格进行严格审核。

（二）采取轮候方式配租、配售保障性住房。根据申请家庭的住房困难程度、家庭人口结构等因素，分类轮候，困难大的家庭优先；通过摇号的方

式确定选房顺序，依次挑选配售、配租的住房。

（三）严格控制保障住房的户型标准，对配售、配租后的保障性住房实行封闭运作。建立廉租住房的退出机制，明确所购经济适用住房在规定时期内禁止自由上市交易，只能由政府回购，防止投机、投资性购房。

（四）加大对违规行为的处罚力度。对弄虚作假骗取租房补贴和骗租、骗购保障住房的，取消其申请资格，记入不良信用记录，五年内不得再申请租房补贴和租赁、购买保障住房。对情节严重、构成犯罪的违规行为，追究其相应的刑事责任。

七、2007年北京市住房保障制度主要法规政策一览表

（一）廉租住房（详见表8－1）

表8－1　廉租住房主要法规政策一览表

名称	时间	文号
北京市关于落实城镇廉租住房保障资金实施意见的通知	2007年1月26日	京财经二［2006］3070号
国务院关于解决城市低收入家庭住房困难的若干意见	2007年8月7日	国发［2007］24号
北京市城市廉租住房管理办法	2007年9月25日	京政发［2007］26号
中共北京市委北京市人民政府关于贯彻落实《国务院关于解决城市低收入家庭住房困难的若干意见》的实施意见	2007年9月27日	京发［2007］22号
关于2007年底前对本市申请廉租住房租赁补贴的住房困难城市低保家庭实现应保尽保加大廉租住房建设力度的工作方案	2007年10月9日	京政办发［2007］69号
廉租住房保障资金管理办法	2007年10月30日	财综［2007］64号
关于印发北京市廉租住房、经济适用住房家庭收入、住房、资产准入标准的通知	2007年11月5日	京建住［2007］1129号
廉租住房保障办法	2007年11月8日	部长令第162号
北京市城市廉租住房申请、审核及配租管理办法	2007年11月13日	京建住［2007］1176号
关于调整北京市廉租住房租房补贴标准有关问题的通知	2007年11月26日	京建住［2007］1213号

（二）经济适用住房（详见表8－2）

表8－2　经济适用住房主要法规政策一览表

名称	时间	文号
国务院关于解决城市低收入家庭住房困难的若干意见	2007年8月7日	国发［2007］24号
北京市人民政府关于印发北京市经济适用住房管理办法（试行）的通知	2007年9月25日	京政发［2007］27号
中共北京市委北京市人民政府关于贯彻落实《国务院关于解决城市低收入家庭住房困难的若干意见》的实施意见	2007年9月27日	京发［2007］22号
关于印发北京市廉租住房、经济适用住房家庭收入、住房、资产准入标准的通知	2007年11月5日	京建住［2007］1129号
关于印发《北京市经济适用住房购买资格申请审核及配售管理办法》的通知	2007年11月13日	京建住［2007］1175号
建设部、国家发展改革委、监察部、财政部、国土资源部、中国人民银行、国家税务总局关于印发《经济适用住房管理办法》的通知	2007年11月19日	建住房［2007］258号
关于刻制、使用经济适用住房、廉租住房资格审核、备案专用章的通知	2007年11月22日	京建住［2007］1215号

第二节　廉租住房建设供应情况

北京市政府于2007年9月下发了《北京市城市廉租住房管理办法》（京政发［2007］26号），对符合规定条件的城市低收入家庭采取以租金补贴为主，实物配租为辅的住房解困政策。对已承租公房的低收入家庭，按现行有关规定实行租金减免政策。按照《国务院关于解决城市低收入家庭住房困难的若干意见》（国发［2007］24号）的要求，经市政府批准，由市建委组织，于2007年10月至11月对18个区（县）开展了低保家庭住房调查。经调查，人均住房使用面积低于7.5平米，符合廉租住房租金补贴申请条件的低保家庭共19868户（详见图8－1）。截至2007年底，全市18区县全部建立了廉租房制度，对申请租金补贴的低保家庭做到了应保尽保，建立了市区两级负担的财政补贴支付制度。

一、实物配租供应情况

2007年，北京市收购5675平方米（共97套）廉租房，2007年新增实物配租49户。全市完成实物配租398户（4户入住后已退出）。

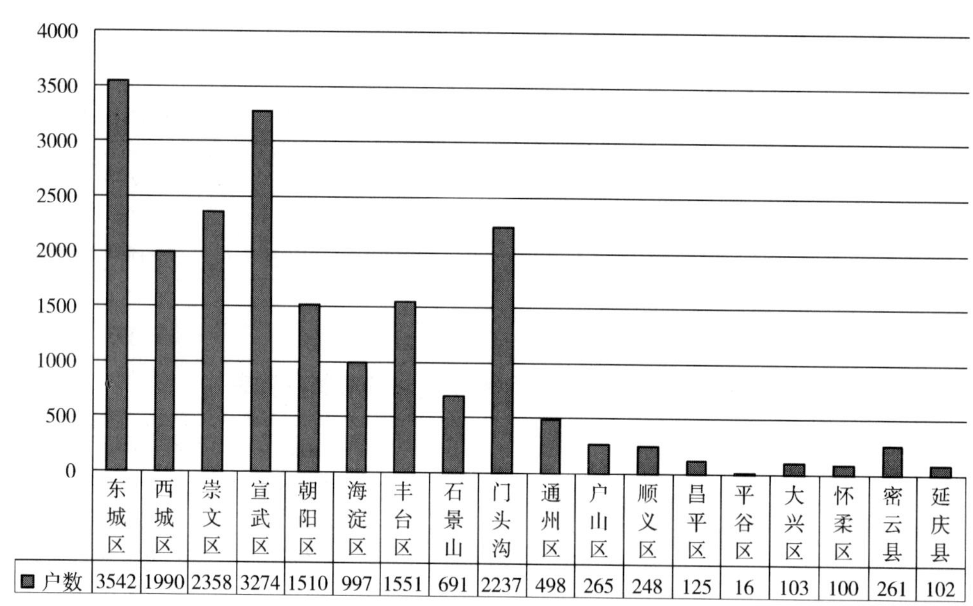

图8－1　北京市19868户符合廉租政策条件的低保家庭分布情况

二、租金补贴供应情况

（一）2007年新增租金补贴情况

2007年新增租金补贴2168户（含3户租金补贴还贷购房家庭），比2006年增加5.6%，其中，低保家庭1343户，人均月收入高于低保标准、低于580元的家庭825户，2007年当年发放租房补贴3240.05万元，其中市级财政负担3206.97万元，区（县）财政负担33.08万元。

（二）2001—2007年租金补贴情况

截止到2007年底，全市共有9229户家庭通过了廉租住房租金补贴的审核，领取租金补贴家庭7157户，审核通过租金补贴还贷购房家庭119户，领取租金补贴还贷购房家庭92户，累计发放租房补贴8900.00万元，其中市级财政负担8744.86万元，占98.3%，区（县）财政负担155.14万元。（详见图8－2）

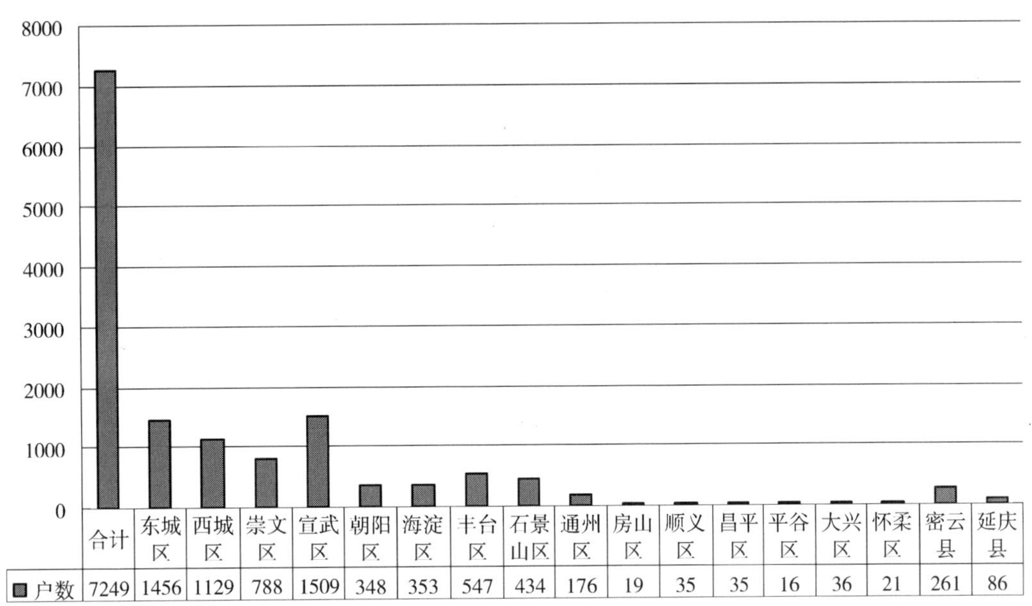

图8－2 2001—2007年租金补贴累计配租户分区图（含补贴还贷）

三、租金减免

按照市政府《北京城镇公有住房租金减免暂行办法》（京政发［2000］7号）文件的有关规定，年租金减免政策从2000年开始实施。在全市城镇公房租金提高到3.05元/平方米以后，对承租公房的低保、优抚家庭，提租后新增租金免交；对家庭收入在低保标准和人均月收入400元之间的，其新增租金超过家庭收入10%部分予以减免。

根据2005年底完成的低保家庭住房普查统计，租住公房的低保家庭约有1.96万户享受了租金减免政策。

四、廉租住房建设情况

截止2007年底，全市廉租房计划开工建设30万平方米，实际开工建设32.13万平方米，其中限价商品房项目中配建12.7万平方米，经济适用住房项目中配建16.92万平方米，门头沟西辛房集中建设廉租房2.51万平方米。（详见表8－3，表8－4）

表8－3 2007年廉租房项目建设情况表

单位：m^2

序号	分类	建设地点	项目名称	开工面积
1	两限商品房配建	朝阳区	常营A组团	15120
2			常营B1组团	18671.39
3			常营B2组团	12666
4		海淀区	西三旗	19521
5			清河小营	7260
6		丰台区	鸿业兴园（造甲村）	10500
7			宋家庄38号	8000
8		石景山区	金顶街	19241.28
9		通州区	半壁店	16000

续表

序号	分类	建设地点	项目名称	开工面积
小计				126979.67
10	经济适房配建	朝阳区	常营A组团	16276.94
11			常营B组团	21920
12			常营C组团	22474
13			福临家园	5988
14			东坝	19776
15			朝阳新城	27100
16		丰台区	宋家庄	28876
17			望园东里	875
18		丰台区	石门营	25933
小计				169218.94
19	集中建设	门头沟区	西辛房	25158.2
合计				321351.81

表8－4　2007年廉租房项目建设情况表

单位：元/m²、年

序号	项目名称	项目位置	建设主体	回购单价	预计竣工日期
1	朝阳新城	朝阳区东坝乡	北京金隅嘉业开发公司	3310	2008
2	常营A标段	朝阳区常营乡	北京城市开发公司	4322	2010
3	常营B标段	朝阳区常营乡	北京金隅嘉业开发公司	4322	2010
4	常营C标段	朝阳区常营乡	北京住总房地产开发公司	4322	2010
5	东坝	朝阳区东坝乡	北京丽富房地产开发公司	待定	2009
6	化工三厂	丰台区宋家庄	北京建工集团	4369	2009
7	储榆树	房山区城关街道	北京祥瑞城建设开发公司	待定	2009
8	石门营	门头沟石门营	中关村科学城建设股份有限公司	待定	——
9	望园东里	丰台区望园东里	丰台区城建开发公司	待定	2009
10	福临家园	朝阳区定福家园南侧	城建房地产开发公司	待定	2010
11	门头沟区廉租房	门头沟区西辛房滑石道	门头沟区建委	待定	2008
12	常营A组团	朝阳区常营乡	北京北辰实业公司	3400	2010.11
13	常营B1组团	朝阳区常营乡	保利地产公司	3400	2010.11
14	常营B2组团	朝阳区常营乡	广州富力地产股份公司	3400	2010.11
15	清河小营	海淀区清河镇小营西	北京金隅嘉业房地产开发公司	4300	2010.11
16	西三旗	海淀区西三旗新都东路	北京住总房地产开发公司	4000	2009.12
17	花乡造甲村	丰台区花乡	北京鸿基世业房地产开发公司	4770	2009.10.
18	宋家庄路38号原红狮涂料厂	丰台区宋家庄	北京万科企业有限公司	3500	2009.11
19	金顶街三区	石景山区金顶街	北京首钢房地产开发公司	4000	2009.6
合计				3910	

第三节 经济适用住房建设供应情况

截止到2007年底，全市共批准建设75个经济适用住房项目，其中68个已开工建设，累计开复工住宅面积2756万平方米，销售住宅面积2125万平方米（约28万户）。经济适用住房建设对解决居民的住房困难、稳定住房价格都起到了积极的作用。

一、2000—2007年经济适用住房建设情况

（一）2000—2007年建设情况表（详见表8－5）

表8－5 2000—2007年建设情况表

单位：万 m^2、亿元

年份	2000年	2001年	2002年	2003年	2004年	2005年	2006年	2007年
施工面积（万 m^2）	324.9	584.7	660.2	802.5	793.19	783.4	551.9	510.4
新开工面积（万 m^2）	148.3	420.1	343.3	341.1	311.66	265.05	114.8	247.3
竣工面积（万 m^2）	176	234.3	230.4	322.8	298.83	325.6	270.1	168.2
完成投资（亿元）	38	59	69.1	68.7	72.6	65.8	44.8	34.8

（二）2000—2007年销售情况表（详见表8－6）

表8－6 2000—2007年销售情况表

单位：万 m^2、亿元、元/ m^2

年份	2000年	2001年	2002年	2003年	2004年	2005年	2006年	2007年
销售面积（万 m^2）	168.2	185.2	220.7	320	306.28	304.01	176.3	95.6
销售额（亿元）	46.1	55.1	63.9	91.1	90.4	104.46	53	27.9
销售价格（元/m^2）	2739	2975	2894	2847	2951	2910	3007	-

（三）2007年在施经济适用房项目情况表（详见表8－7）

表8－7 2007年在施经济适用房项目情况表

单位：元/m^2

序号	项目名称	项目位置	建设单位	销售价格	备注
1	翠成馨园	朝阳区	住总房地产开发有限责任公司	3180	
2	青年路二期	朝阳区	博成开发公司	基准价3800	
3	弘善家园	朝阳区	崇文区城市建设开发公司	未定价	
4	芍药居西区	朝阳区	东城区住宅发展中心	基准价4250	
5	朝阳新城二期	朝阳区	金隅嘉业房地产开发公司	3310	
6	常营A标段	朝阳区	首开集团	基准价4322	
7	常营B标段	朝阳区	金隅嘉业房地产开发公司	基准价4322	

续表

序号	项目名称	项目位置	建设单位	销售价格	备注
8	常营C标段	朝阳区	住总房地产开发有限责任公司	基准价4322	
9	东坝	朝阳区	丽富房地产开发公司	未定价	
10	豆各庄	朝阳区	朝阳区城市建设开发公司	未定价	
11	福临家园	朝阳区	城建房地产开发公司	未定价	
12	五道口	海淀区	法政集团	未定价	
13	清河龙岗	海淀区	西城区住宅经营中心	未定价	
14	苏家坨A地块	海淀区	威凯房地产开发公司	基准价4566	
15	丰体时代花园	丰台区	富通基业房地产开发公司	基准价3670	
16	建欣苑	丰台区	金隅嘉业房地产开发公司	3600	住宅已竣工
17	世纪风景	丰台区	世纪景房地产开发公司	3840	住宅已竣工
18	长安新城	丰台区	大成房地产开发公司	3950	住宅已竣工
29	宣祥家园	丰台区	茂屋房地产开发有限责任公司	3950	
20	三环新城	丰台区	懋源苑房地产开发公司	基准价3670	住宅已竣工
21	首科花园	丰台区	华世房地产开发公司	基准价4160	
22	怡然家园	丰台区	永安兴业房地产开发公司	基准价3690	
23	诚苑小区	丰台区	首都建设有限责任公司	2400	
24	宋家庄	丰台区	北京建工地产	基准价4369	
25	成寿寺二期	丰台区	世纪景房地产开发公司	未定价	
26	望园东里	丰台区	丰台区城建开发公司	未定价	
27	西山枫林	石景山区	东和伟业房地产开发公司	基准价3600	
28	晋元庄	石景山区	金隅嘉业房地产开发公司	3320	住宅已竣工
29	回龙观	昌平区	首开集团	2600	
30	佰嘉	昌平区	佰嘉置业有限公司	2600	
31	长阳	房山区	天庆房地产开发有限公司	未定价	
32	储榆树	房山区	祥瑞城建设开发有限公司	未定价	
33	石门营	门头沟	中关村科学城建设股份有限公司	未定价	

二、2001—2007年科教文卫、军队等自建经济适用住房情况（详见表8－8）

表8－8　2001—2007年科教文卫、军队等自建经济适用住房情况表

年份	项目个数	总规模（万 m^2）	其中：军队自建（万 m^2）	
			个数	面积
2001年前	132	278.8	–	–
2002	47	91.7	24	34
2003	25	42.3	14	20.9
2004	28	94.5	13	23.5
2005	19	90.6	9	19.3
2006	21	72	12	22
2007	15	43.2	7	13.7
总计	287	713.1	79	133.4

第四节 限价商品住房建设供应情况

截止到2007年底，全市共确定了9个限价商品房项目地块，规划住宅总建筑面积约312万平方米，其中朝阳区3个，105.7万平方米；海淀区2个，58.9万平方米；丰台区2个，45.8万平方米；石景山和通州区各1个，建筑面积分别为49万平方米和53.4万平方米，上述项目全部位于城市轨道交通沿线。原计划开工建设300万平方米，实际开工建设总建筑规模为312.75万平方米。

一、2007年限价商品住房项目建设情况（详见表8－9）

表8－9 2007年限价商品住房项目建设情况表

单位：m^2

序号	建设地点	项目名称	开工面积
1	朝阳区	常营A组团	391357
2		常营B1组团	401404.4
3		常营B2组团	264211
4	海淀区	西三旗	419552
5		清河小营	169220
6	丰台区	鸿业兴园（造甲村）	251180.13
7		宋家庄38号（红狮涂料厂）	207065
8	石景山区	金顶街	489551.6
9	通州区	半壁店	534000
合计			3127541.13

二、2007年限价商品住房项目情况（详见表8－10）

表8－10 2007年限价商品住房项目情况表

单位：元/m^2

序号	项目名称	建设单位	销售价格
1	常营A组团	北辰房地产开发有限责任公司	5900
2	常营B1组团	保利（北京）房地产开发有限公司	5900
3	常营B2组团	北京极富房地产开发公司	5900
4	西三旗	住总房地产开发有限责任公司	6350
5	清河小营	金隅嘉业房地产开发公司	6600
6	鸿业兴园	鸿基世业集团	6800
7	宋家庄38号	万科企业有限公司	6200
8	金顶街	首钢房地产开发有限责任公司	6250
9	半壁店	龙湖中佰置业有限公司	4800

第五节　危旧房改造及古都风貌保护情况

危旧房改造和古都风貌保护是我国绝大多数城市面临的紧迫任务和热点问题，也是城市现代化建设中处理好局部与整体、历史与现代、传统与创新、保护与发展关系的一个重要的理论和实践课题。

一、危旧房改造工作

自1990年以来，全市危旧房改造历经三个阶段。

第一阶段从1990—2000年，主要以房地产开发的模式为主，累计拆除危房214万平方米，动迁居民18.45万户，竣工面积1450万平方米，投入危改资金469亿元。改造特点以片为单位，主要集中在二环附近市政条件较好的地区。

第二阶段从2000年至2003年，这一阶段是我市危旧房改造历史上发展最快的时期。在坚持“以区为主”的原则基础上，北京市危改工作形成了房改带危改、开发带危改、市政带危改等多种方式。

第三阶段是在2003年以后，危改工作呈现两个特点：一是旧城区随着保护力度的加强，危改项目逐渐减少（撤销了36片位于旧城区长期立而未建的危改项目），代之以解危排险、微循环、城中村改造的模式。二是旧城外危改项目逐渐增多，楼房改造呈上升趋势。同时2004年土地供应政策调整以后，项目与土地一级开发主体相结合，经营性用地需入市交易。

2001—2007年底，城八区累计拆除危房361.34万平方米，动迁居民28.6万户，危改区新开工3128.7万平方米，竣工面积2582.2万平方米，投入资金1395亿元。危旧房改造在改善居民住房条件、促进首都经济发展、完善城市功能等方面取得了积极成效。

截至2007年底，全市范围内共有危改文保在建待建项目180个。按照项目所在位置划分，旧城内项目81个，旧城外项目99个。按照实施进度划分，已完成拆迁进入工程施工阶段的项目48个（占26.7%）；处于拆迁阶段的63个（占35%）；尚未启动拆迁的69个（占38.3%）。

2007年，城八区共拆除房屋总面积26.4万平方米，其中危房12.9万平方米；动迁居民9377户；回迁居民2421户。新开工285万平方米；竣工246.7万平方米；完成投资19.6亿元。和前几年危改拆迁规模相比，受房地产宏观调控和旧城保护力度加大等因素影响，2007年全市各项危改指标呈现持续下降趋势。

同时，市政府坚持把旧城区解危排险工作放在突出位置，2007年，城四区通过多种方式完成解危排险7825户，占全年实事计划6000户的130%。

二、古都风貌保护工作

在强调处理好危改工作与城市发展、历史文化保护之间关系的基础上，市政府先后编制完成了《北京旧城25片历史文化保护区规划》、《北京历史文化名城保护规划》、《北京皇城保护规划》，形成了历史文化名城整体保护、历史文化保护区和文物保护单位三个层次的保护体系。2005年，《北京城市总体规划（2004—2020）》，《北京历史文化名城保护条例》的实施，使历史文化名城在保护中得以持续发展。

2007年，在总结各区微循环、拔危楼、街巷胡同整治经验的基础上，市政府提出了旧城区“修缮、改善、疏散”的总体思路，并在东城、西城、崇文、宣武四个城区广泛推开。“政府主导、财政投入、居民自愿、专家指导、社会监督”被确定为最终方式。2007年下半年，市政府安排专项补助资金10亿元，由各区政府负责组织实施，用于城四区直管公房房屋修缮及外迁补助，同时，市发改委根据各区街巷市政改造规划与计划，安排市政改造补助资金。本次改造涉及旧城44条胡同、1474个院落、近1万户居民。

表8－11　2007年旧城区改造情况

城区	胡同条数	院落个数	楼房栋数	房屋间数	建筑面积（平方米）	居民户数（租赁户）
东城	10	223		2761	38182.7	1563
西城	12	411		5373	74528.1	2972
崇文	14	533	15	5796.5	84660.5	3136
宣武	8	307	1	2636	43904.34	1964
合计	44	1474	16	16566.5	241275.64	9635

“修缮”指的是对房屋进行修缮，改造工作的范围和重点是：一是优先将旧城内现存的五类危险房屋基本改造完毕；二是对文保区内重要街巷、重点四合院落、重点景区周边进行修缮，对房屋修缮改造，消除房屋安全隐患，改善居民居住条件；三是结合重点区域改造，完善街巷、胡同内市政基础设施；四是适当疏散旧城人口，优先解决低收入困难家庭住房保障问题。

“改善”指的是改善环境，街巷、胡同、院落、房屋在修缮、改造后，应符合旧城风貌保护要求，并达到结构安全、能源清洁、设施基本完善、建筑节能符合标准等要求。修缮工程竣工后，由区政府牵头组织相关部门进行风貌和工程质量验收。

院内整体环境的改造将原来不规则的私搭乱建和自建房进行统一规整，在正式房屋前接推扩成厨房，满足居民日常生活需要，结构上与正式房分开，待将来具备条件后再逐步拆除。院内地面全部进行硬化，并铺设渗水仿古砖。院内空地部分，统一种植花草，绿化环境。

“疏散”指的是逐步疏散旧城区人口密度。对愿意迁出原居住房屋的居民，政府提供多种方式进行安置。符合保障住房供应条件的居民，优先纳入住房保障体系，优先审核，优先供应，不符合保障住房供应条件，或自愿放弃住房保障资格的居民，可由各区通过货币补偿、定向安置房、两限房等方式，协商疏散。如果居民愿意外迁，但是安置房源不足，短期难以外迁可以进行“登记式疏散”，即可以先与区有关部门签定疏散协议，轮侯定向安置房或保障住房，待房源落实后，再按协议外迁疏散并腾出原房。

政策保障方面，市有关部门相继出台了《关于落实2008年奥运会前旧城内历史风貌保护区整治工作的指导意见》、《北京旧城房屋修缮与保护技术导则》、《关于旧城历史风貌保护区内平房院落及胡同整治市政府投资管理有关问题的通知》、《北京市旧城房屋修缮与保护技术手册》等一系列文件，以指导保护修缮工作的开展，各区也相应完善了实施方案、资金监管、招标投标、工程质量、风貌验收等措施，保证了工程的顺利进行。

有专家评价，街巷综合整治工程的实施，在改善平房区居住环境和保护古都风貌相结合方面探索了一条新路。

北京市房地产年鉴2008

第九章

住房制度改革与住房金融

第一节 住房制度改革综述

一、存量公房改革

(一) 公有住房出售

截至 2007 年底，北京市共出售公有住房 185.02 万套，累计售房面积 13148.02 万平方米，占可售公房总量的 87.87%，其中 2007 年当年出售公有住房 36247 套，面积 267.8 万平方米。目前约有 3821.78 万平方米公房尚未出售。为鼓励居民继续按房改成本价购房，2007 年房改售房成本价仍执行 2001 年确定的每建筑平方米 1560 元。

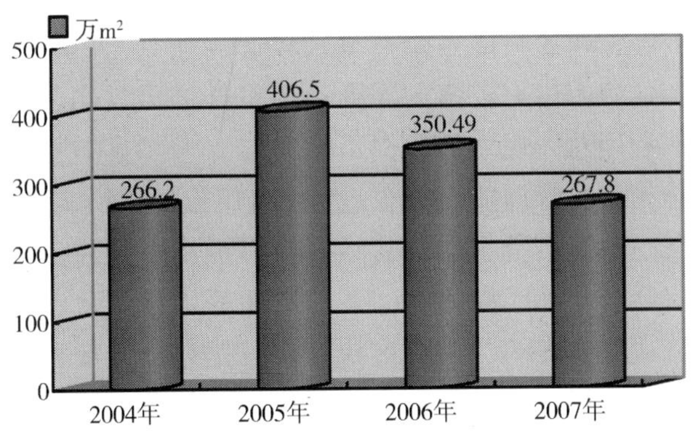

图 9－1 北京市房改售房情况统计表

(二) 公有住房调整

2007 年，各区县房改部门累计核准 435 家单位调整公有住房方案，涉及住房 3244 套，面积 21.43 万平方米。其中：在京中央单位 253 家，涉及住房 1525 套，面积 10.85 万平方米；市属单位 151 家，涉及住房 1532 套，面积 9.15 万平方米；区属单位 31 家，涉及住房 187 套，面积 1.43 万平方米。

(三) 单位售房款归集

按照政策规定，单位出售公有住房售房款在北京市住房资金管理中心专户存储、专项使用。截止 2007 年底，该中心累计归集公有住房售房款 4,105,312 万元，余额 615,249 万元。

二、住房分配货币化

(一) 市级行政机关事业单位住房分配货币化工作进展情况

1. 基本完成市级机关事业单位住房未达标职工住房补贴调查工作。按照《关于北京市机关事业单位职工住房补贴调查工作安排及有关问题的通知》(京房改办［2006］243 号) 规定，完成市级机关事业单位退休未达标、在职未达标职工住房补贴调查工作。根据调查，截至 2007 年底，市级机关事业单位共有住房未达标职工 92548 人，需补贴资金 30.71 亿元，其中：退休未达标职工 37289 人，需补贴资金 12.3 亿元；在职未达标职工 54887 人，需补贴资金 18.3 亿元；未达标新职工 372 人，需补贴资金 0.11 亿元。截至 2007 年底，市级机关事业单位职工住房补贴调查工作全部完成。

2. 推进市级纳入规范收入管理范围单位统发人员无房新职工住房补贴代缴工作。一是将上述职工 2006 年底前的住房补贴由单位核对后一次性填平补齐，共计 8618 人，补贴金额 1.59 亿元；二是自 2007 年起，上述职工的住房补贴由市财政局直接存入职工个人账户，2007 年共为 11.8 万人次发放住房补贴约 0.7 亿元。

表 9－1 市级机关事业单位职工及企业离休干部住房补贴申报情况表

职工类别		人数（人）	金额（万元）
市级机关事业单位	离休无房职工	378	5366
	离休住房未达标职工	4935	18433
	退休无房职工	8693	101872

续表

职工类别		人数（人）	金额（万元）
市级机关事业单位	在职无房职工	41647	276946
	无房新职工	17742	20956
	退休住房未达标职工	37289	123039
	在职住房未达标职工	54887	183038
	未达标新职工	372	1065
市属企业离休干部	财政补贴	3320	13944
	企业自筹	7335	17800
总计		176598	762459

备注：1. 无房老职工及无房新职工住房补贴额截至2004年底，不含2005—2007三年按月补贴。
2. 无房新职工人数截至2004年底

3. 提高市级机关事业单位住房公积金缴存比例。会同市财政局、市人事局和市住房公积金管理中心联合颁发了《关于提高我市行政事业单位住房公积金缴存比例有关问题的通知》（京房改办［2007］256号），从2008年1月1日开始，将本市市级行政机关、事业单位住房公积金缴存比例从目前的8%提高到12%，所需经费按照原资金渠道解决。

（二）区县机关事业单位住房补贴落实情况

1. 城八区：截至2007年底，共为离休职工和无房新职工23100人发放住房补贴4.47亿元，城八区离休职工的住房补贴全部落实，东城、西城、崇文、宣武、海淀、丰台和石景山区无房新职工的住房补贴也已发放到个人手中；东城、西城、崇文、宣武、海淀、丰台和石景山区完成了区属机关事业单位无房职工住房补贴申报工作，其中西城、海淀和丰台区已为退休无房职工4198人发放住房补贴4.92亿元。

2. 郊区县：密云县实施住房工资制度；顺义区出台了住房补贴实施方案；怀柔、门头沟、大兴、通州、昌平等区住房补贴实施方案已经进行了比较充分的调研工作，待区政府批准后即可实施；其他区县也正在做前期的准备工作。

三、集资合作建房监管

按照中央和我市严格规范集资合作建房的精神，会同市发展改革委、市规划委、市国土局、市监察局严格规范我市集资建房工作。《国务院关于解决城市低收入家庭住房困难的若干意见》（国发［2007］24号）下发后，提出进一步加强单位集资合作建房管理的政策意见：一是单位集资合作建房只能由距离城区较远的独立工矿企业和住房困难户较多的企业，在符合城市规划、土地利用总体规划的前提下，经市、区（县）集资合作建房管理部门批准，利用自用土地组织实施。二是单位集资合作建房纳入我市经济适用住房供应计划，其产权关系、上市条件等均按照我市经济适用住房的有关规定执行。三是各级党政机关一律不得搞单位集资合作建房；任何单位不得新征用或新购买土地搞集资合作建房。四是在供应对象、集资价格和面积标准等方面继续按现行规定严格管理。五是建立集资合作建房职工家庭住房档案，与住房保障管理部门经济适用住房管理信息平台联网，任何职工家庭不得重复享受住房优惠。

2007年，累计指导15家企业和其他单位的集资建房工作，批复单位集资建房建筑面积约75.14万平方米。

四、其他住房资金管理

（一）房改房售后专项维修资金管理。根据《关于消除本市老旧居民住宅电梯安全隐患的通知》（京政办发［2005］40号）精神和《北京市专项维修资金使用管理办法（试行）》（京建物

[2006] 2 号）关于“维修资金专项用于物业共用设施设备保修期满后的维修工程”的规定，严格房改房售后专项维修资金审批支取程序，要求产权单位从单位缴存公共维修基金部分支取，并在支取前，须将使用资金的有关情况在小区内公示 10 日，在有异议业主少于三分之一的情况下，方可办理相关支取手续，确保物业共用部位、共用设施设备得到及时维修，维护房改售房后业主的共同利益。2007 年累计审批 71 家产权单位支取房改房专项维修资金共计 1673.86 万元，专项用于居民老旧电梯改造和居民楼业主共用设施设备保修期满后的维修工程。

（二）单位按房改政策出售住房售房款管理。会同市财政局、市住房资金管理中心联合颁布了《关于按房改政策出售住房售房款存储使用等有关问题的通知》（京房改办 [2007] 4 号），在保证资金安全的前提下，进一步规范了售房款存储、使用程序，充分发挥了售房款在深化房改中的作用，支持单位利用房改售房款改善居民生活条件，美化首都环境，迎接奥运会召开。2007 年累计共为 98 家单位支取售房款 7852.8 万元，主要用于：更新改造电梯 36 部，防水维修 2.62 万平方米，住宅楼平改坡改造 1.29 万平方米，外墙粉刷 100 万平方米，以及为职工发放住房补贴、提租补贴及资助职工建立住房公积金的企业缴存部分等。

第二节 住房公积金与政策性住房金融

一、2007 年度住房公积金归集情况

（一）住房公积金覆盖范围

截至 2007 年底，北京地区建立住房公积金单位数 53,693 个，职工人数 398.32 万人。2007 年住房公积金缴存职工净增 22.26 万人。

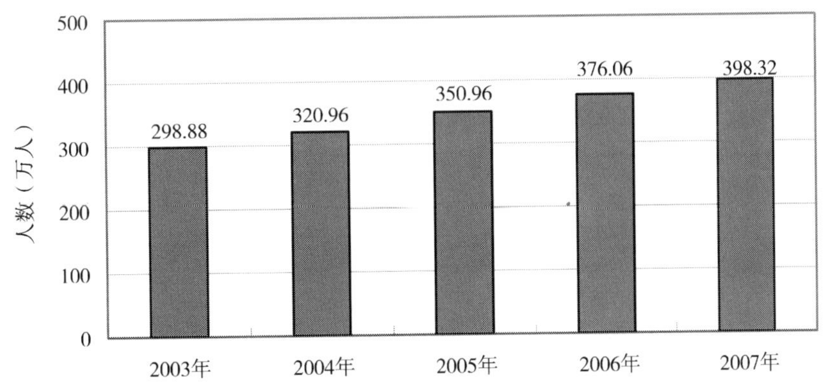

图 9－2 北京历年住房公积金建立人数统计图

（二）住房公积金归集、提取情况

截至 2007 年底，当年归集住房公积金 292.72 亿元，提取 187.57 亿元，余额净增 105.15 亿元。累计归集住房公积金 1,424.10 亿元，提取 720.90 亿元，余额 703.20 亿元。

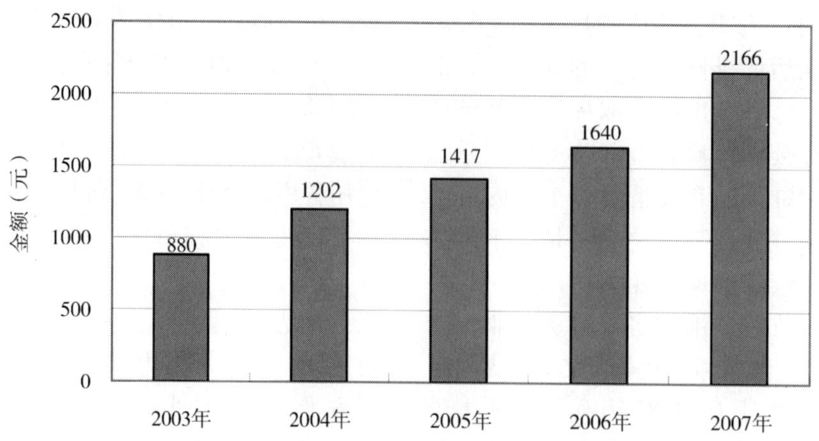

图 9－3　北京历年住房公积金缴存额上限图

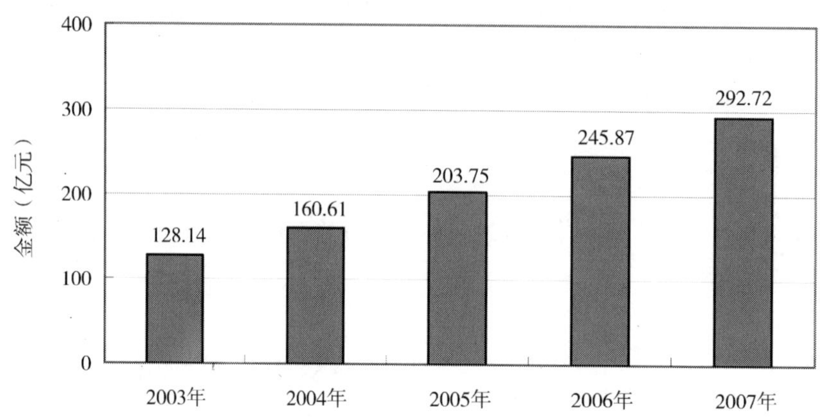

图 9－4　北京历年住房公积金当年归集情况统计图

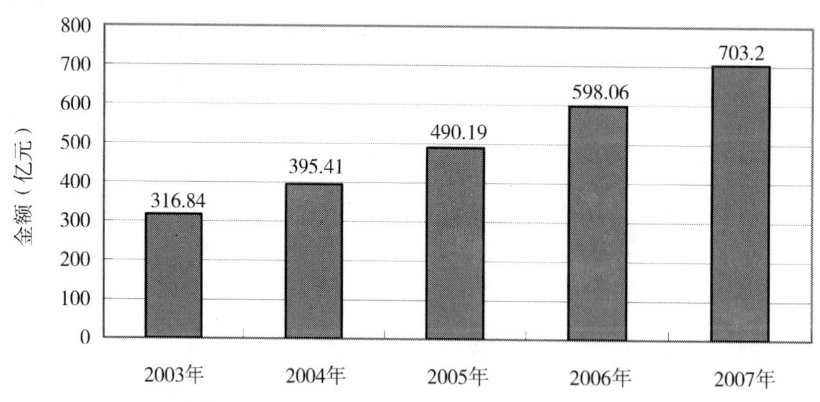

图 9－5　北京历年住房公积金余额统计图

二、2007 年度政策性住房金融

（一）住房公积金贷款情况

截至 2007 年底，当年发放住房公积金贷款 24,375 笔，金额 76.94 亿元，回收金额 84.68 亿元，净减 7.74 亿元。累计发放住房公积金贷款 339,047 笔，金额 739.92 亿元，回收金额 363.65 亿元，余额 376.27 亿元。当年发放政策性贴息 1,327 笔，贴息额度 5.53 亿元，累计发放政策性贴息 11,583 笔，贴息额度 35.61 亿元。

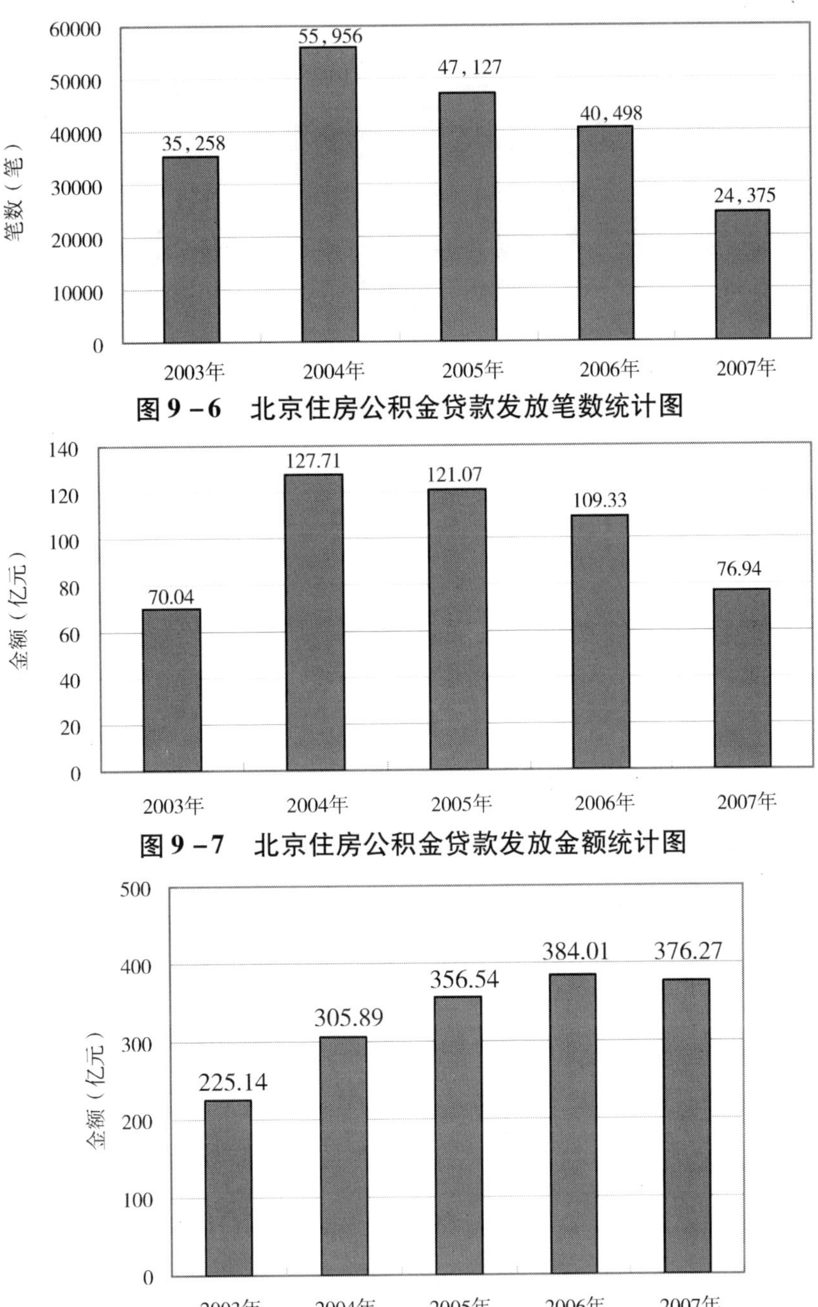

图 9－6 北京住房公积金贷款发放笔数统计图

图 9－7 北京住房公积金贷款发放金额统计图

图 9－8 北京住房公积金贷款余额图

（二）2007 年发放的住房公积金贷款结构分析

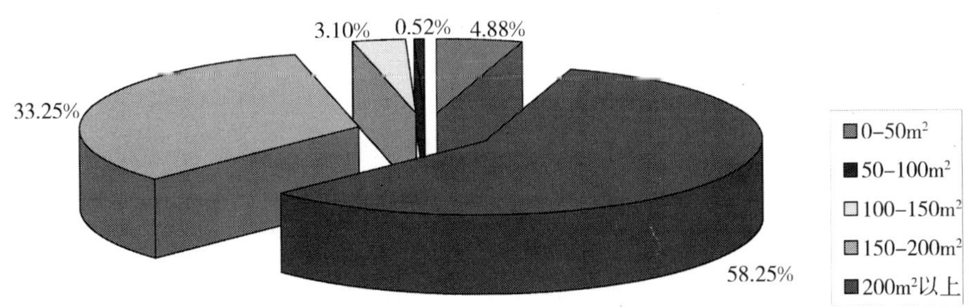

图 9－9 2007 年新发放住房公积金贷款笔数按房屋建筑面积分类图

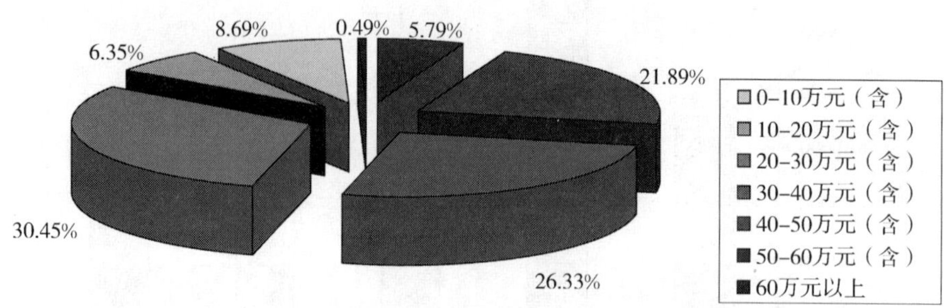

图9-10　2007年新发放住房公积金贷款笔数按贷款额度分类图

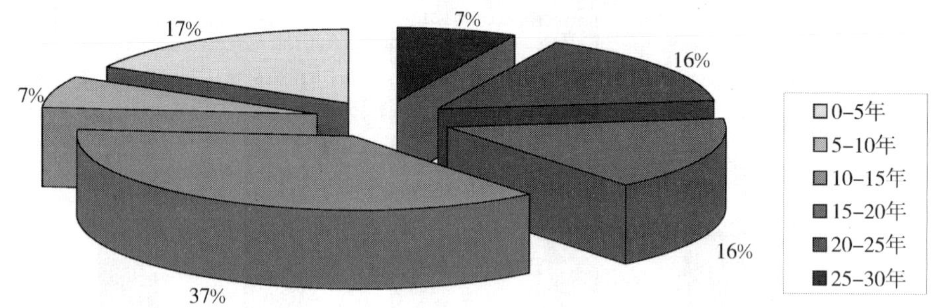

图9-11　2007年新发放住房公积金贷款笔数按贷款年限分类图

三、住房公积金管理措施

（一）完善规章制度，依法规范业务

一是按照《关于2007年度住房公积金缴存有关问题的通知》（京房公积金管委会［2007］1号）的要求，严格限定北京地区住房公积金缴存比例及限定住房公积金缴存额上限。二是研究拟定《北京住房公积金管理中心实施〈北京市关于行政执法协调工作的若干规定〉细则》等配套制度；制定住房公积金主动执法操作规范，完善住房公积金投诉操作规范和行政执法操作规范，初步形成一套科学完善的住房公积金行政执法制度体系。

（二）认真履行职责，维护职工权益

一是积极采取有效措施，不断加强归集工作力度。截至2007年底，北京地区建立住房公积金单位数53,693个，职工人数398.32万人，在统计口径内，住房公积金覆盖率达到98.33%。二是私营企业人员纳入住房公积金保障比例较低，是全国住房公积金管理工作的难点。今年，管理中心全体动员，联系市区两级工商、统计和国资委等部门排查底数，对各部门数据进行筛选分析，对北京地区私营企业和个体工商户进行了地毯式摸查，采取上门催建等形式努力推进建立工作，取得了较好的成效，截至2007年12底，私营企业和个体工商户新增住房公积金人数16.70万人，完成全年新增10万人计划的167%。三是对不按照《住房公积金管理条例》规定建立住房公积金的单位提起法律诉讼，对依托法律手段保障职工权益进行了有效探索。四是提高行政执法案件办理效率，2007年受理职工投诉案件750件，结案458件，涉及职工5,028人，催建催缴住房公积金2,249.74万元。

（三）改进服务方式，提高服务效果

一是归集方面：积极拓展人性化服务措施，首次在全市范围内开展邮寄住房公积金对账单工作，共邮寄单位对账单47,915份、个人对账单3,825,521份；升级同城特约委托收款业务系统，拓展住房公积金同城委托收款业务；进一步加强96155咨询服务平台建设，增加咨询岗位人员，延长咨询服务时间至晚十点；改造住房公积金网站，做好“首都之窗——政风行风热线”来信的回复工作，提高政策公布的及时性，加强与单位和职工的交流；继续发放住房公积金联名卡，联名卡发放量已占建立

住房公积金职工人数的85%，方便了缴存职工监督和查询；按时发布结息对账公告，向媒体公布管理情况。二是贷款方面：与房地产开发企业加强沟通合作，安排百余人次深入新开楼盘项目宣传住房公积金贷款业务；参加二手房房展会和秋季房展会，发放宣传手册10,000余册。

（四）基础工作进一步加强

一是完成数据仓库一期建设，实现对历史数据统一存储和管理，利用多维分析（OLAP）工具，提供有力的数据支持。二是中央国家机关分中心修改完善归集业务操作规范，全面规范银行前台业务处理流程和后台监管、考核工作；北京铁路分中心住房公积金管理系统软件完成升级。

四、政策性住房金融

（一）采取多种措施，推进住房公积金贷款发放

2007年，北京住房公积金管理中心推进住房公积金贷款发放，一是根据责权对等、贷款普遍性、满足职工基本住房需求和资金充分运用四项原则，研究确定住房公积金贷款最高额度标准，率先在全国形成一套科学确定住房公积金贷款额度标准的机制，2007年住房公积金贷款上限确定为60万元。二是与市建委、市房改办联合下发《关于房地产开发企业不得拒绝购房人选择住房公积金贷款购房有关事宜的紧急通知》（京建开［2007］1228号），保证缴存职工享受住房公积金制度优惠。三是积极研究、修改原有二手房贷款模式和流程；推出新型组合贷款业务，完善住房公积金贷款品种。四是加强服务，中共中央直属机关分中心开通网上浏览贷款规定、下载申请材料服务，方便职工获得相关政策和办理流程；中央国家机关分中心完善抵押登记代理制度，督促中介机构规范收费；北京铁路分中心大力拓展异地住房公积金贷款，进一步规范业务流程。

（二）进一步提高风险防范能力

一是加强资产管理机构监督考核，有效化解住房公积金贷款风险，提高住房公积金贷款资产质量。二是加强对远郊区（县）管理部的业务指导，初步建立针对性检查和普查相结合、检查与讲评相结合、指导与教育相结合的监督指导体系，推动远郊区（县）管理部业务水平和风险防范能力的全面提高。三是中共中央直属机关分中心与受托银行修改、印发住房公积金贷款业务流程及规范，与北京市住房贷款担保中心建立了较为规范的业务办理流程和风险防控体系；四是中央国家机关分中心完善逾期贷款催收代理制度，委托律师事务所等专业机构代理逾期贷款催收工作，运用诉讼手段加强资产管理。五是与人民银行营业管理部签订个人征信系统数据共享与合作协议，通过个人信用信息联通共享，提高住房公积金贷款的风险防范能力。

（三）北京市住房贷款担保中心和北京市住房贷款个人信用信息服务中心业务稳步推进

1. 住房贷款担保业务

2007年度担保中心共完成担保业务20973笔，支持贷款总额度77.29亿元，其中，住房公积金贷款担保业务完成18027笔，担保额度60.73亿元；商业贷款担保业务完成2903笔，担保额度16.12亿元；组合贷款担保业务完成43笔，担保额度0.44亿元。

2. 资产管理业务

截止到2007年12月31日，担保中心累计管理公积金资产251617笔，共计538.53亿元，其中累计正常收回及提前还款为244.62亿元，资产管理余额为293.91亿元。

全年落实公积金中心个人住房保障计划，通过与保险机构合作，为全市范围内34位借款人因疾病、意外事件死亡、伤残或家庭损失的借款人减免贷款近270万元，有效地防范和化解了贷款风险。

3. 个人信用征信服务

2007年度为公积金贷款及贴息贷款业务共出具个人信用评估报告20828份，为汽车金融公司出具个人信用查询报告2894份。2007年信用中心新增一家汽车金融公司并开展业务，与建行北京分行信用卡中心正式签约，为其在信用卡发放领域提供个人公积金信用信息查询等相关增值服务。

4. 期房抵押登记工作

担保中心受市建委委托承担历史批量期房抵押登记，2007年共完成各金融机构期房抵押登记7556笔，其中担保中心提供担保的住房公积金贷款和商业贷款为6103笔，其他商业银行的期房抵押登记1453笔。

第三节　商业性房地产金融

2007年，国家发布《国务院关于解决低收入家庭住房困难的若干意见》（国发［2007］24号）、《国务院办公厅转发建设部等部门关于调整住房供应结构稳定住房价格意见的通知》（国办发［2006］37号）等政策规定，为落实国家政策精神，中国人民银行、中国银行业监督管理委员会颁布《关于加强商业性房地产信贷管理的通知》，进一步规范房地产信贷业务。在政策的调控作用下，北京市房地产信贷平稳增长。

一、房地产开发投资情况

2000—2004年北京市房地产开发投资平均增速为29.6%，房地产迅速成为北京市经济的增长点。在经济转轨和宏观调控的作用下，近年来北京市房地产开发投资增速逐步回落，并保持了平稳增长，2005、2006年北京市房地产开发投资增速分别为3.5%、12.8%。2007年北京房地产开发投资略有回升，金额达到1995.8亿元，同比增长16.0%，但比全国低14.2个百分点；房地产开发投资占固定资产投资的50.3%，比全国高31.9个百分点（详见图9－12）。

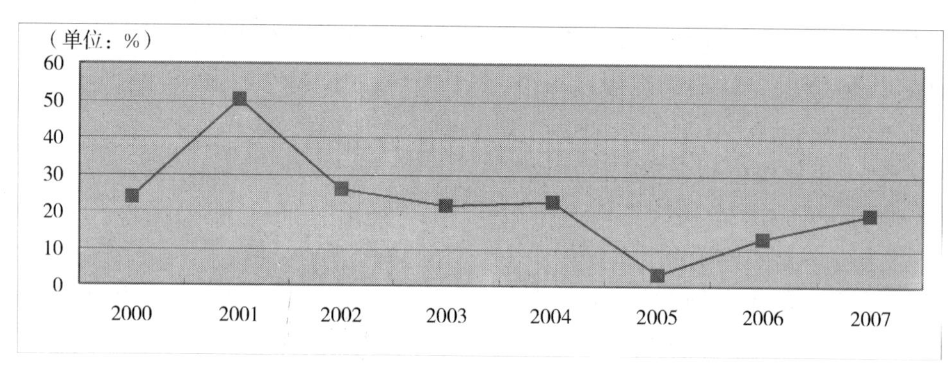

图9－12　2000—2007年北京市房地产开发投资增速

二、房地产贷款总体情况

2002年和2003年房地产贷款同比增速分别高达42.7%和32.3%，当年新增分别为706.8亿元和761.9亿元。银发［2003］121文件颁布后，2004年和2005年房地产贷款增速分别下降为21%和14.0%。截至2007年末，中资金融机构房地产人民币贷款余额4681.3亿元，同比增长13.1%，比上年提高3.0个百分点。

三、个人购房贷款情况

2001—2005年北京市个人购房贷款增速从99.1%回落至13.8%；在政策的调控下，2006年北京市个人购房贷款余额增长7.3%。2007年末辖内银行（含信用社）自营性个人购房贷款余额2577.7亿元，同比增长15.3%，比上年提高8个百分点。

四、二手房贷款情况

从个人住房贷款结构看，新建住房贷款增长平稳，二手房贷款快速发展。2007年末，二手房贷款余额190.3亿元，同比增长106.0%；新增98.0亿元，占个人住房贷款增加额的31.1%。新建住房贷款余额为2248.6亿元，同比增长10.6%，与再交易房贷款余额的逐月增加趋势不同，新建房贷款在1月—5月均保持了较低的增长水平。

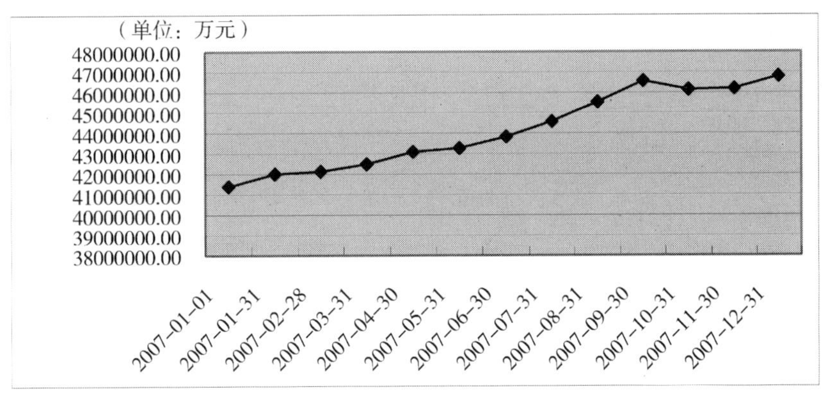

图 9－13　2007 年北京市房地产贷款余额变化情况

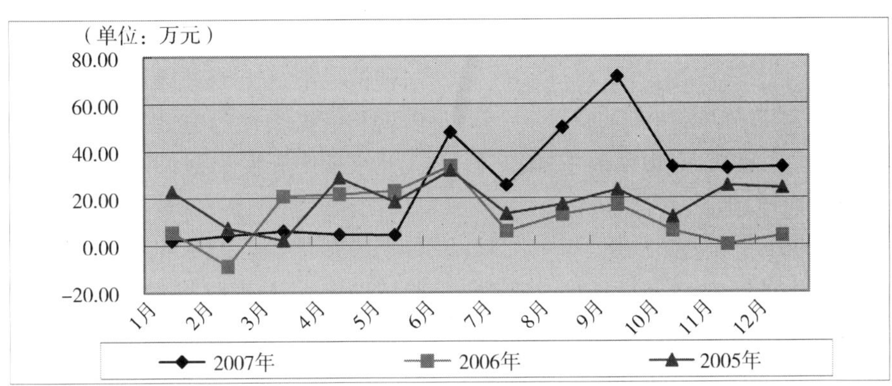

图 9－14　近三年个人住房贷款月度变化情况

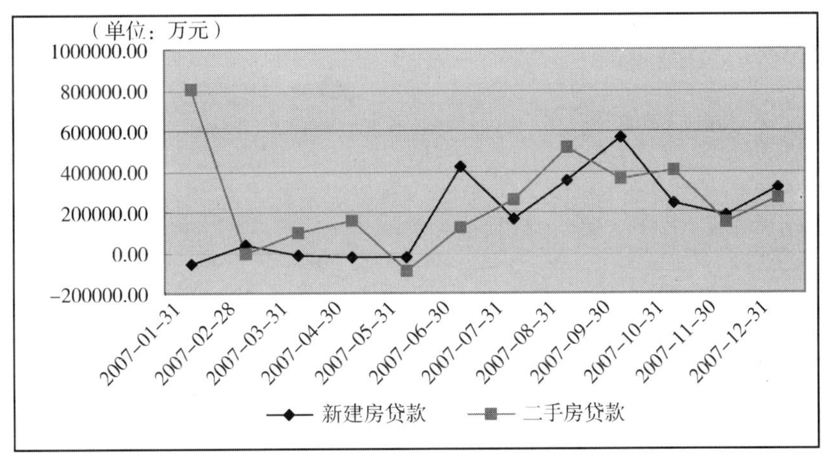

图 9－15　2007 年新建房与二手房贷款的变化情况

五、房地产开发贷款情况

2000—2004 年北京市房地产开发贷款快速增长，平均增速为 33.1%。2004—2006 年平均增速为 12.7%，比 2000—2004 年降低 20.4 个百分点。银发［2007］359 号文件实施以来，北京市房地产开发信贷快速紧缩，2007 年末北京市房地产开发贷款余额 2050.2 亿元，同比增长 10.2%，比 1—10 月增速下降 10 个百分点。其中，住房开发贷款余额 1048.8 亿元，同比增长 10.1%；商用房开发贷款余额 400.3 亿元，同比增长 32.3%。

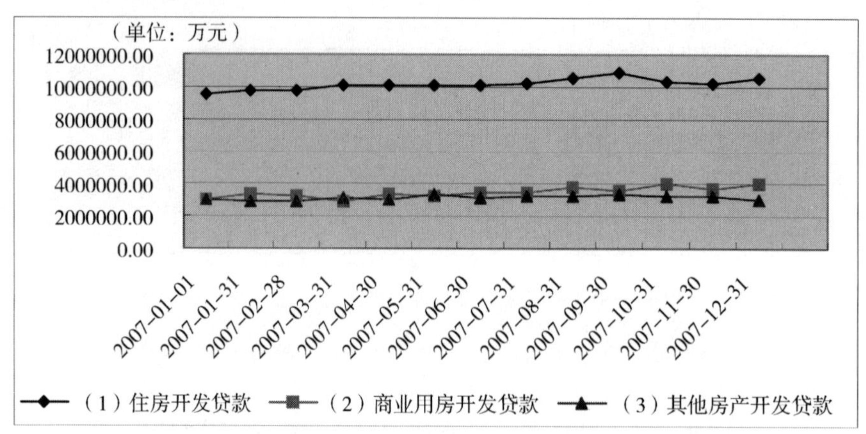

图9－16　2007年各类房地产开发贷款余额情况

六、土地储备融资

土地制度实施前，一般预付40%的土地出让金就可以拿到临时土地使用证，然后可以申请银行贷款进行土地一级开发。银发［2003］121号文件实施后，土地贷款必须实行土地抵押，而储备中心委托开发的房地产企业不具备办理土地证的资格，难以申请土地抵押贷款；同时，土地拆迁补偿费不断上涨，土地一级开发费用一般占整个投资项目的40%以上，个别项目达到60%。在这种情况下，土地一级开发商不得不借助于股东借款和信托举债等方式，外资地产基金也频繁介入北京地产开发。据调查，在土地开发资金中的自有资金约占15—20%。其中，75%以上资金来自于股东借款，25%的资金通过信托、公司债、股权融资等方式取得。2007年11月，国土资源部、人民银行等部委联合颁布《土地储备管理暂行办法》，规定土地储备中心可以办理土地证，从而解决了土地贷款难题。2007年末，北京市土地贷款余额51.6亿元。

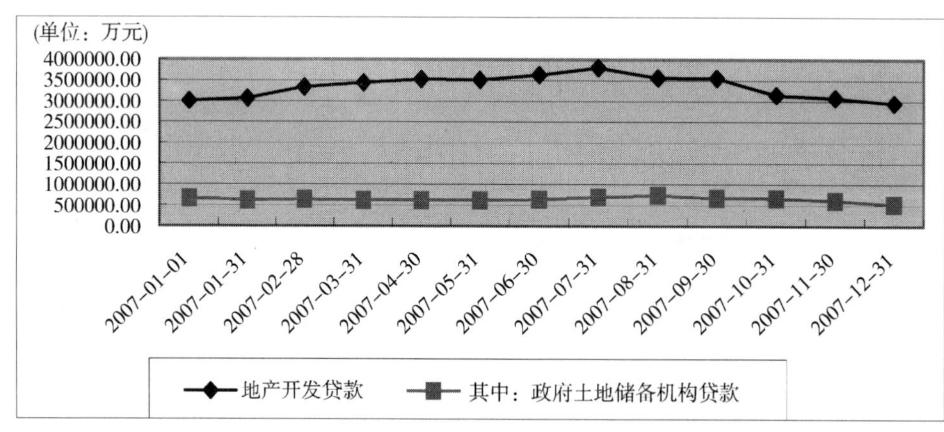

图9－17　2007年地产开发贷款与土地储备贷款的变化情况

七、外资银行房地产贷款余额

2007年末，北京市从事房地产信贷业务的外资银行共有14家，外资银行的房地产人民币贷款余额23.6亿元，占外资银行人民币贷款余额的6.9%，比年初增加11.6亿元，当年累计发放人民币房地产贷款19.2亿元，其中房地产开发贷款、个人住房贷款各约占50.0%；外资银行的外币房地产贷款余额5.4亿美元，占外资银行外币贷款的10.3%，比年初增加0.58亿美元，当年累计发放外币房地产贷款1.39亿美元，其中个人住房贷款占95.0%，房地产开发贷款占5.0%。

八、境外资金进入房地产流向

据统计，2007年北京市房地产开发资金来源中利用外资金额为39.9亿元人民币，比去年增加1.3亿元，增幅为3.5%。其中，外商直接投资金额为19.0亿元，同比减少4.4亿元，降幅为18.7%。但实际利用外资仍快速增加，2007年上半年达到8.96亿美元，同比增长250%，主要流向房地产开发项目和物业管理项目。

九、北京市房地产贷款的资产质量

截至2007年末，中资金融机构各项房地产类人民币贷款不良率为2.37%。其中，商业性个人住房贷款不良率为1.43%，商业性住房开发贷款不良率为3.95%。

第四节 住房金融产品

为适应市场需要，商业银行加紧研究细化房贷需求人群，不断推出各种形式的房贷产品。按照还款形式分，北京目前有“双周供”、“循环贷”、“倒按揭”等7种形式，业务涉及工行、农行、建行、光大、招商、华夏、北京银行等大部分银行。具体情况发展介绍如下：

一、固定利率房贷产品

继光大银行“阳光生活”固定利率房贷产品推出之后，建设银行、工商银行等也相继推出固定利率房贷产品。从目前情况看，固定利率房贷产品被购房居民逐步接受。由于个人住房贷款基准利率上调，房贷固定利率水平也相应调整。

二、“随借随还”业务

顾名思义，就是有钱的时候可以随时归还贷款；急需用钱的时候，通过网上银行或者电话银行，可以随时按已还款额的一定比例再把钱借出来。随借随还借款期限最短为1个月，最长为5年，借款利息按人民银行基准利率下浮10%，主要满足善于理财人群和个体经营者需要。

三、“存抵贷”业务

客户将活期存款账户与其房屋贷款关联起来，当该活期存折账户闲置资金超过5万元后，该行会按照一定比例将其视作提前还贷，节省的贷款利息将作为理财收益返还。客户由此可享受到最高年利率5.76%的理财收益。

四、“置换式”房贷业务

这是对全额付款购买商品住房，取得房屋所有权证书不超过2年的自然人客户发放的贷款。与普通个人住房贷款相同，置换式个人住房贷款最长贷款年限为30年，贷款成数最高为七成，贷款利率也执行相同标准。

五、直客式个人二手房贷款业务

该业务是指在房屋交易二级市场购房的自然人在签订由房地产管理部门认可的《房屋买卖合同》（或协议）后，由买卖双方直接向银行提出申请，采用将所购房屋向银行抵押，由银行代其支付剩余购房款，借款人按期向银行还本付息的一种贷款方式。

六、个人按揭还款再贷款业务

该业务针对已在银行办理个人住房、商用房按揭贷款的客户。在其归还按揭贷款的部分或全部本息后，在规定的用途范围内，在不超过银行核定的贷款金额内，向银行申请贷款授信的业务。贷款用途依照个人综合消费贷款、个体工商户贷款和私营企业主贷款的相关规定办理。

七、“房易安”交易资金存款账户业务

为维护房地产经纪市场秩序和房地产经纪活动当事人的合法权益，建设部和人民银行联合下发的《关于加强房地产经纪管理规范交易结算资金账户管理有关问题的通知》，北京市建设委员会也下发了《北京市存量房交易结算资金账户管理暂行规定》，对实行存量房交易结算资金账户管理制度做出了具体的规定。为配合做好存量房交易资金的监管工作，北京市辖内银行新推出了“房易安”交易资金存款账户业务。“房易安”交易资金存款账户业务（以下简称“房易安”）主要实现对存量房买卖的全部房价款或首付款进行专户管理，操作流程主要为：房地产经纪机构或交易保证机构在银行开立专用账户，归集和划转存量房交易涉及的结算资金；买方将交易结算资金存入专用账户下开设的子账户；存量房交易过户成功后，银行将专用账户下的交易结算资金划转至卖方账户；存量房交易过户不成功的，银行将专用账户下的交易结算资金退回买方账户。“房易安”的推出为存量房交易各方提供了安全、便捷的服务。

第五节　房地产金融政策调整

一、近年来房地产金融政策调整

（一）2001 年 6 月 9 日《关于规范住房金融业务的通知》（银发［2001］195 号）

（二）2002 年 8 月 15 日《关于加强住房公积金信贷业务管理的通知》（银发［2002］247 号）

（三）2003 年 6 月 5 日《关于进一步加强房地产业务管理的通知》（银发［2003］121 号）

（四）2005 年 3 月 16 日《中国人民银行关于调整商业银行住房信贷政策和超额准备金存款利率的通知》（银发［2005］61 号）

（五）2006 年 4 月 27 日《中国人民银行关于调整金融机构人民币贷款利率的通知》（银发［2006］134 号）

（六）2006 年 5 月 31 日《中国人民银行关于调整住房信贷政策有关事宜的通知》（银发［2006］184 号）

（七）2006 年 8 月 18 日《中国人民银行关于调整人民币存款贷款基准利率的通知》（银发［2006］289 号）

二、2007 年有关房地产信贷业务政策调整

（一）2007 年 9 月 27 日《中国人民银行 中国银行业监督管理委员会关于加强商业性房地产信贷管理的通知》（银发［2007］359 号）

（二）2007 年 12 月 5 日《中国人民银行 中国银行业监督管理委员会关于加强商业性房地产信贷管理的补充通知》（银发［2007］452 号）

北京市房地产年鉴2008

第十章

物业服务监管

第一节 物业服务监管法律法规修订及执行情况

一、《物权法》颁行及《物业管理条例》修订

2007年10月1日，堪称中国立法史上里程碑式的一部法律——《物权法》正式施行。《物权法》历经8次审议，2007年3月16日顺利通过。《物权法》在不动产登记、房屋采光、车位、拆迁补偿等方面进行了明确规定。

为了与《物权法》相配套，依据《物权法》的原则和精神，由建设部负责修改，国务院正式颁行的新《物业服务条例》也于2007年10月1日实施。修改后的《物业服务条例》进一步强调了对物权和物权所有人的尊重和权利的保护，同时也要求业主行为更加规范。修改后的《条例》对于筹集和使用专项维修资金、对建筑物进行改造、重建等影响业主利益的重大问题，不但要求有三分之二的业主同意，还要有占整个物业三分之二以上产权的业主同意。物业管理企业定义为物业服务企业，进一步明确了业主的主导地位。修改后的《条例》还规定，除了地方政府的房地产部门以外，城市的街道办事处和乡镇人民政府也要加强对成立业主大会、选举业主委员会的指导工作。对业主大会或者业主委员会做的违反法律法规的决定要限期改正，直至撤销。

此外，根据修改后的《物业管理条例》规定，自2007年10月1日起，原来的“物业管理公司”均更名为“物业服务公司”，原“业主公约”修改为“管理规约”，“业主临时公约”修改为“临时管理规约”。

此次修订的具体内容如下：

《国务院关于修改〈物业管理条例〉的决定》：

根据《中华人民共和国物权法》的有关规定，国务院决定对《物业管理条例》作如下修改：

一、将第十条第一款修改为：“同一个物业服务区域内的业主，应当在物业所在地的区、县人民政府房地产行政主管部门或者街道办事处、乡镇人民政府的指导下成立业主大会，并选举产生业主委员会。但是，只有一个业主的，或者业主人数较少且经全体业主一致同意，决定不成立业主大会的，由业主共同履行业主大会、业主委员会职责。”删除第十条第二款。

二、将第十一条修改为：“下列事项由业主共同决定：

（一）制定和修改业主大会议事规则；

（二）制定和修改管理规约；

（三）选举业主委员会或者更换业主委员会成员；

（四）选聘和解聘物业服务企业；

（五）筹集和使用专项维修资金；

（六）改建、重建建筑物及其附属设施；

（七）有关共有和共同管理权利的其他重大事项。”

三、将第十二条修改为：“业主大会会议可以采用集体讨论的形式，也可以采用书面征求意见的形式；但是，应当有物业服务区域内专有部分占建筑物总面积过半数的业主且占总人数过半数的业主参加。

业主可以委托代理人参加业主大会会议。

业主大会决定本条例第十一条第（五）项和第（六）项规定的事项，应当经专有部分占建筑物总面积2/3以上的业主且占总人数2/3以上的业主同意；决定本条例第十一条规定的其他事项，应当经专有部分占建筑物总面积过半数的业主且占总人数过半数的业主同意。

业主大会或者业主委员会的决定，对业主具有约束力。

业主大会或者业主委员会作出的决定侵害业主合法权益的，受侵害的业主可以请求人民法院予以撤销。”

四、将第十九条第二款修改为：“业主大会、业主委员会作出的决定违反法律、法规的，物业所在地的区、县人民政府房地产行政主管部门或者街道办事处、乡镇人民政府，应当责令限期改正或者撤销其决定，并通告全体业主。”

此外，根据《中华人民共和国物权法》的有关规定，将“物业服务企业”修改为“物业服务企业”，将“业主公约”修改为“管理规约”，将“业主临时公约”修改为“临时管理规约”，并对个别条文的文字作了修改。

本决定自2007年10月1日起施行。

二、市人大常委会听取我市《物业服务条例》执行情况

2007年10月30日，市十二届人大常委会第三十九次会议听取和审议了市人民政府关于“规范物业服务，营造良好生活环境”议案办理暨《物业服务条例》执行情况的报告。陈刚副市长代表市政府做了关于议案办理情况的报告，市人大城建环保委员会主任委员张毅做了议案督办情况的报告，53位人大常委会委员出席了会议。在审议中，与会常委会组成人员和列席代表认为，近年来，市政府在进一步加强物业管理条例配套规章制度建设、完善市、区政府两级管理职能、加强对物业纠纷的排查和调处等方面做了大量工作。我市物业服务行业发展迅速，整体水平逐步提高，涌现出一批优秀物业管理居住小区，物业管理工作已从积极探索进入逐步规范阶段。为推动我市物业服务行业健康有序发展，大会提出审议意见：一是健全物业管理体制和工作机制，进一步加强对小区物业服务的指导和管理；二是加大监管力度，规范物业企业行为，培育和完善物业服务市场；三是加强整顿和管理，妥善解决开发建设遗留问题；四是积极探索建立适合老旧小区的长效管理机制；五是尽快出台物业管理政府规章，为物业服务行业的健康有序发展提供法制保障。

第二节 《2007年度和谐物业行动纲要》实施情况

2007年初，为认真贯彻落实《关于构建社会主义和谐社会首善之区的意见》，规范物业服务市场秩序，维护物业服务活动中各方的合法权益，创建和谐物业，促进和谐社区建设，市政府组织市建委等相关部门研究制定了《2007年度和谐物业行动纲要》，提出“创建和谐物业”的目标，明确了加快立法和完善配套政策、推进管理体制机制创新、加强物业服务企业管理、建立老旧住宅区长效管理机制等具体任务，并抓紧组织实施。

2007年，“和谐物业”创建工作要围绕“一条主线、两个推进、五项加强”全面展开。“一条主线”，即加快物业管理立法、立规步伐，完善相关配套政策，为物业管理的健康发展奠定法律基础；“两个推进”，即大力推进物业管理体制的完善，积极推进和创新物业管理工作机制，为物业管理法规政策实施及各项工作的开展提供组织保障；“五项加强”，即加强对物业企业的管理，加强对业主大会及业主委员会活动的指导和监督，加强老旧居住区长效管理机制的建立，加强专项维修资金归集和使用管理，加强正面宣传引导。

第三节 住宅物业服务标准化工作

一、发布《北京市住宅物业管理服务等级规范（一级）》（试行）

为进一步规范物业服务行为，增加物业服务透明度，为检查和评定物业管理企业管理服务行为提供依据，根据中国物业管理协会印发的《普通住宅小区物业管理服务等级标准（试行）》（中物协［2004］1号），市建委对《北京市居住小区物业管理服务标准》（京国土房管物［2003］950号）进行了修订，修订为《北京市住宅物业管理服务等级规范（一、二、三级）》。

其中，一级服务规范作为物业管理服务必须达到的标准，共有11项内容，包括对共用设施设备运行维修养护、协助维护公共秩序、保洁服务、停车管理、装修管理服务等方面的内容，业主或居民可以按照一级规范监督物业管理服务。二、三级服务规范为指导标准。

2007年3月2日至2007年3月16日，对一级规范进行公示，广泛征求了社会各方面的意见。

2007年11月22日，北京市建委发布《关于发布〈住宅物业服务等级规范（一级）（试行）〉的通知》，《通知》规定：该规范自2008年1月1日起施行。《关于修订〈北京市居住小区物业管理服务标准〉的通知》（京国土房管物［2003］950号）同时废止。自该规范施行之日起，物业服务企业新承接项目，所签物业服务合同约定服务标准不应低于该规范规定的对应要求。而该规范实施前物业服务合同约定物业服务内容、标准超出、高于规范要求的，单方不得调整；标准低于规范要求的，物业服务企业应当按照规范先进行自查、整改，在全市住宅物业服务标准化活动结束前达到规范要求。同时，市、区（县）建委、房管局将按照《住宅物业服务等级规范（一级）考评细则（试行）》对住宅物业服务进行考评。对不符合规范要求的，责令物业服务企业限期整改；整改后仍不合格或拒不整改的，限制其承接物业项目、不予核定资质等级。

新的《北京市住宅物业管理服务等级规范（一级）》（试行），要求物业企业在共用设施设备运行维修养护方面必须达到建立共用设施设备清册档案（设备台帐），有设施设备的运行、检查、维修、保养记录等标准；在停车管理方面必须达到具备健全的机动车、非机动车停（存）车管理制度和管理方案、对进入小区的机动车辆进行登记发放凭证、24小时有专人巡视管理等标准；在保洁服务方面必须达到垃圾收集点、生活垃圾每天清运1次及公共保洁区每日清扫1次、如发生突发公共卫生事件时，应迅速组织人员对物业的共用部位共用设施设备进行通风、清洗和消毒等标准；在装修管理服务方面必须达到每天巡查1次装修施工现场、发现危及房屋结构安全及违规拆改共用管线的，及时劝阻并报告政府有关主管部门等标准；在电梯管理方面必须达到电梯工夜间值班、主梯6:00—24:00不间断运行、公布呼叫电话，0:00—6:00呼叫运行等标准。

二、公示《住宅物业服务等级规范（二、三级）》（试行）

2007年5月16日—6月5日，10月29日—11月9日北京市建委两次公示了《北京市住宅物业管理服务规范（二、三级）》，向社会公开征求修改意见。

《二、三级规范》为住宅物业管理服务的指导标准，按照《北京市物业服务收费管理办法》（试行）实行市场调节价的住宅项目在确定物业服务标准时参照选用。确定小区服务标准时，须结合各住宅小区的建设标准、配套设施设备和业主的居住消费能力等因素确定。《二、三级规范》

中涵盖的服务项目，有法规及政策规定的，按相应法规及政策执行；没有规定的，由物业服务合同当事人双方约定。建设单位选聘物业管理企业时，由建设单位根据物业特点和服务要求选择并确定物业服务标准，在前期物业服务合同中具体约定；业主大会成立后，由业主大会与物业管理企业根据物业特点和服务要求选择并协商一致，在物业服务合同中具体约定。《二、三级规范》由基本要求、房屋管理、共用设施设备运行维修养护、协助维护公共秩序、保洁服务、绿化养护、停车管理、装修管理服务等12个服务项目组成。级别越高，代表物业服务标准越高。

2008年1月14日，北京市建委正式公布《北京市住宅物业管理服务等级规范（二、三级）》（试行），自发布之日起实行。该规范与《住宅物业服务等级规范（一级）（试行）》（京建物［2007］1209号）构成住宅物业服务规范体系。在确定服务内容时，可以在一、二、三级规范中进行单项组合选择，也可结合实际，在一级规范之上，对单项内容的规范要求进行调整。

三、住宅物业服务标准化试点

2007年6月21日，北京市建设委员会隋振江主任主持召开了住宅物业服务标准化试点动员大会，部署在西城区、石景山区、房山区先行开展住宅物业服务标准化试点工作。

在三个试点区县推荐的基础上，经市建委组织专家集中检查评审，西城区丰融园等17个小区评为住宅物业标准化试点示范小区（名单见表10-1）。

表10-1　住宅物业服务标准化试点示范小区名单

小区名称	物业服务单位	所在区县
丰融园小区	北京麦斯顿物业服务有限公司	西城区
中海凯旋小区	北京中海物业服务有限公司	西城区
阳光丽景小区	北京盛世物业服务有限责任公司	西城区
三里河一区2号院	北京安恒泰物业服务有限公司	西城区
三里河一区3号院	北京安恒泰物业服务有限公司	西城区
三里河一区5号院	北京安恒泰物业服务有限公司	西城区
公安大学宿舍区	北京中大物业服务有限公司	西城区
铁道部第三住宅区	北京中铁金方物业服务中心	西城区
铁道部第四住宅区	北京中铁金方物业服务中心	西城区
京汉旭城小区	北京京汉物业服务有限公司	石景山区
黄南苑小区	北京首欣物业服务有限责任公司	石景山区
金顶街三区	北京首欣物业服务有限责任公司	石景山区
金顶街五区	北京首欣物业服务有限责任公司	石景山区
西山枫林小区	北京东和田园物业服务有限责任公司	石景山区
远洋山水小区	远洋基业物业服务有限责任公司	石景山区
绿城百合小区	北京绿城物业服务公司	房山区
北潞园小区	北京昊远隆基物业服务有限公司	房山区

第四节 推行《前期物业服务合同》(示范文本)和《临时管理规约》(示范文本)

2007年市建委会同市工商局拟定了《前期物业服务合同》、《物业服务合同》示范文本。《前期物业服务合同》作为《商品房预售合同》的附件，将要求开发建设单位在与物业服务企业销售物业之前签定，在办理房屋预售手续的同时上报市建委交易管理系统予以公示，这有利于理顺前期物业服务阶段的法律关系，明确相关主体的权利和义务，避免和减少业主入住后发生的纠纷。《临时管理规约》(示范文本)的施行将对落实物业的售后管理，维护全体业主的合法权益，维护物业区域内公共环境和秩序起到积极作用。

一、《前期物业服务合同》(示范文本)与《物业服务合同》(示范文本)

2007年3月30日至4月30日，《前期物业服务合同》(示范文本)向市民公开征集意见。之后，市建委和市工商局在综合各方意见和建议的基础上，根据新出台的《中华人民共和国物权法》以及新修订的《物业管理条例》，对《前期物业服务合同》(示范文本)进行了修改和完善，与《物业服务合同》(示范文本)一同于10月26日至11月11日公开向市民征集意见。

这两个合同，均根据新修订的《物业管理条例》，将“管理合同”改为了“服务合同”，突出了物业企业的服务属性。合同明确了前期和后期物业服务中的主要合同条款。对于规划平面图、物业构成明细、物业共用部位明细、物业共用设施设备明细、物业服务标准以及移交资料清单等内容都由双方以合同附件的形式体现。

《前期物业服务合同》适用于房地产开发建设单位与其选聘的物业服务企业之间缔结的前期物业服务关系，重点明确了五项内容：

(一)购房的同时告知合同内容，增加透明度

物业交付使用前，必须按规定由建设单位选聘物业服务企业实施物业服务。将前期合同纳入规范管理范畴，作为房屋买卖合同的附件，使购房人在购房的同时就能了解此后物业服务的内容、标准和物业服务收费的标准，充分保证了业主的知情权和选择权。同时，购房人签订买卖合同，也就承认并接受了前期物业服务合同的内容，今后要承担交纳物业服务费用的义务。前期合同制度明确了业主、建设单位、物业服务企业之间的法律关系和法律责任，既起到了维护各方合法权益的作用，也为此后物业服务纠纷的处理提供了可靠的依据。

(二)设定强制性条款与选择性条款，保障业主对物业服务的合法权利

由于前期合同是由开发建设单位与物业企业签订的，要早于业主入住，不仅存在着很多不可知因素和售后物业服务的不确定性，而且合同双方约定中，涉及到对第三人(业主)设定的相关义务，容易引发矛盾纠纷。为体现前期合同双方的自愿原则，同时保障第三人合法权益的目的，前期合同中设定了强制性条款，同时留有空白行，供双方自行约定或补充约定。开发建设单位与物业企业可以针对合同中未约定或约定不详的内容，根据物业项目的具体情况签订公平合理的补充协议，也可以在相关条款后的空白行中进行补充约定。

(三)设定合同期限的延续条款

因前期服务合同在业主入住之前签订，而物业服务企业的合法更换需要由业主大会决议，为在时间上对业主大会成立提供一定的保障，同时减少物业服务企业频繁更换带来的不便和纠纷，规定合同期满后未出现合同中规定的解除和中止情形的，合同应按整年度进行延续，直至新物业服务企业接管为止。

（四）进一步明确装饰装修的权利义务，增加可操作性

为保障装饰装修过程中业主与物业服务企业的合法权益，前期物业服务合同中就装饰装修的过程做了更为明确的规定，要求物业服务单位应与业主或物业使用人订立书面的装修服务协议，告知其相关的限制性规定和注意事项，并就允许施工的时间、废弃物的清运与处置、装修服务费用等事项进行约定。

（五）增加双方的配合义务

物业区域内不仅有物业服务内容，还有社会管理和公共服务的内容，为避免业主或物业服务企业阻碍相关部门在物业区域内开展公务，保障物业区域内的正常秩序，合同中明确规定了双方的配合义务，对需进入物业区域内的宣传、检查、执法、救援等公共事务，甲乙双方应当积极配合。

《物业服务合同》适用于业主委员会受业主大会的委托或业主与物业服务企业之间缔结的物业服务关系，重点明确3项内容：

（一）物业服务费用问题

对于物业服务收费方式，双方可选择采用“包干制”或“酬金制”，合同中对两种收费方式的使用原则都做出了明确。合同中还规定物业服务区域内的已竣工但尚未出售，或者因开发商原因未能按时交给物业买受人的物业，开发商应按规定交纳物业服务费。对于供水、供电、供气、供热、通讯、有线电视等公共服务项目收费问题，文本中明确市政公用事业服务单位应向最终用户收取使用费用。物业服务企业代收费用的，不得向业主收取手续费等额外费用，不得限制或变相限制业主或物业使用人购买。

（二）共用部位、共用设施经营及收益分配问题

归业主所有的共用部位、公用设施的经营要征得业主委员会书面同意后，由物业服务企业与经营者依法签订合同。收益归全体业主，并由物业服务企业定期公布接受监督。在收益分配方面，可冲抵下一年度的物业服务费用，补充专项维修资金或由业主大会表决决定。

（三）合同终止问题

合同期满前一方决定不再续约的，应当提前三个月告知对方。如甲方未提前三个月将续聘或解聘的意见通知乙方的，应视为合同自动延续一年。合同终止后，在新的物业服务企业接管本物业项目之前，原企业应当应业主委员会的要求继续提供物业服务，一般不超过三个月；双方的权利义务继续按照本合同执行。

除上述内容外，合同中还明确了双方各自的权利、义务和违约责任。

上述两个合同文本都自2008年5月1日起推行使用。

二、《临时管理规约》（示范文本）

2007年3月30日—4月30日，由市建委起草的《业主临时公约》（示范文本）公示征求意见。之后，市建委根据新修订的《物业管理条例》，将《业主临时公约》更名为《临时管理规约》，并根据《中华人民共和国物权法》和市民提出的意见，对示范文本进行了修改完善。修改后的《临时管理规约》（示范文本）主要明确了业主在物业使用、维护和管理过程中的权利义务，并对房屋装修、车辆停放、物业服务费用缴纳以及专有部分和共有部分的使用等方面做出了必要的提示和引导，于2008年1月10日至23日再次公示。

《临时管理规约》（示范文本），供新建物业制订临时管理规约时使用。其目的在于引导和规范广大业主合理使用、维护物业，保障广大业主和物业使用人的合法权益，促进安全舒适、文明和谐社区建设。《临时管理规约》是业主使用、维护和管理物业的重要文件，是实现业主自律的重要基础。开发建设单位在预售商品房之前，应参照该示范文本制定临时管理规约，明确业主、物业使用人的权利义务，作为《北京市商品房预售合同》的附件，由物业买受人签字确认。临时管理规约约定的内容或条款不得侵害买受人的合法权益，自物业项目第一买受人签字时发生效力，对此后的物业买受人及物业使用人均有约束力。

该示范文本自2008年5月1日起推行使用。此前已销售并制定《业主临时公约》的物业项目，不须依据该示范文本制定《临时管理规约》。

第五节 北京市物业服务基本情况

2007年，是北京市物业服务行业经历重大变化的一年，是北京市物业服务行业进一步走向完善和规范化的一年。一年中，市区两级政府主管部门、全市物业服务行业企业及从业人员共同努力，使我市物业服务水平再上台阶。

一、基本情况

截至2007年年底，全市共有物业服务项目4417个，建筑面积33905.0万平方米。其中，住宅类项目3123个，建筑面积26443.6万平方米；商业类项目160个，建筑面积1196.7万平方米；工业类项目79个，建筑面积2187.5万平方米；综合类项目1055个，建筑面积4077.2万平方米（见图10－1、图10－2）。

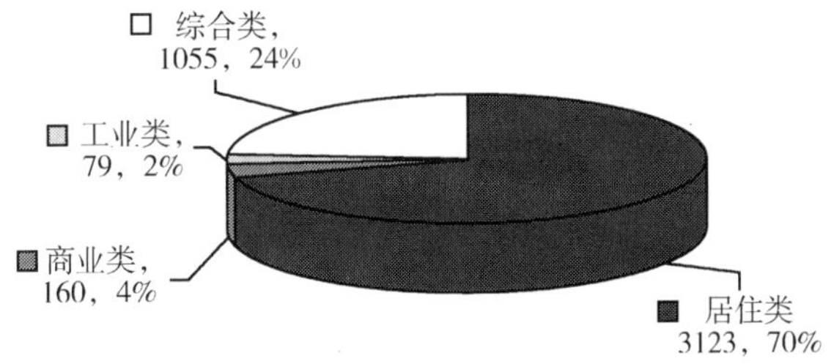

图10－1 各类物业服务项目比例（个）

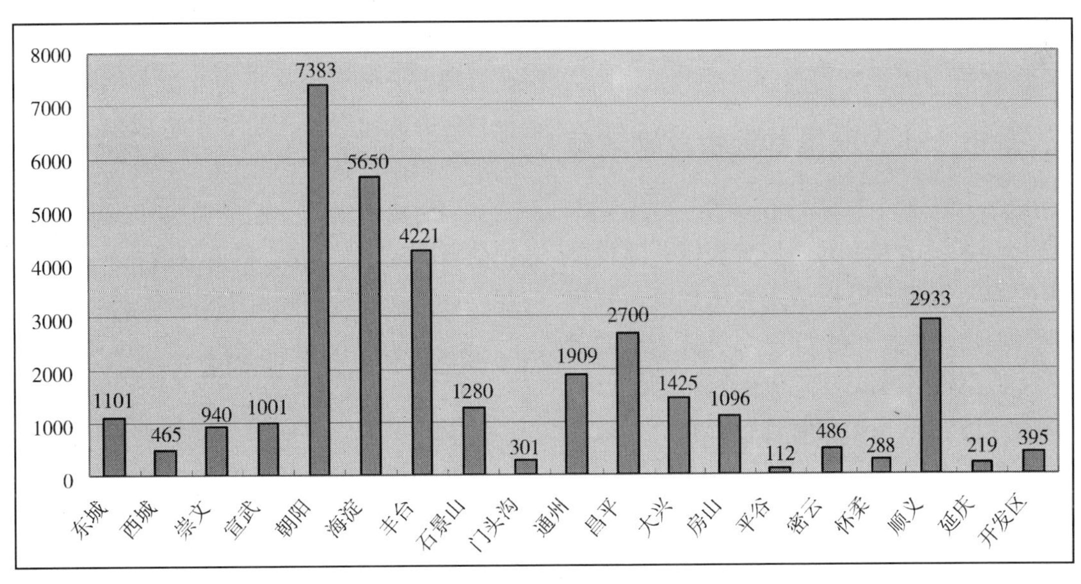

图10－2 2007年各区县物业服务项目建筑面积（万 m^2）

住宅类项目中，近郊区的项目个数和建筑面积均较大，占全市的比例均超过50%（见表10－2）。

表 10－2　2007 年城区、郊区实施物业服务小区数量、面积及比例

	项目个数	占全市比例	建筑面积（万 m²）	占全市比例
全市合计	3123	100.0%	26443.6	100.0%
城区	396	12.7%	2729.1	10.3%
近郊区	1723	55.2%	14404.5	54.5%
远郊区县	986	31.2%	8957.0	33.9%
开发区	18	0.6%	353.0	1.3%

2007 年，全市共有业主委员会 662 个。其中，住宅物业项目成立业主委员会 625 个，占住宅项目总量的 20.0%（见表 10－3）。

表 10－3　2007 年全市业主委员会成立情况

	业委会数量	物业服务项目数量	比例
合计	662	4417	15.0%
住宅项目	625	3123	20.0%
非住宅项目	37	1294	2.9%

2007 年，全市未实施物业服务项目有 3881 个，建筑面积 5453.9 万平方米。其中住宅项目 2505 个，建筑面积 4039.9 万平方米；非住宅项目 841 个，建筑面积 1414.0 万平方米。

2007 年，全市共办理招投标项目备案 270 个，建筑面积 2105.1 万平方米。其中，住宅项目 262 个，建筑面积 2064.5 万平方米；非住宅项目 8 个，建筑面积 40.6 万平方米。

二、本市 155 人取得首批物业管理师资格

2007 年年末，由人事部、住房和城乡建设部联合组织的物业管理师资格认定考试揭晓，我国首批物业管理师诞生。首批 1119 名从业人员通过物业管理师认定资格考试，取得物业管理师资格，北京此次有 155 人取得物业管理师资格。建设部下一步将在资格证书颁发的基础上建立首批物业管理师信用档案体系，之后物业服务项目负责人必须由物业管理师担任。我国物业服务是伴随着住房制度改革和住房商品化进程产生的新兴行业，从 1981 年深圳市诞生全国第一家物业服务公司和第一批物业服务从业人员开始，短短二十六年时间里，全国从业人员已超过 350 万人，分布在 3 万多家物业服务企业，物业服务面积超过 100 亿平方米的房屋，占全国城镇不动产的 50% 以上。

按照《物业管理师制度暂行办法》规定，从业人员必须通过考试才能取得物业管理师资格，物业管理师必须经过注册才能执业，物业服务项目负责人必须由物业管理师担任。随着物业管理师制度的全面推行，物业服务企业聘用未取得物业管理师资格人员从事物业服务活动的，必须承担相应的法律责任，给业主造成损失的，应当依法承担赔偿责任。

之后由中国物业服务协会印发“物业管理师诚信自律规则”，在资格证书颁发的基础上，抓紧建立首批物业管理师信用档案体系。

三、177 家物业企业年检不合格被注销

按照市委、市政府加强行业监管的要求，为全面掌握物业服务基本情况，规范物业服务行为，依据建设部《物业服务企业资质管理办法》，2006 年下半年，市、区建委（房管局）对在我市 2005 年 12 月 31 日前取得《中华人民共和国物业服务企业资质证书》的 2241 家二、三级物业服务企业进行了资质年检（一级资质企业由建设部审批）。北京金盟经贸有限公司等 281 家企业未通过

年检，其资质证书予以注销。同时通报工商行政管理部门。

四、正式成立物业管理专家顾问组

2007年4月13日，北京市物业管理专家顾问组正式成立，专家顾问组由人大代表、政协委员、法官、律师、学者和物业行业专家等十九位代表组成。专家顾问组的主要任务是：一是为全市物业服务行业的发展提供前瞻性分析、研究、预测；二是分析、研究有关物业服务发展的重大问题；三是参与制定全市物业服务工作的有关政策；四是配合物业服务行业相关政策调整进行正面宣传、舆论引导；五是协助开展专题研究，评选优秀企业。

五、全市开展治理自行车被盗专项行动

2007年3月起，全国范围内开展治理自行车被盗专项行动。市建委配合市公安局负责相应的宣传解释工作，在社区、街道、居住小区内做宣传活动，并制定小区内预防自行车被盗的各项措施。3月2日，包括北京市建委在内的八部门联合举行治理自行车被盗问题专项行动新闻发布会，根据有关规定，此后，新建小区未按要求配备自行车车棚的，不予发放施工证。对于强行施工的，房子建好后也拿不到预售许可证。对于老旧居民小区，要逐步解决自行车存放场地问题，实现有看护人员的自行车专门管理。

六、市小区办更名为物业服务指导中心

2007年12月12日，市建委决定将市小区办更名为“物业服务指导中心”，中心与物业处的职责更加清晰、分工也更明确。在此基础上，市物业服务指导中心整合资源，组织力量，分片负责，落实责任，加强业务指导，为各区县工作提供了强有力的支持。

第六节 专项维修资金

一、发放专项维修资金查询卡

为增强专项维修资金管理透明度，便于社会和业主及时监督，保障广大业主的知情权，市建委自2006年12月起，集中面向已缴纳商品住宅专项维修资金的业主发放商品住宅专项维修资金查询卡。截至2007年底，在本市范围内，由光大银行负责发放的40.3万余张专项维修资金查询卡已陆续发放。领取专项维修资金查询卡，小区业主须持有效身份证件按时领取。业主可以通过银行各营业网点柜台、自助缴费机或银行服务电话“95595”查询归集期间专项维修资金的本金、利息和使用情况。

全市已缴纳了商品住宅专项维修资金的业主近百万户。为保证查询卡发放工作的准确和高效，在充分听取小区业主需求、总结已往经验的基础上，最终确定查询卡的发放以邮政部门快递上门、小区现场发放、银行营业网点直接办理为主要形式，方便快捷地面向广大业主进行发放，业主在办理查询卡时免收年费和手续费。同时，光大银行将提供具有信用卡功能的查询卡，业主可自愿申领。

二、专项维修资金归集情况

根据建设部、财政部《住宅共用部位共用设施设备维修基金管理办法》（建住房［1998］213号），本市自2000年2月13日开始对1999年以后售出的新建商品住宅（含经济适用住房）归集公共维修资金。《物业管理条例》（中华人民共和国国务院令第379号）出台后，规定住宅物业、住宅小区内的非住宅物业或者与单幢住宅楼结构相连的非住宅物业的业主，应当按国家有关规定交纳专项维修资金。专项维修资金为业主所有，用于保修期满后物业共用部位、共用设施设备的维修、改造。截至2007年12月31日，全市共归集专项维修资金154.06亿元，归集户数约为120.13万户，其中

2007年全年本市共归集专项维修资金33.61亿元。（见表10-4、图10-3）

表10-4 按年份统计专项维修资金的归集金额统计表（亿元）

年份	2000年	2001年	2002年	2003年	2004年	2005年	2006年	2007年	合计
金额	2.29	3.7	7.77	11.87	17.72	43.18	33.92	33.61	154.06

注：归集金额均以2000年至2007年实际归集到“北京市维修资金专用银行帐户”的金额统计

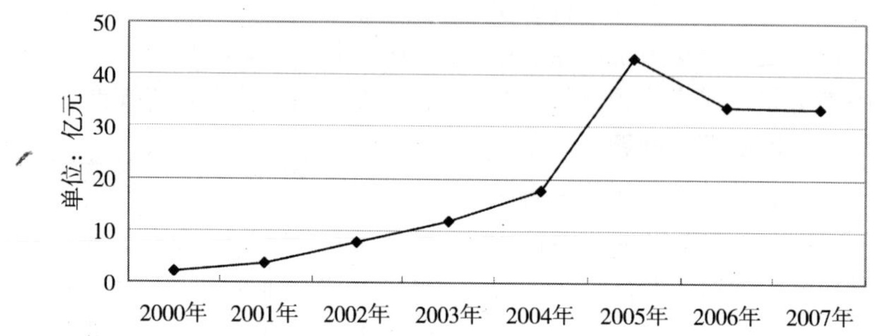

图10-3 2000—2007年专项维修维修资金的归集金额统计图

三、进一步明确存量房住宅专项维修资金过户原则

针对专项维修资金在二手房买卖过程中的过户问题，早在1998年，建设部、财政部颁布的《住宅共用部位共用设施设备维修基金管理办法》（建住房［1998］213号）中即做出了明确规定，业主转让房屋所有权时，结余维修基金不予退还，随房屋所有权同时过户。今年7月1日实施的新版《北京市存量房屋买卖合同》示范文本对维修资金过户做了进一步明确约定：在房屋交付日以前发生的维修费用由出卖人承担，交付日以后（含当日）发生的费用由买受人承担；出卖人要将其缴纳的该房屋专项维修资金（公共维修基金）的账面余额转移至买受人名下。

第十一章

房地产权属登记

第一节 土地权属登记

一、土地使用权登记

2007年，全市申请办理城镇国有土地使用权登记的有19789宗，涉及土地面积10543.95公顷，其中出让土地为18508宗，面积6220.6公顷，分别占本年度全市登记总宗数的93.5%和总面积的59%；划拨土地1281宗，面积为4323.35公顷，分别占本年度全市登记总宗数的6.5%和总面积的41%。从各土地权属登记机关受理登记的情况看，市土地权属登记事务中心办理登记15696宗，面积1585.69公顷，分别占本年度全市登记总宗数的79.3%和总面积的15%；各区县的土地权属部门办理的数量为4093宗，面积8958.26公顷，分别占本年度全市登记总宗数的20.7%和总面积的85%。

表11－1 2007年北京市土地登记发证统计表

区县	合计		其中划拨土地		其中出让土地	
	宗数	面积（公顷）	宗数	面积（公顷）	宗数	面积（公顷）
东城国土分局	381	53.79	211	18.01	170	35.78
西城国土分局	204	85.85	107	43.87	97	41.98
崇文国土分局	136	103.11	29	62.24	107	40.87
宣武国土分局	118	56.83	25	35.98	93	20.85
朝阳国土分局	687	1406.27	179	577.79	508	828.48
海淀国土分局	385	631.85	41	256.74	344	375.11
丰台国土分局	453	687.36	141	401.35	312	286.01
石景山国土分局	205	754.55	103	697.58	102	56.97
门头沟国土分局	88	104.76	39	50.34	49	54.42
通州国土分局	168	842.11	8	48.3	160	793.81
昌平国土分局	182	1225.73	42	766.83	140	458.9
房山国土分局	182	297.99	30	43.62	152	254.37
顺义国土分局	209	983.61	70	334.23	139	649.38
大兴国土分局	231	696.36	100	387.41	131	308.95
平谷国土分局	66	174.69	8	5.43	58	169.26
怀柔国土分局	154	274.85	27	42.67	127	232.18
密云国土分局	69	187.99	7	8.69	62	179.3
延庆国土分局	108	237.43	57	165.8	51	71.63
亦庄开发区	67	153.13	0.00	0.00	67	153.13
市土地权属登记中心	15696	1585.69	57	376.48	15639	1209.21
总　　计	19789	10543.95	1281	4323.35	18508	6220.59

二、土地使用权抵押登记

2007 年，全市共办理土地使用权抵押登记 9726 宗，面积 6635.89 公顷，贷款金额 30046700.24 万元。其中，市土地权属登记事务中心办理 7084 宗，面积 186.32 公顷，贷款金额为 1603662.71 万元，分别占本年度全市土地使用权抵押登记总宗数的 72.8%、总面积的 2.8% 和总贷款金额的 5.3%；各区县土地权属登记部门共办理 2642 宗，面积 6449.57 公顷，贷款金额为 28443037.53 万元，分别占本年度全市土地使用权抵押登记总宗数的 27.2%、总面积的 97.2% 和总贷款金额的 94.7%。

表 11－2　2007 年北京市土地使用权抵押登记情况

区县	宗数	面积（公顷）	贷款额（万元）
东城国土分局	63	38.32	709243.37
西城国土分局	60	52.11	1559862.96
崇文国土分局	27	26.01	298760.48
宣武国土分局	36	36.44	480222
朝阳国土分局	422	992.99	17273224.94
海淀国土分局	274	327.91	2507745.93
丰台国土分局	129	195.69	825648.83
石景山国土分局	30	62.51	209978
门头沟国土分局	52	71.90	121146.48
通州国土分局	243	990.27	1088313.14
昌平国土分局	57	518.14	614662.16
房山国土分局	168	426.33	395014.02
顺义国土分局	210	928.62	1230506.50
大兴国土分局	193	494.69	243815.23
平谷国土分局	152	244.11	78610.01
怀柔国土分局	207	282.76	118924.30
密云国土分局	121	275.96	160656.22
延庆国土分局	241.01	124044.31	120511.32
亦庄开发区	111	243.8	406191.64
市土地权属登记中心	7084	186.32	1603662.71
总计	9726	6635.89	30046700.24

三、历年土地使用权登记发证情况

截止到 2007 年底，全市共累计办理国有土地使用权登记 131979 件，累计登记土地面积 171558.57 公顷。其中 2007 年办理国有土地使用权登记 19789 件，土地面积 10543.95 公顷，分别占历年发证总件数的 15% 和总面积的 6.1%。

表 11－3 1993—2007 年北京市国有土地使用权登记发证情况

年份	件数	面积（公顷）	累计发证件数	累计发证面积（公顷）
1993 年	583	827.57	653	838.39
1994 年	796	1363.22	1449	2201.61
1995 年	944	1629.21	2393	3830.82
1996 年	1537	2632.16	3930	6402.98
1997 年	2215	4559.95	6145	10962.93
1998 年	3802	14157.76	9947	25120.69
1999 年	7862	11250.36	17809	36371.05
2000 年	5108	8131.83	22917	44502.88
2001 年	7350	13494.63	30267	57997.51
2002 年	8180	9448.07	38447	67445.58
2003 年	11396	19868.16	49843	87313.74
2004 年	17201	10794.05	67044	98107.79
2005 年	17292	8924.16	84336	107031.95
2006 年	27854	53982.67	112190	161014.62
2007 年	19789	10543.95	131979	171558.57

四、国有土地使用权抵押登记工作量统计

1999 年办理国有土地使用权抵押登记 889 件，抵押金额 1636780.54 万元；2000 年办理 794 件，比上年减少了 10.7%，抵押金额 1569197.64 万元，比上年减少了 4.1%；2001 年办理 1457 件，比上年增长了 83.5%，抵押金额 3144433.55 万元，比上年增长了 100.4%；2002 年办理 2141 件，比上年增长了 46.9%，抵押金额 4953896.22 万元，比上年增长了 57.5%；2003 年办理 3874 件，比上年增长了 80.9%，抵押金额 17207192.52 万元，比上年增长了 247.3%；2004 年办理 13178 件，比上年增长了 240.2%，抵押金额 10234732.98 万元，比上年减少 39.9% 了；2005 年办理 6901 件，比上年减少了 47.6%，抵押金额 13359914.3 万元，比上年增长 30.5%；2006 年办理 8174 件，比上年增长了 18.4%，抵押金额 17728988.51 万元，比上年增长 32.7%；2007 年办理 9226 件，比上年增长 19%，抵押金额 30046700.24 万元，比上年增长 69%。

表 11－4 1999—2007 年北京市国有土地使用权抵押登记情况

年份	宗数	面积（公顷）	抵押额（万元）
1999 年	889	948.19	1636780.54
2000 年	794	783.83	1569197.64
2001 年	1457	2913.11	3144433.55
2002 年	2141	2686.97	4953896.22
2003 年	3874	4344.28	17027192.52
2004 年	13178	5635.03	10234732.98
2005 年	6901	6335.94	13359914.3
2006 年	8174	51781.22	17728988.51
2007 年	9726	6635.89	30046700.24

第二节 房屋权属登记

一、房屋所有权登记

（一）房屋所有权登记概况

2007年，全市共办理房屋所有权登记561506件，建筑面积18016.24万平方米。其中市房屋权属登记中心办理35736件，建筑面积1226.98万平方米，分别占本年度全市登记总件数的6.4%和总面积的6.8%，各区县房屋权属登记部门共办理525770件，建筑面积16789.26万平方米，分别占本年度全市登记总件数的93.6%和总面积的93.2%。

表11-5 2007年北京市房屋所有权登记概况

单位：万 m^2

区 县	件 数	建筑面积
东城区	9134	295.43
西城区	13572	543.63
崇文区	14465	355.76
宣武区	20196	356.78
朝阳区	100673	2775.60
海淀区	73449	1924.33
丰台区	70673	1660.44
石景山区	15775	228.99
门头沟区	8196	344.62
通州区	42898	841.84
昌平区	55309	1464.02
房山区	15201	492.08
顺义区	22645	915.50
大兴区	35182	2250.93
平谷区	3900	398.86
怀柔区	7684	250.24
密云县	6554	151.70
延庆县	2080	94.62
亦庄开发区	8175	1444.69
市房屋权属登记事务中心	35736	1226.98
合计	561506	18016.24

（二）房屋所有权初始登记

2007年，全市办理房屋所有权初始登记的有2458件，建筑面积4145.73万平方米，分别占本年全市各类登记总件数的0.44%和总面积的23.0%。其中市房屋权属登记中心办理86件，建筑面积123.55万平方米，分别占本年度全市房屋所有权初始登记总件数的3.5%和总面积的3.0%，各区县房屋权属登记部门共办理2372件，建筑面积4022.18万平方米，分别占本年度全市房屋所有权初始登记总件数的96.5%和总面积的97.0%。

表11-6　2007年北京市房屋所有权初始登记情况

单位：万 m^2

区　　县	件　　数	建筑面积
东城区	59	115.84
西城区	24	129.46
崇文区	28	43.21
宣武区	33	61.69
朝阳区	537	1113.47
海淀区	137	442.51
丰台区	410	421.79
石景山区	47	39.72
门头沟区	11	24.32
通州区	270	139.00
昌平区	174	332.29
房山区	231	145.26
顺义区	86	174.78
大兴区	170	665.40
平谷区	13	4.59
怀柔区	56	46.99
密云县	10	3.70
延庆县	28	9.73
亦庄开发区	48	108.43
市房屋权属登记事务中心	86	123.55
合计	2458	4145.73

（三）房屋所有权转移登记

2007年，全市办理房屋所有权转移登记的有352718件，建筑面积4583.76万平方米，分别占本年全市各类登记总件数的62.8%和总面积的25.4%。其中市房屋权属登记中心办理23110件，建筑面积453.26万平方米，分别占本年度全市房屋所有权转移登记总件数的6.6%和总面积的9.9%，各区县房屋权属登记部门共办理329608件，建筑面积4130.5万平方米，分别占本年度全市房屋所有权转移登记总件数的93.4%和总面积的90.1%。

表 11－7　2007 年北京市房屋所有权转移登记情况

单位：万 m^2

区　县	件　数	建筑面积
东城区	5654	53.92
西城区	9457	136.55
崇文区	8509	113.55
宣武区	13609	158.21
朝阳区	77511	870.98
海淀区	55914	731.84
丰台区	44404	593.60
石景山区	10962	105.21
门头沟区	5490	189.52
通州区	19982	203.00
昌平区	23734	340.33
房山区	9178	50.28
顺义区	13768	159.40
大兴区	18209	253.31
平谷区	49	7.64
怀柔区	3666	38.04
密云县	4155	49.00
延庆县	1346	17.13
亦庄开发区	4191	58.99
市房屋权属登记事务中心	23110	453.26
合计	352718	4583.76

（四）房屋所有权变更登记

2007 年，全市办理房屋所有权变更登记的有 14286 件，建筑面积 1515.69 万平方米，分别占本年全市各类登记总件数的 2.5% 和总面积的 8.4%。其中市房屋权属登记中心办理 129 件，建筑面积 43.41 万平方米，分别占本年度全市房屋所有权变更登记总件数的 0.9% 和总面积的 2.9%，各区县房屋权属登记部门共办理 14157 件，建筑面积 1472.28 万平方米，分别占本年度全市房屋所有权变更登记总件数的 99.1% 和总面积的 97.1%。

表 11－8　2007 年北京市房屋所有权变更登记情况

单位：万 m^2

区　县	件　数	建筑面积
东城区	761	46.49
西城区	692	97.08
崇文区	1954	35.30
宣武区	1110	46.04
朝阳区	2449	128.15

续表

区　　县	件　　数	建筑面积
海淀区	1858	158.19
丰台区	1736	226.20
石景山区	515	6.20
门头沟区	372	53.91
通州区	1179	93.00
昌平区	181	107.77
房山区	466	144.43
顺义区	70	99.46
大兴区	300	119.00
平谷区	32	5.87
怀柔区	303	16.96
密云县	7	42.00
延庆县	29	1.71
亦庄开发区	143	44.52
市房屋权属登记事务中心	129	43.41
合计	14286	1515.69

（五）房屋所有权抵押登记

2007年，全市办理房屋所有权抵押登记的有143434件，建筑面积4873.88万平方米，分别占本年全市各类登记总件数的25.5%和总面积的27.1%。其中市房屋权属登记中心办理12411件，建筑面积606.76万平方米，分别占本年度全市房屋所有权抵押登记总件数的8.7%和总面积的12.4%，各区县房屋权属登记部门共办理131023件，建筑面积4267.12万平方米，分别占本年度全市房屋所有权抵押登记总件数的91.3%和总面积的87.6%。

表11－9　2007年北京市房屋所有权抵押登记情况

单位：万 m^2

区　　县	件　　数	建筑面积	贷款额（万元）
东城区	1526	45.96	426510.82
西城区	2235	112.67	616000.46
崇文区	2127	62.47	305645.91
宣武区	3900	61.49	307773.03
朝阳区	20176	663.00	4129633.27
海淀区	15533	591.6	2708478.65
丰台区	16624	217.92	844553.27
石景山区	4251	77.86	148273.39
门头沟区	2323	76.87	95470.95
通州区	12000	331.10	754830.48

续表

区　县	件　数	建筑面积	贷款额（万元）
昌平区	20424	518.24	1035431.00
房山区	5332	152.07	323840.38
顺义区	4950	264.10	665338.72
大兴区	10095	680.90	132800.55
平谷区	2460	180.27	140059.24
怀柔区	2634	91.19	164282.26
密云县	1482	50.00	936407.71
延庆县	677	66.05	131685.95
亦庄开发区	2274	23.36	107099.96
市房屋权属登记事务中心	12411	606.76	11394947.64
合计	143434	4873.88	25369063.64

二、历年房屋权属发证情况

（一）历年房屋所有权登记发证情况

截至2007年底，全市累计登记发证建筑面积124076.12万平方米。其中2007年发放房屋所有权证561506件，建筑面积18016.24万平方米，占历年发证总建筑面积的14.5%。

表11-10　1997—2007年北京市房屋所有权登记发证情况

单位：万 m^2

年　份	件　数	建筑面积	累计发证建筑面积
1996年	64491	2328.75	27530.24
1997年	80818	2715.67	30245.91
1998年	105104	3251.63	33497.54
1999年	212782	4632.24	38129.78
2000年	406823	5603.2	43732.98
2001年	378629	7009.47	50472.45
2002年	329835	10797.41	61263.86
2003年	296859	9501.01	70764.87
2004年	476789	14659.16	85424.03
2005年	429191	10231.81	95655.84
2006年	456315	10404.04	106059.88
2007年	561506	18016.24	124076.12

（二）历年房改售房登记发证情况

截至2007年底，全市累计发放房改房产权证1772910件。2000年全市发放房改房产权证349771件，占历年登记总件数的19.9%；2001年全市发放房改房产权证296848件，占历年登记总件数的16.8%；2002年全市发放房改房产权证237565件，占历年登记总件数的13.5%；2003年全市发放房改房产权证137066件，占历年登记总件数的

7.8%；2004年全市发放房改房产权证167559件，占历年登记总件数的9.5%；2005年全市发放房改房产权证93959件，占历年登记总件数的5.3%；2006年全市发放房改房产权证76215件，占历年登记总件数的4.3%；2007年全市发放房改房产权证51000件，占历年登记总件数的2.9%。

表11－11 1997—2007年北京市房改售房登记发证情况

单位：万 m^2

年 份	件 数	建筑面积	累计发证建筑面积
1996年	51069	814.09	—
1997年	61117	369.47	—
1998年	71970	475.31	—
1999年	178771	1216.5	5608
2000年	349771	2347.08	45228
2001年	296848	4113.9	75587
2002年	237565	1544.17	73267
2003年	137066	890.93	50602
2004年	167599	—	48938
2005年	93959	397.5013	397873
2006年	76215	353.1705	405169
2007年	51000	346.8	405516

北京市房地产年鉴2008

第十二章

房屋安全管理

第一节 城镇房屋和设备安全检查与房屋安全鉴定

为掌握本市城镇房屋状况，及时发现和解除危险隐患，合理制定城镇房屋修缮和改造计划，保障房屋的住用安全，市建委于2007年11月14日召开了2008年度城镇房屋及设备安全检查工作会。印发《2007年度城镇房屋安全检查实施方案》，各区县建委、房管局及各管房单位按市建委的统一部署，从2007年11月中旬至2008年3月初，开展城镇房屋安全检查。

一、城镇房屋安全检查情况

（一）城镇房屋安全检查总体情况

经城镇房屋安全检查统计汇总，应检查房屋（不包括军产、外事用房及厂矿工业用房等）40009万平方米，实查城镇房屋37829万平方米，占应检查房屋的94.6%。其中完好、基本完好房屋36384万平方米，占实际检查房屋的96.2%；一般破损房屋1092万平方米，占实际检查房屋的2.9%；严重破损和危险房屋353万平方米，占实际检查房屋的0.9%（详见表12－1）。

（二）直管房屋安全检查情况

直管房屋安全检查从2007年11月15日开始至2008年2月20日结束。历时97天，组织了307个查房小组，1064人参加查房，动员工日3.83万个，人均实际投入查房36天。实查直管房1940万平方米，占应查房1941万平方米的99.9%。其中：实查平房388万平方米（包括中式旧楼10万平方米），占实查直管房总量1940万平方米的20%；实查楼房1552万平方米，占实查直管房总量的80%。

1. 直管房屋完损状况（详见图12－1）

（1）房屋完好率（完好房和基本完好房）所占的比例由上年的65.45%，上升为69.00%，上升3.55个百分点，其中：平房完好率（包括中式旧楼，以下同）由上年的22.03%上升为26.33%，上升4.3个百分点；楼房完好率由上年的77.06%上升为79.67%，上升2.61个百分点。

（2）一般破损房屋所占的比例由去年的23.6%，下降为20.48%，下降3.12个百分点。其中：一般破损平房由去年的41.07%下降为37.54%，下降3.53个百分点；一般破损楼房由上年的18.93%下降为16.22%，下降2.71个百分点。

（3）危破（严重破损和危险）房屋所占的比例由上年的10.94%下降为10.52%，下降0.42个百分点。其中：危破平房由上年的36.9%下降为36.12%，下降0.78个百分点；危破楼房由上年的4.01%上升为4.12%，上升0.11个百分点。

表12－1 2008年城镇房屋完损状况分析表

		应查房屋建筑面积（万平方米）	实查房屋建筑面积												危旧房小计（三四五类）		危破房小计（四五类）	
			合计		完好房屋		基本完好房		一般破损房		严重破损房		危险房屋					
			万平方米	占应查%	万平方米	占实查%	万平方米	占实查%	万平方米	占实查%	万平方米	占实查%	万平方米	占实查%	万平方米	占实查%	万平方米	占实查%
合计		**40009**	**37829**	**94.6**	**28943**	**76.5**	**7441**	**19.7**	**1092**	**2.9**	**339**	**0.9**	**14.1**	**0.04**	**1445**	**3.8**	**353**	**0.9**
按房屋类型分	楼房	**37617**	**35599**	94.6	**28195**	79.2	**6609**	18.6	**707**	2.0	**87**	0.2	**1.0**	0.003	**795**	2.2	**88**	0.3
	平房（含中式旧楼）	**2392**	**2230**	93.2	**748**	33.6	**832**	37.3	**385**	17.2	**252**	11.3	**13.1**	0.6	**650**	29.1	**265**	11.9

续表

		应查房屋建筑面积（万平方米）	实查房屋建筑面积												危旧房小计（三四五类）		危破房小计（四五类）	
			合计		完好房屋		基本完好房		一般破损房		严重破损房		危险房屋					
			万平方米	占应查%	万平方米	占实查%	万平方米	占实查%	万平方米	占实查%	万平方米	占实查%	万平方米	占实查%	万平方米	占实查%	万平方米	占实查%
按功能区域分	核心区	**8680**	**7580**	87.3	**4519**	59.6	**2260**	29.8	**572**	7.5	**225**	3.0	**4.2**	0.7	**801**	10.6	**230**	3.0
	拓展区	**19471**	**19162**	98.4	**15104**	78.8	**3611**	18.8	**352**	1.8	**89**	0.5	**5.3**	0.6	**447**	2.3	**95**	0.5
	发展新区	**8959**	**8408**	93.9	**7152**	85.1	**1120**	13.2	**118**	1.4	**15**	0.2	**3.5**	0.6	**136**	1.6	**18**	0.2
	生态涵养区	**2899**	**2679**	92.4	**2168**	80.9	**450**	16.8	**50**	1.9	**10**	0.4	**1.1**	0.2	**61**	2.3	**11**	0.4

上表中的“按功能区域划分”是依据《北京市“十一五”规划纲要》。核心区：城4区；拓展区：朝阳区、海淀区、丰台区、石景山区；发展新区：昌平区、通州区、大兴区、顺义区、房山区、亦庄开发区；生态涵养区：门头沟区、平谷区、怀柔区、密云县、延庆县。

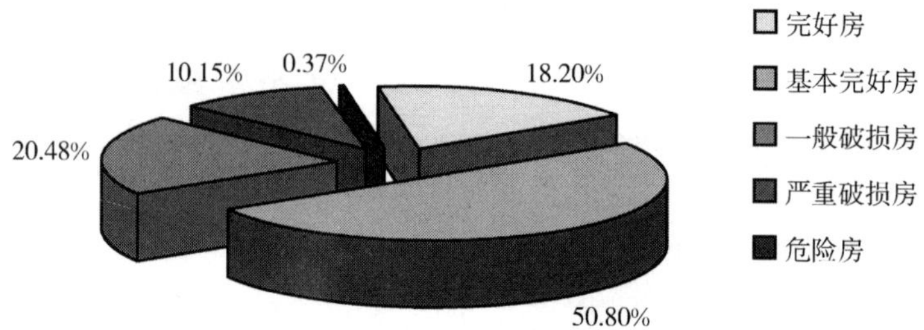

图 12－1　直管房屋完损等级比例图

2. 直管危破房情况

实查直管房屋中有严重破损和危险房 204.06 万平方米，比上年减少 11.62 万平方米。其中：危破平房 140.11 万平方米，比上年减少 13.22 万平方米。

从近几年房屋安全检查资料分析（详见图 12－2、图 12－3），随着城区危房改造的进展，直管平房面积虽逐年减少，但危破房量没有明显下降，危险隐患依然存在。做好房屋的排险解危工作，保障房屋的住用安全仍是今后房屋安全管理的重点。

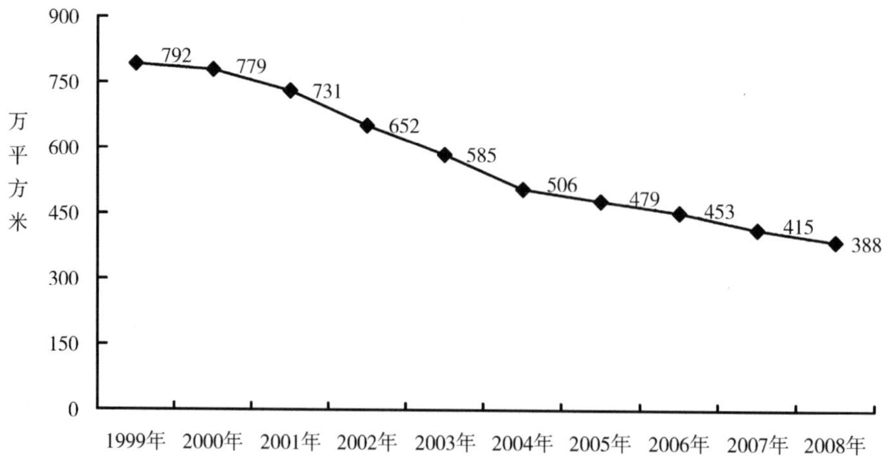

图 12－2　近年实查直管平房建筑面积

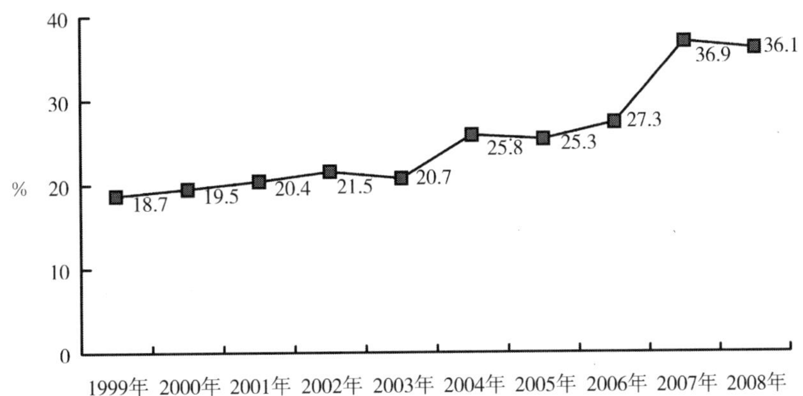

图 12－3 近年直管平房中四五类房占百分比

3. 直管房屋失修失养情况

（1）在实查直管平房 26.36 万间（包括中式旧楼 0.62 万间）中：应进行翻修挑修的 7.18 万间，占平房间数的 27.24%；应进行木结构加固 0.43 万间，占平房总间数的 1.63%，其中，附换柁 186 架，附檩 4310 根，附换柱 1103 根（已对查房中发现的断柁 11 架、断檩 47 根、柁头槽朽 12 架进行了抢修加固）。应拆砌房墙 0.86 万间，占平房总间数的 3.26%；应进行屋面维修 14.54 万间，占总间数的 55.16%；房屋严重阴暗、潮湿、掉土，急需做顶棚、地面、改装修 1.11 万间，占总间数的 4.21%；应解决庭院排放雨水和污水，需新做下水道 2640 米。

（2）实查直管楼房 4687 幢，24.94 万套，1551.74 万平方米。其中：应综合维修 43.5 万平方米，占楼房总面积的 2.8%；应抗震加固 105 万平方米，占楼房总面积的 6.77%；应屋面大修及维修 36.93 万平方米，占楼房总面积 2.38%；上下水应更新 148.68 万平方米，占楼房总面积的 9.58%；楼内墙公共部分粉刷 34.88 万平方米，占楼房总面积 2.25%；用户自行装修 15.11 万套，占总套数的 60.59%。

（三）物业和单位自管房屋安全检查情况

1. 实查物业和单位自管房 35478 万平方米，占应查面积 37581 万平方米的 94.4%。其中：完好和基本完好房占 98.2%；一般破损房占 1.63%；严重破损及危险房占 0.17%（详见图 12－4）。

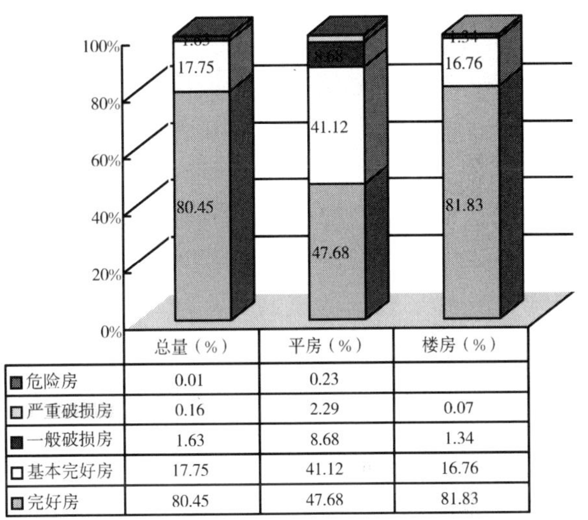

	总量（%）	平房（%）	楼房（%）
危险房	0.01	0.23	
严重破损房	0.16	2.29	0.07
一般破损房	1.63	8.68	1.34
基本完好房	17.75	41.12	16.76
完好房	80.45	47.68	81.83

图 12－4 物业和单位自管房屋完损状况

2. 查出平房应修 19569 间，占实查平房 69.69 万间的 2.81%。应挑翻大修 5979 间；木结构应加固 239 间；平房屋面应补漏 5495 间；应拆砌房墙 5848 间；房屋严重阴暗、潮湿、掉土，急需做顶棚、地面、改装修 2008 间。

3. 查出楼房应修 1653.94 万平方米，占实查楼房建筑面积 34046.91 万平方米的 4.86%。其中：楼房应综合维修 403.83 万平方米；应抗震加固 75.31 万平方米；楼房屋面应大修及维修 370.1 万平方米；上下水应更新 242.61 万平方米；楼内墙公共部分应粉刷 562.09 万平方米。

（四）城镇私有平房安全检查情况

实查城镇私有平房 28.67 万间，占应查 32.69 万间的 87.7%（按其产别分类所占比例详见图 12－5）。

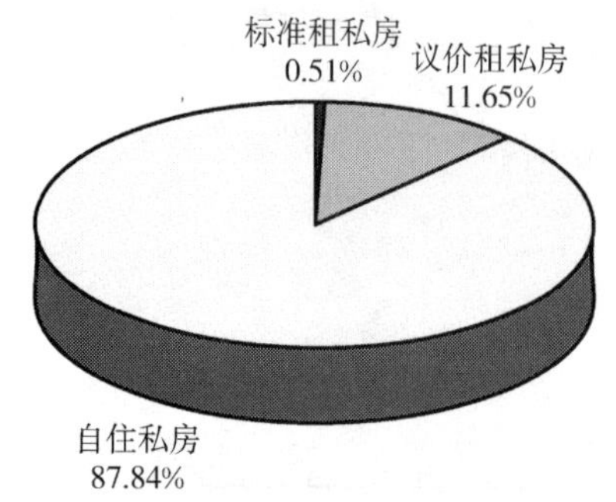

图 12－5 城镇私有平房按产别分类图

1. 标准租出租私房：实查标准租私房 2.09 万平方米，占应查 2.30 万平方米的 90.87%，其中：完好和基本完好房占 7.65%，一般破损房占 47.85%，严重破损房及危险房占 44.5%。

查出应修标准租出租私房 840 间，占实查 1446 间的 58.09%。其中应翻挑大修 810 间，占实查间数的 56.02%；木结构应抢修加固 7 间，占实查间数的 0.48%；应拆砌房墙 17 间，占实查间数的 1.18%；严重漏雨 6 间，占实查间数的 0.41%。

2. 自住私房及议价租私房（不规定评定房屋完损等级）：共实查 28.52 万间，占应查 32.53 万间的 87.67%。

二、房屋设备检查情况

（一）房屋主要设备检查总体情况

1. 检查电梯 30715 台，电梯检查率为 98.91%。其中：直管房屋电梯 1598 台，检查率为 100%；物业管理电梯 21026 台，检查率为 98.93%；自管房电梯 8091 台，检查率为 98.65%。

2. 检查高层二次供水水泵 21331 台，其中，直管房屋高层二次供水水泵 559 台，检查率为 100%；物业管理 14374 台，检查率为 99.65%；自管房单位 6398 台，检查率为 98.29%。

3. 检查避雷装置 68262 个系统，其中，直管房屋 1562 个系统，检查率为 100%；物业管理 47684 个系统，检查率为 96.41%；自管房单位 19016 个系统，检查率为 99.42%。

（二）房屋设备完好状况

1. 电梯设备：

（1）直管房屋：共检查电梯 1598 台，其中评定为完好的 1437 台，占 89.92%；一般 113 台，占 7.07%；较差 48 台，占 3.00%。

（2）物业管理和自管房单位：共检查电梯 29117 台，其中评定为完好的 26388 台，占 90.63%；一般 2319 台，占 7.96%；较差 410 台，占 1.41%。（详见图 12－6）

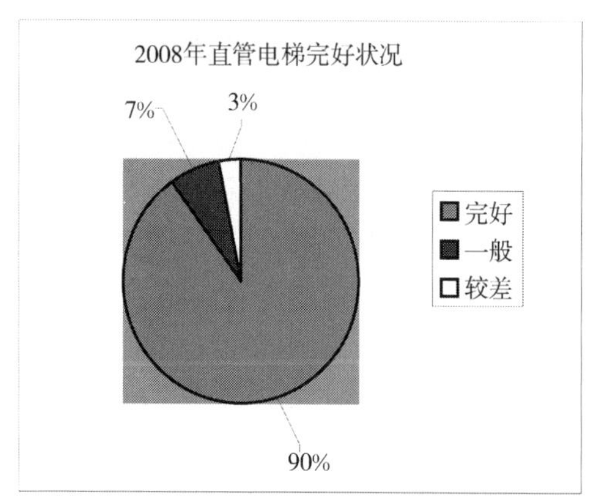

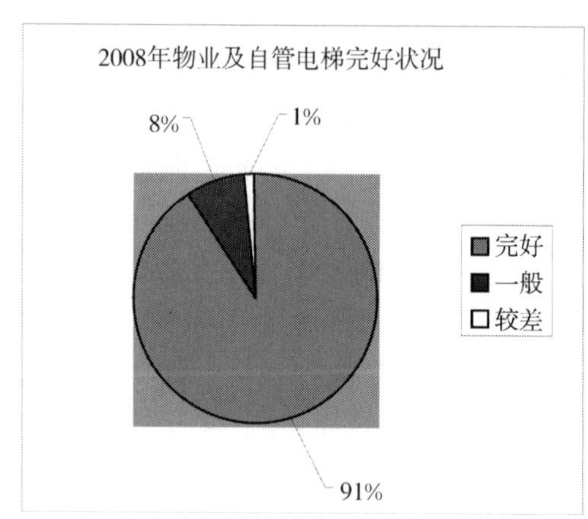

图 12－6 2008 年电梯设备完好状况

2. 二次供水设备：

（1）直管公房：共检查水泵 559 台，检查率为：100%。其中，评定为完好的 457 台，占 81.75%；一般 50 台，占 8.94%；较差 52 台，占 9.3%。

（2）物业管理及自管房单位：共检查水泵 20772 台，检查率为：99.23%。其中，评定为完好的 18470 台，占 88.92%；一般 2056 台，占 9.90%；较差 246 台，占 1.18%。（详见图 12－7）

3. 避雷装置：

（1）直管公房：共检查避雷装置1562个系统，检查率为：100%。其中，评定为完好的1253个系统，占80.22%；一般277个系统，占17.73%；较差32个系统，占2.05%。

（2）物业及自管房单位：共检查避雷装置66700个系统，检查率为：97.25%。其中，评定为完好的61627个系统，占92.39%；一般4709个系统，占7.06%；较差364个系统，占0.55%。（详见图12-8）

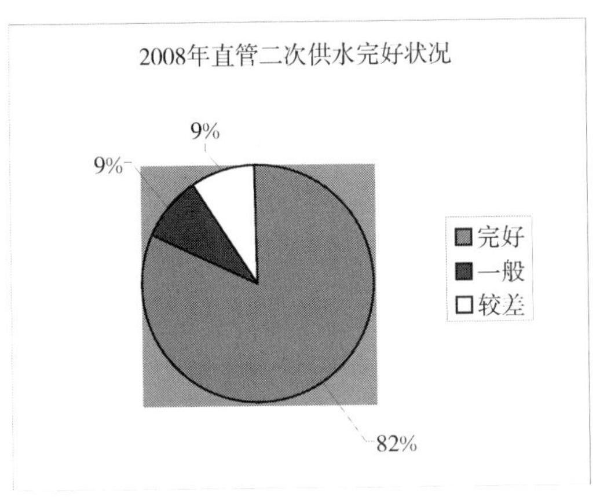

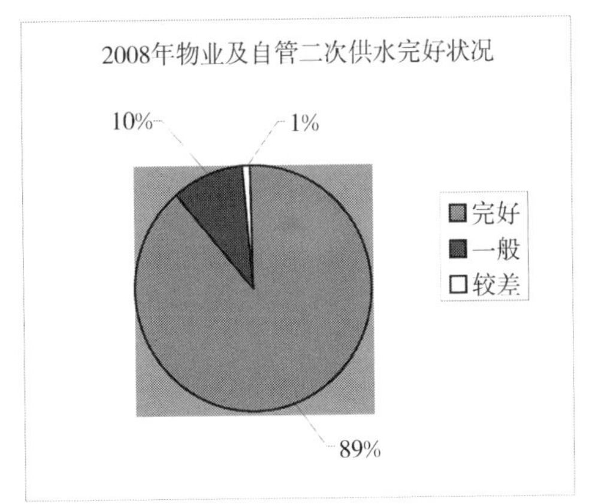

图12-7 2008年二次供水设备完好状况

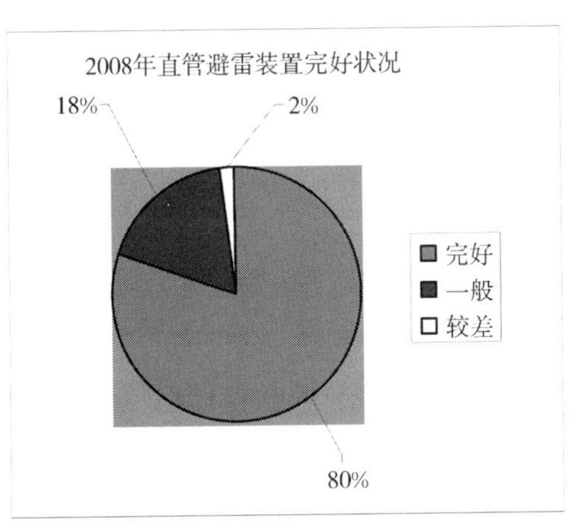

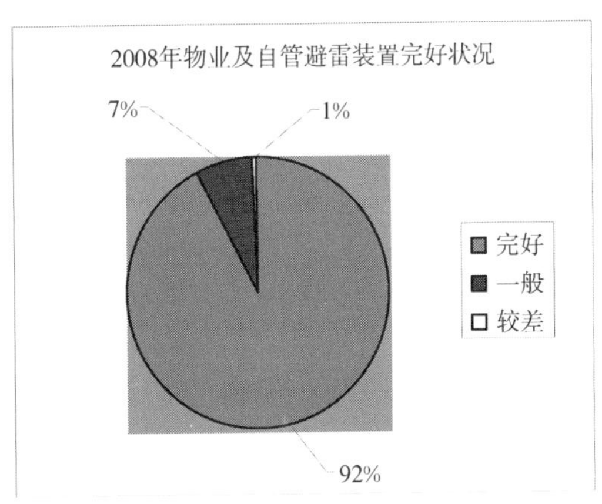

图12-8 2008年避雷装置完好状况

4. 设备检查结果分析：

（1）房屋设备检查数量逐年提高。

从设备检查数字汇总分析及日常抽查看，各区县建委（房管局）在做好直管房屋设备安全检查的同时，加强了对自管房单位和物业管理单位的管理力度，使房屋设备检查数量逐年提高，其中电梯的检查数量为30715台，比2007年增加3843台；水泵的检查数量为21331台，比2007年增加329台；避雷装置的检查数量为68262个系统，比2007年增加10803个系统。

（2）房屋设备完好状况逐年提高。

从评定等级情况看，由于2007年各区县政府加强了房屋设备监管工作，房屋所有人加大了对电梯、二次供水等设备更新、改造的投入，使电梯等设备状况趋于良好。（详见图12-9）

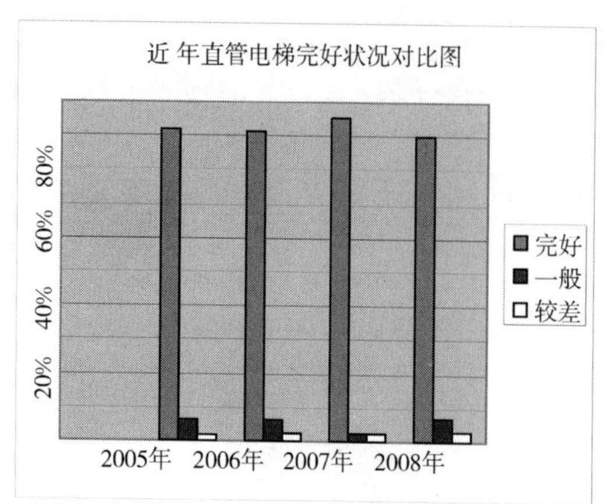

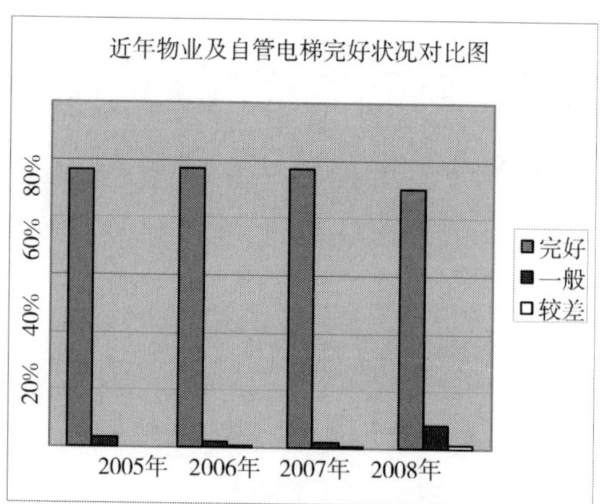

图 12－9　近年电梯设备完好率对比图

三、房屋安全鉴定情况

2007 年全市 23 个房屋安全鉴定站（室）共完成房屋安全鉴定 3752 项，鉴定面积 355.59 万平方米（2007 年房屋安全鉴定项目详细情况详见表 12－2）。房屋安全鉴定的工作量有较大增加。其中，钢筋混凝土和混合结构的高层和多层房屋的鉴定工作量大幅增加，木结构和其他结构的单层房屋鉴定工作量有所降低。有 11 个鉴定站参与了“多层楼房平改坡”的安全鉴定工作，共鉴定“平改坡”楼房 888 幢，建筑面积 372.23 万平方米。

表 12－2　2007 年房屋安全鉴定情况表

项目分类	具体类型	建筑面积（万 m^2）	占总建筑面积的比重（%）
	合计	355.59	100%
1. 按建筑分类	高层建筑	118.94	33.45
	多层建筑	188.95	53.14
	单层建筑	47.70	13.41
2. 按结构类型分类	钢砼结构	143.24	40.28
	混合结构	198.85	55.92
	木结构	11.04	3.10
	其他结构	2.47	0.70
3. 按使用功能分类	公共建筑	76.71	21.57
	民用建筑	269.84	75.88
	工业厂房	9.05	2.55
4. 按鉴定结论分类	A 级房屋	299.89	84.33
	B 级房屋	25.69	7.23
	C 级房屋	19.14	5.38
	D 级房屋	10.88	3.06

第二节 城镇房屋防汛工作情况

一、城镇房屋防汛准备工作情况

北京市建委负责协调城镇房屋防汛工作。工作目标是努力实现少塌房、不死人。工作重点是对旧城区危旧平房和直管公房。

2007年防汛准备工作动手早。从3月中旬起，市建委陆续印发了《市建委2007年北京市城镇房屋防汛工作要点》、《关于做好2007年防汛准备工作的通知》、《2007年北京市建委防汛预案》和《2007年北京市建委房屋防汛指挥手册》。5月23日召开了全市房屋和在建建筑工程防汛动员会，部署2007年房屋和在建工程防汛工作。汛前组建市建委直属防汛抢险队4支，140人，明确落实责任。各区县建委、房管局、各管房单位和施工单位组建抢险队伍85支、2900人。储备了抢险物资和设备。加强房屋防汛宣传工作，编写《房屋防汛宣传材料——基本知识简答》，由属地房管部门印发至城区危旧房区域居民手中。5月26日，王岐山市长到东城区西总布胡同，检查了危旧平房区群众安全避险工作。他仔细查看了一户居民房屋的安全情况。他说：人民群众生命财产安全责任重于泰山，要特别关注城区危房和“城中村”中群众的安全，汛前认真排查隐患，积极整改，汛期落实抢险责任制，切实保障各类房屋住户安全。为检验部分防汛抢险队伍实战能力，6月5日，市建委在西城什刹海地区组织城区7支房屋防汛抢险单位进行防汛演习。按市防汛抗旱指挥部统一部署，6月1日本市正式上汛。市建委及时通过媒体公布了各区县房屋防汛值班电话，房屋防汛实行24小时值班制度。

二、汛期房屋安全情况

2007年年降水491毫米，比上年同期444毫米多47毫米，增加11%；比常年同期575毫米少84毫米，减少15%。6月1日至10月底降水469毫米，比上年同期444多25毫米。在下汛后的9月17日至18日，10月6日和10月27日，本市普降中到大雨。

据不完全统计，参加防汛值班和抢险抢修共18503人次。检查平房91133间、楼房8859栋。各单位接到单位或居民报修2674个，及时完成雨中抢修和雨后修缮2606个，占97.5%。

2007年房屋倒塌9处27间，伤4人，亡1人。其中：出租私房2处3间，空闲私房1处1间，自住私房1处2间，临建房1处8间，车间厂房1处6间，违章自建房1处1间，农民房2处6间。经核查本年度发生的房屋倒塌安全事故均非责任事故。

第三节 房屋安全隐患整改工作

一、部署房屋安全隐患排查，核实确定2007年房屋安全隐患整改项目

按照市政府领导的要求，市建委积极研究布置房屋隐患排查工作，要求各区县建委、房管局做好房屋隐患排查工作。

通过排查、核实确定涉及房屋安全隐患项目共3项：（一）西城区工商银行新街口支行辛安里

9 号危破中式楼安全隐患。(二) 宣武区三井胡同17 号危破平房安全隐患。(三) 城镇部分危破房屋安全隐患。

二、层层落实责任，确保房屋安全隐患整改工作按时完成

为进一步明确责任，向各区县建委、房管局下发了《关于做好 2007 年度房屋安全隐患整改工作的通知》(京建房 [2007] 631 号)。要求各单位认真落实房屋安全责任制，逐处细化和落实房屋安全隐患整改措施，按时完成房屋安全隐患整改工作。

各区县建委、房管局对各隐患整改主体责任单位发放了《房屋安全隐患限期整改通知》，指派专人负责监督管理，督促整改任务按时完成。特别是加大对单位自管房和城镇私有平房安全隐患整改的监管力度。

截至 11 月 30 日，2007 年度市建委负责监管的房屋安全隐患整改共 3 项，已全部完成。包括：

(一) 西城区工商银行新街口支行辛安里 9 号危破中式楼安全隐患。该房建筑面积 210 平方米，居民 7 户。其房屋安全责任主体单位 (工商银行新街口支行) 已将 7 户居民搬出。

(二) 宣武区三井胡同 17 号危破平房安全隐患。该隐患房屋共 4 间 44 平方米。其房屋安全责任主体单位 (宣武区大栅栏街道生产服务合作联社) 已对西房 2 间进行房屋翻建，东房 2 间的住户已迁出。

(三) 城镇部分危破房屋安全隐患。市建委上报市政府督查室确认的年度任务是 30 万平方米严重破损危险房解危。这些房屋分布在各区县，其各房屋安全责任主体单位分别采取房屋翻建、挑顶、结构加固以及将住户搬出等方式，按时完成隐患整改任务。

第四节　多层楼房平改坡和抗震设防管理情况

一、多层楼房平改坡情况

2007 年平改坡工作列为市政府重要实事之一。市政府 08 环办、市建委、市发改委、市规划委和市财政局联合印发《奥运会前平改坡工作实施方案》，确定了奥运会前平改坡工作原则、工作机制和工作程序等。经严格审定提出列入改造计划的平改坡 710 项，平改坡改造资金实行政府补贴和产权单位自筹相结合的办法。2007 年实际完成了 815 栋，建筑面积约 350 万平方米 (2007 年本市平改坡完成情况详见表 12－3)。

表 12－3　2007 年全市平改坡完成情况表

单　　位	区项目		中央在京单位项目		驻京部队项目		合计	
	计划数	实际完成数	计划数	实际完成数	计划数	实际完成数	计划数	实际完成数
东城区	27	29	25	25	10	10	62	64
西城区	54	57	34	51	11	11	99	119
崇文区	48	64		8	2	2	50	74
宣武区	40	42	14	12			54	54
朝阳区	127	147	32	30	7	7	166	184
海淀区	66	78	73	70	32	32	171	180
丰台区	43	43	15	15			58	58
石景山区	29	31	21	19			50	50
门头沟区		32						32

在已完成的平改坡项目中，屋顶除四坡、两坡等传统形式外，也有不少采用歇山或因地制宜与原建筑外立面相结合的做法，取得了良好效果。在保证与周边环境协调统一的同时，采用多种建筑形式，增加屋面的层次感和立体感，丰富房屋立面效果。经过平改坡和一系列配套修缮工程，使部分老旧楼房焕然一新，不但提高了居民的生活质量，节约了能源，对改善城市景观的效果也十分明显，得到了居民和社会各界的广泛拥护和赞许。

二、抗震设防管理工作情况

依据建设部修订的《超限高层建筑工程抗震设防专项审查技术要点》（建质［2006］220 号），抓好做好超限高层建筑工程抗震设防审查工作。2007 年对幸福一村综合楼、财源国际中心西塔写字楼、青年路居住小区 32#34#楼、中国妇女活动中心二期工程（博物馆）、北京舞蹈学院教学综合楼、华彬国际大厦酒店 6 项（总面积 50 万平方米）超限高层建筑工程进行了抗震设防专项审查。配合多层楼房平改坡工作，对 19 幢楼房进行了抗震加固。

第五节　老旧住宅电梯安全隐患整改情况

2005 年－2007 年，本市开展了老旧住宅电梯安全隐患整改。经过近 2 年半的努力，到 2007 年底，全市 588 台需要整改的老旧住宅电梯全部完成整改。根据市领导要求，市建委与市质监局起草了《关于建立住宅电梯安全隐患整改长效机制的报告》，提出建立住宅电梯安全隐患整改长效机制的建议：第一，加强住宅电梯的安全监察与检验检测，及时发现电梯安全隐患并督促整改。第二，规范专项维修资金使用管理，建立电梯更新改造良性机制。第三，规范电梯运行服务标准，提高电梯运行服务水平。第四，明确电梯运行安全责任主体，保障电梯正常运行。

第十三章
房地产行业信息

第一节 房地产开发企业

一、2007 年房地产开发企业概况

截至2007年年底，全市资质证书有效期内的房地产开发企业共计3016家。其中，一级企业78家；二级企业268家；三级企业356家；四级企业1221家；暂定企业1093家。

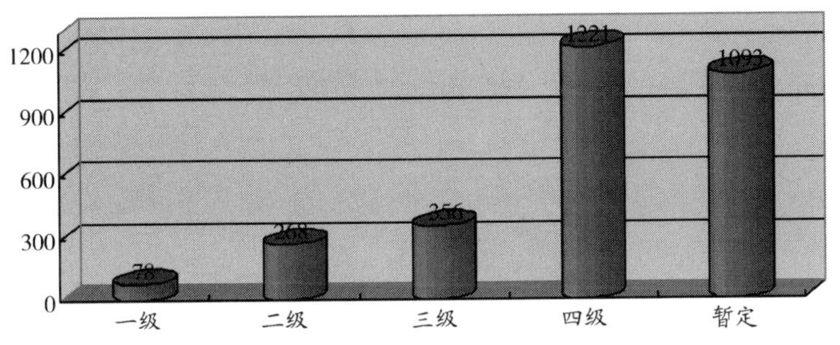

图 13－1 全市房地产开发企业资质等级数量分布（单位：家）

注册地分布以远郊区县为主，城八区相对较少。其中，朝阳区以399家为城八区中注册企业数量之首，平谷区则以232家为远郊区县中注册企业数量最多（详见表13－1、图13－2）。

表 13－1 2007 年房地产开发企业按区县分类

城近郊区县	数量（家）	百分比	城远郊区县和亦庄	数量（家）	百分比
海淀	235	7.79%	大兴	196	6.50%
朝阳	399	13.23%	平谷	232	7.69%
丰台	188	6.23%	通州	230	7.63%
西城	169	5.60%	门头沟	104	3.45%
东城	105	3.48%	顺义	155	5.14%
宣武	86	2.85%	怀柔	158	5.24%
崇文	62	2.06%	房山	176	5.84%
石景山	36	1.19%	昌平	196	6.50%
			延庆	59	1.96%
			密云	204	6.76%
			亦庄	26	0.86%
小计	1280	42.44%	小计	1736	57.56%

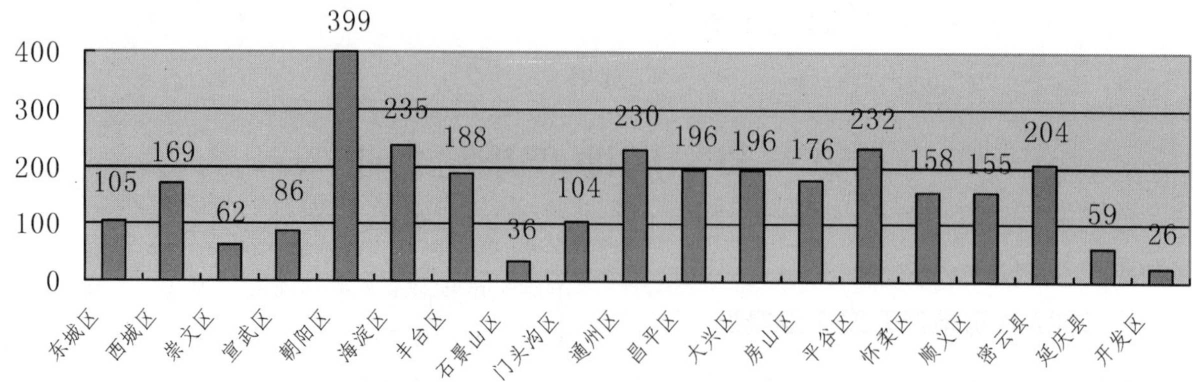

图 13－2　各区县房地产开发企业注册数量分布（单位：家）

全市房地产开发企业以投资方式作比较，内资房地产开发企业占绝对比重，共计 2802 家，占总数的 93%；外资房地产开发企业相对较少，只有 214 家，占总数的 7%（详见图 13－3）。

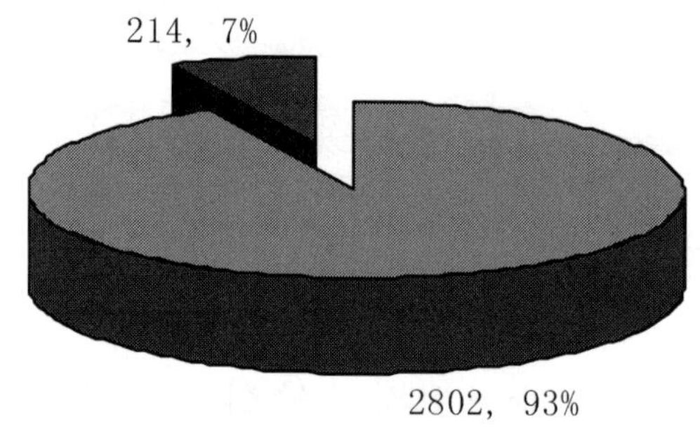

图 13－3　北京市房地产开发企业内外资比较

二、房地产开发企业资质等级核定情况

截至 2007 年 12 月底，全市房地产开发企业资质共审查 2254 项，其中新备案企业 265 家，企业变更 410 家，暂定延续企业 382 家，晋升四级企业 941 家，晋升三级企业 142 家，晋升二级企业 96 家，晋升一级企业 18 家；审查暂定级企业延续 382 家中通过审核 370 家，12 家企业未通过审核，主要原因是无有效的开发项目证明材料。按经济性质划分，2007 年房地产开发企业资质等级核定情况详见表 13－2。

表 13－2　2007 年房地产开发企业资质等级核定情况

单位：家

办理事项 / 经济性质	备案	变更	暂定延续	晋升四级	晋升三级	晋升二级	晋升一级	总计
内　资	255	400	366	903	125	79	18	2146
外　资	10	10	16	38	17	17	0	108
小　计	265	410	382	941	142	96	18	2254

三、北京市在册房地产开发企业情况

（一）2001—2007 年北京市房地产开发企业总量情况

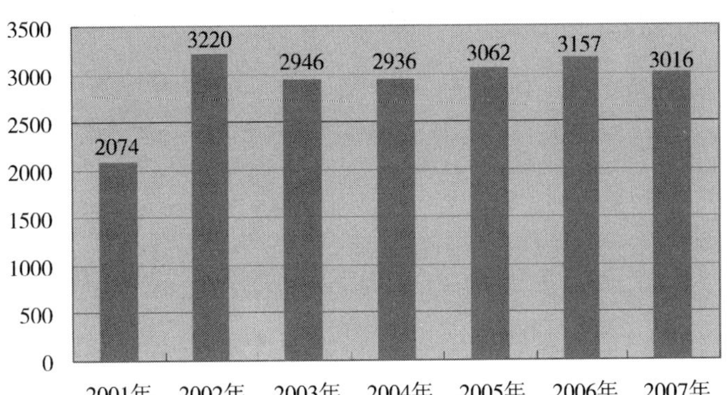

图 13－4　2001—2007 年北京市房地产开发企业总量情况（单位：家）

（二）2001—2007 年北京市房地产开发企业具体情况

表 13－3　2001—2007 年房地产开发企业情况

年份（年） 等级（家）	2001	2002	2003	2004	2005	2006	2007
一级	29	35	38	40	40	46	78
二级	51	61	80	90	128	146	268
三级	42	54	78	86	123	121	356
四级	4	15	25	30	33	32	1221
暂定	1948	3055	2725	2690	2738	2814	1093
合计	2074	3220	2946	2936	3062	3159	3016

四、2007 年房地产开发企业名录（详见附录四附表 5）

第二节　测绘行业

2007 年，围绕市委、市政府关于北京市房地产工作的具体部署，扎实做好市房产测绘市场和行业的各项管理工作及房地产测绘服务工作。抓住房地产测绘市场逐渐走向成熟的契机，针对房地产测绘工作内外环境的变化，加强对房地产测绘市场和行业的管理，强化市场准入标准，做好测绘成果备案，升级网络工作系统，强化对测绘单位和测绘人员的技术、法律、职业道德培训，制定技术规范，对测绘单位和测绘成果进行监督检查及处理，调解行业纠纷和投诉；支持和配合市政府的房屋普查工作，组织全市技术力量完成本市房屋普查工作中的测绘任务。

一、房地产测绘工作情况

（一）房地产测绘工作特点

2007 年，北京市房地产测绘工作呈现出 4 个新特点：房地产测绘市场的发展日趋成熟，从业单位和从业人员历经爆发式的增长后逐渐趋于稳定；随着国家对房地产市场的各项调控措施的出台和受北京 2008 年奥运会的影响，本市的房地产开发出现集中增长，对房地产测绘服务的需求剧增；市房地产网络交易和管理平台启用，各项工作流程较以前有较大变化，出现许多新情况，需要房地产测绘工作努力适应；在房屋普查中充分发挥了房产测绘工作的优势，圆满完成了普查监理工作。

（二）房产测绘单位和房产测绘成果监管

2007 年，共检查房地产测绘企业 10 家，检查测绘成果 90 件；先后对北京欣通佳信测量有限公司、北京慧智蓝图测绘有限公司、北京天天有联测绘有限公司违反《房产测量规范》有关规定的行为进行处罚，对 3 家测绘单位处以罚款并限期整改，罚金三万元，整改期间测绘成果不予备案。

（三）房屋普查监理工作

2007 年，承担北京市房屋普查的监理工作，对全市房屋普查成果进行验收核查。在全市房地产测绘人员中抽调骨干力量成立监理部，并在对监理人员进行系统培训的基础上，分别向东城区、西城区、崇文区、海淀区、朝阳区、海淀区、丰台区、石景山区、昌平区和大兴区委派常驻监理工程师，其余郊区县由监理部分两组进行巡视监理。截至年底，监理部先后对全市 317 个街道办事处进行抽样验收，分幢调查阶段达到百分之九十五以上，分幢调查成果录入阶段达到百分之九十八以上，满足验收方案要求，顺利完成房屋普查分幢现场调查阶段工作。同时，监理部协助市房屋普查办公室制定了《分幢调查成果质量分级评定标准》、《分幢调查成果验收方案》、《分幢调查成果录入阶段验收方案》及《房屋普查房产测绘档案数字化成果验收方案》。

二、房地产测绘行业情况

2007 年，共有 3 家单位提出初审申请，经审查，北京粤富华测绘测量有限责任公司通过测绘资质初审。截至年底，本市共有 74 家单位（公司）从事房产测绘工作。2007 年北京市测绘企业名录详见表 13 –4。

表 13 –4　2007 年北京市房产测绘企业名录

序号	单　位	资质等级
1	北京市房地产勘察测绘所	乙级
2	北京市测绘设计研究院	甲级
3	北京华星勘查新技术公司	甲级
4	中航勘察设计研究院	甲级
5	北京航天勘察设计研究院	甲级
6	中兵勘察设计研究院	乙级
7	北京苍穹数码测绘有限公司	乙级
8	北京城建勘测设计研究院有限责任公司	乙级
9	北京市地质工程勘察院	乙级
10	北京时正兴测绘工程技术有限公司	乙级
11	建设综合勘察研究设计院	乙级
12	北京京昌工程测绘技术有限公司	乙级
13	北京中天路通工程勘测有限公司	乙级
14	北京威远图数据开发有限公司	乙级
15	北京新兴华安房地产工程测绘事务所	乙级

续表

序号	单　位	资质等级
16	北京富地勘察测绘有限公司	乙级
17	北京鼎春德正测绘中心	乙级
18	北京市西城区房地产测绘所	丙级
19	北京市崇文区房屋土地测绘队	丙级
20	北京市海淀区房屋土地经营管理中心测绘队	丙级
21	北京市通州区建设委员会测绘所	丙级
22	北京市天地鸿图测绘所	丙级
23	北京昌房房地产测绘技术服务有限责任公司	丙级
24	北京中兴兆业房屋面积测绘有限公司	丙级
25	北京赛博时代测绘有限公司	丙级
26	北京正德合力测绘中心	丙级
27	北京慧智蓝图测绘有限公司	丙级
28	北京首益佳房地产经纪有限公司	丙级
29	北京望唐数码测绘有限公司	丙级
30	北京大地宏图测量技术有限公司	丙级
31	北京吉安建测绘有限公司	丙级
32	北京宏宇方舟测绘有限公司	丙级
33	北京市洁宇天地测绘科技发展有限公司	丙级
34	北京华夏经纬测绘技术有限公司	丙级
35	中泽嘉汇（北京）测绘中心	丙级
36	北京帝测科技发展有限公司	丙级
37	石景山区国土资源和房屋管理局测绘队	丁级
38	北京京恒实测绘技术有限公司	丁级
39	丰台区房屋经营管理服务中心测绘队	丁级
40	北京市中鼎衡房屋测绘事务所	丁级
41	北京市大兴区国土资源和房屋管理局测绘所	丁级
42	北京市顺义区国土资源和房屋管理局测绘所	丁级
43	北京市怀柔区房地产勘察测绘所	丁级
44	北京市延庆县房地产勘察测绘所	丁级
45	北京市密云县房地产测绘所	丁级
46	北京市平谷县测绘所	丁级
47	北京赛杰新时代房屋测绘有限公司	丁级
48	北京市房屋面积计量站	丁级
49	北京金房兴业测绘有限公司	丁级
50	北京源恒天地测绘有限公司	丁级
51	北京泰达克房地产测绘咨询有限公司	丁级

续表

序号	单　位	资质等级
52	北京海天方圆测绘有限公司	丁级
53	北京龙泰经纬测绘有限公司	丁级
54	北京首佳联诚房地产测量有限公司	丁级
55	北京国勘房地产测绘有限公司	丁级
56	北京中瑞嘉业测绘有限公司	丁级
57	北京都田测绘事务所	丁级
58	北京阳光华翰测绘有限公司	丁级
59	北京天天友联测绘有限公司	丁级
60	北京京海纵横测绘有限公司	丁级
61	北京大地万川测绘有限公司	丁级
62	北京荣驰测绘技术有限公司	丁级
63	北京沐城房屋测绘技术服务有限公司	丁级
64	北京市朝阳区建设委员会测绘队	丁级
65	东城区国土资源和房屋管理局测绘所	丁级
66	北京欣通佳信房屋测量有限公司	丁级
67	北京丰华方圆测绘工程技术有限公司	丁级
68	北京市宣武区国房管局测绘所	丁级
69	北京永佳达测绘有限公司	丁级
70	北京市门头沟区测绘所	丁级
71	北京京建恒信测量技术有限公司	丁级
72	北京檀州房地产测绘中心	丁级
73	北京金尺子测绘技术服务有限公司	丁级
74	北京世规测量技术咨询有限公司	丁级

三、房产测绘成果备案情况

（一）房产测绘成果备案系统

2007 年 1 月，汇集测绘生产、业务流程管理、测绘成果、信息发布一体的专业系统开始运行。新系统具备以下功能：把业务流程管理过程中采集的各测绘单位的测绘成果数据融合在统一的数据平台内，实现办公信息与成果数据信息的关联与共享；结合档案信息的管理，建立从项目到分户的数据索引关系；实现本市测绘成果的集中管理，对测绘成果备案的全过程信息进行数据关联，从数据库中自动比对数据；对立档单位的电子文件工作流程实施在线监督和控制；将原有档案数字化，实现数字化档案资源在网上的发布和传递；支持对各种档案实体的自动化管理，实现多种手段综合查询图形、属性数据和对历史数据的调阅与显示。

（二）房产测绘成果备案统计

截至年底，测绘服务大厅完成房屋权属登记测绘成果备案共计 1485 个项目，建筑面积 4127 万平方米。完成房屋预售登记测绘成果备案共计 507 个项目，建筑面积 2501 万平方米。其中，18 个区县和经济技术开发区房屋权属登记测绘成果备案及房屋预售登记测绘成果备案情况如表 13－5、表 13－6 所示。

表 13－5 2007 年度各区县房屋权属登记测绘成果备案情况

序号	区 县	项目个数（个）	面积百分比（%）	建筑面积（m^2）
1	朝阳区	30	30.3%	12，490，744
2	海淀区	41	14.9%	6，148，503
3	丰台区	15	12.7%	5，258，336
4	昌平区	33	7.9%	3，258，358
5	通州区	353	5.6%	2，304，743
6	西城区	200	4.5%	1，857，672
7	房山区	199	3.6%	1，502，500
8	大兴区	30	3.4%	1，389，786
9	顺义区	108	3.2%	1，301，218
10	宣武区	80	2.9%	1，209，020
11	东城区	133	2.9%	1，183，159
12	石景山区	50	2.1%	877，936
13	怀柔区	65	2.1%	849，089
14	崇文区	17	1.4%	558，815
15	开发区	11	1.1%	434，656
16	延庆区	18	0.5%	221，983
17	密云区	58	0.5%	186，022
18	门头沟区	7	0.4%	144，662
19	平谷区	37	0.2%	97，255
总 计		1，485	100%	41，274，457

表 13－6 2007 年度各区县房屋预售登记测绘成果备案情况

序号	区 县	项目个数（个）	面积百分比（%）	建筑面积（m^2）
1	朝阳区	10	33.9%	8，486，406
2	海淀区	19	13.8%	3，439，397
3	丰台区	8	8.6%	2，140，486
4	昌平区	8	6.7%	1，683，407
5	房山区	142	5.8%	1，452，512
6	西城区	76	5.1%	1，265，129
7	顺义区	38	5.1%	1，264，977
8	通州区	8	4.6%	1，145，016
9	大兴区	31	3.0%	760，298
10	东城区	23	2.4%	612，102
11	崇文区	36	2.3%	564，788
12	宣武区	35	2.2%	542，295
13	密云区	15	1.6%	388，547
14	开发区	15	1.4%	361，355
15	怀柔区	5	1.4%	355，803
16	石景山区	1	1.4%	343，141

续表

序号	区　县	项目个数（个）	面积百分比（%）	建筑面积（m²）
17	平谷区	27	0.4%	98，782
18	延庆区	4	0.3%	87，520
19	门头沟区	6	0.1%	19，146
总　计		507	100%	25，011，107

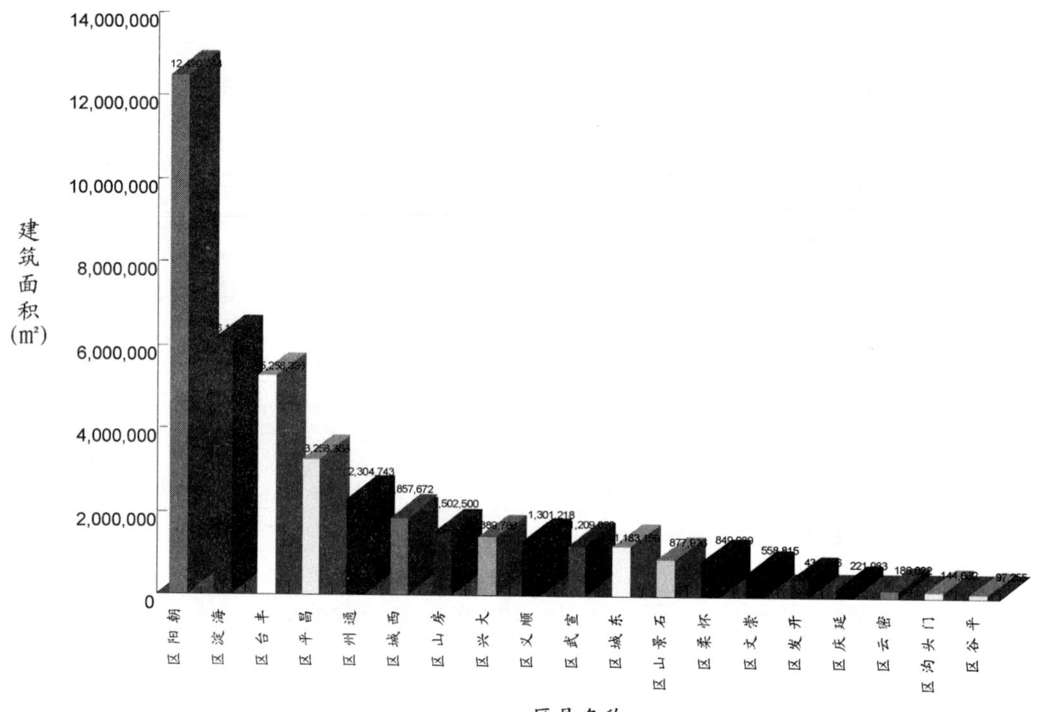

图 13－5　各区县 2007 年度房屋权属测绘成果备案面积情况

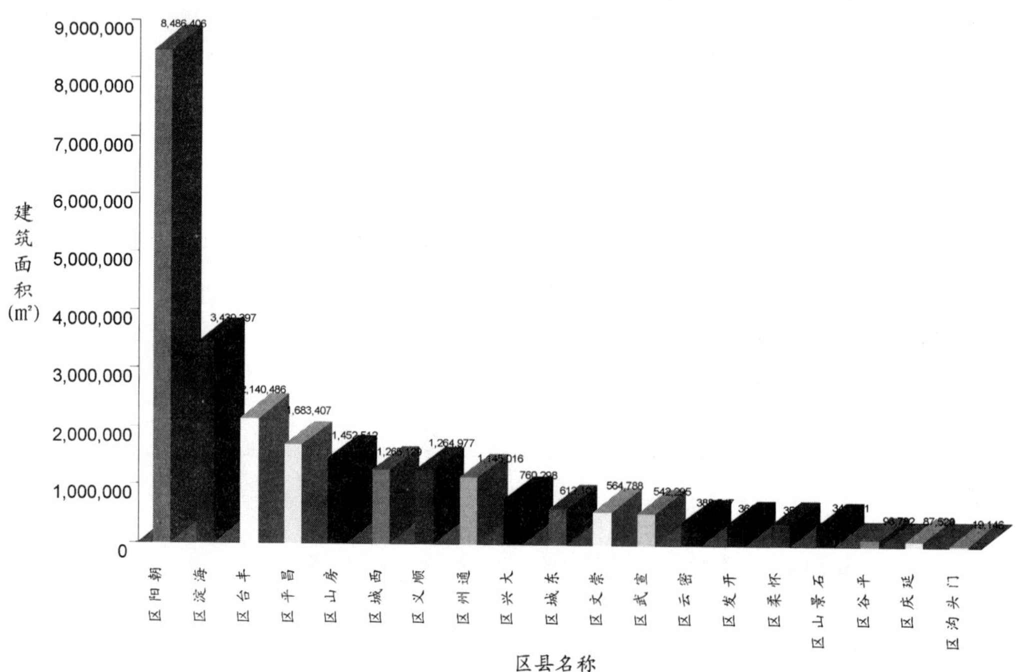

图 13－6　各区县 2007 年度房屋预售测绘成果备案面积情况

四、北京市房产测绘从业单位和从业人员培训

2007年6月7日，组织召开近20家房产测绘企业领导及技术骨干测绘成果管理业务工作会议。工作会议旨在进一步增强各测绘企业社会责任感，提高测绘工作重要性的认识，严格执行各项相关政策、文件规定。会议宣讲了京建权［2007］373号文件，总结了当前测绘成果备案过程中存在的问题。11月21－23日，组织召开本市房产测绘成果备案业务培训会，对各房产测绘单位业务骨干80余人进行学习和贯彻市建委印发的《关于变更房产测绘成果备案程序性规定有关内容的通知》的培训。

第三节 房地产经纪行业

一、北京市房地产经纪行业发展概况

根据《城市房地产中介服务管理规定》(建设部令第50号)，北京市于1996年8月开始实行房地产经纪机构资质证书管理，到2007年底，经备案取得《北京市房地产经纪机构备案证书》（资质证书）的房地产经纪机构2545家，分支机构3003家，取得《北京市房地产经纪资格考试合格证》的45436人。

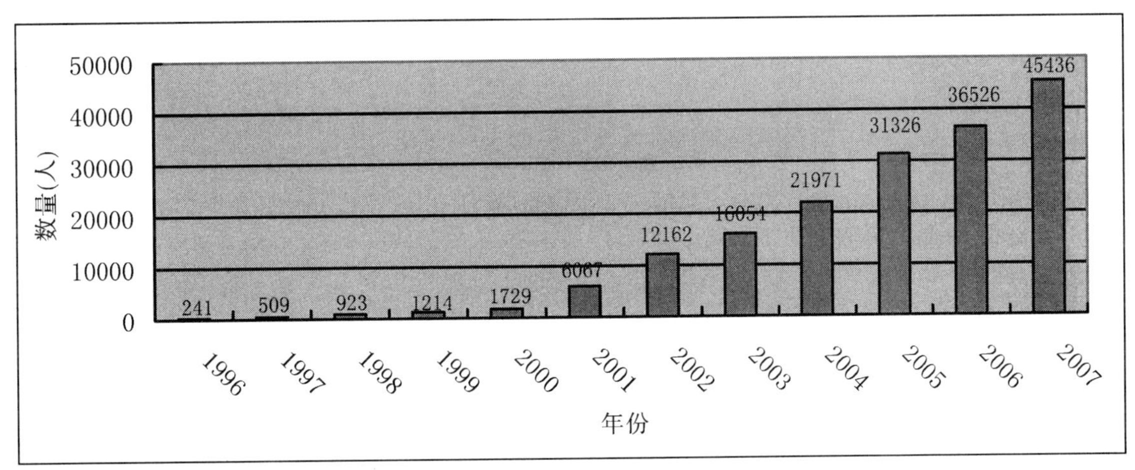

图13－7 北京市房地产经纪人历年数量趋势图

二、北京市房地产经纪机构

（一）北京市房地产经纪机构备案情况

2001年至2005年，北京市经纪机构数量逐年增加，2005年以后逐步平稳，向规模化发展，分支机构和房地产经纪人呈连年增加趋势（详见表13－7）。

表13－7 北京市房地产经纪行业历年统计表

年份（年）	1996	1997	1998	1999	2000	2001	2002	2003	2004	2005	2006	2007
机构数（家）	94	168	299	429	713	424	900	1565	2245	2641	2675	2545
分支数（家）						5	46	266	625	1021	1674	3003
经纪人（人）	241	509	923	1214	1729	6067	12162	16054	21971	31326	36526	45436

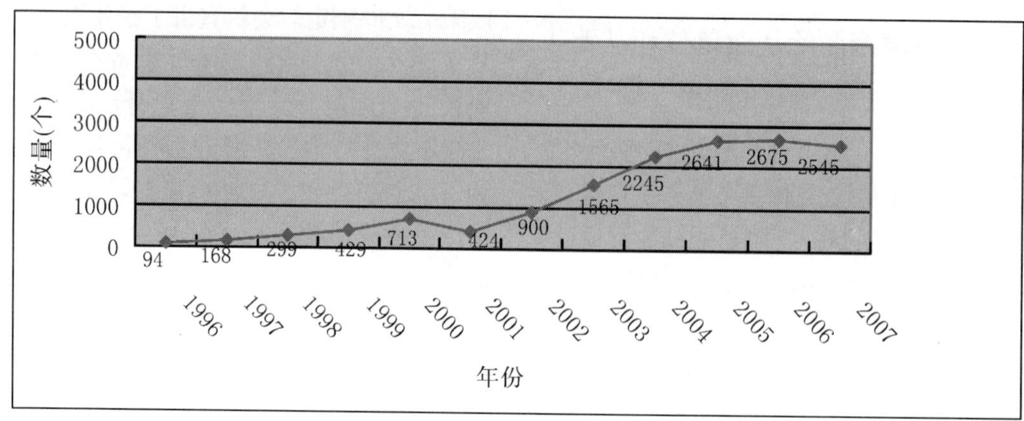

图 13－8　北京市房地产经纪机构历年数量趋势图

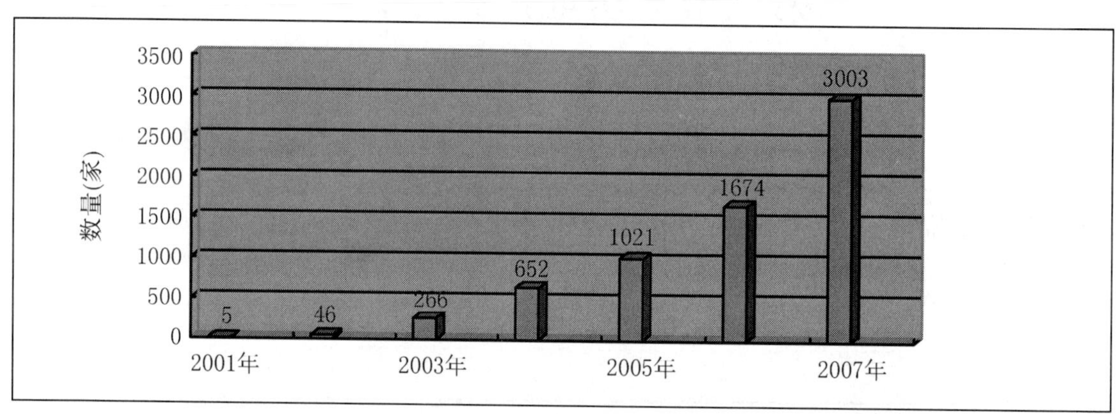

图 13－9　北京市房地产经纪机构下设分支机构历年数量趋势图

（二）北京市房地产经纪机构注册资金状况

注册资金在 30 万元以下的企业 495 家，占企业总数的 19.45%；30—100 万元的 1185 家，占企业总数的 46.56%；500 万元以上的 146 家，占企业总数的 5.74%（详见表 13－8）。

表 13－8　北京市房地产经纪机构注册资金统计表

注册资金（万元）	数量（家）	占总数的百分比
30 以下	495	19.45%
30—100	1185	46.56%
100—200	545	21.41%
200—500	174	6.84%
500 以上	146	5.74%
合计	2545	100%

（三）北京市房地产经纪机构下设分支机构

已备案的企业中，有 2083 家无分支机构，占企业备案总数的 81.84%；分支机构在 1—10 家的企业 424 家，占企业总数的 16.66%，分支数 913 家，占分支总数的 30.40%；分支机构在 10—50 家的企业 32 家，占企业总数的 1.26%，分支数 685 家，占分支总数的 30.40%；分支机构在 50 家以上的企业 6 家，占企业总数的 0.24%，分支数 1405 家，占分支总数的 46.79%（详见表 13－9）。

表 13－9 房地产经纪机构下设分支机构规模统计表

分支机构数量（家）	经纪机构数量（家）	占机构总数%	分支机构数（家）	占分支总数%
无分支机构	2083	81.84%		
1—10	424	16.66%	913	30.40%
10—20	19	0.75%	252	8.39%
20—50	13	0.51%	433	14.42%
50 以上	6	0.24%	1405	46.79%
合计	2545	100%	3003	100%

（四）房地产经纪机构在各区县的分布状况

城八区除丰台、石景山区备案数增加外，其他 6 个区备案数均减少，其中减少最多的是朝阳区，减少了 80 家。郊区县除门头沟、平谷、延庆和开发区备案数减少外，其他 7 个区备案数增加。增加最快的是通州区，其次是昌平区，分别增加了 19 和 15 家（详见图 13－10）。

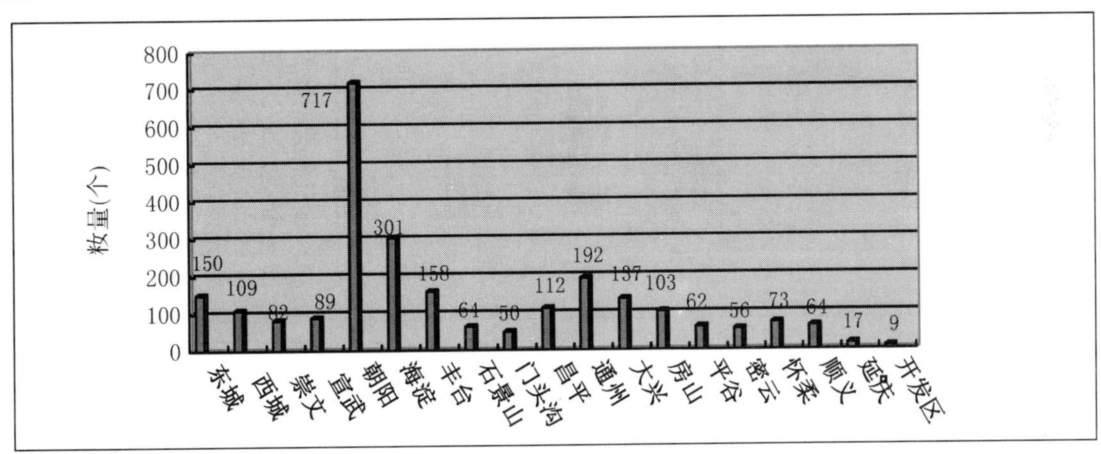

图 13－10 北京市房地产经纪机构各区县分布图

（五）房地产经纪机构业务类型

房地产经纪机构从事商品房销售代理的有 1836 家；从事存量房转让居间的有 1743 家；从事存量房转让代理的有 33 家；从事房屋租赁代理的有 24 家；从事房屋租赁居间的有 1881 家；从事其他经纪业务的有 2079 家（详见表 13－10）。

表 13－10 北京市房地产经纪机构业务类型统计表

业务类型	经纪机构（家）	占备案数的百分比	同比
商品房销售代理	1836	72.14%	增长 23.72%
存量房转让居间	1743	68.59%	增长 26.39%
房屋租赁代理	24	0.94%	增长 9.09%
房屋租赁居间	1881	73.91%	增长 26.75%
其他经纪服务	2079	81.69%	增长 17.51%

（六）房地产经纪从业人员

2007 年，取得北京市房地产经纪资格考试合格证的 45436 人中，研究生及以上的 429 人，占总数的 0.94%；大本的 6472 人，占总数的 14.24%；大专的 16044 人，占总数的 35.31%；高中的 17282 人，占总数的 38.04%；中专的 5209，占总数的

11.46%（详见表13-11、图13-11）。

表13-11 北京市房地产经纪从业人员学历统计表

学历	数量（人）	占总数的百分比	同比增长
研究生及以上	429	0.94%	22.22%
大本	6472	14.24%	35.23%
大专	16044	35.31%	35.43%
高中	17282	38.04%	10.18%
中专	5209	11.46%	35.12%
合计	45436	100%	24.39%

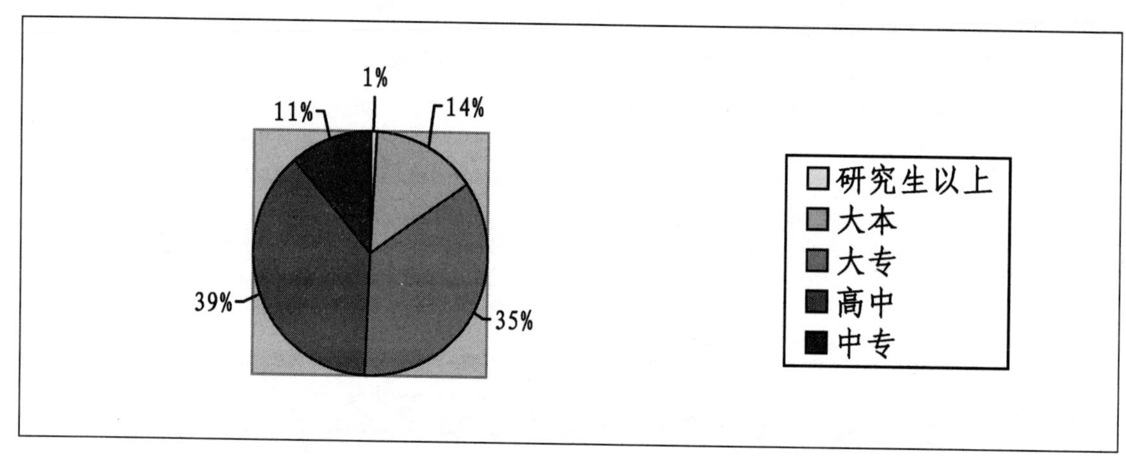

图13-11 北京市房地产经纪人学历状况图

第四节 房地产评估行业

一、房地产评估机构概况

截至2007年底，北京市共有各类资质的房地产评估机构138家。其中：一级资质评估机构29家，二级资质评估机构26家，三级资质评估机构58家，三级暂定资质评估机构25家。2007年，北京市新批准三级暂定估价机构8家。2000年以来，北京市房地产估价机构数量变化情况见表13-12。

表13-12 北京市2000—2007房地产估价机构数量

年度	2000	2001	2002	2003	2004	2005	2006	2007
新增机构数	39	37	18	21	21	8	7	8
合并、取消资质机构数	0	0	0	0	0	0	15	4
当年累计机构数	39	76	94	115	136	142	134	138

二、房地产评估机构名录（见附录四附表6）

三、注册房地产估价师情况

2007年，房地产估价师变更注册总计172人；续期注册总计191人；初始注册总计139人。

北京市通过2007年全国房地产估价师考试的共有77人，自1993年来全市考试合格的有2380人，批准注册的合计2264人。北京市历年考试通过及注册的人数见下表：

表13－13 北京市房地产估价师历年考试通过及注册人数

年度	1993	1994	1995	1996	1998	1999	2001	2002	2003	2004	2005	2006	2007
考取数	16	54	275	326	334	242	206	159	294	89	169	139	77
注册数	16	54	275	321	301	250	180	197	156	245	130	139	0

第五节 房屋安全鉴定行业

北京市房屋安全鉴定机构分为一级和二级鉴定机构，一级鉴定机构可以鉴定各类房屋，二级鉴定机构只能鉴定中式小楼和跨度在12.00米以下的单层房屋。北京市房屋鉴定管理所负责对全市房屋安全鉴定工作进行行业管理和技术指导工作。

截止到2007年底，全市共有24个房屋安全鉴定机构，其中一级鉴定机构10个，二级鉴定机构14个（详见表13－14）；有房屋安全鉴定技术人员154人，其中高级工程师34人，工程师68人，助理工程师42人，其他人员10人（详见表13－15）。

表13－14 北京市房屋安全鉴定机构一览表

序号	单位	等级	负责人	地　址
1	北京市房屋鉴定管理所	一级	王与中	东城区和平里民旺园29－20E
2	北京市房屋安全鉴定总站	一级	李自强	朝阳区华威北里18号
3	东城区房屋安全鉴定站	二级	翟富芹	东四什锦花园53号
4	西城区房屋安全鉴定站	一级	杨宝森	西城皇城根石板房34号
5	崇文区房屋安全鉴定站	二级	孙吉利	崇文区花市大街2号
6	宣武区房屋安全鉴定站	二级	芦玉华	宣武区贾家胡同34号
7	朝阳区房屋安全鉴定站	一级	张杰	朝阳区三里屯南56号楼
8	海淀区房屋安全鉴定站	一级	张莹	海淀南路甲21号
9	丰台区房屋安全鉴定站	一级	刘进	丰台区大井东里甲2号
10	石景山区房屋安全鉴定站	二级	王文君	石景山古城东街103号
11	门头沟区房屋安全鉴定站	二级	郑宝文	门头沟区新桥大街48号
12	昌平区房屋安全鉴定站	二级	刘长海	昌平南环东路10号
13	通州区房屋安全鉴定站	二级	王连波	通州玉桥南里24号
14	大兴区房屋安全鉴定站	二级	周宝留	大兴黄村国土房管局

续表

序号	单位	等级	负责人	地　址
15	房山区房屋安全鉴定站	二级	刘希智	房山良乡政通路7号
16	平谷区房屋安全鉴定站	二级	韩建勋	平谷区金乡路西7号
17	顺义区房屋安全鉴定站	二级	龚佳跃	顺义光明北街
18	怀柔区房屋安全鉴定站	二级	田宝利	怀柔区青春路8号
19	密云县房屋安全鉴定站	二级	李振金	密云水源东路339号
20	延庆县房屋安全鉴定站	二级	李顺新	延庆县东外大街89号
21	首华公司房屋安全鉴定室	一级	赵庆友	崇文区夕照寺绿景园3号西2层
22	修建一公司房屋安全鉴定室	一级	龚瑞林	西城区太平湖东里甲5号
23	天岳恒公司房屋安全鉴定室	一级	陈磊	宣武区右安门外西三条甲2号
24	清华大学房屋安全鉴定室	一级	张天申	清华大学土木工程系

表13－15　北京市房屋安全鉴定机构人员构成情况

（单位：人）

职称＼年龄	60岁以上	50—60岁	40—50岁	30—40岁	30岁以下	合计
高工以上	16	6	7	5	0	34
工程师	5	15	24	22	2	68
助理工程师	0	10	9	9	14	42
其他		1	2	2	5	10
合计	21	32	42	38	21	154

第六节　拆迁行业

一、拆迁行业管理情况

根据国务院《城市房屋拆迁管理条例》和建设部《城市房屋拆迁单位管理规定》，1995年本市制定了《北京市城市房屋拆迁单位管理暂行办法》，2003年4月又修改公布了《北京市房屋拆迁单位管理办法》。

《北京市房屋拆迁单位管理办法》第四条规定："本市对城市房屋拆迁单位实行资质管理制度，未取得房屋拆迁资质证书的单位，不得从事房屋拆迁业务。"本市房屋拆迁单位分为自行拆迁单位和受托拆迁单位两种；受托房屋拆迁单位资质分为一、二、三级；本市对房屋拆迁单位的资质实行年度审核制度；拆迁工作人员必须经培训考核、持证上岗。

二、拆迁企业情况

（一）拆迁单位资质构成情况

截至2007年12月31日，全市共有房屋拆迁单位241个，其中自行拆迁单位29个，一级受托拆迁单位44个，二级受托拆迁单位42个，三级受托拆迁单位126个。持有拆迁人员岗位证书的拆迁从业人员共计7300余人。

表 13－16 2007 年度北京市房地产拆迁单位名录（按资质划分）

一、一级受托拆迁单位	
1	北京市华远力诚房屋拆迁有限责任公司
2	北京汇盛房屋拆迁有限责任公司
3	北京城建弘大拆迁工程有限责任公司
4	北京城建弘志拆迁工程有限责任公司
5	北京松松房屋拆迁服务有限责任公司
6	北京政源拆迁有限公司
7	北京鼎盛拆迁工程有限责任公司
8	北京永鑫拆迁有限公司
9	北京环地房屋拆迁有限责任公司
10	北京腾宇拆迁工程有限责任公司
11	北京世纪天星房屋拆迁有限责任公司
12	北京紫龙拆迁有限公司
13	北京宣房拆迁有限责任公司
14	北京市春地征地拆迁有限责任公司
15	北京建业成房屋拆迁有限公司
16	北京东方康泰拆迁有限公司
17	北京市常聚房屋拆迁有限责任公司
18	北京鑫海远拆迁有限公司
19	北京先锋拆迁有限公司
20	北京安居拆迁服务有限公司
21	北京天鸿宝威土地开发有限责任公司
22	北京市东城区拆迁服务所
23	北京市崇文区房屋拆迁事务所
24	北京迁居梦房屋拆迁有限责任公司
25	北京宣开拆迁有限责任公司
26	北京威督拆迁服务有限责任公司
27	北京世纪朝开拆迁服务有限公司
28	北京市王开建业拆迁服务有限公司
29	北京天健伟业拆迁服务有限公司
30	北京开达拆迁服务有限责任公司
31	北京顺平拆迁有限责任公司
32	北京博瑞星房屋拆迁服务有限责任公司
33	北京千禧兴业房屋拆迁有限公司
34	北京兴隆和融房屋拆迁有限公司
35	北京市西城区建设拆迁所
36	北京天恒国信拆迁工程有限责任公司

续表

37	北京住总新恒征地拆迁有限责任公司
38	北京腾龙拆迁服务有限公司
39	北京市建喜联征地拆迁有限公司
40	北京东方联建建设拆迁服务有限公司
41	北京成源拆迁有限责任公司
42	北京房地集团有限公司
43	北京正权房屋拆迁有限公司
44	北京胜鑫达房屋拆迁有限公司
二、二级受托拆迁单位	
1	北京金达拆迁有限公司
2	北京兴平房屋拆迁服务中心
3	北京市鑫淼房屋拆迁有限责任公司
4	北京宏发拆迁工程有限公司
5	北京月达拆迁服务有限责任公司
6	北京海地基业房屋拆迁有限公司
7	北京京昌建设拆迁服务有限责任公司
8	北京中海盛景拆迁有限责任公司
9	北京福信房屋拆迁有限责任公司
10	北京科兴拆迁服务有限责任公司
11	北京市永泰祥房屋拆迁有限公司
12	北京锦江昊房屋拆迁服务有限责任公司
13	北京燕祥顺业房屋拆迁工程有限责任公司
14	北京鑫鸿运拆迁服务有限公司
15	北京乔迁房地产信息咨询有限责任公司
16	北京宜轩房屋拆迁有限责任公司
17	北京龙锋拆迁有限公司
18	北京乾宇拆迁有限责任公司
19	北京市通州区城市房屋拆迁服务所
20	北京市玉精诚拆迁劳务服务中心
21	北京嘉迅拆迁服务有限责任公司
22	北京市丰开拆迁服务中心
23	北京顺城拆迁服务有限公司
24	北京大龙房屋拆迁有限公司
25	北京三程通房屋拆迁有限公司
26	北京建鸣园拆迁服务有限公司
27	北京市石景山区拆迁服务所
28	北京市华辰松房屋拆迁有限责任公司
29	北京千安泓房地产拆迁有限责任公司

续表

30	北京远大万贤房屋拆迁服务有限公司
31	北京鹏华捷房屋拆迁咨询有限公司
32	北京市成龙房地产咨询服务公司
33	北京天地之合拆迁有限公司
34	北京祥志房屋拆迁有限公司
35	北京世纪广平拆迁有限公司
36	北京鑫建源诚房屋拆迁有限公司
37	北京拱极拆迁有限公司
38	北京荣盛达房屋拆迁有限责任公司
39	北京顺天诚房地产信息咨询服务中心
40	北京新开元拆迁服务有限责任公司
41	北京市六合拆迁有限公司
42	北京特迪雅拆迁服务公司
三、三级受托拆迁单位	
1	北京晨理房屋拆迁有限责任公司
2	北京计新房屋拆迁服务有限公司
3	北京天福恒置业有限公司
4	北京文开房屋拆迁服务有限责任公司
5	北京宣房永信拆迁有限公司
6	北京君诚房屋拆迁有限公司
7	北京京科园拆迁服务有限责任公司
8	北京中居房屋拆迁有限公司
9	北京兴盛达房屋拆迁有限责任公司
10	北京平正拆迁服务有限责任公司
11	北京万柳仁和房屋拆迁有限责任公司
12	北京市东易拆迁有限责任公司
13	北京兴达信房屋拆迁有限公司
14	北京市远航房屋拆迁有限公司
15	北京市华鼎四合院房屋经营信息网络中心
16	北京惠鸿盛隆房屋拆迁有限公司
17	北京铁直达房屋拆迁有限公司
18	北京为京建房屋拆迁咨询服务有限责任公司
19	北京市煤气工程有限公司
20	北京兴恒源拆迁服务有限公司
21	北京智宝拆迁拆除有限公司
22	北京浩鸣拆迁有限公司
23	北京市康宜拆迁服务有限公司
24	北京多亮多物业管理中心

续表

25	北京保利民房屋拆迁有限公司
26	北京中蓬房屋拆迁有限公司
27	北京中江鸿运房屋拆迁有限公司
28	北京易佳安邦拆迁有限公司
29	北京昌通建设拆迁服务有限责任公司
30	北京市永安建房屋拆迁服务有限责任公司
31	北京首佳信房屋拆迁服务中心
32	北京天承建达房屋拆迁有限公司
33	北京地通房屋拆迁有限公司
34	北京鹏华房屋拆迁服务所
35	北京京奥拆迁服务有限公司
36	北京拓荒牛拆迁有限责任公司
37	北京建业有成房屋拆迁有限责任公司
38	北京联兴拆迁工程有限工程
39	北京欣徙拆迁工程有限公司
40	北京兴华恒达拆迁有限责任公司
41	北京新筑拆迁有限公司
42	北京市正本房地产信息咨询有限责任公司
43	北京通润达房屋拆迁有限公司
44	北京鑫海通达房屋拆迁服务有限公司
45	北京爱户众乐拆迁有限公司
46	北京诚合佳兴房屋拆迁有限公司
47	北京市元龙拆迁有限责任公司
48	北京隆宏泽拆迁服务中心
49	北京市银创伟宏房屋拆迁有限公司
50	北京厚德行房屋拆迁有限公司
51	北京顺建拆迁服务中心
52	北京北方天宇房屋拆迁服务有限公司
53	北京广兴房屋拆迁有限公司
54	北京兴融拆迁服务有限责任公司
55	北京京密拆迁服务中心
56	北京公达天林拆迁服务有限责任公司
57	北京盛东居拆迁服务中心
58	北京圣安首信拆迁服务有限公司
59	北京兴南物业管理拆迁有限公司
60	北京荣大拆迁工程有限责任公司
61	北京玉英房屋拆迁服务有限责任公司
62	北京好元通拆迁服务有限公司

续表

63	北京市盛德纪房屋拆迁有限公司
64	北京国通房屋拆迁有限公司
65	北京锦辉盛泽房屋拆迁有限公司
66	北京京西时尚房屋拆迁有限公司
67	北京鼎成拆迁有限责任公司
68	北京为您拆迁服务有限公司
69	北京安华迁喜房屋拆迁有限责任公司
70	北京华成来房地产经纪有限公司
71	北京昌房正信拆迁服务有限公司
72	北京北泰拆迁有限公司
73	北京慧海仁和拆迁服务有限公司
74	北京嘉华伟业房屋拆迁服务有限公司
75	北京海通基业拆迁有限公司
76	北京润安房屋拆迁有限公司
77	北京亦平房屋拆迁有限责任公司
78	北京捷畅拆迁服务有限公司
79	北京中诚信房屋拆迁有限公司
80	北京城建君恒拆迁有限责任公司
81	北京兆丰旭清拆迁有限责任公司
82	北京市鸿禹超拆迁有限公司
83	北京同力源房屋拆迁有限责任公司
84	北京广厦园拆迁服务有限公司
85	北京吉隆新亚房地产拆迁有限公司
86	北京东展房屋拆迁有限公司
87	北京盛桥拆迁有限责任公司
88	北京市吉顺房屋拆迁服务中心
89	北京划开房屋拆迁服务有限责任公司
90	北京明海拆迁服务咨询有限公司
91	北京房修一建筑工程有限公司
92	北京东祥拆迁服务有限公司
93	北京世纪汇帮拆迁有限公司
94	北京开创房屋拆迁有限公司
95	北京兴久诚房屋拆迁有限责任公司
96	北京通城房屋拆迁有限公司
97	北京市崇欣房屋拆迁有限公司
98	北京东方兴诚拆迁有限公司
99	北京世纪春成房屋拆迁有限公司
100	北京诚安成房屋拆迁服务有限责任公司

续表

101	北京市欣物源拆迁服务有限公司
102	北京禹嘉拆迁服务有限责任公司
103	北京正中置业有限责任公司
104	北京宏业诚信拆迁有限公司
105	北京明锐宏拆迁服务有限公司
106	北京华佳兴业房屋拆迁服务有限责任公司
107	北京鑫悦房屋拆迁服务有限公司
108	北京市津河拆迁服务有限责任公司
109	北京茂林森房屋拆迁咨询有限责任公司
110	北京市长丰源房屋拆除有限责任公司
111	北京创业人拆迁有限公司
112	北京金亨拆迁服务有限责任公司
113	北京景欣拆迁服务有限公司
114	北京华阜嘉元房屋拆迁有限责任公司
115	北京中恒沃特拆迁工程有限公司
116	北京天颐房屋拆迁有限责任公司
117	北京盛世兴房屋拆迁服务有限公司
118	北京硕方兴业房地产信息咨询有限公司
119	北京联创嘉业房屋拆迁有限公司
120	北京嘉晖拆迁服务有限公司
121	北京特成房屋拆迁服务中心
122	北京九龙嘉利拆迁服务有限公司
123	北京诚益拆迁服务有限公司
124	北京捷宇房屋拆迁拆除有限公司
125	北京华胜达拆迁服务有限责任公司
126	北京盛隆房屋拆迁有限责任公司
四、自行拆迁单位	
1	北京檀州房地产开发有限公司
2	北京昆泰房地产开发集团
3	北京武夷房地产开发有限公司
4	北京中坤锦绣房地产开发有限公司
5	北京檀营房地产开发有限公司
6	北京华阳房地产发展公司
7	北京市顺义大龙城乡建设开发总公司
8	北京市聚鑫城房地产开发有限责任公司
9	北京市首旅华远房地产开发有限公司
10	北京宏城房地产开发有限公司
11	北京市朝阳区房地产经营开发公司

续表

12	北京市天桥投资开发公司
13	北京实创高科技发展总公司
14	北京市密云县房地产开发总公司
15	中国石化集团北京燕山石油化工有限公司
16	北京天运房地产综合开发经营有限责任公司
17	华润置地（北京）股份有限公司
18	北京城市开发集团有限责任公司
19	北京市西达房地产开发有限责任公司
20	北京华汇房地产开发中心
21	北京中融物产有限责任公司
22	北京华野投资管理有限公司
23	北京京西新远房地产经营开发公司
24	北京海开房地产集团公司
25	中央国家机关三里河联建办公室
26	北京敬远房地产开发有限公司
27	北京市房顺房地产开发有限责任公司
28	北京市通达房地产开发建设总公司
29	北京宏京房地产有限公司

（二）2001—2007 年拆迁单位数量情况

表 13－17 2001—2007 年拆迁单位数量统计表

年 度	2001	2002	2003	2004	2005	2006	2007
拆迁单位数量（个）	240	293	258	258	241	241	241

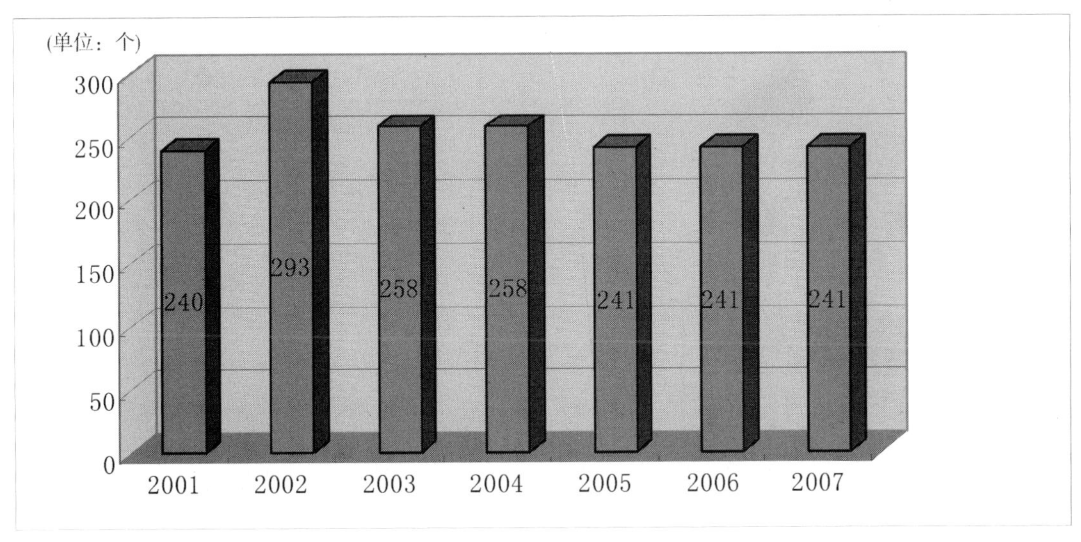

图 13－12 2001—2007 年拆迁单位数量图

第七节 物业服务企业

一、物业服务企业情况

根据《北京市居住小区管理办法》（北京市人民政府令1995年第21号），北京市房屋土地管理局于1995年开始物业服务企业资质审查工作。2003年《物业管理条例》（中华人民共和国国务院令第379号）的出台，使物业管理市场得到了进一步的规范，物业管理行业得到健康有序的发展。2004年建设部印发了《物业管理企业资质管理办法》，对物业服务企业资质进行等级评定。截至2007年12月，全市共有物业服务企业2834家。其中，一级企业65家，本年新增6家；二级企业185家，本年新增38家；三级企业2241家，本年新增161家；三级暂定企业343家，本年新增114家；外埠在京企业17家，本年新增1家（详见图13－13）。

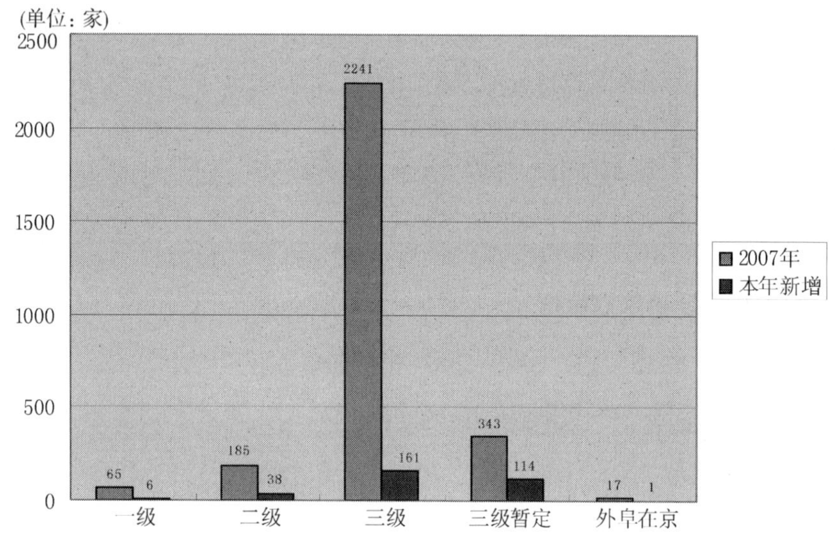

图13－13 2007年物业服务企业等级数量分布

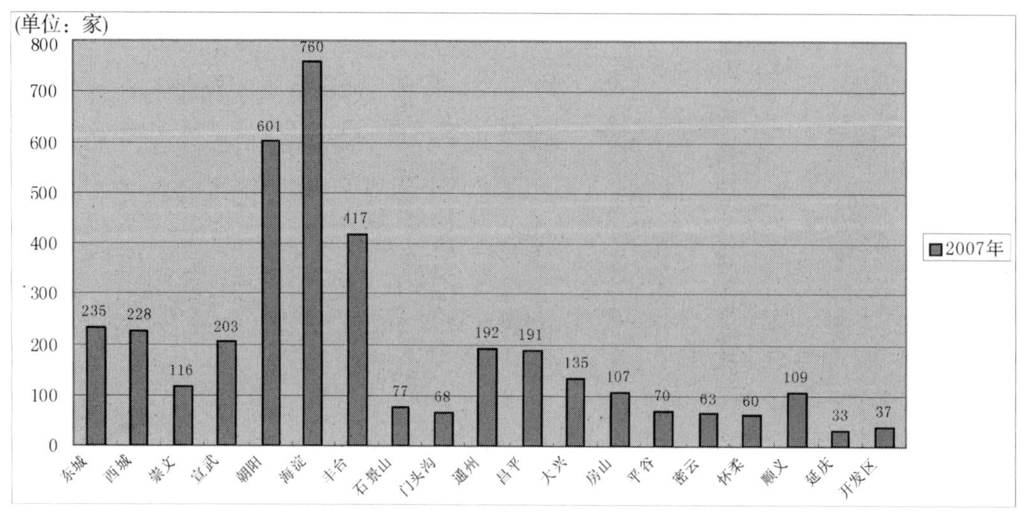

图13－14 2007年各区县物业服务企业数量分布

二、物业服务企业名录

表 13－18 2007 年北京市具有国家物业管理一级资质企业名单

序号	企业名称
1	北京高腾物业管理有限公司
2	华润置地（北京）物业管理有限责任公司
3	北京市北宇物业管理公司
4	北京国兴三吉利物业管理有限责任公司
5	北京宝景物业管理有限公司
6	北京万科物业服务有限公司
7	北京天竺空港物业管理有限公司
8	北京仲量联行物业管理服务有限公司
9	北京科住物业管理有限公司
10	北京金隅物业管理有限责任公司
11	北京中兴物业管理有限公司
12	中房集团北京物业公司
13	国贸物业酒店管理有限公司
14	北京中海物业管理有限公司
15	北京盛世物业管理有限公司
16	北京亿展物业管理有限公司
17	北京达文物业管理有限公司
18	北京亿方物业管理有限责任公司
19	中远酒店物业管理有限公司
20	北京市均豪物业管理有限责任公司
21	北京城承物业管理有限责任公司
22	北京碧水物业管理有限责任公司
23	赛特国际物业管理有限公司
24	北京东光物业管理有限公司
25	北京天鸿宝地物业管理经营有限公司
26	北京中湾智地物业管理有限公司
27	北京创新物业管理有限责任公司
28	北京远洋基业物业管理有限公司
29	北京北辰信和物业管理有限责任公司
30	北京合佳物业管理有限责任公司
31	北京凯莱物业管理有限公司
32	北京世邦魏理仕物业管理服务有限公司
33	北京悦豪物业管理有限公司
34	金罗马物业管理有限公司
35	北京鲁能物业管理有限责任公司
36	北京天岳恒房屋经营管理有限公司
37	新中物业管理（中国）有限公司
38	中化国际物业酒店管理有限公司

续表

序号	企业名称
39	北京华腾世纪物业管理有限公司
40	泛海物业管理有限公司
41	北京大唐物业管理有限公司
42	北京城建物业管理有限责任公司
43	北京燕山星城物业管理公司
44	北京大成物业管理有限公司
45	北京中实杰肯道夫物业管理有限公司
46	北京国广物业管理有限公司
47	北京东方容和物业管理有限责任公司
48	北京首华物业管理有限公司
49	北京房修一物业管理有限公司
50	北京航天万源物业管理有限公司
51	北京华特物业管理发展有限公司
52	北京首欣物业管理有限责任公司
53	北京全球通物业管理有限公司
54	北京中咨时代资产管理有限公司
55	北京燕侨物业管理有限公司
56	北京育新物业管理公司
57	北京顺天通物业管理有限公司
58	北京裕展物业管理有限公司
59	北京北辰信诚物业管理有限责任公司
60	北京银达物业管理有限责任公司
61	北京安信行物业管理有限公司
62	北京招商局物业管理有限公司
63	北京网信物业管理有限公司
64	北京中际北视物业管理有限公司
65	北京市望京实业总公司
66	北京戴德梁行物业管理有限公司
67	北京世纪城物业管理有限公司
68	北京万通鼎安国际物业管理顾问有限公司
69	北京方庄物业管理有限责任公司
70	北京金融街物业管理有限责任公司
71	第一太平戴维斯物业顾问（北京）有限公司
72	中建物业管理公司

三、物业服务从业人员

2007年年末，由人事部、住房和城乡建设部联合组织的物业管理师资格认定考试揭晓，我国首批物业管理师诞生。首批1119名从业人员通过物业管理师认定资格考试，取得物业管理师资格，北京此次有155人取得物业管理师资格。

截至2007年底，北京市物业管理从业人员约20万人。自1998年11月按照建设部要求开展物业管理单位部门经理及管理人员岗位培训持证上岗工作，截至2007年底共培训35522人，占全市人员总数的17.76%，其中2007年培训1762人。

北京市房地产年鉴2008

附录

附录一 2007 年房地产大事记

◆1 月 1 日 《关于按房改政策出售住房售房款存储使用等有关问题的通知》发布

北京市人民政府住房制度改革办公室会同北京市财政局、北京市住房资金管理中心联合颁布了《关于按房改政策出售住房售房款存储使用等有关问题的通知》(京房改办［2007］4 号),在保证资金安全的前提下,进一步规范了售房款存储、使用程序,充分发挥了售房款在深化房改中的作用,支持单位利用房改售房款改善居民生活条件,美化首都环境,迎接奥运会召开。

◆1 月 19 日 《土地储备管理办法》发布

国土资源部、财政部、中国人民银行联合制定印发《土地储备管理办法》。《办法》明确,土地储备是指市、县人民政府国土资源管理部门为实现调控土地市场、促进土地资源合理利用目标,依法取得土地,进行前期开发、储存以备供应土地的行为。土地储备工作具体实施由土地储备机构承担。土地储备机构应为市、县人民政府批准成立、具有独立的法人资格、隶属于国土资源管理部门、统一承担本行政辖区内土地储备工作的事业单位。还对土地储备的计划与管理、范围与程序、开发与利用、土地供应、资金管理进行明确。

◆1 月 25 日 《关于印发〈北京市房地产经纪纠纷投诉处理管理规定〉的通知》发布

为了维护当事人合法权益,方便群众和企业解决房地产经纪纠纷问题,规范房地产经纪纠纷投诉行为和处理工作,促进房地产经纪行业健康发展,北京市建委发布《关于印发〈北京市房地产经纪纠纷投诉处理管理规定〉的通知》(京建租［2007］98 号)。

◆1 月 30 日 北京市 2007 年平改坡改造工程工作会议召开

北京市"2008"环境办常务副主任、平改坡专项工作领导小组副组长郑西平同志主持召开北京市 2007 年平改坡改造工程工作会议,讨论确定 2007 年平改坡工作实施方案、进度计划及相关资金政策等问题。

◆2 月 1 日 《关于个人出租房屋征收管理有关问题的通知》开始执行

为进一步加强个人出租房屋的征收管理,规范税款入库方式、入库级次和适用征收率,由北京市地方税务局下发的《关于个人出租房屋征收管理有关问题的通知》(京地税征［2007］16 号)开始执行。

◆2 月 8 日 《关于单位低价向职工售房有关个人所得税问题的通知》下发

财政部、国家税务总局联合下发《关于单位低价向职工售房有关个人所得税问题的通知》(财税［2007］13 号),针对部分地区一些企事业单位将自建住房以低于购置或建造成本价格销售给职工的情况是否征收个人所得税予以明确。

◆3 月 16 日 《中华人民共和国物权法》通过

经人大审议通过,《中华人民共和国物权法》自 10 月 1 日起施行。《物权法》把土地权利纳入物权范畴加以保障,使土地管理的基本制度更加成熟。《物权法》对物权设立、变更、转让和消灭、保护等基本原则,对所有权(包括土地的国家所有权、集体所有权)、用益物权(包括土地承包经营权、建设用地使用权、宅基地使用权)、担保物权(建设用地抵押权)等进行明确规定。还特别规定了住宅建设用地使用权期届满自动续期,保护被拆迁人的合法权益、保障个人住宅被征收人的居住条件等,使土地管理的基本制度更加完善。

◆3 月 18 日　调整个人住房公积金存贷款利率

根据建设部《关于调整个人住房公积金存贷款利率的通知》（建金管［2007］76 号）：1、从 2007 年 3 月 18 日起，上年结转的个人住房公积金存款利率由现行的 1.8% 调整为 1.98%，当年归集的个人住房公积金存款利率不变。2、从 2007 年 3 月 18 日起，上调个人住房公积金贷款利率，五年期以下（含五年）及五年期以上个人住房公积金贷款利率均上调 0.18 个百分点。五年期以下（含五年）从 4.14% 调整为 4.32%，五年期以上从 4.59% 调整为 4.77%。

◆3 月 26 日　《关于调整中央分成的新增建设用地土地有偿使用费分配方式的通知》发布

财政部、国土资源部发布《关于调整中央分成的新增建设用地土地有偿使用费分配方式的通知》。《通知》规定，中央分成（30%）的新增建设用地土地有偿使用费由各省分配给市县，专项用于基本农田建设和保护、土地整理、耕地开发等支出，落实到项目。此文件使新增建设用地土地有偿使用费分配方式更加合理，也使得土地权利、责任和义务更加明确，使宏观调控的保障措施落到实处。

◆3 月 26 日　《关于印发〈2007 年北京市城镇房屋防汛工作要点〉的通知》

根据《关于做好 2007 年迎汛安全工作的通知》京政汛［2007］03 号和《北京市城镇房屋防汛管理办法》（京建［2005］503 号），为做好 2007 年度北京市城镇房屋防汛工作，北京市建设委员会印发《2007 年北京市城镇房屋防汛工作要点》的通知（京建房［2007］266 号）。

◆3 月 29 日　《关于开展房地产市场秩序专项整治的通知》下发

建设部会同国土资源部、财政部、审计署、监察部、税务总局、国家发展改革委、工商总局等部门下发《关于开展房地产市场秩序专项整治的通知》（建稽［2007］87 号），联合开展房地产市场秩序专项整治，强化房地产市场监管，对房地产开发企业依法进行审计和检查，依法打击房地产开发建设、交易、中介等环节的违法违规行为。

◆4 月 7 日　《关于做好北京市存量房客户交易结算资金专用存款账户开立等有关工作的通知》发布

为规范北京市房地产中介服务行为，维护房地产交易市场秩序，规避存量房交易的资金风险，北京市建设委员会与人民银行营业管理部联合下发了《转发建设部、中国人民银行关于加强房地产经纪管理规范交易结算资金账户管理有关问题的通知》（京建交［2007］173 号），并就该通知中涉及的存量房客户交易结算资金专用存款账户开立、使用等问题发布《关于做好北京市存量房客户交易结算资金专用存款账户开立等有关工作的通知》（银管发［2007］67 号）。

◆5 月 10 日　关于北京市机关事业单位职工住房补贴调查工作安排及有关问题的通知

为保证北京市住房补贴工作平稳顺利进行，经市政府同意，北京市市级机关事业单位按照《关于北京市机关事业单位职工住房补贴调查工作安排及有关问题的通知》（京房改办［2006］243 号）规定，开展未达标职工住房补贴调查工作，同时逐步落实退休无房老职工的住房补贴。

◆5 月 19 日　调整个人住房公积金存贷款利率

根据建设部《关于调整个人住房公积金存贷款利率的通知》（建金管［2007］123 号）：1、从 2007 年 5 月 19 日起，上年结转的个人住房公积金存款利率由现行的 1.98% 调整为 2.07%，当年归集的个人住房公积金存款利率不变。2、从 2007 年 5 月 19 日起，上调个人住房公积金贷款利率，五年期以下（含五年）及五年期以上个人住房公积金贷款利率均上调 0.09 个百分点。五年期以下（含五年）从 4.32% 调整为 4.41%，五年期以上从 4.77% 调整为 4.86%。

◆5 月 22 日　《关于推行〈北京市存量房屋买卖合同〉示范文本的通知》发布

为规范本市存量房屋（即二手房屋）买卖行为，明确存量房屋买卖双方当事人的权利和义务，增强交易的透明度，依据《中华人民共和国合同法》、《中华人民共和国城市房地产管理法》、《北京市城市房地产转让管理办法》等法律、规章的规定，北京市建设委员会和北京市工商行政管理局共同制定并下发了《关于推行〈北京市存量房屋买卖合同〉示范文本的通知》（京建交［2007］507 号）。

◆5月22日　《关于实行存量房买卖合同网上签约和信息公示有关问题的通知》发布

为规范北京市存量房交易市场行为，保障存量房交易安全，提高存量房交易的透明度，根据建设部、中国人民银行相关规定，北京市建设委员会发布《关于实行存量房买卖合同网上签约和信息公示有关问题的通知》（京建交［2007］508号）。

◆5月24日　《关于推进权属系统使用等有关问题的通知》发布

为配合北京市房屋普查和权属档案数据化工作开展，进一步加快权属系统的建设，同时也为社会提供全面准确的现房、存量房交易信息，北京市建委发布《关于推进权属系统使用等有关问题的通知》（京建交［2007］509号）。

◆5月24日　《关于印发〈市建委房地产市场秩序专项整治工作方案〉的通知》下发

为了贯彻落实建设部等八部委下发的《关于开展房地产市场秩序专项整治的通知》（建稽［2007］87号）和《北京市人民政府办公厅转发市建委关于北京市房地产市场秩序专项整治工作方案的通知》（京政办发［2007］36号），北京市建委制定并下发了《关于印发〈市建委房地产市场秩序专项整治工作方案〉的通知》（京建交［2007］518号）。

◆6月11日　《关于住宅物业服务标准化试点工作的通知》

为使住宅物业服务规范化，提高物业服务水平，促进和谐社会的构建，北京市建委决定在西城、石景山、房山3个区先行开展住宅物业服务标准化试点。

◆6月15日　《关于加强普通地下室管理和综合整治工作的通知》发布

根据《北京市人民政府办公厅转发市建委市民防局关于首都地区地下空间综合整治工作方案的通知》（京政办发［2007］25号）规定，为加强北京市普通地下室安全使用管理，贯彻落实全市地下空间综合整治的方案，北京市建委下发《关于加强普通地下室管理和综合整治工作的通知》（京建交［2007］596号）。

◆6月29日　《关于全面实行工业用地拍卖挂牌出让的实施意见（试行）》发布

北京市人民政府发布《关于全面实行工业用地拍卖挂牌出让的实施意见（试行）》，规定自2006年8月31日国发［2006］31号文件下发之日起，本市行政区域内依据城市用地分类和土地分类确定的所有政府有偿供应工业用地，除符合国土资发［2007］78号文件规定可协议出让的外，一律通过招标拍卖挂牌方式公开出让。《意见》还对工业用地前期开发、公开出让程序、工业项目审批和开发利用监管进行规定，要求进一步加大市场配置资源力度。

◆7月1日　2007住房公积金年度职工住房公积金月缴存额上限2166元

2007住房公积金年度（2007年7月1日至2008年6月30日）住房公积金基本缴存比例8%，有条件的单位住房公积金缴存比例可适当提高，最高不超过12%。

2007住房公积金年度职工住房公积金月缴存额上限2166元。原则上不得突破住房公积金缴存额上限。

◆7月1日　北京住房公积金贷款最高额度调整为60万元

根据《住房公积金管理条例》和《北京市实施〈住房公积金管理条例〉若干规定》，北京住房公积金管理委员会第六次全体会议决定，按照责权对等、贷款普遍性、满足职工基本住房需求和资金充分运用原则，并结合北京实际，自2007年7月1日起，北京住房公积金贷款最高额度调整为60万元。其他住房公积金贷款政策不变。

◆7月21日　调整个人住房公积金存贷款利率

根据建设部《关于调整个人住房公积金存贷款利率的通知》（建金管［2007］177号）：1、从2007年7月21日起，当年归集的个人住房公积金存款利率由现行的0.72%调整为0.81%，上年结转的个人住房公积金存款利率由现行的2.07%调整为2.34%。2、从2007年7月21日起，上调个人住房公积金贷款利率，五年期以下（含五年）及五年期以上个人住房公积金贷款利率均上调0.09个百分点。五年期以下（含五年）从4.41%调整为4.50%，五年期以上从4.86%调整为4.95%。

◆8月7日　《国务院关于解决城市低收入家庭住房困难的若干意见》

国务院发布《国务院关于解决城市低收入家庭住房困难的若干意见》。提出把解决城市低收入家庭住房困难作为维护群众利益的重要工作和住房制度改革的重要内容，作为政府公共服务的一项重要职责，加快建立健全以廉租住房制度为重点、多渠道解决城市低收入家庭住房困难的政策体系。

◆8月13日　《关于印发北京市2007年至2010年土地供应中期计划的通知》下发

北京市人民政府下发《北京市人民政府关于印发北京市2007年至2010年土地供应中期计划的通知》。对北京市2007—2010年土地供应的调控目标（总量、结构和布局）、政策导向（优化空间布局、优化土地供应结构、促进土地节约集约利用）、中期计划实施等进行部署，强调08年以后，年度土地供应计划要紧密围绕落实区县功能定位和新城建设等重点开发区域进行安排。

◆8月22日　调整个人住房公积金存贷款利率

根据建设部《关于调整个人住房公积金存贷款利率的通知》（建金管［2007］199号）：1、从2007年8月22日起，上年结转的个人住房公积金存款利率由现行的2.34%调整为2.61%。当年归集的个人住房公积金存款利率不变。2、从2007年8月22日起，上调个人住房公积金贷款利率，五年期以下（含五年）及五年期以上个人住房公积金贷款利率均上调0.09个百分点。五年期以下（含五年）从4.50%调整为4.59%，五年期以上从4.95%调整为5.04%。

◆8月22日　《关于落实规范土地收支管理文件等有关问题的通知》发布

财政部、国土资源部发布《关于落实规范土地收支管理文件等有关问题的通知》。《通知》要求各地落实规范土地收支管理文件，切实实行土地出让收支两条线，进一步完善相关政策，确保国家土地调控目标的顺利实现。

◆8月30日　关于停止执行458号文件加快遗留项目处理有关问题的通知

北京市国土资源局发布《关于停止执行458号文件加快遗留项目处理有关问题的通知》。自2007年12月1日起，停止执行458号文件，市国土局不再办理符合458号文件条件的各类遗留项目的土地一级开发授权手续。符合458号文件条件但尚未通过政府储备土地和入市交易土地联席会审议项目和按照458号文件已取得的有关主管部门核发的告知单、项目核准备案或规划批准等文件均已过期项目，原建设单位可按属地原则自本通知印发之日起至2007年10月31日止向遗留项目所在地的区县土地储备机构进行申报。涉及中央、军队或市属单位用地的，原建设单位也可以向市土地储备机构直接申报。危改项目向市住房保障办申报。申报的遗留项目按照现行土地一级开发政策和管理程序予以审核，提请联席会审议。

◆9月15日　调整个人住房公积金存贷款利率

根据建设部《关于调整个人住房公积金存贷款利率的通知》（建金管［2007］225号）：1、从2007年9月15日起，上年结转的个人住房公积金存款利率上调0.27个百分点，由现行的2.61%调整为2.88%。当年归集的个人住房公积金存款利率不变。2、从2007年9月15日起，上调个人住房公积金贷款利率，五年期以下（含五年）及五年期以上个人住房公积金贷款利率均上调0.18个百分点。五年期以下（含五年）从4.59%调整为4.77%，五年期以上从5.04%调整为5.22%。

◆9月27日　中国人民银行 中国银行业监督管理委员会关于加强商业性房地产信贷管理的通知

根据2007年全国城市住房工作会议精神及《国务院关于解决低收入家庭住房困难的若干意见》（国发［2007］24号），《国务院办公厅转发建设部等部门关于调整住房供应结构稳定住房价格意见的通知》（国办发［2006］37号）等政策规定，就加强商业性房地产信贷管理的有关事项通知。包括：严格房地产开发贷款管理；严格规范土地储备贷款管理；严格住房消费贷款管理；严格商业用房购房贷款管理；加强房地产信贷征信管理；加强房地产贷款监测和风险防范。

◆9月28日 《招标拍卖挂牌出让国有建设用地使用权规定》发布

国土资源部颁布《招标拍卖挂牌出让国有建设用地使用权规定》。《规定》明确，招标、拍卖或者挂牌出让国有建设用地使用权，应当遵循公开、公平、公正和诚信的原则；工业（包括仓储用地）、商业、旅游、娱乐和商品住宅等经营性用地以及同一宗地有两个以上意向用地者的，应当以招标、拍卖或者挂牌方式出让；国有建设用地使用权招标、拍卖或者挂牌出让活动，应当有计划地进行。

◆9月30日 《关于认真贯彻〈国务院关于解决城市低收入家庭住房困难的若干意见〉进一步加强土地供应调控的通知》下发

国土资源部《关于认真贯彻〈国务院关于解决城市低收入家庭住房困难的若干意见〉进一步加强土地供应调控的通知》。从土地供应源头和资金上保证保障性住房供应，充分发挥市场竞争作用，切实解决城市低收入家庭住房困难。

◆11月27日 《廉租住房保障办法》发布

建设部、国土资源部等九部门联合发布《廉租住房保障办法》，进一步明确廉租住房建设用地，应当在土地供应计划中优先安排，并在申报年度用地指标时单独列出，采取划拨方式，保证供应。

◆11月27日 《关于提高我市行政事业单位住房公积金缴存比例有关问题的通知》发布

北京市人民政府房改办公室会同北京市财政局、北京市人事局、北京市住房资金管理中心联合颁发了《关于提高我市行政事业单位住房公积金缴存比例有关问题的通知》（京房改办［2007］256号），从2008年1月1日开始，将北京市市级行政机关、事业单位住房公积金缴存比例从目前的8%提高到12%，所需经费按照原资金渠道解决。

◆11月27日 《关于房地产开发企业不得拒绝购房人选择住房公积金贷款购房有关事宜的紧急通知》发布

为维护住房公积金缴存人的合法权益，充分发挥住房公积金制度在解决职工住房问题中的作用，促进住房公积金制度的顺利实施，根据《住房公积金管理条例》（国务院令第350号）等有关规定，北京市建委会同北京市人民政府住房制度改革办公室、北京住房公积金管理中心联合发布《关于房地产开发企业不得拒绝购房人选择住房公积金贷款购房有关事宜的紧急通知》（京建开［2007］1228号）。

◆11月30日 《经济适用住房管理办法》发布

建设部、发改委、国土资源部等七部门联合发布《经济适用住房管理办法》，明确经济适用住房制度是解决城市低收入家庭住房困难政策体系的组成部分。经济适用住房建设用地以划拨方式供应，纳入当地年度土地供应计划，在申报年度用地指标时单独列出，确保优先供应。

◆12月5日 中国人民银行 中国银行业监督管理委员会关于加强商业性房地产信贷管理的补充通知

为进一步贯彻落实《中国人民银行 中国银行业监督管理委员会关于加强商业性房地产信贷管理的通知》（银发［2007］359号，以下简称《通知》），依据国家住房消费政策和相关规定，就执行《通知》第三部分“严格住房消费贷款管理”中的有关问题补充通知。

◆12月21日 调整个人住房公积金存款利率

根据建设部《关于调整个人住房公积金存款利率的通知》（建金管［2007］285号）：1、从2007年12月21日起，上年结转的个人住房公积金存款利率上调0.45个百分点，由现行的2.88%调整为3.33%。当年归集的个人住房公积金存款利率下调0.09个百分点，由现行的0.81%调整为0.72%。2、个人住房公积金贷款利率保持不变。

◆12月30日 《土地登记办法》发布

国土资源部发布《土地登记办法》。《办法》根据新的《中华人民共和国物权法》等进行修改，对土地登记的原则、类别、保护、及法律责任进行明确规定，规范了土地管理的基础工作。

附录二　房地产法律法规编目

[宏观调控篇]

◆中华人民共和国物权法（中华人民共和国主席令第62号）

◆全国人大常委会关于修改《中华人民共和国城市房地产管理法》的决定（中华人民共和国主席令第72号）

◆中华人民共和国城乡规划法（中华人民共和国主席令第74号）

◆国务院关于编制全国主体功能区规划的意见（国发［2007］21号）

◆国务院关于解决城市低收入家庭住房困难的若干意见（国发［2007］24号）

◆关于在商业性房地产信贷过程中依托房屋登记信息系统查询家庭住房总面积情况有关问题的通知（建住房［2007］284号）

◆中国人民银行、中国银行业监督管理委员会关于加强商业性房地产信贷管理的通知（银发［2007］359号）

◆中国人民银行、中国银行业监督管理委员会关于加强商业性房地产信贷管理的补充通知（银发［2007］452号）

[房地产税费及信贷篇]

◆关于调整个人住房公积金存贷款利率的通知（建金管［2007］76号）

◆关于调整个人住房公积金存贷款利率的通知（建金管［2007］123号）

◆关于调整个人住房公积金存贷款利率的通知（建金管［2007］177号）

◆关于调整个人住房公积金存贷款利率的通知（建金管［2007］199号）

◆关于调整个人住房公积金存贷款利率的通知（建金管［2007］225号）

◆关于调整个人住房公积金存款利率的通知（建金管［2007］285号）

◆关于进一步规范住房公积金管理信息公开工作的意见（建金管［2007］222号）

◆财政部、国家税务总局关于贯彻落实国务院关于修改《中华人民共和国城镇土地使用税暂行条例》的决定的通知（财税［2007］9号）

◆财政部、国家税务总局关于单位低价向职工售房有关个人所得税问题的通知（财税［2007］13号）

◆北京市人民政府关于修改《北京市实施〈中华人民共和国城镇土地使用税暂行条例〉办法》的决定（北京市人民政府第188号令）

◆北京市国家税务局转发国家税务总局关于从事房地产开发的外商投资企业售后回租业务所得税处理问题的批复的通知（京国税发［2007］178号）

◆北京市地方税务局转发国家税务总局关于加强房地产交易个人无偿赠与不动产税收管理有关问题的通知（京地税营［2007］14号）

◆北京市地方税务局关于个人出租房屋征收管理有关问题的通知（京地税征［2007］16号）

◆北京市地方税务局关于印发《房地产开发企业土地增值税清算管理办法》的通知（京地税地［2007］134号）

◆北京市地方税务局关于商品住宅土地增值税核定扣除项目金额标准有关问题的通知（京地税地［2007］138号）

◆关于房地产开发企业不得拒绝购房人选择住房公积金贷款购房有关事宜的紧急通知（京建开［2007］1228号）

◆关于提高我市行政事业单位住房公积金缴存比例有关问题的通知（京房改办［2007］256号）

◆关于2007年度住房公积金缴存有关问题的通知（京房公积金管委会［2007］1号）

◆关于调整住房公积金贷款最高额度的通知（京房公积金发［2007］47号）

［土地篇］

◆中华人民共和国耕地占用税暂行条例（中华人民共和国国务院令第511号）

◆国土资源部、财政部、中国人民银行关于印发《土地储备管理办法》的通知（国土资发［2007］277号）

◆关于发布《城镇地籍数据库标准》、《土地利用数据库标准》两项行业标准的通知（国土资发［2007］281号）

◆关于进一步加强和改进建设用地备案工作的通知（国土资发2007［326］号）

◆招标拍卖挂牌出让国有建设用地使用权规定（中华人民共和国国土资源部令第39号）

◆土地登记办法（中华人民共和国国土资源部令第40号）

◆财政部、国土资源部发布《关于调整中央分成的新增建设用地土地有偿使用费分配方式的通知》（财建［2007］84号）

◆财政部、国土资源部《关于落实规范土地收支管理文件等有关问题的通知》（财综［2007］49号）

◆国土资源部《关于认真贯彻〈国务院关于解决城市低收入家庭住房困难的若干意见〉进一步加强土地供应调控的通知》（国土资发［2007］236号）

◆《北京市人民政府关于印发北京市2007年至2010年土地供应中期计划的通知》（京政发［2007］20号）

◆《关于全面实行工业用地招标拍卖挂牌出让的实施意见（试行）》（京政发［2007］14号）

◆《关于工业用地仓储用地招标拍卖挂牌出让有关问题的通知》（京国土市［2007］692号）

◆《北京市工业用地国有建设用地使用权招标拍卖挂牌出让程序（试行）》（京国土市［2007］865号）

◆关于停止执行458号文件加快遗留项目处理有关问题的通知（京国土市［2007］622号）

◆《关于印发＜北京市村庄规划成果国土部门审查技术要点（试行）＞的通知》（京国土规［2007］662号）

◆《关于集体建设用地审批有关问题的通知》（京国土耕［2007］581号）

◆《关于加强外资企业用地审核管理工作的通知》（京国土用［2007］20号）

◆《关于加强国有土地使用权划拨管理工作的通知》（京国土用［2007］21号

［房地产一级市场篇］

◆北京市人民政府关于印发北京市2007年至2010年土地供应中期计划的通知（京政发［2007］

20 号）

◆关于开展房地产市场秩序专项整治的通知（建稽［2007］87 号）

◆北京市人民政府办公厅转发市建委关于北京市房地产市场秩序专项整治工作方案的通知（京政办发［2007］36 号）

◆北京市国土资源局、北京市建设委员会关于房地产开发项目在建工程抵押登记有关问题的通知（京国土籍［2007］751 号）

◆关于为房地产开发项目在建工程抵押登记出具证明有关问题的通知（京建交［2007］1045 号）

◆关于办理预售许可延期手续有关问题的通知（京建交［2007］1254 号）

◆关于规范本市商品房销售机构和销售人员管理的通知（京建交［2007］1325 号）

◆关于对《北京市商品房预售合同》、《北京市商品房现房买卖合同》、《北京市存量房屋买卖合同》示范文本修订的通知（京建交［2007］1358 号

［房地产二级市场及租赁市场篇］

◆北京市房屋租赁管理若干规定（北京市人民政府令第 194 号）

◆北京市房地产抵押管理办法（1994 年 4 月 20 日北京市人民政府第 5 号令发布　根据 1997 年 12 月 31 日北京市人民政府第 12 号令第一次修改　根据 2007 年 11 月 23 日北京市人民政府第 200 号令第二次修改）

◆关于办理存量房网上签约系统用户备案、信息公示、网上签约等有关问题的通知（京中介［2007］008 号）

◆关于印发《北京市房地产经纪纠纷投诉处理管理规定》的通知（京建租［2007］98 号）

◆关于境外机构和境外个人购买商品房有关问题的通知（京建交［2007］103 号）

◆转发建设部、中国人民银行《关于加强房地产经纪管理规范交易结算资金账户管理有关问题的通知》（京建交［2007］173 号）

◆关于印发《北京市存量房交易结算资金帐户管理暂行规定》的通知（京建法［2007］253 号）

◆关于加强北京市房地产经纪机构备案管理和动态监管工作的通知（京建交［2007］301 号）

◆关于推行《北京市存量房屋买卖合同》示范文本的通知（京建交［2007］507 号）

◆关于实行存量房买卖合同网上签约和信息公示有关问题的通知（京建交［2007］508 号）

◆关于加强普通地下室管理和综合整治工作的通知（京建交［2007］596 号

［房地产权属篇］

◆关于房屋权属登记面积有关问题的通知（京建权［2007］373 号）

◆关于集资合作建房项目配套用房办理房屋权属登记有关问题的批复（京建权［2007］385 号）

◆关于推进权属系统使用等有关问题的通知（京建交［2007］509 号）

◆关于《房改房售备案工作规范（试行）》和《房改房权属登记工作规范（实行）的补充通知（京建权［2007］529 号）

◆关于增加房屋登记表样式等有关问题的通知（京建权［2007］683 号）

◆关于市房屋权属登记事务中心部分业务交由区县办理的通知（京建交［2007］745 号）

◆关于房屋权属登记有关问题的通知（京建权［2007］789 号）

◆关于变更房产测绘成果备案程序性规定有关内容的通知（京建权［2007］1171 号）

◆关于商品房初始登记涉及楼外分摊部位有关问题的补充通知（京建权［2007］1192 号）

[物业管理篇]

◆国务院关于修改《物业管理条例》的决定（国务院令第 504 号）

◆住宅专项维修资金管理办法（中华人民共和国建设部、中华人民共和国财政部令第 165 号）

◆建设部关于修改《物业管理企业资质管理办法》的决定（中华人民共和国建设部令第 164 号）

◆关于公布物业管理师资格认定考试结果的通知（国人厅发［2007］185 号）

◆国家发展改革委、建设部关于印发《物业服务定价成本监审办法（试行）》的通知（发改价格［2007］2285 号）

◆关于限期汇缴专项维修资金的通知（京建物［2007］115 号）

◆关于印发《2007 年度和谐物业行动纲要》的通知（京建物［2007］296 号）

◆关于住宅物业服务标准化试点工作的通知（京建物［2007］569 号）

◆关于印发《住宅区自行车存车设施建设及停放管理方案》的通知（京建物［2007］612 号）

◆关于促进在京物业服务及相关单位建立住房公积金有关问题的通知（京建物［2007］764 号）

◆关于转发《关于开展集中空调通风系统清理工作的方案》及有关问题的通知（京建物［2007］835 号）

◆关于发布《住宅物业服务等级规范（一级）（试行）》的通知（京建物［2007］1209 号）

[住房保障篇]

◆廉租住房保障办法（中华人民共和国建设部、中华人民共和国国家发展和改革委员会、中华人民共和国监察部、中华人民共和国民政部、中华人民共和国财政部、中华人民共和国国土资源部、中国人民银行、国家税务总局、国家统计局令第 162 号）

◆建设部关于印发《解决城市低收入家庭住房困难发展规划和年度计划编制指导意见》的通知（建住房［2007］218 号）

◆建设部、发展改革委、监察部、财政部、国土资源部、人民银行、税务总局关于印发《经济适用住房管理办法》的通知（建住房［2007］258 号）

◆北京市人民政府关于印发北京市城市廉租住房管理办法的通知（京政发［2007］26 号）

◆北京市人民政府关于印发北京市经济适用住房管理办法（试行）的通知（京政发［2007］27 号）

◆北京市人民政府办公厅转发市建委关于 2007 年底前对本市申请廉租住房租赁补贴的住房困难城市低保家庭实现应保尽保加大廉租住房建设力度工作方案的通知（京政办发［2007］69 号）

◆财政部关于印发《廉租住房保障资金管理办法》的通知（财综［2007］64 号）

◆关于区县组织实施的保障性住房项目工程招标和施工许可事项在项目所在地区县办理的通知（京建住［2007］848 号）

◆关于 2007 年保障性住房和两限商品房建设计划及简化审批工作流程的通知（京建住［2007］866 号）

◆关于印发北京市廉租住房、经济适用住房家庭收入、住房、资产准入标准的通知（京建住［2007］1129 号）

◆关于印发《北京市经济适用住房购买资格申请、审核及配租管理办法》的通知（京建住［2007］1175 号）

◆关于印发《北京市城市廉租住房申请、审核及配租管理办法》的通知（京建住［2007］1176 号）

◆关于调整北京市廉租住房租房补贴标准有关问题的通知（京建住［2007］1213号）

◆关于刻制、使用经济适用住房、廉租住房资格审核、备案专用章的通知（京建住［2007］1215号）

◆北京市规划委员会关于发布实施《北京市“十一五”保障性住房及“两限”商品住房用地布局规划》的通知（市规发［2007］879号）

［其他］

◆关于2007年度房地产估价师、房地产经纪人资格考试合格标准有关问题的通知（国人厅发［2007］180号）

◆北京市人民政府关于修改《北京市水域游船安全管理规定》等五十九项规章部分条款的决定（市政府令第200号）

◆北京市职工购买公有住宅楼房管理办法（1992年5月30日北京市人民政府京政发35号文件发布 根据2007年11月23日北京市人民政府第200令修改）

◆北京市人民政府贯彻落实国务院关于加强节能工作决定的意见（京政发［2007］3号）

◆北京市人民政府办公厅转发市建委市民防局关于首都地区地下空间综合整治工作方案的通知（京政办发［2007］25号）

◆财政部、建设部关于加强可再生能源建筑应用示范管理的通知（财建［2007］38号）

◆财政部关于印发《北方采暖区既有居住建筑供热计量及节能改造奖励资金管理暂行办法》的通知（财建［2007］957号）

◆关于印发《北京市新建商品房住宅小区住宅与市政公用基础设施、公共服务设施同步交付使用管理暂行办法》的通知（京建法［2007］99号）

◆关于房地产开发企业申请延续暂定资质证书有效期有关问题的通知（京建开［2007］371号）

◆关于贯彻《北京市新建商品住宅小区住宅与市政公用基础设施、公共服务设施同步交付使用管理暂行办法》有关问题的通知（京建开［2007］660号）

◆关于进一步加强房地产开发企业资质管理的通知（京建开［2007］1152号）

◆关于落实2008年奥运会前旧城内历史风貌保护区整治工作的指导意见（京危办字［2007］59号）

◆关于按房改政策出售住房售房款存储使用等有关问题的通知（京房改办［2007］4号）

◆关于开展北京市市级机关事业单位未达标职工住房补贴调查工作及落实退休无房老职工住房补贴有关问题的通知（京房改办［2007］58号）

附录三　业界观点

2007 年北京市个人购房分析

北京建研弘毅房地产信息咨询有限公司

一、总体情况

2007 年个人（包括北京市城镇居民、北京市非城镇居民、外省个人、华侨、港澳同胞、台湾同胞和外国个人）购买北京市住房（包括普通住宅、公寓和别墅的期房）总量 11 万套，其中普通住宅占 90% 以上，公寓和别墅的比重小。

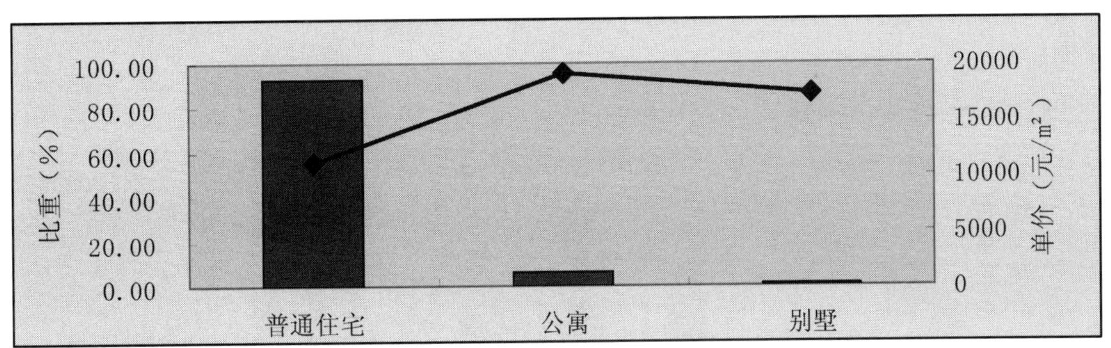

图 1　北京市个人购房情况（按住房类型分）

从购买者来看，本市居民购房比例最高，占 60% 以上，外省个人占 38%，华侨、港澳台同胞和外国个人购房比例低。这四类人群购房单价与购房比例基本成反向变动，即本市居民购房单价最低，其次是外省个人，再者为外国个人和华侨、港澳台同胞。

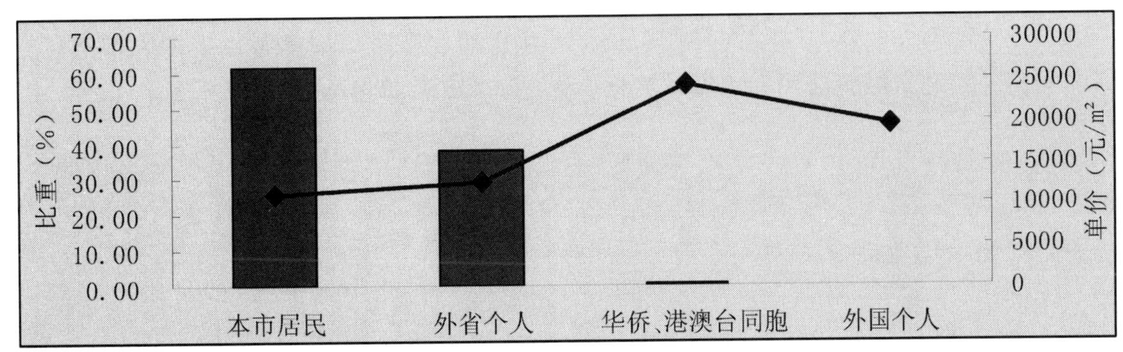

图 2　北京市个人购房情况（按购房者分）

从个人购房区域来看，主要集中在朝阳区、丰台区和海淀区，其次是大兴区、昌平区、房山区、顺义区和通州区。其中，购房量排前十位的地区有朝阳区管庄、海淀区西三旗、朝阳区北五环外、大兴区黄村镇、朝阳区东四环南路、朝阳区望京、顺义区仁和镇、房山区长阳镇、朝阳区六里屯、朝阳区酒仙桥等。

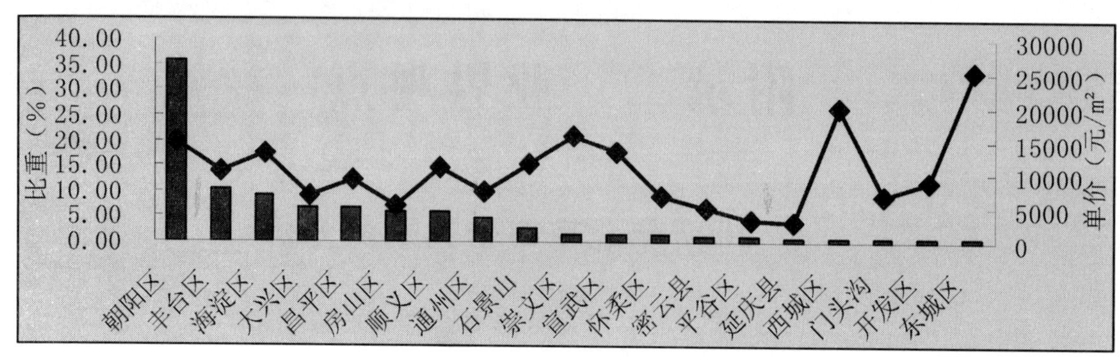

图3　北京市个人购房情况（按行政区分）

从户型来看，个人购房者主要选择三室两厅和两室两厅户型，比例超过50%。从住房单套建筑面积来看，个人购房者主要选择90－120m²，其次是60－90 m²和120－150 m²，除210 m²以上外，不同面积的购买比例基本为正态分布。不同面积的单价是以购买比例最高面积为最低点的倒U形分布。

从不同单价购房比例来看，基本是以6000－10000元/m²为中心的正态分布。（单价2万元/m²除外。）从总价分析，主要选择总价在60－120万元的住房，比例超过40%。

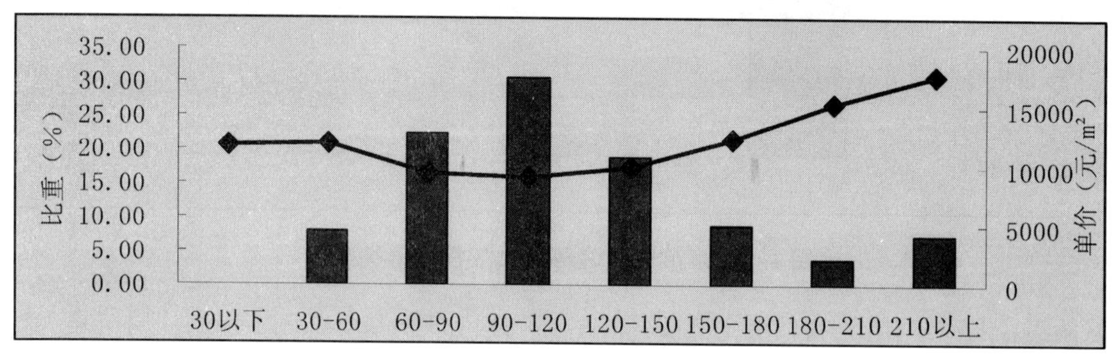

图4　北京市个人购房情况（按建筑面积分）

二、北京居民与外省个人购房比较

北京居民（含北京城镇居民和非城镇居民）与外省个人在京购买普通住宅、公寓和别墅的结构比基本相同。即90%以上的人都选择普通住宅。购买均价也基本相同。

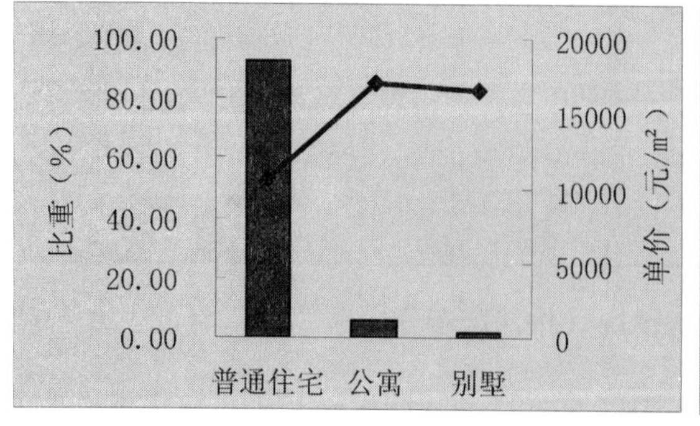

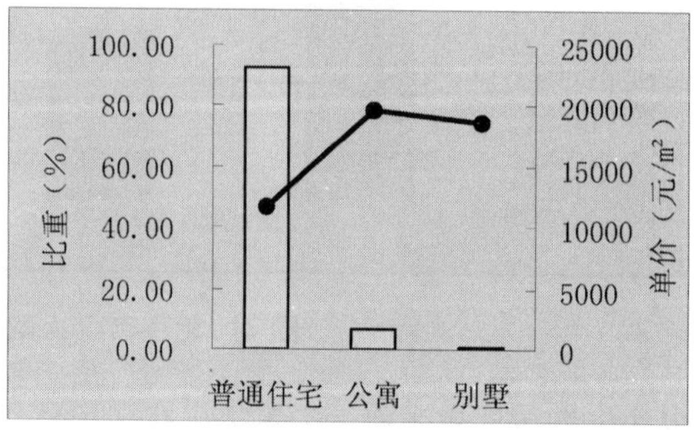

图5　北京居民与外省个人购房比较（按住房类型分）

北京居民主要在朝阳区、海淀区、丰台区、顺义区、昌平区、大兴区和房山区等地购房，比例为80%；而外省个人主要购房在朝阳区、丰台区、通州区、大兴区、海淀区、昌平区和房山区等地，比例超过80%。从主要购房地区的均价来看，北京居民和外省个人差异明显。

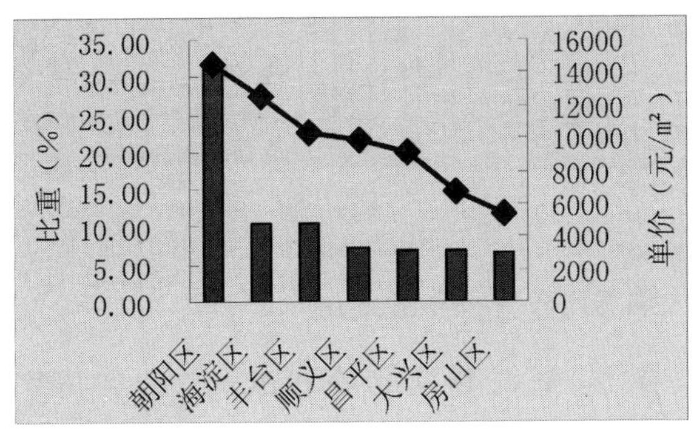

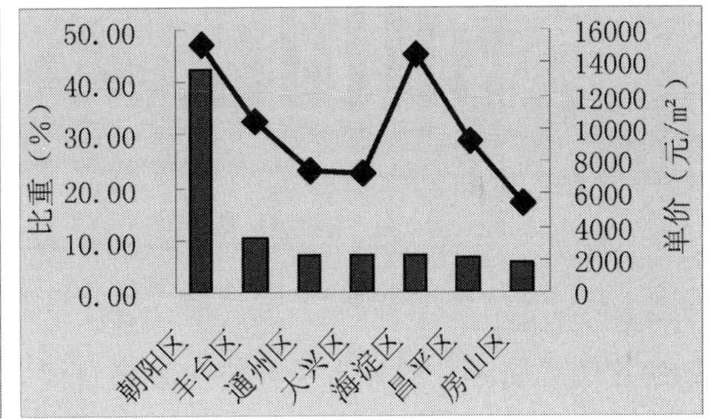

图6 北京居民与外省个人购房比较（按行政区分）

北京居民和外省个人选择购房的区域差别明显。北京居民主要选择西三旗、黄村镇、北五环外、仁和镇、管庄、望京、长阳镇、东四环南路、酒仙桥和六里屯等地，而外省个人主要选择管庄、北五环外、东四环南路、黄村镇、西三旗、望京、劲松、六里屯、长阳镇和甘露园等地。

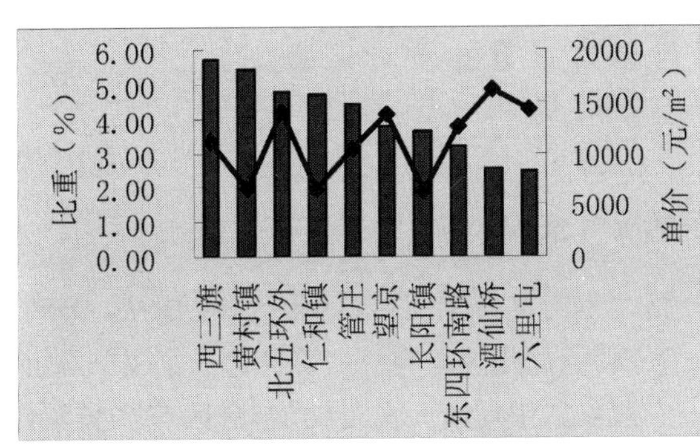

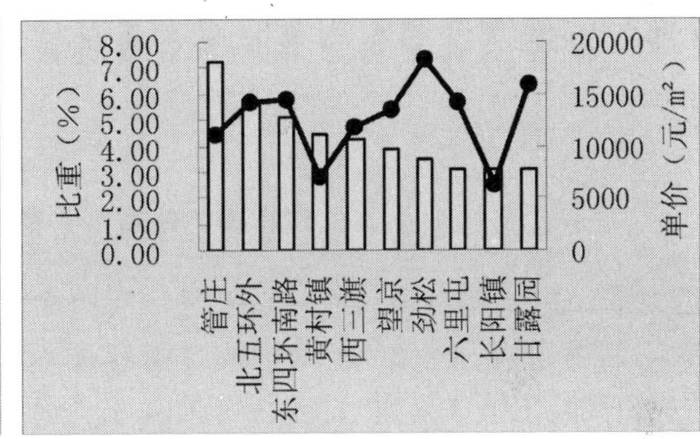

图7 北京居民与外省个人购房比较（按区域分）

在购房的户型方面，北京居民和外省个人选择上略有差异。北京居民和外省个人均主要选择三室两厅、两室两厅和两室一厅，购买比例上略有不同。

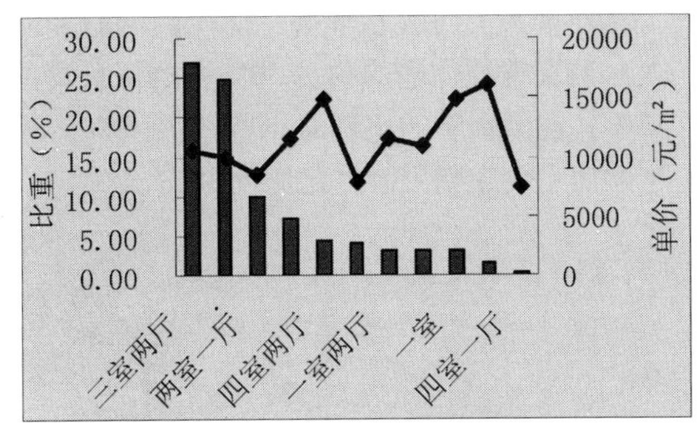

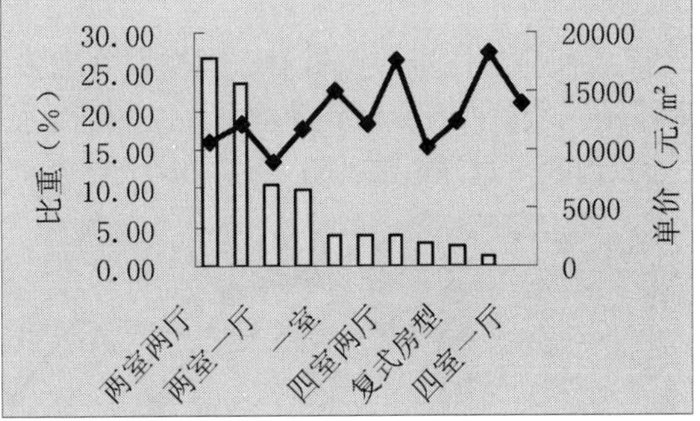

图8 北京居民与外省个人购房比较（按户型分）

在购房面积、购房单价、购房总价等方面，北京居民和外省个人购买比例和均价情况基本相同。

25－29岁的北京居民和外省个人是购房的主要人群。在不同年龄段上，北京居民和外省个人购房比例和均价有差别，从各自来看，总的分布情况相似。

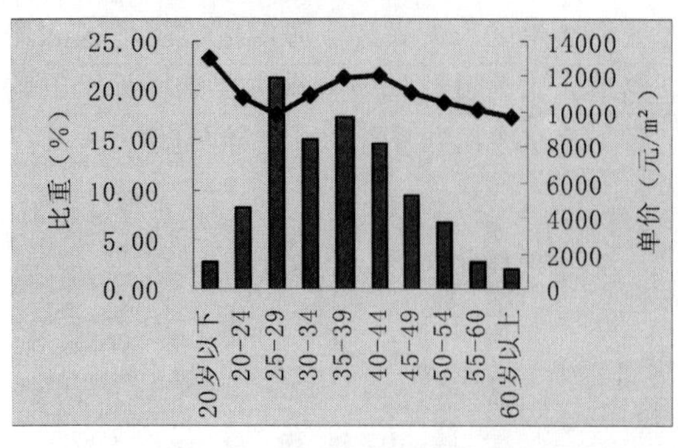

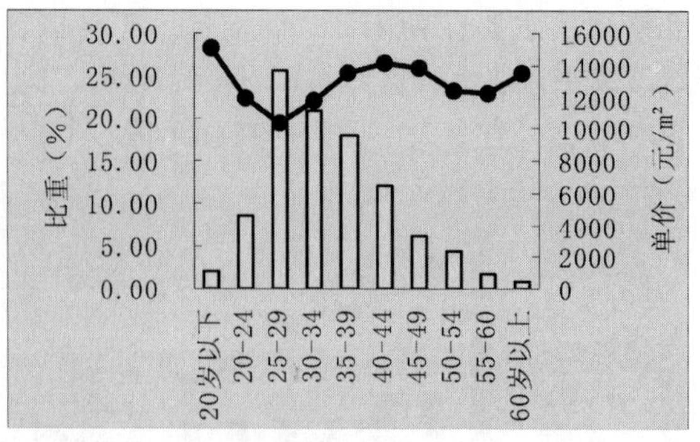

图9　北京居民与外省个人购房比较（按年龄分）

购房比例排前十位的外省个人购房者来自河北、黑龙江、山西、内蒙古、辽宁、河南、山东、吉林、浙江和湖北等省市，总的购房比例超过70%。

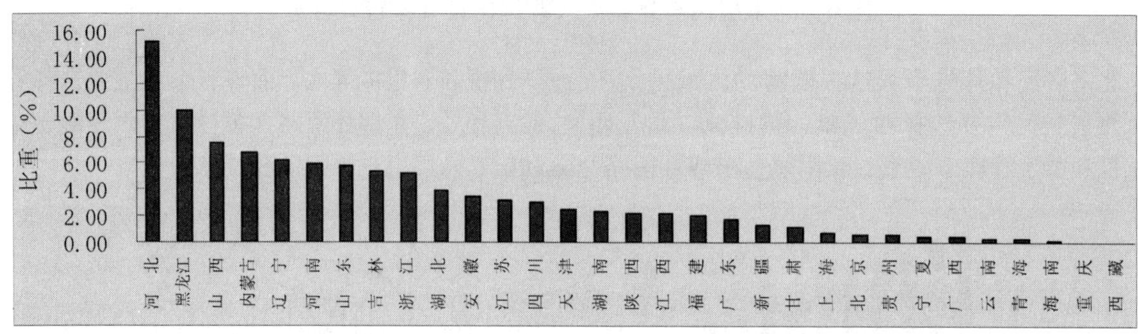

图10　外省个人购房情况（按省份分）

北京居民主要购房项目有：昌平区沙河镇高教园区“北街家园”、大兴区黄村镇“福泰香博园”、房山区长阳镇“嘉州水郡”、石景山区“远洋山水家园”、延庆县“格兰山水”、朝阳区来广营乡“中赫新天家园”、顺义区小东庄村“绿港家园”、朝阳区林萃东路“国奥村”、朝阳区常营乡“鑫兆佳园”、顺义区望泉寺村“望泉家园”等。

外省个人购买住房的项目有：朝阳区常营乡“鑫兆佳园”、昌平区沙河镇高教园区“北街家园”、石景山区“远洋山水家园”、朝阳区大鲁店北路“富力又一家园”、朝阳区杨闸环岛“新新天地家园”、通州区马驹桥“珠江逸景家园”、朝阳区来广营乡“中赫新天家园”、丰台区花乡樊家村“万芳园”、房山区长阳镇“嘉州水郡”和昌平区回龙观镇回龙观村“科协家园住宅小区”等。

三、外籍人士购房情况

外籍人士（包括华侨、港澳台同胞和外国个人）购买普通住宅的约占50%，购买公寓的约占42%，购买别墅的比例略少些约占10%。外籍人士购房主要在朝阳区，比例近80%。

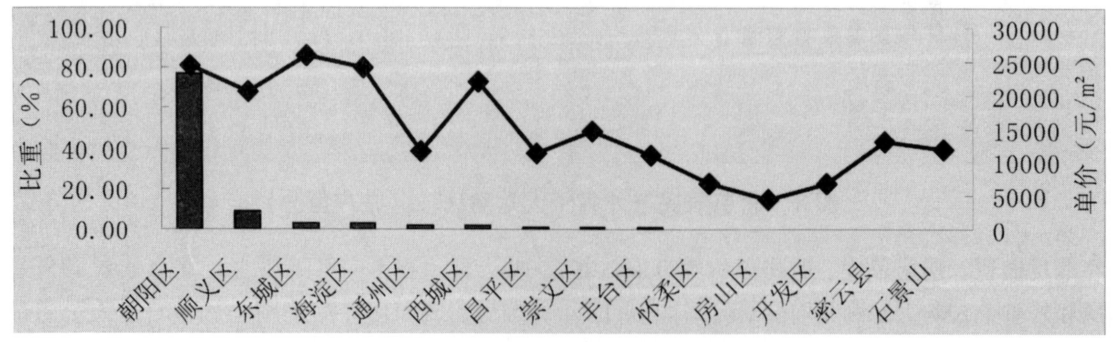

图11　外籍人士购房情况（按行政区分）

外籍人士80%的住房量在三里屯、望京、酒仙桥、劲松、后沙峪镇、三元桥、北五环外、安慧、东直门外和甘露园等地购买。

外籍人士主要选择三室两厅和两室两厅的住房。

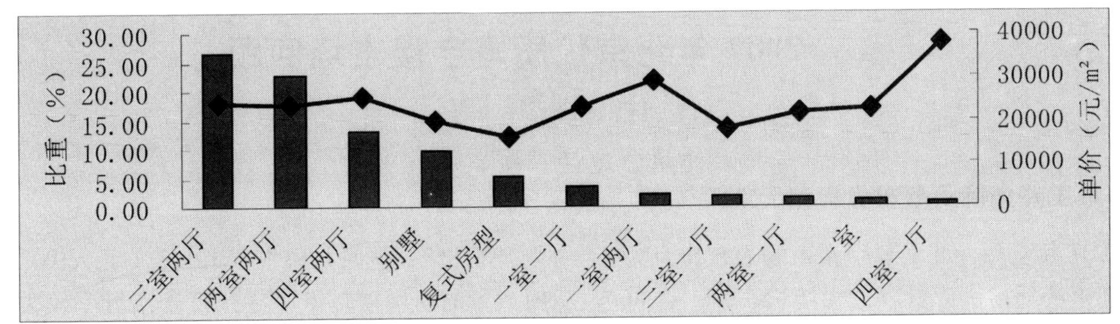

图12 外籍人士购房情况（按户型分）

外籍人士选择住房面积超过210m²的比例近40%。

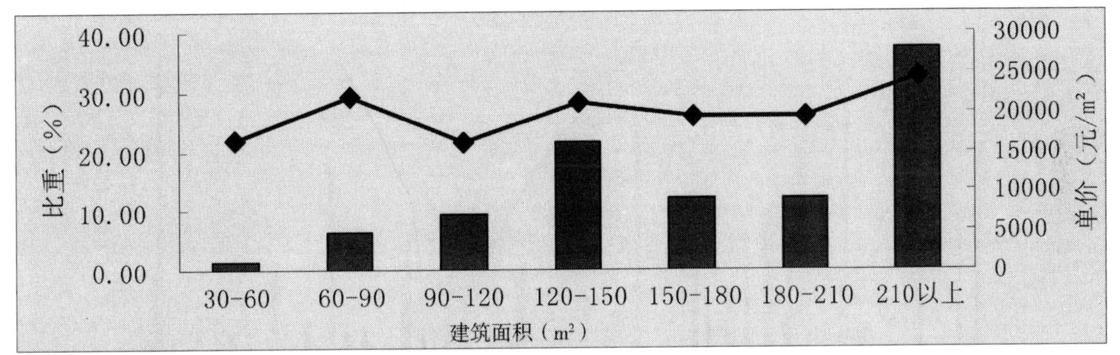

图13 外籍人士购房情况（按建筑面积分）

外籍人士选择住房单价超过2万/m²的比例超过50%。而且，住房总价超过500万的比例超过30%。

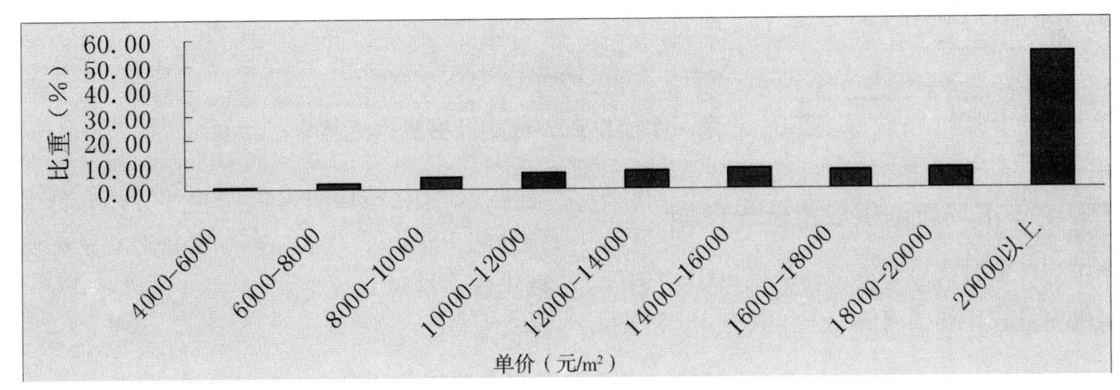

图14 外籍人士购房情况（按单价分）

外籍人士购房项目主要集中在“新城国际公寓”（地址：朝阳区朝外大街6号）、“北京财富中心”（地址：朝阳区东三环北路23号）、“望京国际商业中心”（地址：朝阳区望京新城）、“阳光上东园”（地址：朝阳区将台乡大清寺）、“乐成国际园”（地址：朝阳区广渠路31号）、“滟澜山庄园”（地址：顺义区后沙峪古城村火沙路南侧）、“温榆庄园”（地址：顺义区后沙峪镇白辛庄村）、“银泰中心”（地址：朝阳区建国门外大街4号）、“世茂奥临家园”（地址：朝阳区洼里乡）、“中山大厦”（地址：朝阳区小亮马桥东方东路1号）等。

注：本文图表数据均来源于北京建研弘毅房地产信息咨询有限公司

执笔人：邓晓丽

2007年北京优质写字楼市场回顾

世邦魏理仕　研究部（北京）

2007年全年，北京写字楼市场表现出良好走势，在市场新增供应量较去年增长一倍，达860，000平方米的情况下，总体吸纳量较去年增涨了17%，达610，000平方米。平均租金较2006年上升了8%，达每月每平方米193.1元人民币。同时大量的新增项目供应导致市场空置率较去年同期增长了2.2%达到14.1%。

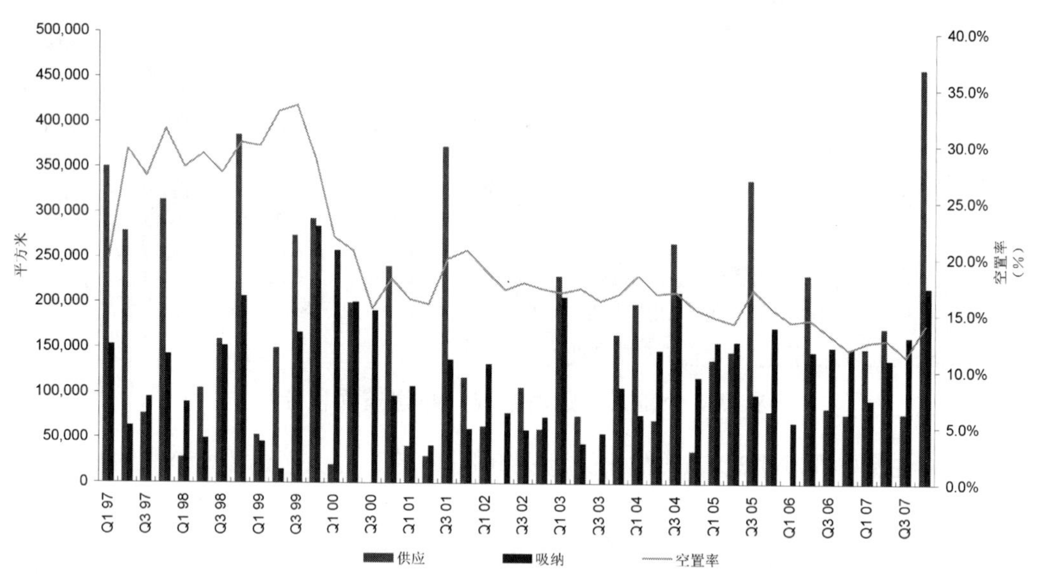

图1　北京写字楼供应、吸纳及空置率走势

一、全年市场新增供应量低于预期

由于部分项目落成期推迟，使得2007年写字楼市场供应量较年初预测低，全年共有18个项目竣工，新增供应面积860，000平方米，低于年初预计的100万平方米，本年度新增北京优质写字楼供应项目如下：

表1　2007年北京优质写字楼新增供应

项目名称	商务区	写字楼面积（平方米）
华贸中心（1号楼、2号楼）	中央商务区	120，129
民生人寿大厦	中央商务区	18，000
中宇大厦	燕莎	38，000
金地中心（B座）	中央商务区	40，000
银泰中心	中央商务区	70，000
金地中心（A）	中央商务区	60，000

续表

项目名称	商务区	写字楼面积（平方米）
华贸中心（3号楼）	中央商务区	72，490
世茂大厦	中央商务区	58，447
光彩国际中心（B座）	王府井	32，000
光彩国际中心（E座）	王府井	26，000
中汇广场	东二环	78，696
国际金融城B（北京银行）	金融街	30，000
中国人寿中心	金融街	36，500
卓著国际中心	金融街	40，000
凯晨广场（中楼）	金融街	20，000
西环广场	其他区域	60，267
新盛大厦	金融街	16，000
凯晨广场（西楼）	金融街	44，300

新落成项目主要集中在CBD和金融街两个商务区，分别占新增供应量的51%和22%。另外，燕莎、王府井、东二环等区域也有项目落成。

二、优质写字楼区域特征明显

北京优质写字楼主要集中在中关村、金融街、商务中心区、燕莎、王府井、建国门、东二环沿线七个区域，截至2007年底，市场总体存量达到687万平方米，CBD、金融街、中关村三个商务区最为集中，这三个区域总体供应量之和占全市总供应量57.4%，其余供应集中区域包括燕莎地区、东二环沿线、王府井、建国门等。

（一）区域特征

CBD是传统跨国公司聚集的区域，租户也以外资公司为主，租户的行业主要涉及金融、保险、咨询顾问、大型制造类等。该区域在2000年和2001年间，租金经历了一个高速增长期，但是由于该区域写字楼供应量较大，从2002年开始租金一直保持相对平稳增长趋势。到2007年底，CBD区域优质写字楼平均租金报价为231人民币每平方米每月（建筑面积，不含管理费，下同），高出全市平均水平约20%。

金融街区域的优质写字楼出现的相对较晚，但是由于是北京市集中规划建设的功能区，它已成为北京乃至全国重要的国内外金融企业总部的集聚地。从1994年起，金融街开始建设，总占地面积103公顷，规划建筑面积354万平方米，南北全长1700米，东西宽约600米。目前，金融街已经建设成为国家级金融决策监管中心、资产管理中心、金融支付结算中心和金融信息中心。金融街写字楼的主要客户群是金融企业、大型国企，外资投资银行等。2007年底该区域优质写字楼平均租金报价为204元人民币每平方米每月。

中关村科技园区是我国第一个国家级高新技术产业开发区，北京中关村科技园区拥有众多科技企业总部和科技研发中心，是高新技术企业的集聚地。其中，位于海淀的中关村西区及周边区域是中心区，主要功能是高新技术成果的研发、辐射、孵化和商贸中心。中关村区域的主要租户是高科技企业以及高新技术企业。2007年底该区域优质写字楼产品平均租金报价为155元人民币每平方米每月，这在几个区域中是最低的。这是由于中关村区域位于北四环地区，写字楼大多打散零售，且用户的租金承受能力相对较低等原因，影响了总体租金水平。

燕莎区域是形成较早涉外商务区域。北京第一批四星级、五星级酒店有多家坐落于该区域，成为北京最为知名的国际化商圈之一，而第三使馆区的建设则进一步加强了其国际化的氛围。区域内主要租户包括以宝马、通用、戴姆勒－克莱斯勒、Epson、菲利普等制造加工、商贸物流、能源化工等传统商务产业客户为主。2007年底该区域优质写字楼产品平均租金报价为 220 元人民币每平方米每月。

东二环区域是指东二环沿线地带。从地理位置上看，它临近燕莎商圈、CBD 以及第一、二使馆区。从行业上来看，目前东二环沿线已经聚集了炼油、能源、电信、保险等八大行业。近两年来，东二环区域作为一个商务区域又逐渐开始复兴，租金也一路走高，到 2007 年底，该区域优质写字楼产品平均租金报价为 187 元人民币每平方米每月。多家“航母”型企业，如中石油、中石化、中海油，中铁物流，中青旅，北京移动和北京电信，北京人保等将进驻东二环新的办公大楼。这些大型企业的入驻和未来东直门交通枢纽的投入使用将进一步刺激该区域的租金水平。

王府井区域主要是一个商业区，位于北京市中心。其主要优质写字楼项目包括东方广场、金宝大厦、光彩国际中心等写字楼。2007 年底该区域优质写字楼产品平均租金报价为 234 元人民币每平方米每月。

表 2　北京优质写字楼区域分布表

区域	存量（平方米）	比例（%）
中央商务区	1，508，817	22
金融街	1，155，250	17
中关村	1，282，429	19
燕莎	807，378	12
东二环	606，748	9
王府井	439，756	6
建国门	295，350	4
其它地区	775，066	11
合计	6，870，794	100

三、2007 年市场需求大幅增加，金融街地区国际特色更趋明显

2007 年，北京优质写字楼市场吸纳量达 61 万平方米，是自 2000 年以来最大的一年。根据入世协议，中国在 2006 年底完全对外开放了包括金融、保险、咨询等类别在内的多个行业，使得北京写字楼用户范围扩大，而能源、制造、物流等行业发展迅速，此类公司对写字楼需求上升，包括制药、汽车、计算机等公司的业务随着国内需求的升级而不断发展，对新工作人员需求也随之增加，同时刺激了市场对写字楼需求的快速上升，综合因素共同作用使得 2007 年写字楼市场需求上涨。CBD 区域写字楼租赁市场在 2007 年表现最为活跃，市场新增供应占全市新增供应的 51%，达 439，000 平方米，吸纳量则占全市的 38%，达 235，000 平方米，而租金年涨幅也最大，为 8.8%，表明该区域在市场中保持供需两旺的态势。CBD 是北京最主要的商务区，北京在建优质写字楼项目多集中于此。并且，以外资企业为代表的高端需求也多以 CBD 为主，上述两大因素造成 CBD 区域项目平均质素高于市场平均水平。

表 3　2007 年中央商务区写字楼租赁成交

物业	租户	租赁面积（平方米）
华贸中心	历峰集团	1，200
凯德大厦	米其林	2，700
凯德大厦	冠群电脑（中国）有限公司	7，000

续表

物业	租户	租赁面积（平方米）
华贸中心	伊藤忠商事株式会社	1，900
远洋国际中心	葛兰素史克公司	3，000
凯德大厦	中国国际金融有限公司	4，300
双子座大厦	国泰航空	1，165
远洋国际中心	惠普	2，887
远洋国际中心	富士通	7，300
汉威大厦	通用电器	5，000
华贸中心	安踏	1，500
华贸中心	汤姆逊	1，100
双子座大厦	挪威国家石油	1，300
金地中心	中环商务	1，200
万达广场	新光人寿保险	1，800
京汇大厦	三星投资公司	2，680
世纪财富中心	普华永道	5，600

金融街地区受到政府政策鼓励，整体区域环境、配套日益成熟、交通便捷以及写字楼硬件不断提高的共同作用，其租金水平对CBD内的项目形成了有力的竞争。外资金融机构对金融街地区写字楼的关注程度逐渐提高，多个大型机构频繁对该区域写字楼项目进行考察。随着中国人寿中心、卓著国际中心等优质项目的落成，为外资机构提供了更多的选择机会。同时，多个金融管理机构驻扎在金融街，为在该地区办公的金融机构带来更多便利，也刺激了市场对该区域项目需求。2007年金融街写字楼市场表现倍受市场关注，优质项目不断落成并进入市场，全年吸纳量较上年度上涨160%，达164，000平方米，租金上升幅度达8.5%，除此之外，租户更趋国际化是金融街地区最明显的变化，继摩根大通，瑞银，高盛后，法国兴业银行，美国花旗银行，英国路透社等外资公司和机构于2007年进驻该地区，更趋国际化使金融街地区写字楼吸引更多市场关注。金融街地区自2005年开始供应和需求特征发生转变，伴随着落成项目质素提高，并将外资公司和机构作为目标客户，同时聘请专业外资顾问公司进行市场推广，诸多举措在2005年底开始见效，外资公司金融机构开始积极搬迁金融街，一改该地区国资机构和中资公司为主要租户的局面。

表4　2007年金融街写字楼租赁成交

物业	租户	租赁面积（平方米）
英蓝国际中心	JP摩根	2，300
平安大厦	外汇管理局	1，000
中国人寿中心	中国核电技术公司	1，200
卓著国际中心	花旗银行	6，000
卓著国际中心	IBP	1，300
泰康国际中心	法国兴业银行	7，000
凯晨广场	路透社	2，000

中关村地区2007年表现相对较为平静，全年该地区没有新落成项目，使得中关村地区写字楼市场将空置面积逐渐进行消化，2007年该地区写字楼租金与上年度相比小幅上涨。

表5 2007年中关村写字楼租赁成交

物业	租户	租赁面积（平方米）
融科资讯中心	红帽子	1，300
理想大厦	BEA系统有限公司	2，700
融科咨询中心	索贝	2，300

除上述三个主要商务区外，燕莎、东二环、王府井、建国门等商务区也吸引了不同客户的需求，从而使北京优质写字楼需求全面上升。在需求上升的同时，各区域写字楼平均空置率表现各异。2007年底，全市写字楼平均空置率为14.1%，但有三个商务区空置率水平高于平均数，其中CBD最高，达26.4%，东二环和王府井分别为22.5%和16.4%，共同原因是短期新增供应量大，需要一段时间消化。同时，中关村、金融街、燕莎、建国门等区域平均空置率均低于10%。短期供应量小，并被市场快速吸纳，是上述商务区空置率水平低的主要原因。

表6 各区域平均空置情况一览表

区域	空置率（%）
CBD	26.4
金融街	8.2
中关村	5.2
燕莎	8.7
东二环	22.5
王府井	16.4
建国门	5.2

四、租金水平与销售价格

（一）年度租金上涨幅度较大

到2007年底，北京优质写字楼平均租金达每月每平方米193.1元人民币。较去年同期上升7.9%，在三个主要商务区中，CBD区域租金涨幅最大，在旺盛市场需求的刺激下，该区域租金年度涨幅达8.8%，现CBD优质写字楼租金报价每月每平方米231.7元人民币。在内资公司和机构需求不断上升的同时，外资机构需求也不断进入金融街，高租金承受能力和不断提供的写字楼品质带动金融街地区写字楼租金上涨，年度租金涨幅为8.5%，报价每月每平方米203.7元人民币，而中关村地区写字楼空置率持续下降，压力减小，租金与上年持平，报价每月每平方米155.2元人民币。

表7 各区域平均租金水平

单位：元/平方米·月

区域	2006年4季度	2007年4季度
中央商务区	213.0	231.7
金融街	187.8	203.7
中关村	155.1	155.2

续表

区域	2006 年 4 季度	2007 年 4 季度
燕莎	197. 1	220. 1
东二环	167. 4	187. 2
王府井	230. 8	234. 0
建国门	164. 0	167. 5
其它	124. 6	127. 7

（二）售价上涨较快，主要商务区项目仍然投资重点

2007 年底，北京优质写字楼平均售价每平方米 23，267 元，较上年度同比上升了 9. 2%，土地成本上升主要原因是需求上升导致售价上涨，而项目品质提高也是售价上涨原因之一。

在主要商务区中，售价上涨幅度最大的是金融街区域写字楼，现该地区优质项目平均售价为每平方米 28，667 元，较上年同期上涨了 23. 7%。金融街地区历来是国有公司和机构聚集区域，而此类市场需求又以购买物业自用为主，使得该地区写字楼销售市场成交较为活跃。2006 年，该地区不断有国际金融机构进驻，改变了金融街地区较为单一的客户结构，使该地区开始具有国际特色，这使得金融街优质写字楼开始吸引国际投资机构关注，外资机构需求与国有用户需求共同作用使得该区域写字楼售价上升幅度较大。年内该区域就有包括光大银行、交通银行以及中国邮政资产管理公司等机构购买整顿写字楼的交易完成。

另一个写字楼投资重点市场是 CBD 及周边地区，目前该地区写字楼平均售价为每平方米 25，875 元，较 2006 年上涨 17. 7%。CBD 区域商务设施齐备，交通便利，写字楼用户约 70% 用户为外资企业，需求稳定，平均租金高于全市平均水平 20%，这些有利因素成为众多投资机构追捧的理由，投资需求旺盛。由于当前政策限制，外资机构多在观望，内资机构则在市场中表现最为活跃。

2007年北京存量房市场分析

中大恒基

一、2007年北京存量房市场综述

2007年北京市二手房市场继续高速发展。全年成交量约90000套，较2006年76000套成交量上涨了18%，二手房整体成交均价比去年上涨了45%，房价的普涨达到了一个新的顶峰，9月份北京市13个城区整体二手房成交均价破万。在这一年中，国家一如既往的出台了一系列的宏观加细化的调控政策，如几次加息、“24号文件”及其陆续出台的廉租房、经济适用房等相关政策细则，“第二套房”，以及酝酿中的“物业税”等，直指房地产投机对房价的不良影响和庞大的中低端需求群体助推市场高烧不退的两个基本调整面。

（一）2007年存量房市场表现

1.2007年北京存量房交易量分析

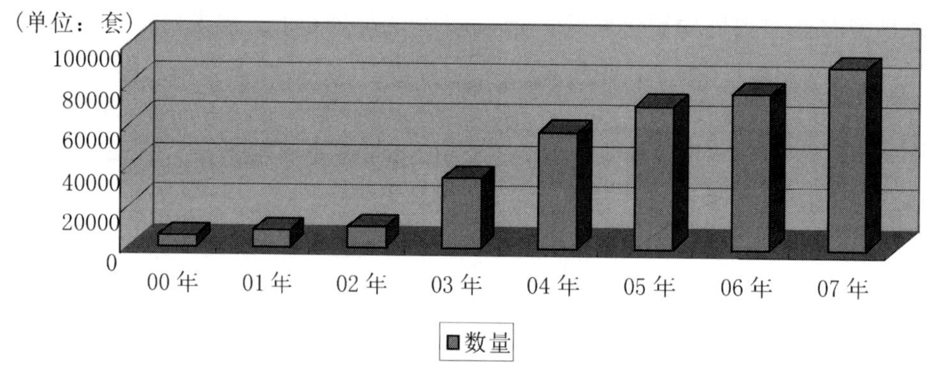

图1　2000年－2007年北京18区县二手房成交量变动分析图

2007年北京市二手房交易量达到9万套左右，较去年上涨幅度达到18.4%，再创历史新高。究其原因，中大恒基市场研究中心认为：第一，2006年的宏观调控在下半年抑制了部分需求，这部分需求在2007年得以释放；第二，诸多原因促使房价继续上涨，造成恐慌性需求增加；第三、房产投资需求膨胀明显，带动成交量和房价上涨。

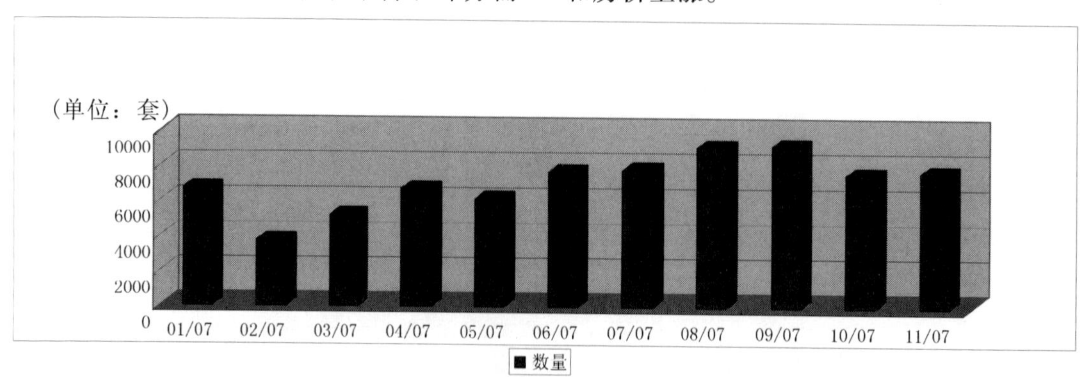

图2　2007年1月－11月北京18区县二手房成交变动分析图

从2007年1至11月份的交易量变动图来看，8、9月的成交比较活跃。通常，在一年中，低谷应该在春节前后，旺季一般出现在9、10月份，今年较往年成交量旺季提前，这主要是房价造成的，2007年房价是一个逐步上涨的过程，在经历了上半年的房价上涨后，购房人对房价下降的心理预期降低，购买需求在8、9月份进入交易阶段，交易量呈现大幅度上涨，同时，成交的增加让房价再创新高有了更强硬的理由，房价在11月达到一个顶峰。

2. 2007年1－11月北京13城区存量房成交均价分析

房价在2007年似乎没有受到任何阻力，9月份北京市13个城区的二手房成交均价整体突破万元大关，10月和11月份达到历史新高，以至于11月份二手房成交量出现了下降。

（二）2007年存量房市场重要因素分析

1. 房价一路普涨

从进入2007年一开始，北京市的二手房价格就进入了上升通道，并且出现了普遍上涨的情况。在13个城区中，城八区较通州、昌平和大兴等郊区来说，房价涨幅略低，而五环外郊区房价快速与城区缩小差距，上涨幅度远远超过了45%的平均水平线。

2. “恐慌性”需求

2007年的二手房市场从需求角度讲已经出现了一个不可忽视的购房群体，就是“恐慌性需求”。这部分需求已经占到了整个需求的40%左右。其中恐慌性需求中包括：由于房价持续上涨，致使部分置业需求提前；由于房价持续上涨，致使投机型需求的发生；由于房价的持续上涨，致使刚性需求更加坚决。这些需求都掺杂了恐慌性心理影响。

3. 郊区置业大势所趋

随着城区的房价普遍过万和大量二手商品房源的释放，2007年郊区二手房成交大有占据上风之势。这也是2006年我们早已经达成的共识。郊区如通州、昌平和大兴地区配套设施完成迅速，区域规划得力，交通状况逐步得到改善，区域内大量新楼盘项目释放出的优质二手次新房房源，其综合优势已经大大吸引了一批置业需求群体，再加上2007年商品房供应量的下降，一大批新房需求客户转移到了二手次新房上面来，带动了郊区二手房市场的繁荣局面。

4. 投资限内又限外

2007年房地产仍然属于高利润高回报率的产业，这在短期内难以改变，大量资金的流入对房价的一路拉高具有强劲的助推作用。2007年，投资性需求和恐慌性需求就占到了整体成交构成的60%以上，这一局面造成了大量的无力承担高房价的置业者只能继续观望。政府在2007年针对投资需求出台了比较细化的管理措施，如“第二套房”、“加息”以及酝酿中的“物业税”等。而对于外部投资，政府也出台了“限制外部对房地产投资的管理规定”，双管齐下。

5. “24号文件”保障性住房

政府在2007年正式出台住房保障体系的相关规定，今年实现530万平米的保障性住房和两限房用地供给，并于12月5日全部实现开工，以保证将大量的中低收入家庭得到相应的住房保障优惠政策，分流住房需求市场，降低市场压力挤压行业泡沫，这一文件的出台是继政府宣告房地产正式结束计划经济时代，步入市场经济之后，有一个具有里程碑意义的重大决策。

6. 流动性也拉动房价

从2007年二季度以来，居民消费指数上涨加快，通胀压力显现，流动性的过剩同样给房地产市场带来压力，大量资金涌入市场。CPI值的上涨带动了物价的普遍上涨，二手房成交房值大于75万元的在今年9月份开始超过整体成交比重的50%，在物价上涨而百姓收入没有明显上涨的前提下，流动性无形中也拉动了房价的上涨。

7. 轨道交通和奥运板块

城铁5号线路的开通和奥运板块的建设是2007年区域二手房市场最大的两个亮点。奥运板块辐射区域为：亚运村、北苑、学清路等，这些区域经过一年左右的市政规划建设，目前都已经焕然一新，无论是交通、配套设施还是环境，都得到较大改善，再加上这些都是围绕奥运中心地带的外围地区，紧邻奥运场馆，其房价上涨幅度也是明显高于其他地区，随着2008年奥运会召开在即，这些区域的租赁市场也逐渐进入状态，预计未来其市场热度仍将保持。

二、2007 年北京存量房市场成交数据分析

（一）2007 年北京 13 城区存量房交易面积比重分析

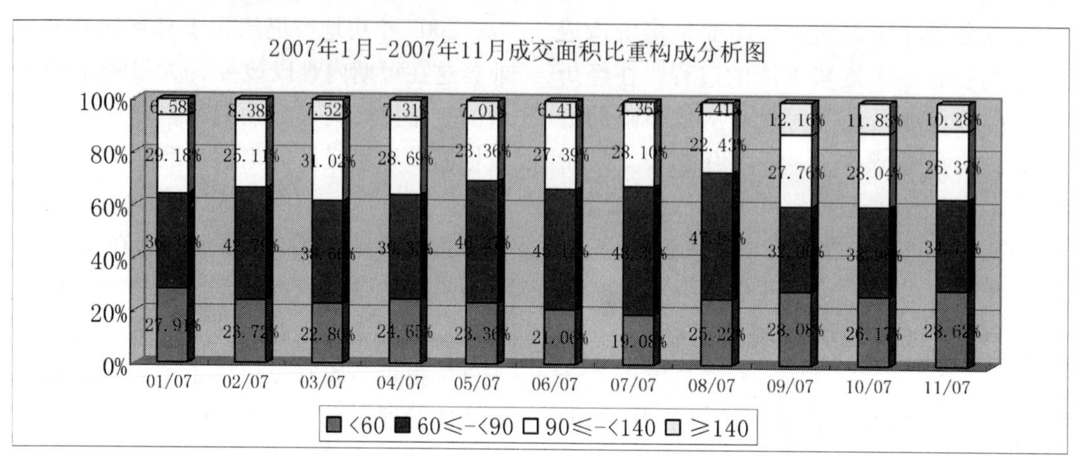

图 3　2007 年 1 月 -2007 年 11 月成交面积比重构成分析图

中大恒基市场研究中心数据显示，2007 全年存量房成交中，面积在 60 平米以下房屋成交比重呈上升趋势，由年初的 23% 左右上涨到年末的 29% 左右，成交比重上涨 6 个百分点。60 - 100 平米的房屋是成交的主流户型，全年看来成交比重呈现下降趋势，年初时成交占总成交的比重为 53% 左右，年末时为 42% 左右，下降了 10 个百分点。100 平米以上房屋成交比重增长明显，由年初的 23% 左右增长到 8、9、10 月的 31% 左右。

（二）2007 年北京 13 城区存量房房值比重分析

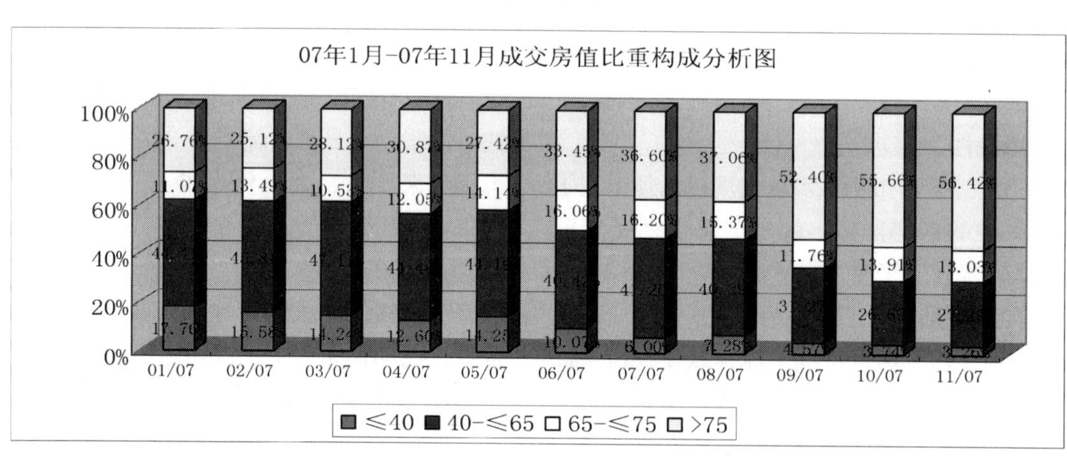

图 4　2007 年 1 月 -2007 年 11 月成交房值比重构成分析图

中大恒基市场研究中心数据显示，2007 全年存量房成交中，房屋总价在 40 万以下房屋年初时占总成交量的 15%，年末时仅占成交的 3.4%；100 万元以上房屋的成交比重年初时为 15%，年末时已经达到 33%，占了总成交量的三分之一。随着房价一路上扬，房值也由低位向高位移动，年末时成交房屋房值分布的主要区段由 40 - 80 万元转移到了 60 - 100 万元。而在今年 7 月，为了满足购房人公积金贷款的需求，北京住房公积金管理委员会将住房公积金贷款最高额度由 40 万提升到了 60 万元。恰好可以满足购买房值 85 万左右的房产。以往难以承担高息商贷且公积金贷款额度不足的客户，现在可以将买房计划推进到实施阶段，增加了主流房值房产的购买力。

（三）2007年北京13城区存量房均价比重分析

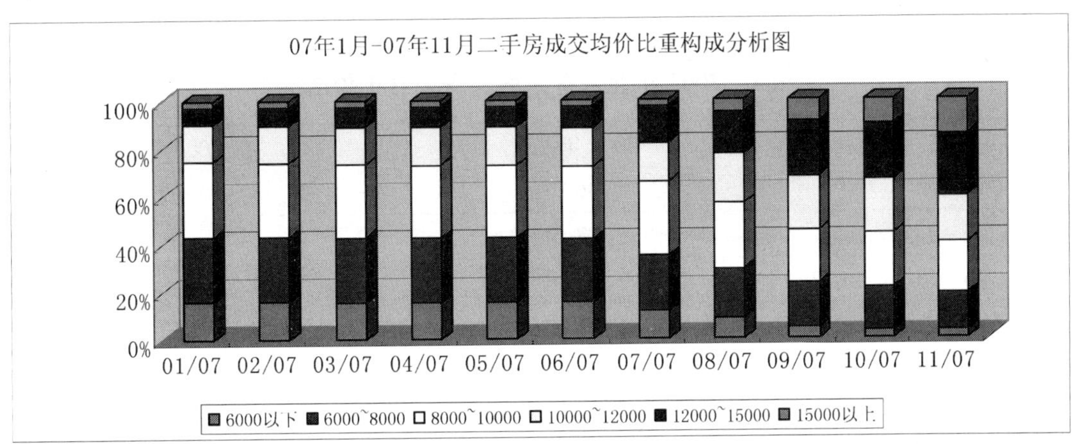

图5 2007年1月-2007年11月二手房成交均价比重构成分析图

中大恒基市场研究中心数据显示，2007全年存量房成交单价由低位区间迅速向高位区间转移，单价6000元以下房屋占总成交的四分之一左右，年末时只占到3.3%，单价万元以上的房屋年初时成交比重为20%，年末已经达到60%，单价15000元以上的高价房屋年初时成交比重为0.6%，年末已经上升到15%。中大恒基市场研究中心分析认为原因有两点：郊区房价涨势惊人，京城低价房骤减；恐慌性购房行为助涨房价，高房价区间比重加大。

（四）2007年北京13城区存量房付款方式比重分析

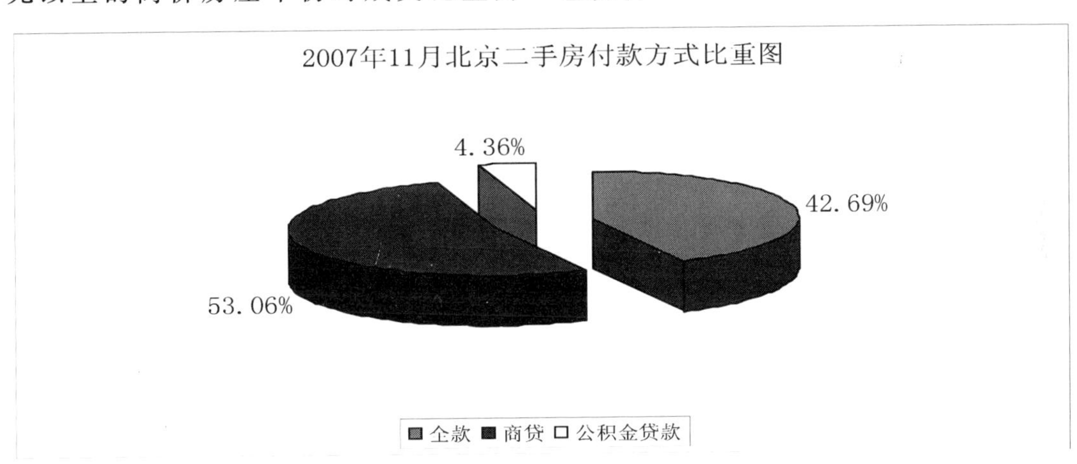

图6 2007年11月北京二手房付款方式比重图

中大恒基市场研究中心数据显示，2007年全年商贷客户比例由45.3%增加到53.06%，公积金贷款由3.2%增加到4.36%，全款购房客户比例下降。

房价的上涨导致房屋总价的上涨，2007年全年房值由低位区间向高位区间移动，至今，北京六成房屋售价超过百万。越来越高的房值使得客户全款购房的压力较大，更多的转向借助贷款来购买房屋。客户购房行为与银行关联日益紧密。

公积金贷款与商贷相比有着低利率的优势，同时“第二套的”的贷款新政不涉及公积金，所以让部分置办第二套及以上房产的客户，将购房方式转向公积金贷款，在以上因素的影响下，公积金的贷款比例提高。但是12月11日，央行和银监会联合发布《补充通知》，公积金贷款也被纳入有关规定的约束范围。此规定的实施将降低公积金贷款受追捧的程度，未来一段时间内，公积金贷款所占比例可能发生小幅波动。

（五）2007 年北京存量房购房人群年龄结构分析

表 1　2007 年北京存量房购房人群年龄结构

年龄	2006 年占比例	2007 年占比例
35 岁以下	36. 5%	42. 5%
35 -45	27. 5%	26. 5%
45 -55	20. 5%	18. 5%
55 岁以上	15. 5%	12. 5%
合计	100%	100%

70 后人群成京城二手房购买主力。近几年，二手房凭借其地段优越、品质优良、性价比高等优势受到越来越多购房者的关注。二手房购买人群不断增多的同时，其消费群体的年龄层次也在发生着变化，年轻人占的比例越来越多。年轻人在二手房购买人群中比例增加也给二手房市场带来一些新特点：年轻购房人群一般会选择在地理位置优越、交通便利区域购房。二手房与一手房相比较，不但价格便宜且品质优良，因此二手房成为这类购房人群的置业首选。交易形式方面，他们一般会选择去银行按揭贷款。年轻人一般会选择建筑年代在上世纪 90 年代或 2000 年左右的房屋，60 平方米左右的一室一厅将是他们的首选，对朝向不是很挑剔。若是两人世界的话，也可选择 100 平方米以下的两室一厅的房屋。

（六）2007 年北京存量房购房人群户籍所在地分析

据中大恒基市场研究中心统计显示，2007 年北京的二手房购买人群中，外地人购买的比例占整个市场的 57%，第一次超过了半数。

表 2　2007 年北京存量房购房人群户籍所在地分布

	2006 年	2007 年
北京户籍	62%	43%
其他户籍	38%	57%

奥运前后北京酒店市场

DTZ 戴德梁行酒店顾问部

前 言

随着北京2008年奥运会的即将来临，作为与奥运产业息息相关的酒店服务行业，近两年来发展的如火如荼。国内外的投资商为了抢食这块诱人的蛋糕，纷纷加大了在北京的投资力度，各种类型的酒店项目如雨后春笋般地涌现出来。那么近两年来北京酒店市场发展的真实情况究竟如何呢？以下，我们将对奥运前后的北京酒店市场做一个简单的分析。

一、北京星级酒店市场现状

根据北京市旅游局统计，截至2006年底，北京市的星级酒店数量已经达到700家，其中五星级37家，四星级91家，三星级228家，二星级292家，一星级52家。三星级以上酒店有一定的发展，2004年四、五星级的高档酒店占星级酒店总量的19.6%，2006年四、五星级的高档酒店占星级酒店总量的18.3%；北京星级酒店市场供应总量增加迅速，但高星级酒店发展速度相对缓慢，低星级酒店仍然占据市场主体，因此还有很大的提升潜力。2008年奥运会将使北京酒店市场的供给大幅增长，预计到2008年北京星级酒店将达到800家，客房13万间。

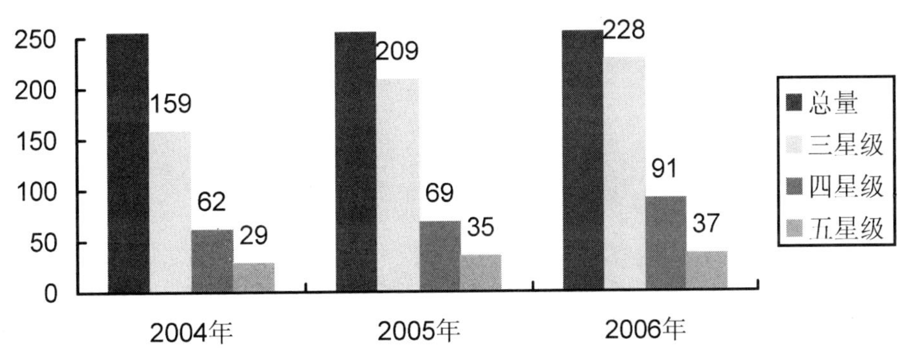

图1 2004年-2006年三星级至五星级酒店数量变化统计（单位：家）

数据来源：北京旅游局

二、经营情况

2004年-2006年，北京酒店市场运营状况良好，年平均房价和年平均出租率都呈现出稳步增长的态势。三星级以上的高星级酒店是拉动酒店业总体水平的主力军。

（一）平均房价

2004-2006近三年来，北京星级酒店的年平均房价一直呈上升态势，特别是四、五星级酒店的房价增长速度较快。2006年北京全市星级酒店的平均房价为460元/间夜。

（二）入住率

2004-2006年，由于北京星级酒店供给总量的快速增加以及平均房价的不断提高，使得市场的平均出租率有所降低，但四、五星级酒店的出租率还是能基本保持在70%左右的较高水平上。

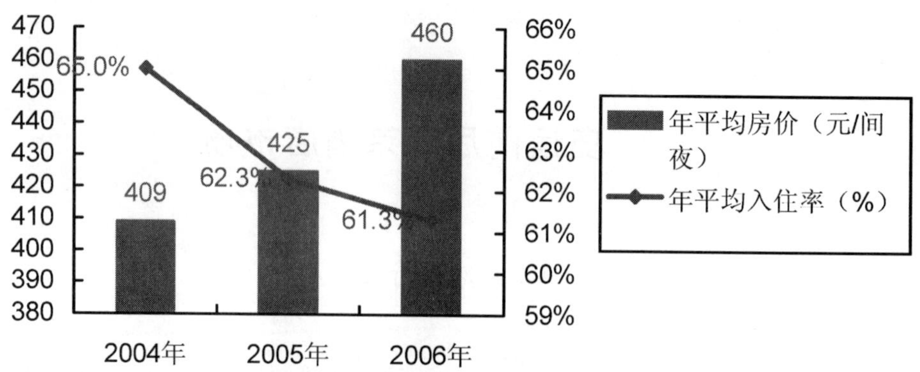

图 2　2004 年－2006 年星级酒店年平均房价/年平均入住率统计

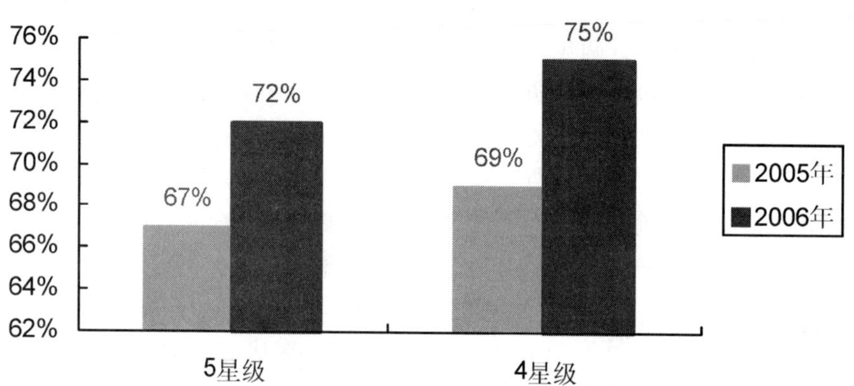

图 3　北京 4 星级，5 星级酒店平均出租率对比（2005 年－2006 年）

数据来源：戴德梁行

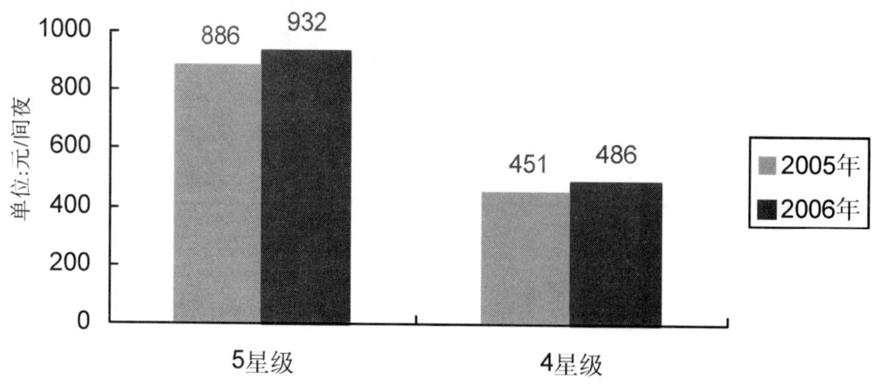

图 4　北京 4 星级，5 星级酒店平均房价对比（2005 年－2006 年）

数据来源：戴德梁行

三、简析

由以上数据不难看出，近两年来北京酒店市场已经进入了一个良性循环的轨道。去除非典因素影响，无论是平均房价还是平均出租率均保持了良好的增长势头。究其原因主要有以下几个方面：

（一）得益于中国总体经济的快速提升

众所周知，中国近 10 年来，经济增长势头劲猛，GDP 始终保持在两位数左右，这其中北京作为首都更是走在了其他城市的前列。经济的发展必将带动各行各业的发展，酒店行业也不乏其中。

（二）得益于北京深厚的文化底蕴、丰富的旅游资源、以及近年来软硬件建设地不断完善更新。使越来越多的国际游客愿意到中国来观光旅游。

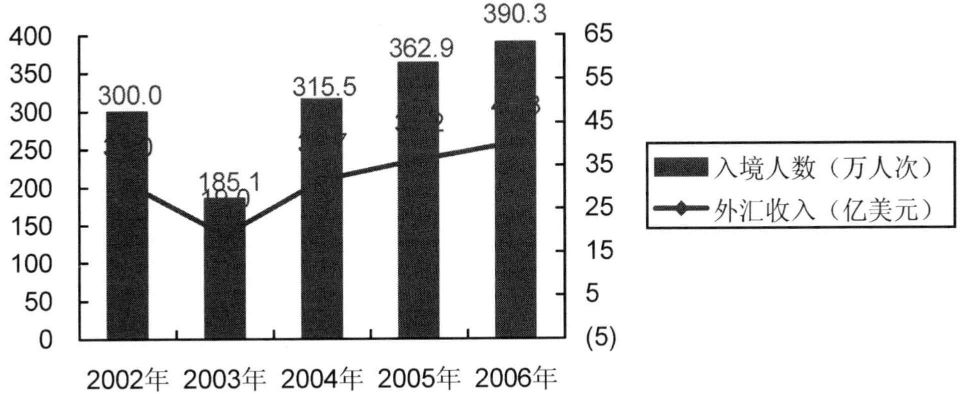

图5 2002 年 –2006 年北京入境旅客人数及外汇旅游收入统计

数据来源：北京统计局

（三）稳定的市场氛围，良好的投资环境吸引了更多的国内外投资者的目光，特别是北京的 2008 年奥运会和上海 2010 年的世博会，更给商家提供了无限的商机。目前，所有世界知名的酒店品牌都已进入中国，并且为了争夺更多的市场份额“杀得难解难分”。据戴德梁行不完全统计：

表1 北京在建和预建的酒店（2008 年前）

酒店星级	酒店数量（家）	所占比例
五星级	53（包括在建 29 家，拟建 9 家，未评星 15 家）	48.2%
四星级	41（包括在建 17 家，拟建 11 家，未评星 13 家）	37.3%
三星级	16（包括在建 3 家，拟建 1 家，未评星 12 家）	14.5%
总计	110	100%

数据来源：北京市旅游局

表2 2007 年北京即将开业的四、五星级酒店

酒店名称	星级	房间数	地点	酒店管理集团
华贸（JW 万豪和丽兹卡尔顿）	5	591 +305	CBD	万豪国际酒店集团
万达索菲特	5	421	CBD	雅高国际酒店集团
财富中心	5	250	CBD	洲际国际酒店集团
丽晶	5	400	CBD	美国卡尔森酒店集团
柏悦	5	237	CBD	凯悦国际酒店集团
歌华开元大酒店	5	558	鼓楼	开元国际酒店管理公司（国内）
马哥孛罗酒店	5	313	亚奥	马哥孛罗国际酒店集团
	总计	3,075		

表 3　2008 年北京即将开业的四、五星级酒店

酒店名称	星级	房间数	地点	酒店管理公司
富力万丽酒店	5	540	东三环	万豪国际酒店集团
北京万豪酒店	5	615	东二环	万豪国际酒店集团
凯悦	5	500	东二环	凯悦国际酒店集团
CBD 香格里拉（国贸三期）	5	300	CBD	香格里拉国际酒店集团
希尔顿扩建	5	120	燕莎	希尔顿国际酒店集团
北辰洲际酒店	5	330	亚奥	洲际国际酒店集团
开元名都大酒店	5	280	宣武区	开元国际酒店管理公司（国内）
	总计	2，685		
其他（规划）	亚运村名人大酒店附近将规划建设一个四星级酒店； 飘亮购物中心北 500 米左右将建造一个高档酒店； 紧临西侧的摩根大厦将建造一个三万平方米的五星级酒店。			

四、发展趋势

（一）根据中国政府对国际奥林匹克委员会的承诺，至 2008 年北京奥运会召开前，北京将有 800 家星级酒店投入使用。

（二）根据前面提供的数据可以得出：在星级酒店的发展过程中，高星级的酒店越来越受消费者和投资者的青睐，并且有愈演愈烈的趋势。像上述 JW 万豪、Ritz-Carlton 这些顶级酒店品牌在 10 年前都不可想象会进入中国酒店市场。另外，代表世界最高水准的酒店品牌身影也出现在了中国市场。众所周知阿联酋迪拜的七星饭店 - 帆船酒店以其独特的设计理念，美轮美奂的内外装饰，以及顶级的服务水准赢得业内外人士的一致好评，它绝不等同于我们一般传统意义上的星级酒店，可以说是精品酒店中的精品。今天，像这样的酒店离我们已经不再遥远，与帆船酒店同属一家管理公司的阿联酋的朱美拉（Jumeirah）汉唐新天地酒店也将在上海开业。

（三）平均房价与平均出租率成正比良性发展。一直以来，在中国酒店业最发达的城市是上海，但是截至 2006 年底，北京的高星级酒店市场无论是平均出租率还是平均房价水平都已超越了上海，在 2008 年奥运会前后，这种强劲的势头势必将得到保持。虽然我们看到，酒店越建越多，越建越豪华。但是在目前中国经济高速增长的大环境的带动下，在内需外力强力的作用下，酒店市场还是有很大的需求空间的。

（四）北京的酒店行业虽然在近两年得到了长足的发展，但是和欧美一些国家成熟的酒店市场相比还是存在着很大差距。硬件、软件上的差距暂且不说；就以平均房价的水平而言就存在着不小的距离。北京 2006 年 5 星级酒店的平均房价在 120 美元左右；而据我们了解，在一个普通的欧洲城市的 5 星级酒店的平均房价都可以达到 300 美元左右。当然，这里有国情、货币制度等诸多因素的差异。但是，至少我们可以看到，我国酒店行业的发展潜力还是十分巨大的。特别是对于北京来讲，抓住这次千载难逢的奥运契机，使我们的酒店行业有一个量和质的飞跃，应该是作为一个酒店人的机遇和挑战。

北京工业用地[①]市场分析

北京首佳房地产评估有限公司

2006年8月31日，国务院颁发了《关于加强土地调控有关问题的通知》（国发［2006］31号）。文件规定了“工业用地出让最低价标准，并明确要求工业用地必须采用招标拍卖挂牌方式出让”。工业用地出让最低价标准的确定以及供地方式的改变，使得北京工业用地市场将逐步走向公开化、市场化，引起人们更多的关注。

近年来，北京工业用地出让十分活跃，为经济发展做出了很大贡献。2007年北京实现工业增加值2053.3亿元，同比增长13%，约占地区生产总值的23%，高技术制造业、现代制造业等工业企业，对国民经济的快速发展起着重要的支撑作用。

一、北京工业用地出让情况分析

（一）近年工业用地出让面积呈现阶段性大幅上涨

据统计，自1992年以来，北京共出让工业用地约为7243公顷。其中，2000年以前，工业用地出让总面积约为2219公顷，占出让总量的31%；2001－2007年工业用地出让总面积约为5024公顷，占出让总量的69%。从中可以看出，自2001年以来，工业用地出让呈现总体阶段性大幅增长的发展趋势，2007年更是达到历史最高值，工业用地出让面积约为1324公顷（详见图1）。北京经济平稳快速发展及奥运会等因素，使得更多跨国企业、高新技术企业落户京城，带来了更大的土地需求。从而使得近年来北京工业用地需求呈现阶段性大幅增加。

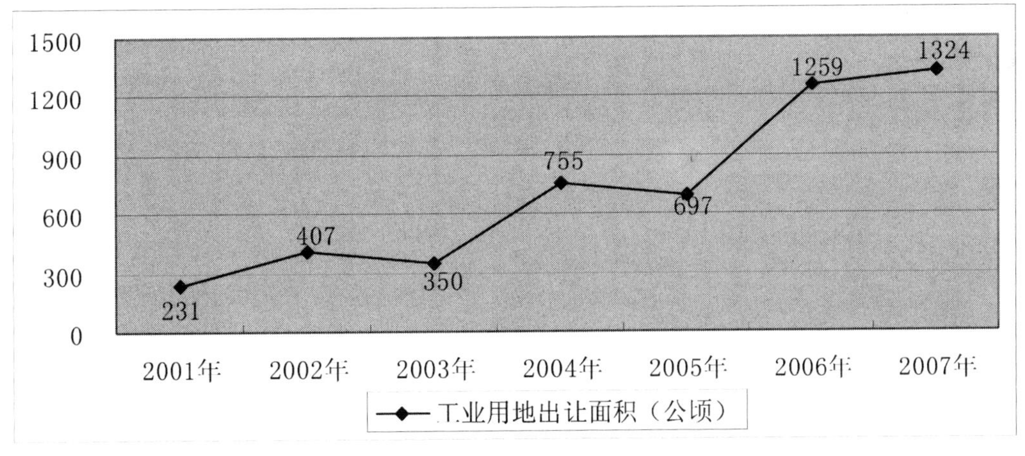

图1　2001－2007年各年工业用地出让情况走势图

（二）远郊区的工业用地出让十分活跃，约占总量的70%

从区域分布来看，北京工业用地分布在18个区县。远郊区是工业用地出让的主要区域，出让

① 在目前土地市场中，工业用地的取得有多种方式：协议出让、划拨及租赁等，本文中的工业用地仅是指通过出让方式获得的土地。

工业用地853宗，出让面积约为4121公顷，约占工业用地出让总面积的69.7%；其次是近郊区，出让面积约为1781公顷，所占比重约为30.1%；城区内工业用地供应量极少（详见表1）。其主要原因在于：第一，为了减少工业企业的污染扰民，提高市容及2008年奥运会举办的环境要求，北京鼓励城八区内工业企业外迁，而且城区内基本不再受理工业用地出让；第二，远郊区的工业区较多，地价相对较低。各区县为了招商引资，提供较多优惠政策，吸引了众多工业企业。

表1 1992－2007年北京工业用地出让区域分布情况一览表

区域		数量（宗）	所占比重	出让面积（公顷）	所占比重
城区	东城区	7	0.4%	2	约0%
	西城区	10	0.6%	6	0.1%
	崇文区	11	0.7%	4	0.1%
	宣武区	8	0.5%	8	0.1%
	小　计	27	2.2%	20	0.3%
近郊区	朝阳区	160	9.7%	828	11.4%
	海淀区	201	12%	719	10%
	丰台区	139	8.4%	356	4.9%
	石景山区	82	5.0%	231	3.2%
	小　计	582	35.2%	2134	25.9%
远郊区	通州区	148	8.9%	923	12.7%
	大兴区	259	15.6%	843	11.6%
	昌平区	170	10.3%	793	11%
	房山区	86	5.2%	736	10.2%
	顺义区	61	3.7%	668	9.2%
	怀柔区	98	5.9%	351	4.8%
	门头沟区	91	5.5%	250	3.5%
	密云县	54	3.3%	239	3.3%
	平谷区	49	3.0%	200	2.8%
	延庆县	21	1.3%	85	1.2%
	小计	4037	62%	5089	70.3%
合计		1655	100%	7423	100%

从行政区域工业用地出让情况来看，工业用地出让最活跃的区域是远郊区中的通州区，出让面积约为923公顷，所占比重为12.7%；其次是近郊区中的大兴区，出让面积约为843公顷，占出让总量的11.6%；再次是朝阳区和昌平区，出让面积分别为828公顷和793公顷，另外，房山区和海淀区的所占比重也在10%以上。

（三）工业园区是工业用地出让的重要区域，约30%的工业用地来自工业园区

北京共出让工业用地约为7423公顷，其中来自工业园区的工业用地约为2267公顷，占北京工业用地出让总面积的31%，是北京工业用地出让的重要区域。其中，国家级开发区出让面积约为1067公顷，约占工业园区出让总面积的47%。其中，中关村科技园区出让面积最大，约为974公顷，占园区总出让面积的43%；省市级开发区出让面积约为1393公顷，约占57%。其中，出让面积较大的开发区有：北京雁栖经济开发区，工业用地出让面积约为256公顷，占园区总出让面积的11%；北京通州经济开发区，出让面积约为217公顷，占园区总出让面积的10%等。工业园区内的开发程度较高、配套较全、交通条件较好，而且享受众多优惠政策，是国内外知名企业的首选，今后随着工业用地市场的逐步规范，成熟，工业园区将起着更大作用。

二、北京工业园区市场分析

土地是工业发展的必备要素之一。为了集约利用土地，北京市土地供应计划提出，工业用地应向开发区（园区）集中，除重大、特殊项目外，一般不得在开发区（园区）外单独选址，并鼓励其按产业类别和技术层次向开发区（园区）。北京工业园区市场状况具体如下：

（一）园区供应分析

在2004年全国的园区清理整顿工作中，北京开发区由原来的470个缩减为28个，开发区规划面积则由87609公顷减少到40532公顷，2006年这28个园区上报国土资源部审核时，进一步整顿及合并，形成了三个国家级开发区（中关村科技园区包括七个园区和一个基地）及16个市级开发区，开发区的规划面积减少到34584公顷。现有开发区规划土地面积仅占原区规划面积的39%。其中，国家级开发区现规划面积约为27506公顷，约占总规划面积的80%；市级开发区现有规划面积约为7079公顷，约占总规划面积的20%（详见表2）。从现有的开发区来看，呈现以下特点：

1. 开发区进行重新整合、规划。从国土资源部对北京开发区的批复来看，北京通过对开发区归属与定位的重新整合、规划，使得园区设立更加合理化。整合后，北京只保留了19个市级以上开发区（三个国家级和16个省市级），区县级的开发区已经合并或取消。例如，将大兴生物产业基地、光机电一体化产业基地、国家环保产业园等专业园区并入中关村科技园区；对于远郊区县的开发区进行合并，如将怀柔区的三个开发区，合并成了雁栖经济开发区；将平谷的两个开发区合并成北京兴谷经济开发区，通州的两个开发区合并成北京通州经济开发区。

2. 开发区的开发程度较高。随着工业园区的开发完善，其基础设施的开发程度也日渐完善，从北京现保留的19个开发区来看，其开发程度都完成了“六通一平”，其中，完成“七通一平”以上的园区共有13个，约占总园区数量的70%左右。

3. 市级开发区规划面积大幅减少。从新批准规划园区的土地面积来看，国家级开发区的规划面积变化不大，比原规划面积减少了3%左右；而市级开发区的新规划面积则呈现大幅减少，比原规划面积减少了42%左右。其中，除了合并的几个开发区外，其他大多数开发区规划面积都减少了60%以上。

（二）园区需求情况分析

1. 经济快速稳定发展，众多企业落户北京，带动了园区工业用地的需求

北京经济平稳快速增长及首都效应，吸引了众多企业来北京投资。为了吸引更多国外知名企业落户北京，北京设立了众多定位不同的开发区。据统计显示，2007年末全市共有开发区19个，累计入区企业37327个，比上年末增加4658个；其中投产企业31397个，增加3610个。各类开发区实现总收入11128亿元，增长25.3%；实现利润818.3亿元，增长44.3%；应缴税金508.9亿元，增长33.8%。其中国家级开发区对经济发展的带动尤为明显。例如，中关村科技园区投产开业企业26704个，实现总收入8595.8亿元，出口创汇151.2亿美元，实现利润733.8亿元，应缴税金319.4亿元。北京市经济技术开发区投产开业企业952个，实现总收入2814亿元，实现利润271亿元，应缴税金121.1亿元。

2. 电子信息、光机电一体化、生物医药及新材料等高新技术产业、制造业成为工业园区的主要需求企业

2007年北京规模以上工业企业完成增加值1992.1亿元，增长13.4%，其中高技术制造业、现代制造业完成增加值557.3亿元和802.3亿元，

占规模以上工业增加值的比重分别为28%和40.3%。中关村科技园区、北京经济技术开发区、北京天竺出口加工区这三个国家级开发区主都是以电子信息、光机电一体化等产业的入驻企业为主；在北京26个开发园区中（中关村科技园包含“七园一基地”），约有40%以上的园区是以电子信息、光机电一体化、生物医药及新材料等产业为主。

（三）园区价格水平分析

1. 工业用地的出让金一般在50－100元/平方米之间

从工业园区出让金价格水平来看，北京工业园区的出让金增长保持相对平稳，价格水平略有上升。2007年，工业园区的工业用地出让金价格水平大约分为三个档次：50元/平方米以下，这些园区一般位于偏远的郊区县，如延庆、平谷、怀柔和密云等；这些区县由于距离市中心较远、交通便捷度及区位条件相对较差；50－100元/平方米之间，这些园区一般位于邻近城区的郊区县，如通州、大兴、昌平和顺义等郊区县；100元/平方米以上，这些园区一般是位于城区之内，如中关村科技园（详见表2）。

表2　北京现有开发区状况一览表

级别	序号	开发区名称	原开发区名称	原规划面积（公顷）	现规划面积（公顷）	出让金（元/m²）	熟地价（万元/亩）	标准厂房租金（元/m²·天）
国家级	1	中关村科技园区	海淀园（永丰产业基地等）	23341	23253	110－160	140	2
			德胜园（西外、德外、雍和园）			320	—	—
			昌平园（北、南区、生命科学园）			130－150	30－40	1.5
			丰台园（东、西区）			130	—	—
			电子城（东、西、北区和健翔园）			120－130	—	1.6
			亦庄园（光机电产业基地等）			80	40	1－1.2
			石景山园（南、北区）			120	—	1－1.5
			大兴生物医药基地			80	35	1.4
	2	北京经济技术开发区	路东新区、核心区、南部新区	4680	3980	100	35	1.5
	3	北京天竺出口加工区	—	272.6	272.6	80	45	—
	小计	—	—	28293.6	27505.6	—	—	—
市级	1	北京大兴经济开发区	原北京大兴工业开发区	1000	415.99	90－100	70	—
	2	北京良乡经济开发区	原北京良乡工业开发区	600	240	80	40－50	—

续表

级别	序号	开发区名称	原开发区名称	原规划面积（公顷）	现规划面积（公顷）	出让金（元/m^2）	熟地价（万元/亩）	标准厂房租金（元/m^2·天）
市级	3	北京林河经济开发区	原北京林河工业开发区	416	416	80	55	1
	4	北京密云经济开发区	原北京密云工业开发区	1260	352.71	42	35	0.6
	5	北京石龙经济开发区	原北京石龙工业开发区	800	150	50-80	50	1
	6	北京天竺空港经济开发区	原北京天竺空港工业开发区	780	878	100	75	1.2-1.8
	7	北京通州经济开发区	东区（原通州轻纺服装服饰园区）	360	722.98	75-100	45	—
			西区（原北京通州工业开发区）	828				—
	8	北京延庆经济开发区	原北京延庆经济技术开发区	656	303.53	30	20-30	0.3
	9	北京永乐经济开发区	原北京市永乐经济开发区	1300	460	50	45	0.8-1
	10	北京八达岭经济开发区	原延庆县北京八达岭工业开发区	489.1	481	36	20	—
	11	北京房山工业园区	原房山区科技工业园区	243.43	241.43	75	40	—
	12	北京昌平小汤山工业园区	原昌平区小汤山工业区	230	122.3	100	25-30	—
	13	北京采育经济开发区	原北京大兴采育科技园	500	130	60	40	—
	14	北京雁栖经济开发区	A区（原北京怀柔雁栖工业开发区）	1493	1096	50	40-60	0.5-1
			B区（怀柔区北房经纬工业小区）					
			C区（北京凤翔科技开发区）					
	15	北京兴谷经济开发区	A区（原北京兴谷工业开发区）	503	978.79	45	30	0.5-0.6
			B区（原北京市平谷区滨河工业区）	247				
	16	北京马坊工业园区	原平谷区马坊工业区	533	90.48	38	18	—
	小计	—	—	12238.53	7078.73	—	—	—
	总计	—	—	40532.13	34584.33	—	—	—

2. 工业园区的熟地价（报价）快速上涨，一般在30－60万元/亩之间

从2007年工业园区熟地价水平来看，大部分开发区的熟地价水平快速上涨，涨幅约为10%－30%。北京工业园区的熟地价水平差别较大，从20－150万元/亩不等，其中，约有20%的工业园区熟地价在30万元/亩以下，熟地价较低的园区一般位于较为偏远的郊区县，如延庆县，其工业园区的熟地价格约为20万元/亩；约有55%的工业园区熟地价在30－60万元/亩之间，昌平、大兴、通州、怀柔等工业园区熟地价一般都在这个区间内；60万元/亩以上的工业园区较少，约占25%左右；仅有中关村科技园内的部分园区熟地价在100万元水平之上。

工业园区熟地价快速上涨，主要是受以下几方面的原因影响：一是早期工业园区不成熟，基础设施配套不全，再加上各区县为了招商引资，实行低地价策略，使得以前工业园区的熟地价保持在较低水平；随着园区建设深入，区内开发程度日渐完善，入区企业的增加，产业集聚度在不断提高，促使园区熟地价在不断提高；二是，通过前期的出让，许多园区一期用地已出让完毕，各园区可供出让的用地在不断减少，也使得熟地价在不断上升；三是工业园区后期征地补偿的提高，导致开发成本的不断上升，也进一步促进了园区熟地价水平的提高。

3. 工业园区标准厂房租金水平（报价）一般在0.5－1.5元/平方米．天

从工业园区的标准厂房租金水平来看，大部分开发区的标准厂房租金都较为平稳。其租金水平也差别不大，约90%的工业园区的标准厂房租金在0.5－1.5元/平方米·天，其中，约有40%的工业园区标准厂房租金1元/平方米以下，50%的工业园区的标准厂房租金在1－1.5元/平方米．天之间，只有中关村科技园中少数工业园区的标准厂房租金在1.5元/平方米·天之上（详见表2）。

2008 年房地产市场发展趋势分析及建议

中国指数研究院

一、2008 年房地产市场预测分析

2007 年国家不断出台相关政策，加大对房地产行业的宏观调控力度。因此，2008 年房地产市场运行不仅受市场本身供求变化的影响，而且与国家宏观经济形势和政策环境的变化息息相关。

（一）从市场的需求情况看，2008 年房地产市场需求将持续旺盛，而供给总量仍显不足

目前的房地产市场需求主要来自四个方面：一是快速城镇化带来的新增城市人口的需求；二是国民经济稳定增长，居民收入持续增加带来的改善性需求；三是人口结构变化和旧城改造、城镇房屋拆迁带来的刚性需求；四是流动性过剩、物价上涨、通胀压力、负利率造成的投资、投机性需求。此外，还有人民币升值导致外资投资需求。综合这些因素，构成了住房需求的旺盛。从供给方面看，我国人多地少的国情和国家采取的从紧货币政策，使开发建设规模难以满足需求；再加上南方一些省市受大雪和冰冻天气的影响，延续了一些项目的开工，使供需偏紧的压力进一步加大。

（二）在宏观经济形势影响和国家调控政策的引导下，房地产市场运行将相对平稳

房地产业与国计民生关系重大。2008 年，国家为防止经济增长由偏快转过热，将会继续加强和改善宏观调控，实施稳健的财政政策和从紧的货币政策。稳健的财政政策和从紧的货币政策，也有利于防止房地产泡沫的形成与积累。房地产市场运行也将会在宏观经济形势影响和国家调控政策的引导下相对平稳。温家宝总理在今年的政府工作报告中明确指出："要坚定不移地推进住房改革和建设，让人民群众安居乐业"；要"促进房地产业持续稳定健康发展"。国家在今年的机构改革中，又将建设部改为"住房和城乡建设部"，这充分说明了国家对住宅与房地产业发展的重视。因此，房地产业将逐渐步入持续健康发展的轨道。

（三）2008 年房地产市场中存在一部分不确定因素，但产业发展总体趋向理性回归

美国次贷危机的警示和我国政府采取的从紧的货币政策，不仅要求控制新增贷款的总量，同时还首次采取了按季控制贷款的方式。我国房地产企业开发资金主要来自银行贷款和房屋预售款，严控房地产开发贷款，必将导致房地产开发企业资金紧缺，这将对房地产市场的供应产生影响。

另一方面，信贷紧缩，也明显影响了住房的需求。2007 年，个人按揭贷款同比增长高达 88.4%。个人按揭贷款不仅有力地支持了个人住房需求，而且已成为房地产开发资金来源的重要组成部分。个人按揭贷款投放量的减少，对市场的影响显然也是很大的。此外，提高第二套房贷的首付比例、多次加息，也抑制了部分改善性需求；高房价与普通居民购买力的脱节，部分城市成交量阶段性下降，引发消费者对未来走势信心的变化；信息的不透明和舆论的不恰当宣传，在一定程度上更加重了购房者的观望。

尽管 2008 年的房地产市场存在诸多的不确定因素，但各级政府促进房地产业健康发展的态度是坚定的。当前，各地正在进一步落实住房保障措施，进一步落实新建住房的结构比例要求，抓紧编制并落实 2008 年的住房建设计划和 2008—2012 年的住房建设规划，并采取措施控制房价的过快上涨。因此，2008 年的房地产市场，将是朝着国家明确的"总量基本平衡、结构基本合理、价格基本稳定"的目标迈出实质性步伐的一年，是房地产理性回归的一年。这也是各级政府、广大群众和我们房地产行业所期盼的。

当然，随着企业开发资金的紧缺和市场的不断规范，企业间的优胜劣汰、合并、重组会加快。

开发企业一定要把企业自身的发展目标和开发战略放在这个大局中加以调整。要在明确定位、研究开发地域方向的同时，把重点放在加强管理，提高项目质量上。

二、2008 年房地产市场发展的几点建议

在今年的政府工作报告中，温总理对2008 年的住宅建设和房地产工作明确提出了三项指导原则和四项具体措施。认真贯彻落实好总理这些指示，就能促进房地产业的持续稳定健康发展。为协助政府贯彻落实好总理提出的要求，我们提出如下建议：

（一）既要稳定政策、狠抓落实，又要因地制宜、分类指导

目前，房地产市场中观望气氛浓厚，原因之一是观望政府近期还有没有新的政策措施出台。为了实现房地产市场的平稳发展，就要保持政策的连续性和稳定性，继续完善和落实现有的调控政策。今年，要特别落实和完善好三方面的政策。

一是继续落实合理供应土地、节约使用土地的政策。切实落实各地已经制定的土地供应计划和年度住房建设计划，优先满足保障性住房、努力增加中低价位、中小套型普通住房的土地供应；严格执行对闲置土地的处置力度，盘活存量土地。

二是进一步落实和完善有区别的税收、信贷政策，落实保障性需求，支持自住性需求，引导改善性需求，限制投资性需求，遏制投机性需求，支持中低收入家庭购买首套中小套型住房。

三是加大政府投入，进一步落实住房保障政策，扩大住房保障的覆盖面。

我国地域辽阔，地区之间的经济发展和市场化程度差异很大，再加上房地产市场区域性强，因此，国家在调控房地产市场时，既要坚持统一政策，又要坚持因地制宜，分类指导，并注重发挥地方政府的主观能动性。对局部地区房地产市场出现的问题，建议由部际联席会议单位与地方共同加强调查研究，找准问题症结所在，有针对性地采取管理和调控措施。

要坚持市场化的政策导向，正确发挥政府和市场的作用。对一些地方正在组织建设的限价房和正在探索的经济租用房等办法，要在总结经验的基础上，争取尽早出台有关部委共同制定的指导性文件。对方向正确，制定全国性政策有困难的，应鼓励有条件的地方先行试点。建议在城乡统筹试点的地区，研究制定将城市建设用地增加和农村建设用地减少、特别是将城市住宅用地增加与农村宅基地减少相挂钩的政策，为今后长期有效的提供住房建设用地、实现土地资源最大效益和合理利用创造条件。要加强对舆论的引导，防止少数媒体将局部地区的市场波动夸大渲染。

（二）不失时机地拓宽房地产融资渠道

当前，房地产企业自筹资金在开发资金来源中的比重还很少，房地产开发资金主要依靠国内银行贷款。在房地产信贷管理进一步严格而流动性过剩的情况下，建议不失时机地拓宽融资渠道，创新房地产金融产品。支持房地产开发企业通过股权合作、上市等渠道筹集开发资金；对积极开发中小户型、中低价位普通商品住宅的企业、对推动省地节能环保型住宅的企业，给予融资的支持。通过大力发展住房产业投资基金、住房债券、房地产信托等融资工具，将流入房地产投资性消费的资金和保险基金、养老基金引导到住房融资市场，吸引社会资金进入住房开发和住房保障领域，以缓解由于投资渠道短缺、住房投资性需求的增加给市场带来的压力。积极探索商业性与政策性相结合的住房融资模式和运作机制，实行差别化住房信贷政策、发展多样化住房信贷机构、健全住房金融风险分担和转移体系、拓宽资金渠道，支持和鼓励广大的中等收入家庭通过市场，特别是二手房市场解决住房问题，使住房资源更加合理、有效的利用。

（三）大力培育和发展二手房市场及租赁市场

解决群众的住房问题要坚持租售并举。目前，空置房下降、闲置房上升，发展房屋租赁，可以推动拥有两套以上住房的家庭，将房屋引向消费市场，提高住房的使用效率。为培育和发展租赁市场，建议政府要调整税收结构、合并税种、降低税率。各地要切实落实财政部、国家税务总局新出台的有关住房租赁税收的优惠政策，以活跃房屋租赁市场。为促进二手房交易，在增加住房保有环节税收的同时，要减少住房流转环节的税收，并允许地方政府能根据当地的供求情况，因

地制宜调整住房转让环节的营业税政策。

（四）加强房地产信息体系建设，完善房地产预警、预报机制

近期部分城市市场出现的波动和当前房地产市场中存在的很多不确定性，加重了一些地方对市场的观望气氛。这一情况的出现，也说明了加强房地产信息体系建设，完善房地产预警、预报机制工作的重要性。一是要建立和完善房地产指标体系，对房地产市场的运行进行测定、监视、评价、预测和报告，准确判断市场的运行状态；二是进一步完善房地产信息的发布工作，规范发布的内容、程序、范围和时间，及时向社会提供真实完整的土地资源情况、政府年度供地计划和年度住房建设计划、房地产供求情况、租赁市场的房源、房地产租售价格等信息。通过加强信息体系建设，引导开发商理性开发，购房者理性消费，同时，为管理部门制定相关政策提供可靠依据。

2007 年北京市商业房地产[①]市场回顾

北京中原地产

一、北京市商业房地产市场供应情况

2007 年商业地产市场期房供应达 186.78 万平方米，较之 2006 年有所下降；朝阳区、海淀区、丰台区继续商业供应热点区域，丰台区供应增幅明显；2007 年成交面积达 127.21 万平米，占供应的 69%，较之 2006 年的 38% 增幅明显。

（一）总体供应 186.78 万平方米，较上年有所下降

2007 年 1 月—11 月北京商业市场期房供应面积为 186.78 万平方米，共计 6939 套。2006 年 1 月 - 11 月北京商业市场期房供应面积为 246.4 万平方米，共计 14210 套。（注：由于本统计按照期房销售情况统计，全部为出售型商业，鉴于 2007 年较多开发商变换新增商用物业处置形式，即出租型商业供应比较往年占据较多市场份额，因此 2007 年商业期房市供应较往年略低）

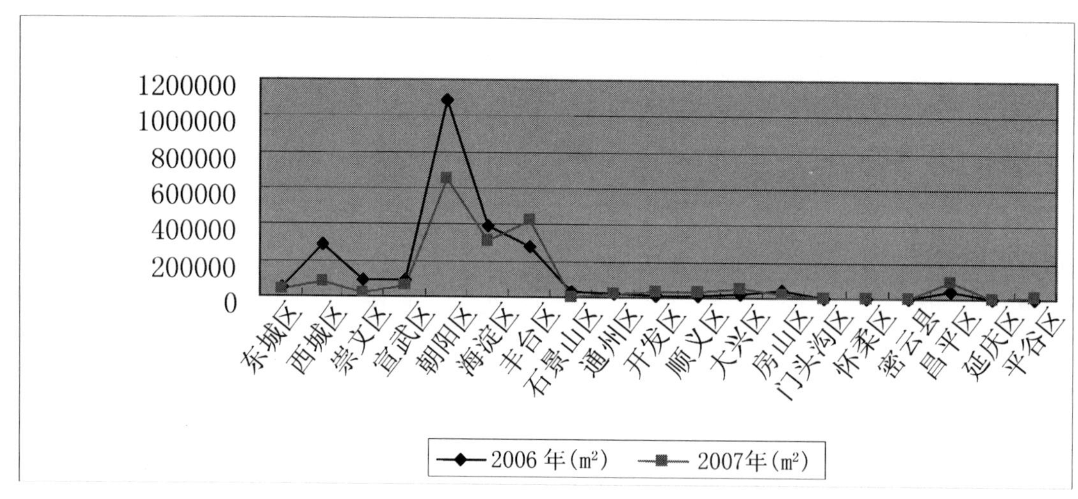

图 1　2006 年与 2007 年北京商业期房供应量对比

（二）朝阳区、海淀区、丰台区仍是热点供应区域，丰台区供应量增幅明显

2007 年北京市商业用房供应量最高的区域为朝阳区，总供应面积约 65 万平方米，占整个北京市总供应量的 35%，其次为丰台区，供应面积约 43 万平米，占 23%，再次是海淀区，供应面积约 32 万平米，占 17%。

① 统计口径：新增供应为在统计期间内取得预售许可证的项目所供应的体量。成交量为在统计期间内进行网上登记的成交体量，成交价格为网上登记的真实成交价格。

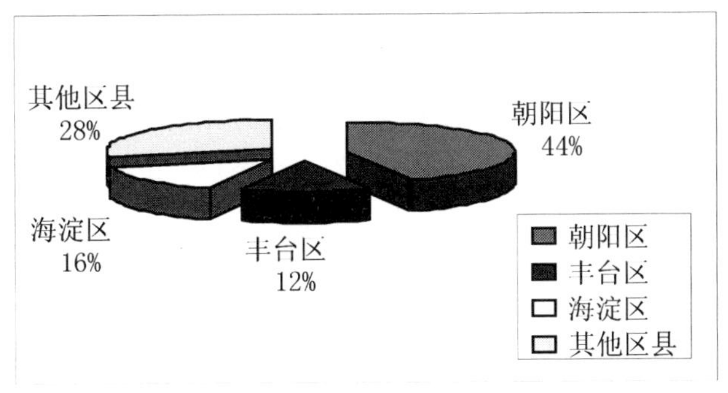

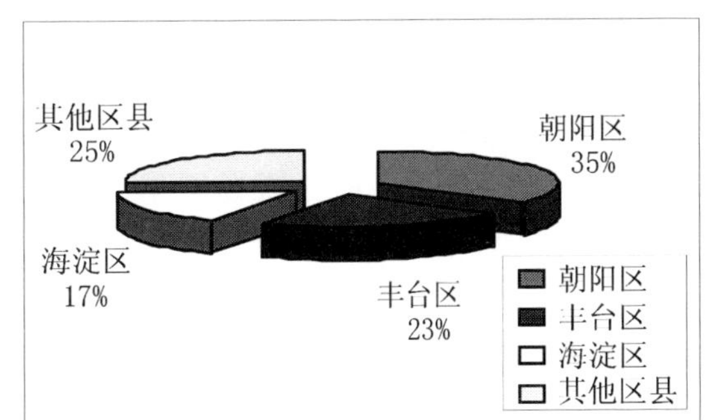

图 2　2006、2007 年北京商业供应比例

二、北京市商业房地产市场期房成交情况

（一）期房成交占总体供应的 69%，较上年增幅明显

2007 年商业市场期房成交面积为 127.21 万平方米，占总体供应的 69%，城八区销售情况良好，远郊区县中以通州区销售率为最高，达到 73%。全年商业期房成交面积各月份比较来看，月度成交面积以 7 月份的 237461 平方米为最多。

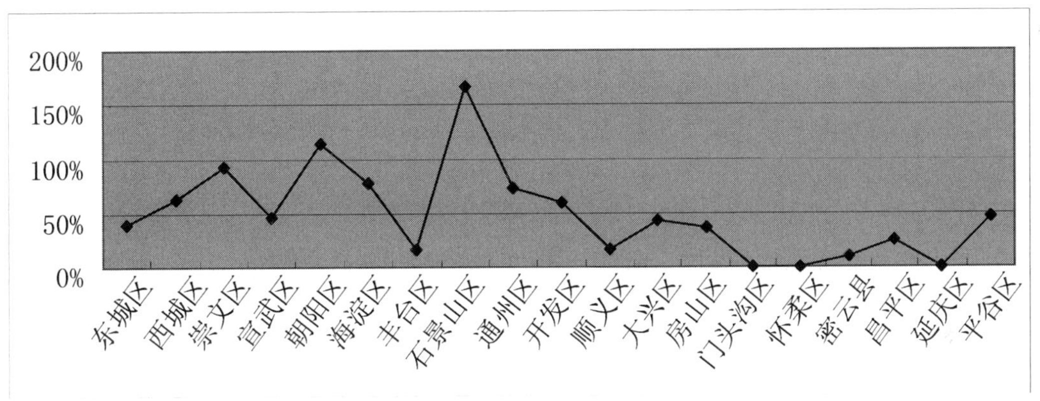

图 3　2007 年 1 月 –11 月北京各城区商业期房销售率

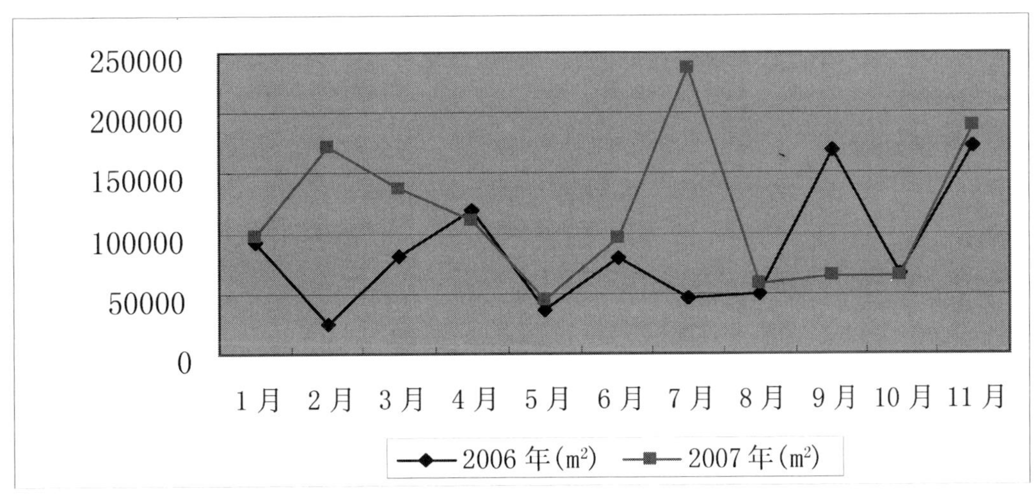

图 4　北京商业期房 2006 年、2007 年月度成交面积对比

2007年商业市场期房成交面积为127.21万平方米，占总体供应的69%；2006年商业市场期房成交面积为93.9平方米，占总体供应的38%，通过2007年商业市场明显高于往年的消化能力可知，2007年商业市场正值投资热潮，需求显著。各城区成交量涨幅情况尤其以朝阳区最为明显，从2006年的39.3万平方米上涨到2007年的74.4万平方米，该市场反应说明购房者对朝阳区商业发展的认可及对市场前景的看好。

表1 2006－2007年北京市商业市场期房上市和成交情况

单位：m^2，套

	上市面积	上市套数	成交面积	成交套数
2006年	2463981.03	14210	938842.49	9192
2007年	1865913.57	6939	1272123.11	9096

（二）年度成交均价19634.91元/平米，涨幅高达23.5%

2007年北京市商业用房成交平均价格为19634.91元/平米，城八区中东城区价格最高，达到26877.17元/平米；远郊区县中，大兴区的成交价格最高，达到13297.87元/平米，开发区、顺义区、昌平区成交平均价格均达到了10000元/平米以上，密云县成交均价较低，为4815.55元/平米。

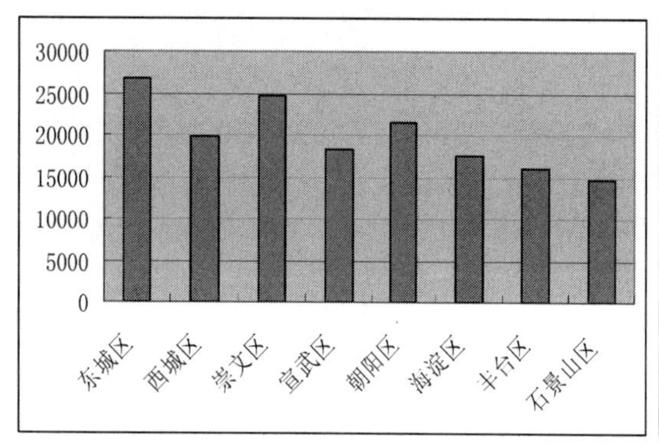

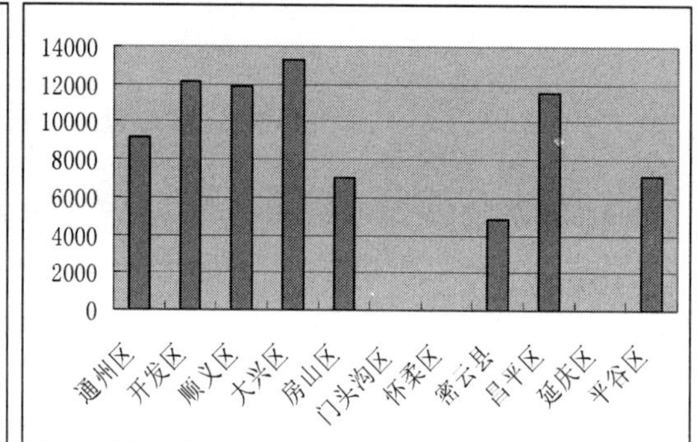

图5 2007年1月－11月北京各区县商业期房成交均价（单位：元）

2004年～2007年北京商业用房平均价格呈整体上涨趋势，除2006年较之2005年出现小幅回落外，在奥运效应的刺激以及北京逐渐成熟的商业环境作用下，2007年北京商业用房销售均价较之2006年每平米高出3739.91元，涨幅达23.5%。

表2 2004－2007年北京商业用房平均价格表

	2004年	2005年	2006年	2007年
销售均价（元/平米）	13969	16173	15895	19634.91

三、北京市商业房地产市场产品形式分析

小面积商铺仍是投资主流。2007年1月－11月北京商业市场月度单铺面积显示，平均月度交易商铺面积集中在80－150平方米，在此区间内的商业产品最受欢迎，并且单铺均价集中在150万元－300万元之间，由此可知，2007年商业地产市场继续2006年市场情况以小面积的投资型产品为主。

附录四 附 表

附表1 2007年发放预售许可证工程

序号	项目名称	销售证号	开发商	地址	区县
1	宇丰苑小区第8座（一栋）	京房售证字（2006）582号	北京宇丰房地产开发有限责任公司	黄村镇海子角村	大兴区
2	茗筑大厦	京房售证字（2006）574号	北京大厚房地产开发有限责任公司	马连道路13号	宣武区
3	建邦华府嘉园	京房售证字（2006）576号	北京建工集团有限责任公司	贾家花园3号磨石厂住宅小区	丰台区
4	田家园	京房售证字（2006）573号	北京田家园房地产开发有限公司	窦店镇田家园村田家园小区A、B地块	房山区
5	溪山嘉园澜山轩	京房售证字（2006）580号	北京三九建业房地产开发有限公司	四季青乡西山地区	海淀区
6	紫金长安家园	京房售证字（2006）577号	北京澳林房地产开发有限公司	西翠路西侧澳林住宅小区	海淀区
7	前进花园-玉兰苑	京房售证字（2006）575号	北京建升房地产开发有限公司	贯通路西侧（前进花园二区）	顺义区
8	碧春园	京房售证字（2006）578号	北京宏华伟业房地产开发有限公司	阳坊镇阳坊村	昌平区
9	天鹅湾名苑	京房售证字（2006）581号	北京博成房地产有限公司	平房乡黄杉木店	朝阳区
10	格兰山水	京房售证字（2006）579号	北京宏济创业房地产开发有限公司	高塔路北三里河路东	延庆县
11	西城晶华苑	京房售证字（2007）2号	北京江盛房地产开发有限公司	丰盛胡同丰盛危改小区B区工程	西城区
12	金泰丽湾嘉园	京房售证字（2007）4号	北京金泰房地产开发有限责任公司	卢沟桥乡菜户营村菜户营住宅小区三期（金泰城一期）1-3#、13#楼	丰台区
13	西赢商务中心	京房售证字（2007）6号	北京五环双新工业有限公司	四季青镇杏石口路99号	海淀区
14	望馨园	京房售证字（2007）5号	北京望馨置业有限公司	利泽西园望馨园小区8号商业楼	朝阳区

续表

序号	项目名称	销售证号	开 发 商	地 址	区 县
15	香海园	京房售证字（2007）9 号	北京顺驰置地达兴房地产开发有限公司	黄村镇卫星城北区 1 号地	大兴区
16	万芳园	京房售证字（2007）8 号	北京万年花城房地产开发有限责任公司	花乡樊家村危改（万年花城）五号地	丰台区
17	黄渠东路 2 号院	京房售证字（2007）7 号	北京营基房地产开发有限公司	常营乡新村一期商品房	朝阳区
18	同文园	京房售证字（2007）14 号	北京乔波冰雪家园置业有限公司	牛山镇顺安路东侧	顺义区
19	中海风情苑	京房售证字（2007）11 号	北京嘉益德房地产开发有限公司	小红门乡小红门居住区北区一期 A 地块	朝阳区
20	龙之湾嘉园	京房售证字（2007）12 号	北京英才房地产开发有限公司	天竺开发区 21 号地	顺义区
21	星河城住宅小区 G-2 地块 1#楼等 7 项；星河城住宅小区 G-2 地块 19#楼等 7 项	京房售证字（2007）16 号	北京玺萌置业有限公司	星河城住宅小区三期 G-2 地块	丰台区
22	龙之湾嘉园	京房售证字（2007）13 号	北京英才房地产开发有限公司	天竺开发区 21 号地	顺义区
23	科协家园住宅小区 2#楼等 4 项	京房售证字（2007）10 号	北京新龙房地产开发有限公司	回龙观镇回龙观村东	昌平区
24	望京商业街（北区）	京房售证字（2007）15 号	北京中弘兴业房地产开发有限公司	望京望都东湖居住小区 15－16#地块	朝阳区
25	富力信然家园	京房售证字（2007）18 号	富力（北京）地产开发有限公司	南纬路 35 号	宣武区
26	富力信然家园	京房售证字（2007）17 号	富力（北京）地产开发有限公司	南纬路 35 号	宣武区
27	华骏国际中心	京房售证字（2007）19 号	北京京汇房地产开发有限公司	东大桥路 10 号	朝阳区
28	石坊院旧改 3 号楼	京房售证字（2007）23 号	北京天元广建房地产开发有限公司	昌平一街	昌平区
29	乐红园小区	京房售证字（2007）21 号	北京宏怀房地产开发有限公司	富乐大街南侧	怀柔区
30	阳洲鑫园二区	京房售证字（2007）22 号	北京顺鑫佳宇房地产开发有限公司	杨镇老庄户村西侧	顺义区

续表

序号	项目名称	销售证号	开发商	地 址	区 县
31	百子湾路32号院	京房售证字（2007）20号	北京今典鸿运房地产开发有限公司	百子湾路32号苹果社区二期	朝阳区
32	浩思家园	京房售证字（2007）25号	北京鼎嘉恒房地产开发有限公司	清河镇小营地区	海淀区
33	美丽经典园	京房售证字（2007）24号	北京裕泽房地产开发有限责任公司	五路居泽翼住宅小区	海淀区
34	莱圳家园	京房售证字（2007）26号	北京海欣方舟房地产开发有限公司	东升乡小营大队潘庄村怡欣苑住宅小区（B1a区）	海淀区
35	东山嘉园	京房售证字（2007）27号	北京太合嘉园房地产开发有限责任公司	东四环北路7号	朝阳区
36	万兴苑	京房售证字（2007）29号	北京太合龙脉房地产开发有限责任公司	北苑路172号	朝阳区
37	曼城家园	京房售证字（2007）28号	曼城置业（北京）有限公司	梨园镇小稿村	通州区
38	安顺北里	京房售证字（2007）31号	北京同马房地产开发有限公司	永顺镇北马庄村	通州区
39	万象新天家园	京房售证字（2007）33号	北京天鸿房地产开发有限责任公司	常营乡（常营居住区一期工程二区201号-215号楼）	朝阳区
40	万景亮城	京房售证字（2007）37号	北京万景房地产开发有限责任公司	农大南路与信息路交叉口东北角（电子信息产业基地）	海淀区
41	丽来花园	京房售证字（2007）40号	北京丽来房地产开发有限公司	天竺镇薛大人庄村	顺义区
42	德胜国际中心	京房售证字（2007）32号	北京德胜投资有限责任公司	德外关厢德外危改中心区（KLM）	西城区
43	远洋光华中心	京房售证字（2007）35号	北京龙泽源置业有限公司	光华路7号光华世贸中心A、B座	朝阳区
44	融祥大厦	京房售证字（2007）39号	北京圣乔房地产开发有限公司	育教胡同3号、赵登禹路193号	西城区
45	果园西里乙区商住楼1#住宅楼等5项	京房售证字（2007）38号	北京振兴华房地产开发有限公司	密云镇果园甲区西侧	密云县
46	太阳宫水星园	京房售证字（2007）34号	北京京冠房地产开发有限公司	太阳宫夏家坟村［太阳宫新区（太阳星城）E区东部组团］	朝阳区

续表

序号	项目名称	销售证号	开 发 商	地 址	区 县
47	熙府商业楼	京房售证字（2007）36 号	北京城市开发集团有限责任公司	桃园小区	西城区
48	洪福苑住宅小区	京房售证字（2007）30 号	北京飞勇恒基置业有限责任公司	密云镇十六局南侧	密云县
49	怡馨家园	京房售证字（2007）41 号	北京隆华广厦房地产开发有限公司	新顺南大街西侧	顺义区
50	前进花园-玉兰苑	京房售证字（2007）42 号	北京建升房地产开发有限公司	贯通路西侧（前进花园二区）	顺义区
51	福泰香博园	京房售证字（2007）45 号	北京福发房地产开发有限公司	黄村镇兴华大街东侧	大兴区
52	金长安大厦	京房售证字（2007）52 号	北京国锐房地产开发有限公司	百子湾路 16 号金长安大厦	朝阳区
53	东方美景家园	京房售证字（2007）43 号	北京达义兴业房地产开发有限公司	南磨房乡（东方美景家园二期 1、2、5、7、8、9 号楼）	朝阳区
54	润枫水尚苑	京房售证字（2007）44 号	北京润丰房地产开发有限公司	姚家园 113 号 C-12 地块南区	朝阳区
55	上舍家园	京房售证字（2007）46 号	北京联立房地产开发有限责任公司	安化北里危改二期	崇文区
56	西山枫林园	京房售证字（2007）47 号	北京东和伟业房地产开发有限公司	八大处 A 区经济适用房一期四区 29-30 号楼配套、八大处 A 区经济适用房一期四区 37-38 号楼配套	石景山区
57	星河城住宅小区 G-2 地块 1#楼等 7 项；星河城住宅小区 G2-10#楼等 9 项；星河城住宅小区 G2-19#楼等 7 项	京房售证字（2007）48 号	北京玺萌置业有限公司	星河城住宅小区三期	丰台区
58	世纪茶贸中心	京房售证字（2007）51 号	北京中联亚房地产开发有限公司	马连道 10 号院	宣武区
59	畅茜园住宅小区圣华园 6#楼	京房售证字（2007）50 号	北京市龙鼎华源房地产开发有限责任公司	田村畅茜园小区四期圣华园北地块	海淀区

续表

序号	项目名称	销售证号	开发商	地址	区县
60	六十六号公寓	京房售证字（2007）54 号	北京安泰置业房地产开发有限公司	新中街 1 号	东城区
61	太平洋城 A7#楼	京房售证字（2007）53 号	北京太平洋城房地产开发有限公司	将台乡酒仙桥村	朝阳区
62	龙城花园	京房售证字（2007）62 号	北京昌信回龙园别墅有限公司	回龙观镇二拨子村北侧	昌平区
63	富力桃园	京房售证字（2007）58 号	北京鸿高置业发展有限公司	西三旗建材城	海淀区
64	福泰香博园	京房售证字（2007）60 号	北京福发房地产开发有限公司	黄村镇兴华大街东侧	大兴区
65	东亚奥北中心	京房售证字（2007）57 号	北京联盟天地房地产开发有限公司	东小口镇中滩村" 商业金融用地" 项目	昌平区
66	清琴山庄二里	京房售证字（2007）59 号	北京兴荣基房地产开发有限公司	四季青乡京香地区门头新村商品房项目 B、C 地块	海淀区
67	福胜家园	京房售证字（2007）61 号	北京永兴达房地产开发有限公司	城关街道东大街北侧（福胜家园）	房山区
68	嘉盛中心	京房售证字（2007）55 号	富力（北京）地产开发有限公司	白家庄路一号	朝阳区
69	观唐花园（南里）	京房售证字（2007）63 号	博华紫光置业有限公司	东郊农场中心区	朝阳区
70	映天朗苑	京房售证字（2007）66 号	北京广厦安泰房地产开发有限责任公司	宋家庄顺五条二号	丰台区
71	办公及配套	京房售证字（2007）65 号	金融街控股股份有限公司	金融街 A 区 3 号地南部（金鼎大厦）	西城区
72	刘各长村西住宅 1 号楼等 6 项	京房售证字（2007）67 号	北京晨益房地产开发有限责任公司	怀柔镇刘各长村西侧	怀柔区
73	海通梧桐苑	京房售证字（2007）64 号	昊宇房地产开发有限公司	梨园镇小稿村（昊宇家园二期）	通州区
74	广厦家园	京房售证字（2007）70 号	北京兴广厦房地产开发有限责任公司	黄村镇观音寺南里	大兴区
75	丽园	京房售证字（2007）69 号	北京市大兴城镇建设综合开发集团公司	黄村镇兴业路西	大兴区
76	安宁庄上第摩码园	京房售证字（2007）68 号	北京当代房地产开发有限责任公司	西三旗清河南库 D-4 地块	海淀区

续表

序号	项目名称	销售证号	开发商	地址	区县
77	东恒家园	京房售证字（2007）71号	北京方恒置业股份有限公司	朝阳路十里堡“方恒家园”一期A2-7B、A2-9地块	朝阳区
78	新华联丽景家园	京房售证字（2007）73号	北京新华联伟业房地产有限公司	北十里堡	朝阳区
79	建西苑	京房售证字（2007）72号	北京富民住房股份有限公司	建西苑晋元庄小区29#底商及28#－30#楼中心地下车库	海淀区
80	科协家园住宅小区	京房售证字（2007）75号	北京新龙房地产开发有限公司	回龙观镇回龙观村东	昌平区
81	安宁庄上第摩码园	京房售证字（2007）77号	北京当代房地产开发有限责任公司	西三旗清河南库D-4地块	海淀区
82	嘉美风尚中心	京房售证字（2007）76号	北京金冠达房地产开发有限公司	望京新城B1区1-3号地	朝阳区
83	广华园	京房售证字（2007）74号	茂华控股集团有限公司	西坝河东里2号	朝阳区
84	经开科技园	京房售证字（2007）开01号	北京经开投资开发股份有限公司	63号街区	开发区
85	玉廊东园	京房售证字（2007）78号	北京国兴建业房地产开发有限公司	平安里西大街官园危改小区D区	西城区
86	上元雅苑	京房售证字（2007）79号	北京新凯房地产开发有限公司	洼里乡北苑北辰居住区A西区	朝阳区
87	万芳园	京房售证字（2007）81号	北京万年花城房地产开发有限责任公司	花乡樊家村危改（万年花城）五号地	丰台区
88	富力又一家园	京房售证字（2007）82号	北京华恩房地产开发有限公司	大鲁店北路北侧	朝阳区
89	北街家园	京房售证字（2007）80号	北京罗顿沙河建设发展有限公司	沙河镇沙河高教园区住宅一期A区、北京市昌平区沙河镇沙河高教园区住宅及商业一期B1区（D-13/14）	昌平区
90	福泰香博园	京房售证字（2007）83号	北京福发房地产开发有限公司	黄村镇兴华大街东侧	大兴区
91	曼城家园	京房售证字（2007）84号	曼城置业（北京）有限公司	梨园镇小稿村	通州区
92	万科紫台家园	京房售证字（2007）87号	北京万科置业有限公司	小屯村万科熙园住宅及配套商业用地	丰台区

续表

序号	项目名称	销售证号	开发商	地址	区县
93	京奥家园	京房售证字（2007）85号	北京奥林匹克置业投资有限公司	东坝乡北京奥林匹克花园二期B地块	朝阳区
94	巨山新村C区71#住宅楼等11项	京房售证字（2007）86号	北京新凤凰城房地产开发有限公司	四季青镇巨山村巨山新村小区C区	海淀区
95	中关村金融中心	京房售证字（2007）88号	北京科技园置业股份有限公司	中关村西区IV区23号地	海淀区
96	闻涛苑	京房售证字（2007）92号	北京旭日房地产开发有限责任公司	林萃西里6号楼	朝阳区
97	光熙家园	京房售证字（2007）91号	北京阳光城房地产有限公司	柳芳北街和平里住宅小区A地块	朝阳区
98	国奥村	京房售证字（2007）90号	国奥投资发展有限公司	奥林匹克公园B28-1地块	朝阳区
99	润枫水尚苑7号楼、8号楼	京房售证字（2007）89号	北京润丰房地产开发有限公司	姚家园113号C-12地块南区	朝阳区
100	顶秀青溪家园	京房售证字（2007）93号	北京泰福恒投资发展有限公司	东小口镇中滩村旧村改造A区	昌平区
101	明日花园	京房售证字（2007）94号	北京明日房地产开发有限公司	宾阳村南侧	密云县
102	主语家园	京房售证字（2007）95号	北京瑞景清源房地产开发有限公司	首体南路9号	海淀区
103	光华路搜候大厦	京房售证字（2007）97号	北京山石房地产有限责任公司	光华西里怡禾国际中心商务办公楼	朝阳区
104	畅茜园馥霞里	京房售证字（2007）99号	北京市龙鼎华源房地产开发有限责任公司	田村畅茜园小区五期馥霞园	海淀区
105	霄云阁	京房售证字（2007）96号	北京市永顺房地产开发有限公司	东三环霄云里8号	朝阳区
106	清琴麓苑	京房售证字（2007）98号	北京兴荣基房地产开发有限公司	四季青乡京香地区门头新村商品房项目A地块	海淀区
107	天安天地大厦	京房售证字（2007）100号	北京天安天地房地产开发有限公司	宣武门内大街东侧西绒线胡同	西城区
108	金隅凤麟苑	京房售证字（2007）101号	北京金隅嘉业房地产开发有限公司	姚家园西口265号东郊木材厂B地块	朝阳区
109	天鹅湾名苑	京房售证字（2007）103号	北京博成房地产有限公司	平房乡黄杉木店	朝阳区
110	绿城百合公寓	京房售证字（2007）107号	北京阳光绿城房地产开发有限公司	阎村镇绿城百合公寓	房山区

续表

序号	项目名称	销售证号	开发商	地址	区县
111	万柳华府尚园	京房售证字（2007）105号	北京晨枫房地产开发有限公司	万柳居住区晨枫家园	海淀区
112	国美家园	京房售证字（2007）106号	北京鹏润房地产开发有限责任公司	青年路西里一号院2号楼	朝阳区
113	迎宾花园	京房售证字（2007）102号	北京乾元房地产开发有限公司	平谷镇迎宾环岛西南侧	平谷区
114	西城晶华苑	京房售证字（2007）104号	北京江盛房地产开发有限公司	丰盛胡同丰盛危改小区B区工程	西城区
115	格兰山水	京房售证字（2007）109号	北京宏济创业房地产开发有限公司	高塔路北三里河路东	延庆县
116	优唐中心	京房售证字（2007）108号	北京兆泰置地（集团）股份有限公司	朝外景升西街雅宝路二期危改B区S1、C1、R6楼	朝阳区
117	海通梧桐苑	京房售证字（2007）111号	昊宇房地产开发有限公司	梨园镇小稿村（昊宇家园二期）	通州区
118	金泉家园	京房售证字（2007）110号	北京政泉置业有限公司	大屯里居住区东南部地区政泉花园（二期）	朝阳区
119	当代摩码寓所	京房售证字（2007）112号	北京当代鸿运房地产经营开发有限公司	香河园路1号当代万国城北区	东城区
120	富力家园	京房售证字（2007）113号	北京富力城房地产开发有限公司	广渠门外大街北侧富力城H地块	朝阳区
121	科协家园住宅小区	京房售证字（2007）118号	北京新龙房地产开发有限公司	回龙观镇回龙观村东	昌平区
122	冠庭园	京房售证字（2007）119号	北京龙冠房地产开发有限责任公司	回龙观镇回龙观村京昌高速公路东侧	昌平区
123	建邦华府嘉园	京房售证字（2007）117号	北京建工集团有限责任公司	贾家花园3号	丰台区
124	玫瑰园别墅	京房售证字（2007）114号	北京玫瑰园别墅有限公司	沙河镇小寨村玫瑰园别墅	昌平区
125	太和园	京房售证字（2007）122号	北京无限置业有限公司	平谷镇新平北路9号	平谷区
126	绿港家园	京房售证字（2007）115号	北京金汉房地产开发有限公司	小东庄村	顺义区
127	通惠家园惠泽园	京房售证字（2007）116号	北京城市开发集团有限责任公司	八王坟通惠家园B1-B10号、B13-B15号楼	朝阳区

续表

序号	项目名称	销售证号	开发商	地 址	区 县
128	金泰丽湾嘉园	京房售证字（2007）121号	北京金泰房地产开发有限责任公司	卢沟桥乡菜户营住宅小区三期（金泰城一期）1－3#、13#楼、5、8#楼部分、14#楼、1#地下车库	丰台区
129	福泰香博园	京房售证字（2007）123号	北京福发房地产开发有限公司	黄村镇兴华大街东侧	大兴区
130	新新天地家园	京房售证字（2007）120号	北京硕和房地产开发有限公司	杨闸环岛东北侧“北京新天地”住宅小区二期	朝阳区
131	宝盛里观林园	京房售证字（2007）127号	北京宝晟住房股份有限公司	东升乡	海淀区
132	兴谷嘉和小区7号商住楼等3项	京房售证字（2007）129号	北京市平谷区和平农工商联合总公司	平谷镇平翔路东侧	平谷区
133	芍药居小区西区V座	京房售证字（2007）126号	北京市东城区住宅发展中心	芍药居小区（芍药居小区西区配套）	朝阳区
134	万芳园	京房售证字（2007）128号	北京万年花城房地产开发有限责任公司	花乡樊家村危改（万年花城）五号地	丰台区
135	天龙苑	京房售证字（2007）124号	北京腾昌兴房地产开发有限公司	东小口镇回龙观大街北侧	昌平区
136	富东嘉园	京房售证字（2007）125号	北京富利房地产开发有限责任公司	高杨树南里门窗公司住宅小区	朝阳区
137	美域家园	京房售证字（2007）130号	北京绿林双泉房地产开发有限公司	卢沟桥乡小屯村精彩庭院（小屯新村）二期	丰台区
138	望泉家园	京房售证字（2007）131号	北京万科四季花城房地产开发有限公司	望泉寺村东	顺义区
139	文水家园1#商住楼等4项	京房售证字（2007）132号	北京开普伟业房地产开发有限公司	拱辰街道政通路东侧	房山区
140	学府树家园	京房售证字（2007）133号	北京华润新镇置业有限责任公司	清河镇住宅及配套H-8地块	海淀区
141	北清路2号	京房售证字（2007）135号	北京澳柯玛中嘉房地产开发有限公司	回龙观镇住宅项目	昌平区
142	万柳华府尚园	京房售证字（2007）134号	北京晨枫房地产开发有限公司	万柳居住区晨枫家园	海淀区
143	天娇园	京房售证字（2007）138号	北京天华津政房地产开发有限公司	白桥大街东侧	崇文区

续表

序号	项目名称	销售证号	开发商	地址	区县
144	当代摩码寓所	京房售证字（2007）137 号	北京当代鸿运房地产经营开发有限公司	香河园路 1 号当代万国城北区	东城区
145	中体奥园	京房售证字（2007）136 号	北京创世愿景房地产开发有限公司	长辛店镇新区崔村居住区 C 区	丰台区
146	远洋光华中心	京房售证字（2007）139 号	北京龙泽源置业有限公司	光华路 7 号光华世贸中心（D 座）	朝阳区
147	宏大北园	京房售证字（2007）140 号	北京鸿坤伟业房地产开发有限公司	西红门镇中心规划区 A02-5，A02-4	大兴区
148	久润花园小区	京房售证字（2007）146 号	北京久润房地产开发有限公司	新北路以北檀西路以西	密云县
149	观唐花园（南里）	京房售证字（2007）141 号	博华紫光置业有限公司	东郊农场中心区	朝阳区
150	国奥村	京房售证字（2007）144 号	国奥投资发展有限公司	林萃东路	朝阳区
151	顺义 东方太阳城	京房售证字（2007）142 号	北京东方太阳城房地产开发有限责任公司	仁和镇河南村	顺义区
152	天鹅湾名苑	京房售证字（2007）145 号	北京博成房地产有限公司	平房乡黄杉木店	朝阳区
153	万科紫台家园	京房售证字（2007）147 号	北京万科置业有限公司	小屯村万科熙园住宅及配套商业用地	丰台区
154	悦莱苑	京房售证字（2007）143 号	北京正阳置业房地产开发有限公司	西三环路北路东侧万寿寺北里	海淀区
155	万景亮城	京房售证字（2007）148 号	北京万景房地产开发有限责任公司	农大南路与信息路交叉口东北角（电子信息产业基地）	海淀区
156	隆远阁	京房售证字（2007）152 号	北京隆华广厦房地产开发有限公司	芍药居甲 2 号住宅及配套	朝阳区
157	富力又一家园	京房售证字（2007）151 号	北京华恩房地产开发有限公司	豆各庄乡鲁店北路北侧豆各庄住宅小区二期工程 B 地块西区	朝阳区
158	金兴苑	京房售证字（2007）150 号	北京东兴联房地产开发有限责任公司	莱户营丽泽城市花园莱户营小区 2#住宅楼	丰台区
159	北美佳苑	京房售证字（2007）149 号	北京静水园房地产开发有限公司	宋庄镇疃里村	通州区
160	金泰枫景园	京房售证字（2007）153 号	北京金泰恒业有限责任公司	石门村路一号	朝阳区
161	丽园	京房售证字（2007）154 号	北京市大兴城镇建设综合开发集团公司	黄村镇兴业路西	大兴区

续表

序号	项目名称	销售证号	开发商	地址	区县
162	中体奥园	京房售证字（2007）158号	北京创世愿景房地产开发有限公司	长辛店镇新区崔村C区	丰台区
163	清逸园西区4#住宅楼	京房售证字（2007）155号	北京京吉顺房地产开发有限公司	旧宫镇清逸园西区	大兴区
164	滨河临镜苑	京房售证字（2007）168号	北京国信嘉业房地产开发有限公司	滨河居住区东北部滨河小区第二组团	门头沟区
165	龙山新新家园	京房售证字（2007）156号	北京万通龙山置业有限公司	庙城镇（龙山新新小镇二期项目1号地块）	怀柔区
166	褐石园	京房售证字（2007）159号	北京泰跃房地产开发有限责任公司	厢白旗住宅小区8号楼	海淀区
167	泰通嘉园	京房售证字（2007）160号	北京泰斗通房地产开发有限公司	良乡地区长虹西路北侧泰通嘉园	房山区
168	晨光家园	京房售证字（2007）163号	北京住总房地产开发有限责任公司	十里堡晨光家园B区西区	朝阳区
169	天恒别墅山小区	京房售证字（2007）157号	北京山天置业有限公司	怀柔镇红螺镇村南	怀柔区
170	芍药居北里315号楼	京房售证字（2007）经162号	北京市东城区住宅发展中心	芍药居小区西区V座	朝阳区
171	恒奥中心	京房售证字（2007）161号	北京市恒奥房地产开发有限公司	太平桥大街13号	西城区
172	金地格外翠园	京房售证字（2007）166号	北京金地兴业房地产有限公司	马驹桥镇西生活起步区	通州区
173	东方雅苑	京房售证字（2007）165号	北京中力房地产开发有限公司	西大望路西侧	朝阳区
174	假日风景家园	京房售证字（2007）167号	北京中粮万科假日风景房地产开发有限公司	小屯路108号C地块	丰台区
175	华龙苑北里	京房售证字（2007）164号	北京三江鸿泰房地产开发有限责任公司	东小口镇霍营华龙苑小区二期A区	昌平区
176	宝盛里观景园	京房售证字（2007）169号	北京宝晟住房股份有限公司	东升乡马坊村马坊新村二期	海淀区
177	大宁山庄	京房售证字（2007）170号	北京集达房地产开发有限公司	长阳镇大宁山庄A区	房山区
178	芍药居小区西区I座等	京房售证字（2007）经171号	北京市东城区住宅发展中心	芍药居小区西区I座等	朝阳区
179	前进花园-石门苑	京房售证字（2007）172号	北京建升房地产开发有限公司	仁和镇石门村（建升房地产开发公司）	顺义区

续表

序号	项目名称	销售证号	开发商	地址	区县
180	鑫兆佳园	京房售证字（2007）173 号	北京城乡房屋建设开发有限责任公司	常营乡鑫兆佳园组团二 1#-10#楼及地下车库	朝阳区
181	顺驰蓝调嘉园	京房售证字（2007）174 号	北京顺驰置地丰润房地产开发有限公司	莱户营西街 117 号	丰台区
182	蓝靛厂晨月园	京房售证字（2007）175 号	北京金源鸿大房地产有限公司	蓝靛厂居住区 R 地块	海淀区
183	尚东阁	京房售证字（2007）177 号	北京城建房地产开发有限公司	管庄乡长营路西侧（A 区）	朝阳区
184	万芳园	京房售证字（2007）179 号	北京万年花城房地产开发有限责任公司	花乡樊家村危改（万年花城）	丰台区
185	金隅凤麟苑	京房售证字（2007）176 号	北京金隅嘉业房地产开发有限公司	姚家园西口 265 号东郊木材厂 A 地块	朝阳区
186	东潞苑	京房售证字（2007）178 号	北京东安恒新房地产开发有限公司	永顺镇焦王庄村东潞苑北区（东）	通州区
187	新怡家园	京房售证字（2007）180 号	北京崇文．新世界房地产发展有限公司	崇外大街 1 号地危改区新世界家园三期 5-8 号住宅楼	崇文区
188	旭辉奥都中心	京房售证字（2007）181 号	北京永旭置业有限公司	立水桥北苑家园八区	朝阳区
189	万象新天家园（一期）	京房售证字（2007）185 号	北京天鸿房地产开发有限责任公司	常营乡（常营居住区一期工程二区 201 号-215 号楼）	朝阳区
190	朱雀门家苑	京房售证字（2007）183 号	北京中集宏达房地产开发有限公司	太平街 8 号	宣武区
191	望京新城 K6 区 11 号地商业楼 A 座等 4 项	京房售证字（2007）187 号	北京世安住房股份有限公司	望京新城 K6 区 11 号地	朝阳区
192	融科橄榄家园	京房售证字（2007）182 号	北京东环望京房地产有限公司	望京新城 A2 区	朝阳区
193	富锦嘉园	京房售证字（2007）188 号	北京市丰台区城市建设综合开发公司	六圈富锦嘉园 D1-D5 楼	丰台区
194	天坛嘉园	京房售证字（2007）184 号	北京金隅嘉业房地产开发有限公司	幸福大街 59 号	崇文区
195	西杉创意园	京房售证字（2007）186 号	北京西山产业投资有限公司	四季青镇西山地区（西山产业投资基地西区）	海淀区
196	万科金阳居	京房售证字（2007）189 号	北京市朝阳万科房地产开发有限公司	石佛营三期住宅、商业及地下车库	朝阳区

续表

序号	项目名称	销售证号	开发商	地址	区县
197	科协家园住宅小区	京房售证字（2007）190号	北京新龙房地产开发有限公司	回龙观镇回龙观村东	昌平区
198	国美商都	京房售证字（2007）191号	北京国美商都建设开发有限公司	中关村科技园区丰台园产业基地二期31-A、35-A1地块	丰台区
199	天下儒寓公寓	京房售证字（2007）196号	北京天华宏业房地产开发有限公司	中关村科技园丰台园产业基地一期东区15-C地块公建项目公寓部分	丰台区
200	璟都馨园	京房售证字（2007）194号	北京北辰万通国际投资有限公司	TSM南区0761-24，0761-23	石景山区
201	地坛大厦	京房售证字（2007）197号	北京金脉房地产开发有限公司	安定门外大街2号地	东城区
202	上京家园	京房售证字（2007）195号	北京住公房地产开发有限公司	望京望都东湖居住小区15－16#地	朝阳区
203	常青园	京房售证字（2007）192号	永泰房地产（集团）有限公司	四季青镇通泰小区北区会所	海淀区
204	定泗路88号	京房售证字（2007）193号	北京市八仙房地产开发有限责任公司	北七家镇世纪星城住宅小区	昌平区
205	2号住宅楼等8项	京房售证字（2007）198号	北京浙金都房地产开发有限公司	石门村路1号东院（百富家园东区）	朝阳区
206	北京卧龙国际山庄	京房售证字（2007）199号	北京慧诚房地产开发有限公司	密云国际会议中心北侧	密云县
207	上元雅苑	京房售证字（2007）202号	北京新凯房地产开发有限公司	安立路28号院	朝阳区
208	天鹅湾名苑	京房售证字（2007）204号	北京博成房地产有限公司	平房乡黄杉木店	朝阳区
209	顺成嘉苑	京房售证字（2007）205号	北京龙乡房地产开发有限责任公司	城关街道北关大街24号	房山区
210	海淀镇苏州街北小区1#、2#及地下车库	京房售证字（2007）201号	北京嘉海房地产开发有限责任公司	海淀镇苏州街北小区1#、2#及地下车库	海淀区
211	万象新天家园一期	京房售证字（2007）200号	北京天鸿房地产开发有限责任公司	常营乡（常营居住区一期工程二区201号-215号楼）	朝阳区
212	万科金阳居	京房售证字（2007）203号	北京市朝阳万科房地产开发有限公司	石佛营三期	朝阳区

续表

序号	项目名称	销售证号	开发商	地址	区县
213	东花市南里东区白桥大街15号	京房售证字（2007）206号	北京九鼎房地产开发有限责任公司	角湾危改小区D区公建	崇文区
214	兴政家园	京房售证字（2007）207号	北京京南住房开发有限责任公司	黄村镇	大兴区
215	翠成馨园	京房售证字（2007）经33号	北京住总房地产开发有限责任公司	垡头翠成馨园	朝阳区
216	万科紫台家园	京房售证字（2007）208号	北京万科置业有限公司	小屯村万科熙园住宅及商业配套	丰台区
217	紫君庭	京房售证字（2007）开02号	北京鲁信英大置业有限公司	1号街区1R10地块	开发区
218	南湖中园K7区C1#、C2#楼	京房售证字（2007）212号	北京城市开发集团有限责任公司	望京新城K7区C组团	朝阳区
219	国奥村	京房售证字（2007）209号	国奥投资发展有限公司	奥林匹克公园B28-1、B28-2地块	朝阳区
220	柳明家园	京房售证字（2007）211号	北京金隅嘉业房地产开发有限公司	田村柳明家园住宅小区东区	海淀区
221	天恒别墅山小区	京房售证字（2007）210号	北京山天置业有限公司	怀柔镇红螺镇村南	怀柔区
222	华纺易园	京房售证字（2007）214号	华纺房地产开发公司	姚家园114号（华纺家园住宅小区东区乙地块）	朝阳区
223	乐红园小区	京房售证字（2007）213号	北京宏怀房地产开发有限公司	富乐大街南侧	怀柔区
224	航宇大厦	京房售证字（2007）215号	北京哈工大亚太空间置业有限公司	金融街F区8号	西城区
225	国瑞城	京房售证字（2007）238号	北京国瑞兴业地产有限公司	东花市北里	崇文区
226	顺义东方太阳城	京房售证字（2007）216号	北京东方太阳城房地产开发有限责任公司	仁和镇河南村	顺义区
227	常青园南里	京房售证字（2007）221号	永泰房地产（集团）有限公司	常青通达新村南A-E#住宅楼（2号地）	海淀区
228	紫芳园六区一组团	京房售证字（2007）220号	北京豪景苑房地产有限公司	方庄东紫芳园六区一组团	丰台区
229	五栋大楼	京房售证字（2007）217号	北京隆盛房地产开发有限公司	车公庄北里车公庄危改小区D区会所及办公楼	西城区
230	天泽苑	京房售证字（2007）219号	北京天龙泽房地产开发有限公司	西环路北东侧	昌平区

续表

序号	项目名称	销售证号	开发商	地 址	区 县
231	枣园东里	京房售证字（2007）218 号	北京春光房地产开发有限公司	黄村镇小营村	大兴区
232	新新天地家园	京房售证字（2007）222 号	北京硕和房地产开发有限公司	杨闸环岛东北侧“北京新天地”住宅小区二期	朝阳区
233	世纪星城兴业园	京房售证字（2007）224 号	北京顺华房地产开发有限公司	永顺镇杨庄村（世纪星城一期 6 组团）	通州区
234	绿港家园	京房售证字（2007）223 号	北京金汉房地产开发有限公司	小东庄	顺义区
235	燕西台嘉苑	京房售证字（2007）225 号	北京新凤凰城房地产开发有限公司	四季青镇巨山村巨山新村小区 C 区	海淀区
236	空港吉祥花园	京房售证字（2007）237 号	北京空港天恒房地产开发有限公司	天竺空港工业区 B 区	顺义区
237	华彩中心	京房售证字（2007）228 号	北京华瀛置业房地产开发有限公司	望京新兴产业区 17 号地（北京华瀛慧谷中心南地块公寓）	朝阳区
238	富力桃园	京房售证字（2007）226 号	北京鸿高置业发展有限公司	西三旗高新建材城住宅东Ⅲ区	海淀区
239	单宿 Q1、回迁办公 Q2、配套商业 C2 及消防站	京房售证字（2007）230 号	北京兆泰置地（集团）股份有限公司	东二环东辅路东侧雅宝路危改二期 B 区 Q1、C2 楼	朝阳区
240	智雅汇大厦	京房售证字（2007）227 号	北京博雅苑置业有限公司	海淀欣苑Ⅱ-2 号地商务写字楼项目	海淀区
241	万达大湖居	京房售证字（2007）232 号	北京景藏健康置业有限公司	安立路 81 号、景藏健康公园内	朝阳区
242	信和嘉园	京房售证字（2007）229 号	北京中物信和房地产开发有限公司	马连道路 15 号广安门住宅小区 A 区 A3、A3-1 楼、A5 楼及 1#地下车库 2 区	宣武区
243	天锦苑	京房售证字（2007）234 号	北京市大兴城镇建设综合开发集团公司	黄村镇	大兴区
244	上舍家园	京房售证字（2007）231 号	北京联立房地产开发有限责任公司	安化北里危改小区二期	崇文区
245	中赫新天家园	京房售证字（2007）233 号	北京新天朝来房地产开发有限公司	来广营乡来广营村新天国际城Ⅲ区（D3）地块	朝阳区

续表

序号	项目名称	销售证号	开 发 商	地 址	区 县
246	东潞苑	京房售证字（2007）236 号	北京东安恒新房地产开发有限公司	永顺镇焦王庄村东潞苑北区（西）	通州区
247	金泰枫景园	京房售证字（2007）239 号	北京金泰恒业有限责任公司	石门村路一号	朝阳区
248	北街家园	京房售证字（2007）242 号	北京罗顿沙河建设发展有限公司	沙河镇高教园区住宅三期 C 区	昌平区
249	晓月苑	京房售证字（2007）243 号	北京市宛平房地产开发有限责任公司	卢沟桥南里 12 号晓月苑二期四组团	丰台区
250	香海园	京房售证字（2007）241 号	北京顺驰置地达兴房地产开发有限公司	黄村卫星城 1 号地六期部分	大兴区
251	福泰香博园	京房售证字（2007）240 号	北京福发房地产开发有限公司	黄村镇兴华大街东侧	大兴区
252	永丰嘉园	京房售证字（2007）252 号	北京德成兴业房地产开发有限公司	永丰乡永丰产业基地 V-1 号地块永丰嘉园 3、4、5、6 组团住宅及配套	海淀区
253	水库北路 9 号	京房售证字（2007）245 号	北京三基房地产开发公司	水库北路 9 号	昌平区
254	阅园一区 5 号楼	京房售证字（2007）253 号	北京京大昆仑房地产开发有限公司	岳各庄居住区东区 1 号地 5#住宅楼	丰台区
255	璟都馨园	京房售证字（2007）251 号	北京北辰万通国际投资有限公司	TSM 南区 0761-19，TSM 南区 0761-23，TSM 南区 0761-24	石景山区
256	香颂苑	京房售证字（2007）244 号	北京世安住房股份有限公司	望京新城 K6 区 2a 地块	朝阳区
257	万芳园	京房售证字（2007）250 号	北京万年花城房地产开发有限责任公司	花乡樊家村危改（万年花城）五号地	丰台区
258	鑫兆佳园	京房售证字（2007）235 号	北京城乡房屋建设开发有限责任公司	常营乡鑫兆佳园组团二 1#-10#楼及地下车库	朝阳区
259	金隅凤麟苑	京房售证字（2007）248 号	北京金隅嘉业房地产开发有限公司	姚家园西口 265 号东郊木材厂 B 地块	朝阳区
260	金善名居	京房售证字（2007）249 号	北京安旺房地产开发有限责任公司	庙城镇西台下村	怀柔区
261	明珠花园	京房售证字（2007）246 号	北京祥云世纪房地产开发有限公司	十里堡镇十里堡村北侧	密云县
262	清琴山庄一里	京房售证字（2007）254 号	北京兴荣基房地产开发有限公司	四季青乡门头新村商品房 E 地块	海淀区

续表

序号	项目名称	销售证号	开发商	地址	区县
263	美伦堡家园	京房售证字（2007）255 号	北京和达创建置业有限公司	德胜门外白庙 6 号（住宅项目）	朝阳区
264	鑫融皓月家园	京房售证字（2007）247 号	北京鑫融基房地产开发有限公司	卢沟桥南里 1 号西院	丰台区
265	鑫丰家园	京房售证字（2007）256 号	北京鑫丰信德房地产开发有限公司	西四环南路 1 号鑫丰大厦商住楼	丰台区
266	西城晶华苑	京房售证字（2007）257 号	北京江盛房地产开发有限公司	丰盛胡同丰盛危改小区 B 区工程	西城区
267	富力家园	京房售证字（2007）261 号	北京富力城房地产开发有限公司	广渠门外大街北侧富力城 J 地块	朝阳区
268	北京卧龙国际山庄	京房售证字（2007）263 号	北京慧诚房地产开发有限公司	密云国际会议中心北侧	密云县
269	光熙家园	京房售证字（2007）262 号	北京阳光城房地产有限公司	柳芳北街和平里住宅小区 A 地块	朝阳区
270	创业者家园	京房售证字（2007）265 号	北京科技园置地有限公司	西二旗居住区二期 S2 地块	海淀区
271	雅成里	京房售证字（2007）259 号	北京世丰国际置业有限公司	平房乡黄杉木店青年路北区配套综合楼	朝阳区
272	锦顺佳园	京房售证字（2007）260 号	北京实创科技园开发建设股份有限公司	小营西路北侧	海淀区
273	融泽府嘉园	京房售证字（2007）264 号	北京富景文化旅游开发有限责任公司	真武庙五里	西城区
274	沄沄国际家园	京房售证字（并）88 号	北京龙洋房地产开发有限责任公司	吴家场村	海淀区
275	假日风景家园	京房售证字（2007）266 号	北京中粮万科假日风景房地产开发有限公司	小屯路 108 号 C 地块	丰台区
276	上奥世纪中心 2#A、2#B 商业办公楼	京房售证字（2007）268 号	北京实创房地产开发公司	西三旗环岛东北角	昌平区
277	溪雅苑	京房售证字（2007）271 号	北京福洲房地产开发有限公司	长阳镇溪雅苑	房山区
278	浩思家园	京房售证字（2007）267 号	北京鼎嘉恒房地产开发有限公司	清河镇小营地区	海淀区
279	凤瑞小区（南区）	京房售证字（2007）272 号	北京凤桐祥瑞房地产开发有限公司	杨宋镇凤翔大街西侧	怀柔区

续表

序号	项目名称	销售证号	开发商	地址	区县
280	星河湾	京房售证字（2007）270 号	北京富华园房地产开发有限公司	平房乡黄杉木店	朝阳区
281	沙顺路 96 号院（南区）	京房售证字（2007）269 号	北京久长房地产开发有限公司	久长花园南区	昌平区
282	北京财富中心	京房售证字（2007）276 号	北京香江兴利房地产开发有限公司	东三环北路 23 号北京财富中心二期	朝阳区
283	中体奥园	京房售证字（2007）280 号	北京创世愿景房地产开发有限公司	长辛店镇新区崔村居住区 C 区	丰台区
284	明珠花园	京房售证字（2007）275 号	北京祥云世纪房地产开发有限公司	十里堡镇十里堡村北侧	密云县
285	珠江逸景家园	京房售证字（2007）277 号	北京珠江房地产开发有限公司	马驹桥国家环保产业园区 A1-2-3	通州区
286	青成嘉园	京房售证字（2007）278 号	北京天正中广置业有限公司	南湖渠望京 K6 区	朝阳区
287	龙跃苑东二区	京房售证字（2007）经 35 号	北京城市开发集团有限责任公司	回龙观	昌平区
288	龙锦苑	京房售证字（2007）经 34 号	北京天鸿嘉诚房地产开发有限公司	回龙观文化居住区六期工程东侧 G04-G06、G08、G09 地块	昌平区
289	国奥村	京房售证字（2007）279 号	国奥投资发展有限公司	林萃东路	朝阳区
290	福泰香博园	京房售证字（2007）281 号	北京福发房地产开发有限公司	黄村镇兴华大街东侧	大兴区
291	鑫兆雅园	京房售证字（2007）282 号	北京城乡房屋建设开发有限责任公司	宋庄路 69 号鑫兆雅园 13#-15#楼	丰台区
292	香海园	京房售证字（2007）283 号	北京顺驰置地达兴房地产开发有限公司	黄村卫星城 1 号地六期部分	大兴区
293	回龙观文化居住区天露园一区、天露园二区	京房售证字（2007）经 36 号	北京城市开发集团有限责任公司	回龙观	昌平区
294	国融大厦	京房售证字（2007）开 03 号	北京国融置业有限公司	12 号街区	开发区
295	金地格外翠园	京房售证字（2007）285 号	北京金地兴业房地产有限公司	马驹桥镇西生活起步区	通州区
296	广益大厦	京房售证字（2007）286 号	北京宸京房地产开发有限公司	广内广义街 5 号	宣武区

续表

序号	项目名称	销售证号	开发商	地址	区县
297	鑫兆佳园	京房售证字（2007）287号	北京城乡房屋建设开发有限责任公司	常营乡鑫兆佳园组团二1#-10#楼及地下车库	朝阳区
298	清琴麓苑	京房售证字（2007）284号	北京兴荣基房地产开发有限公司	四季青乡京香地区门头新村商品房项目A地块	海淀区
299	闻涛苑	京房售证字（2007）292号	北京旭日房地产开发有限责任公司	林萃西里16-18号楼及地下车库	朝阳区
300	珠江华景家园	京房售证字（2007）288号	北京合生北方房地产开发有限公司	西大望路23号（珠江帝景E区）	朝阳区
301	周庄山水文园（二期）	京房售证字（2007）290号	北京力维斯凯亚房地产开发有限公司	十八里店乡周庄新村二期R2-1地块	朝阳区
302	丰侨大厦	京房售证字（2007）291号	北京荟宏房地产开发有限责任公司	太平桥大街北丰危改小区公建3号楼	西城区
303	香颂苑	京房售证字（2007）294号	北京世安住房股份有限公司	望京新城K6区16号地	朝阳区
304	华业玫瑰郡家苑（一期）	京房售证字（2007）289号	北京优孚房地产开发有限公司	东风乡高井村（朝阳雅苑）	朝阳区
305	上筑家园	京房售证字（2007）293号	北京力迅房地产开发有限公司	旧宫镇南郊农场	大兴区
306	顺义东方太阳城	京房售证字（2007）295号	北京东方太阳城房地产开发有限责任公司	仁和镇河南村	顺义区
307	百富家园	京房售证字（2007）296号	北京浙金都房地产开发有限公司	石门村路1号东院（百富家园东区）	朝阳区
308	绿城. 百合公寓	京房售证字（2007）297号	北京阳光绿城房地产开发有限公司	阎村镇绿城百合公寓住宅小区二期59#-73#楼，16#-20#地下车库，69#、71#、73#商业裙房	房山区
309	北京卧龙国际山庄	京房售证字（2007）298号	北京慧诚房地产开发有限公司	密云国际会议中心北侧	密云县
310	顺驰蓝调嘉园	京房售证字（2007）299号	北京顺驰置地丰润房地产开发有限公司	莱户营西街117号	丰台区
311	滟澜山庄园	京房售证字（2007）300号	北京龙湖置业有限公司	后沙浴镇古城村火沙路南侧	顺义区
312	立汤路67、69#楼	京房售证字（2007）301号	北京太阳城房地产开发有限公司	小汤山镇马坊桥东	昌平区
313	赛洛家园	京房售证字（2007）303号	北京高盛房地产开发有限公司	百子湾5号	朝阳区

续表

序号	项目名称	销售证号	开发商	地址	区县
314	空港融慧园	京房售证字（2007）302 号	北京空港天瑞置业投资有限公司	天竺空港工业区 B 区	顺义区
315	盛今佳园	京房售证字（2007）304 号	北京盛荣房地产开发有限公司	吴家场路 1 号院 1-4 号楼、甲 1 号楼	海淀区
316	金隅凤麟苑	京房售证字（2007）305 号	北京金隅嘉业房地产开发有限公司	姚家园西口 265 号东郊木材厂居住项目 A 地块	朝阳区
317	天龙华鹤大厦	京房售证字（2007）308 号	北京天华宏业房地产开发有限公司	中关村科技园丰台园产业基地一期东区 15-C 地块公建项目	丰台区
318	永丰新技术中心	京房售证字（2007）306 号	北京中关村永丰产业基地发展有限公司	永丰高新技术基地Ⅱ-10 地块（永丰高新技术成果转移科技研发中心项目）	海淀区
319	龙之湾嘉园	京房售证字（2007）307 号	北京英才房地产开发有限公司	开竺开发区 21 号地	顺义区
320	明日花园	京房售证字（2007）273 号	北京明日房地产开发有限公司	宾阳村南侧	密云县
321	明日花园	京房售证字（2007）274 号	北京明日房地产开发有限公司	宾阳村南侧	密云县
322	华侨城欢乐嘉园	京房售证字（2007）310 号	北京世纪华侨城实业有限公司	南磨房小武基北路（北京朝阳世纪华侨城旅游主题社区 A2 区）	朝阳区
323	垡头翠成馨园	京房售证字（2007）经 37 号	北京住总房地产开发有限责任公司	垡头翠成馨园	朝阳区
324	香堤漫步庄园	京房售证字（2007）311 号	北京龙湖庆华置业有限公司	牛栏山镇张庄村南部	顺义区
325	金泰丽湾嘉园	京房售证字（2007）312 号	北京金泰房地产开发有限责任公司	卢沟桥乡莱户营村莱户营住宅小区三期（金泰城一期）6-7、9-12、5#楼、2#地下车库	丰台区
326	安宁庄锦顺佳园	京房售证字（2007）309 号	北京实创科技园开发建设股份有限公司	小营西路北侧	海淀区
327	柳明家园	京房售证字（2007）313 号	北京金隅嘉业房地产开发有限公司	田村柳明家园住宅小区东区	海淀区
328	创业者家园	京房售证字（2007）320 号	北京科技园置地有限公司	西二旗居住区二期 S2 地块	海淀区

续表

序号	项目名称	销售证号	开 发 商	地 址	区 县
329	世嘉博苑	京房售证字（2007）315 号	北京东旭发房地产开发有限公司	西红门镇十一村聚福园小区	大兴区
330	永丰嘉园	京房售证字（2007）319 号	北京德成兴业房地产开发有限公司	永丰乡永丰产业基地 V-1 号地块永丰嘉园 3、4、5、6 组团住宅及配套	海淀区
331	润枫水尚苑 2 号地下车库	京房售证字（2007）314 号	北京润丰房地产开发有限公司	姚家园 113 号 C-12 地块南区	朝阳区
332	立汤路 30 号	京房售证字（2007）316 号	北京太阳城房地产开发有限公司	小汤山镇马坊桥东	昌平区
333	上北创业中心	京房售证字（2007）321 号	北京东亚信鸿国际会展中心有限公司	回龙观镇 C09 地块	昌平区
334	西单佳慧雅园 2 号住宅楼	京房售证字（2007）318 号	北京西单佳慧房地产开发有限公司	西单东南地区 F2 区二期	西城区
335	安宁庄上第摩码园	京房售证字（2007）324 号	北京当代房地产开发有限责任公司	西三旗清河南库居住 D-4 地块	海淀区
336	枫蓝国际中心（北京银都中心）	京房售证字（2007）317 号	北京银都房地产发展有限公司	西土城路 36 号（现地址：海淀区西直门北大街 32 号）	海淀区
337	常青园南里	京房售证字（2007）323 号	永泰房地产（集团）有限公司	常青通达新村南 A-E# 住宅楼（2 号地）	海淀区
338	福泰香博园	京房售证字（2007）322 号	北京福发房地产开发有限公司	黄村镇兴华大街东侧	大兴区
339	华纺易园	京房售证字（2007）325 号	华纺房地产开发公司	姚家园 114 号（华纺家园住宅小区东区乙地块）	朝阳区
340	远洋一方嘉园	京房售证字（2007）333 号	北京中联置地房地产开发有限公司	管庄乡塔营村（通惠上河嘉园一期 1 地块）	朝阳区
341	京奥家园	京房售证字（2007）330 号	北京奥林匹克置业投资有限公司	东坝乡北京奥林匹克花园三期 C 地块	朝阳区
342	远洋一方嘉园	京房售证字（2007）332 号	北京中联置地房地产开发有限公司	管庄乡塔营村（通惠上河嘉园一期 4 地块）	朝阳区
343	燕西台嘉苑	京房售证字（2007）328 号	北京新凤凰城房地产开发有限公司	四季青镇巨山村巨山新村小区 C 区	海淀区
344	湾流汇嘉园	京房售证字（2007）327 号	北京康堡房地产开发有限公司	小汤山镇常兴庄村南帝景园温泉独立式住宅小区	昌平区

续表

序号	项目名称	销售证号	开发商	地址	区县
345	中铁天太家园	京房售证字（2007）331号	北京天太金海置业有限公司	平安大街南官园	西城区
346	天畅园	京房售证字（2007）329号	北京北辰实业股份有限公司	洼里乡北苑北辰居住区C4区	朝阳区
347	东恒家园	京房售证字（2007）337号	北京方恒置业股份有限公司	十里堡东恒时代家园三期B2、D、B3型住宅	朝阳区
348	汇融大厦	京房售证字（2007）334号	北京日月房地产开发有限公司	北蜂窝桥西南西客站综合楼	丰台区
349	珠江逸景家园	京房售证字（2007）340号	北京珠江房地产开发有限公司	马驹桥国家环保产业园区A1-4-1	通州区
350	顺义东方太阳城	京房售证字（2007）342号	北京东方太阳城房地产开发有限责任公司	仁和镇河南村	顺义区
351	丽湖嘉园小区	京房售证字（2007）341号	北京宏怀房地产开发有限公司	南华园四区南侧	怀柔区
352	中赫新天家园	京房售证字（2007）338号	北京新天朝来房地产开发有限公司	来广营乡来广营村新天国际城Ⅰ区（D1）地块	朝阳区
353	欣达园	京房售证字（2007）339号	北京市欣达园房地产开发有限公司	梨园镇大马庄	通州区
354	新金山商务大厦	京房售证字（2007）336号	北京麒麟房地产开发有限责任公司	雅宝路危改二期A区东片A3地块（北京麒麟国际商务中心）	朝阳区
355	隆盛工业园三期	京房售证字（2007）开04号	北京经济技术投资开发总公司	59号街区	开发区
356	望泉家园	京房售证字（2007）343号	北京万科四季花城房地产开发有限公司	望泉寺村东	顺义区
357	美伦堡家园	京房售证字（2007）344号	北京和达创建置业有限公司	德胜门外白庙6号（住宅项目）	朝阳区
358	中国生物技术中心	京房售证字（2007）335号	北京生物产业孵化基地有限责任公司	五棵松中国生物技术学术中心一期用地	海淀区
359	广渠家园	京房售证字（2007）346号	北京鑫阳房地产开发有限公司	广渠门外南街危改小区B地块	崇文区
360	格林莱雅家园	京房售证字（2007）345号	北京翔鸣房地产开发有限公司	垡头（金蝉危改小区A座、B座、C座、D座住宅及E座配套）	朝阳区
361	保利香槟华庭	京房售证字（2007）350号	保利（北京）房地产开发有限公司	大屯乡小营居住项目	朝阳区

续表

序号	项目名称	销售证号	开发商	地 址	区 县
362	滟澜山庄园	京房售证字（2007）349 号	北京龙湖置业有限公司	后沙峪古城火沙路南侧	顺义区
363	晓月苑	京房售证字（2007）347 号	北京市宛平房地产开发有限责任公司	卢沟桥南里 12 号晓月苑二期四组团	丰台区
364	香堤漫步庄园	京房售证字（2007）348 号	北京龙湖庆华置业有限公司	牛栏山张庄村南部	顺义区
365	佳莲商业中心	京房售证字（2007）352 号	北京佳莲伟业房地产开发有限公司	城北街道鸡鸭市胡同北侧	昌平区
366	国融世纪大厦	京房售证字（2007）开 05 号	北京禾祥置业发展有限公司	28 号街区	开发区
367	科协家园住宅小区	京房售证字（2007）351 号	北京新龙房地产开发有限公司	回龙观镇回龙观村东	昌平区
368	嘉州水郡	京房售证字（2007）353 号	北京日兴房地产发展有限公司	长阳镇哑吧河村	房山区
369	泛海国际居住区	京房售证字（2007）354 号	北京泛海信华置业有限公司	东风乡绿隔地区第三宗地 J-5 地块	朝阳区
370	万象新天家园	京房售证字（2007）357 号	北京天鸿房地产开发有限责任公司	常营乡（常营居住区一期工程一区 101-106 楼）	朝阳区
371	西客站南广场地下车库及商业	京房售证字（2007）358 号	中铁恒丰置业有限公司	广外大街马连道西客站南广场地下车库及商业	丰台区
372	上京家园	京房售证字（2007）355 号	北京住公房地产开发有限公司	望京望都东湖居住小区 15-16#地	朝阳区
373	福泰香博园	京房售证字（2007）361 号	北京福发房地产开发有限公司	黄村镇兴华大街东侧	大兴区
374	珠江华景家园	京房售证字（2007）360 号	北京合生北方房地产开发有限公司	西大望路 23 号（珠江帝景家园 D、E 区）	朝阳区
375	晨光家园	京房售证字（2007）359 号	北京住总房地产开发有限责任公司	十里堡晨光家园 B 区西区	朝阳区
376	龙之湾嘉园	京房售证字（2007）362 号	北京英才房地产开发有限公司	天竺开发区 21 号地	顺义区
377	北京卧龙国际山庄	京房售证字（2007）363 号	北京慧诚房地产开发有限公司	密云国际会议中心北侧	密云县
378	金泰枫景园	京房售证字（2007）356 号	北京金泰恒业有限责任公司	石门村路一号	朝阳区
379	东方贝弗利花园	京房售证字（2007）365 号	北京森润房地产开发有限公司	南皋乡	朝阳区

续表

序号	项目名称	销售证号	开发商	地址	区县
380	国奥村	京房售证字（2007）368 号	国奥投资发展有限公司	林萃东路	朝阳区
381	佳世苑	京房售证字（2007）367 号	北京森阳房地产开发有限责任公司	良乡地区卫星城南	房山区
382	富力又一家园	京房售证字（2007）366 号	北京华恩房地产开发有限公司	豆各庄乡鲁店北路北侧（豆各庄住宅小区三期工程）	朝阳区
383	龙山新新家园	京房售证字（2007）372 号	北京万通龙山置业有限公司	庙城镇龙山新新小镇二期项目 4 号地块	怀柔区
384	西杉创意园	京房售证字（2007）370 号	北京西山产业投资有限公司	四季青镇西山地区（西山产业投资基地西区）	海淀区
385	望泉家园	京房售证字（2007）371 号	北京万科四季花城房地产开发有限公司	仁和地区望泉填寺村东北侧	顺义区
386	东山嘉园	京房售证字（2007）369 号	北京太合嘉园房地产开发有限责任公司	东四环北路 7 号	朝阳区
387	新新天地家园	京房售证字（2007）376 号	北京硕和房地产开发有限公司	杨闸环岛东北侧“北京新天地”住宅小区二期	朝阳区
388	世华诚合大厦	京房售证字（2007）374 号	北京城和房地产开发有限责任公司	花市枣苑二期商住楼	崇文区
389	溪山嘉园澜山轩	京房售证字（2007）375 号	北京三九建业房地产开发有限公司	四季青乡西山地区	海淀区
390	世纪星城兴业园	京房售证字（2007）373 号	北京顺华房地产开发有限公司	永顺镇杨庄村（世纪星城一期 6 组团）	通州区
391	泛海国际居住区	京房售证字（2007）377 号	北京泛海信华置业有限公司	东风乡绿隔地区第四宗地 J-7 地块	朝阳区
392	丽水嘉园	京房售证字（2007）364 号	北京市丽水嘉园房地产开发中心	六里屯丽水园 1、2、3 号住宅楼配套及地下车库	朝阳区
393	世嘉博苑	京房售证字（2007）378 号	北京东旭发房地产开发有限公司	西红门镇十一村聚福园小区	大兴区
394	镇国寺北街 8 号院	京房售证字（2007）381 号	北京玺萌置业有限公司	星河城住宅小区一期 C-1 地块	丰台区
395	新华联商业大厦	京房售证字（2007）384 号	北京华信鸿业房地产开发有限公司	翠微路 5 号	海淀区
396	八龙桥雅苑	京房售证字（2007）382 号	北京慧友房地产开发有限责任公司	桥梓镇前桥梓村（绿荫小镇）住宅项目（八龙桥雅苑 5-30 号楼）	怀柔区

续表

序号	项目名称	销售证号	开发商	地 址	区 县
397	世纪东方嘉园	京房售证字（2007）380号	华瀚投资集团有限公司	南磨房乡楼梓庄世纪东方嘉园一区1号楼A、B、C座及地下车库、2号楼D座	朝阳区
398	紫芳园三区	京房售证字（2007）383号	北京城市开发股份有限公司	左安门外紫芳园三区1-5#楼及地下车库	丰台区
399	海阔名园	京房售证字（2007）385号	北京市民望房地产开发有限责任公司	九棵树145号	通州区
400	鼎立家园	京房售证字（2007）387号	北京鼎立房地产开发有限公司	右安门外大街154号（鼎立家园住宅小区）	丰台区
401	绿岛家园32#、33#、34#、35#住宅楼	京房售证字（2007）394号	北京市西达房地产开发有限责任公司	剧场东街8号绿岛家园二期	门头沟区
402	香海园	京房售证字（2007）390号	北京顺驰置地达兴房地产开发有限公司	黄村卫星城北区1号地6期部分	大兴区
403	瀚河园	京房售证字（2007）389号	永泰房地产（集团）有限公司	四季青镇京香青科	海淀区
404	柳明家园	京房售证字（2007）396号	北京金隅嘉业房地产开发有限公司	田村柳明家园住宅小区东区	海淀区
405	绿港家园	京房售证字（2007）391号	北京金汉房地产开发有限公司	小东庄	顺义区
406	天恒别墅山小区	京房售证字（2007）379号	北京山天置业有限公司	红螺镇村南	怀柔区
407	珠江逸景家园	京房售证字（2007）392号	北京珠江房地产开发有限公司	马驹桥国家环保产业园区A1-2-3	通州区
408	金隅凤麟苑	京房售证字（2007）386号	北京金隅嘉业房地产开发有限公司	姚家园西路265号东郊木材厂居住项目A、B地块	朝阳区
409	金地格外翠园	京房售证字（2007）395号	北京金地兴业房地产有限公司	马驹桥镇西生活起步区	通州区
410	万柳华府尚园	京房售证字（2007）393号	北京晨枫房地产开发有限公司	万柳居住区晨枫家园	海淀区
411	理想家园	京房售证字（2007）399号	北京鸿坤伟业房地产开发有限公司	西红门镇中心规划区A05-3号	大兴区
412	晨谷苑	京房售证字（2007）403号	北京晨谷苑房地产开发有限公司	将台乡驼房营村	朝阳区

续表

序号	项目名称	销售证号	开发商	地址	区县
413	嘉州水郡	京房售证字（2007）398号	北京日兴房地产发展有限公司	长阳镇哑叭河村	房山区
414	华彩中心	京房售证字（2007）388号	北京华瀛置业房地产开发有限公司	望京新兴产业区17号地（北京华瀛慧谷中心南地块公寓）	朝阳区
415	百富家园	京房售证字（2007）401号	北京浙金都房地产开发有限公司	石门村路1号东院（百富家园东区）	朝阳区
416	万芳园	京房售证字（2007）402号	北京万年花城房地产开发有限责任公司	花乡樊家村危改（万年花城）五号地	丰台区
417	广渠家园	京房售证字（2007）400号	北京鑫阳房地产开发有限公司	广渠门外南街危改小区B地块	崇文区
418	格纳斯综合楼	京房售证字（2007）404号	北京泰和基业房地产开发有限责任公司	左家庄新源里综合楼	朝阳区
419	远洋一方嘉园	京房售证字（2007）405号	北京中联置地房地产开发有限公司	管庄乡塔营村	朝阳区
420	香堤漫步庄园	京房售证字（2007）406号	北京龙湖庆华置业有限公司	牛栏山镇张庄村南部	顺义区
421	福泰香博园	京房售证字（2007）407号	北京福发房地产开发有限公司	黄村镇兴华大街东侧	大兴区
422	万象新天家园	京房售证字（2007）412号	北京天鸿房地产开发有限责任公司	常营乡（常营居住区一期工程一区101-106楼）	朝阳区
423	富力桃园	京房售证字（2007）410号	北京鸿高置业发展有限公司	西三旗高新建材城住宅东Ⅲ区	海淀区
424	周庄山水文园（二期）	京房售证字（2007）409号	北京力维斯凯亚房地产开发有限公司	十八里店乡周庄新村二期R2-1地块	朝阳区
425	金善名居	京房售证字（2007）408号	北京安旺房地产开发有限责任公司	庙城镇西台下村	怀柔区
426	世华水岸家园	京房售证字（2007）411号	北京城建投资发展股份有限公司	南苑乡石榴庄住宅小区一期C区	丰台区
427	水岸庄园	京房售证字（2007）397号	北京润泽庄苑房地产开发有限公司	来广营乡清河营村	朝阳区
428	北街家园	京房售证字（2007）413号	北京罗顿沙河建设发展有限公司	沙河镇高教园区住宅三期B区	昌平区
429	裕景华庭	京房售证字（2007）415号	北京华松房地产开发有限责任公司	望京新城A5区429号楼	朝阳区

续表

序号	项目名称	销售证号	开发商	地 址	区 县
430	悠乐汇中心	京房售证字（2007）414 号	北京圣鹏房地产开发有限公司	望京新城 B 区 11-1 号地	朝阳区
431	东潞苑	京房售证字（2007）416 号	北京东安恒新房地产开发有限公司	永顺镇焦王庄村东潞苑北区（西）	通州区
432	长安融府	京房售证字（2007）418 号	北京晨昱泰和房地产开发有限公司	复兴门内南闹市口Ⅲ-2 地块	西城区
433	嘉州水郡	京房售证字（2007）421 号	北京日兴房地产发展有限公司	长阳镇哑吧河村	房山区
434	金地格外翠园	京房售证字（2007）420 号	北京金地兴业房地产有限公司	马驹桥镇西生活起步区	通州区
435	南湖中园 K7 区 B4 楼	京房售证字（2007）417 号	北京城市开发集团有限责任公司	望京新城 K& 区 B 组团	朝阳区
436	王府国际商厦	京房售证字（2007）419 号	北京都市房地产开发集团有限公司	东安门大街东口	东城区
437	华金泰大厦	京房售证字（2007）425 号	北京华金泰房地产开发有限公司	建国门内大街南侧	东城区
438	浩思家园	京房售证字（2007）424 号	北京鼎嘉恒房地产开发有限公司	清河镇小营地区	海淀区
439	圣世一品阁	京房售证字（2007）423 号	北京市双建房地产开发有限公司	呼家楼向军北里二巷至六巷	朝阳区
440	滟澜山庄园	京房售证字（2007）422 号	北京龙湖置业有限公司	后沙峪古城村火沙路南侧	顺义区
441	雍景天成（南区）	京房售证字（2007）432 号	北京八大处房地产开发有限公司	苹果园街道田村路西黄村八大处旧村改造一期工程（3）	石景山区
442	万万树花园	京房售证字（2007）429 号	北京东君房地产开发有限公司	高丽营镇中心	顺义区
443	芍药居西区综合楼	京房售证字（2007）433 号	北京信远时代房地产开发有限公司	芍药居地区	朝阳区
444	镇国寺北街 8 号院	京房售证字（2007）427 号	北京玺萌置业有限公司	星河城住宅小区一期 C-1 地块	丰台区
445	上北创业中心	京房售证字（2007）430 号	北京东亚信鸿国际会展中心有限公司	回龙观镇 C09 地块	昌平区
446	华彩中心	京房售证字（2007）428 号	北京华瀛置业房地产开发有限公司	望京新兴产业区 17 号地（北京华瀛慧谷中心南地块公寓）	朝阳区

续表

序号	项目名称	销售证号	开发商	地址	区县
447	阳光上东园	京房售证字（2007）431 号	北京星泰房地产开发有限公司	将台乡大清寺 A 地块	朝阳区
448	上筑家园	京房售证字（2007）426 号	北京力迅房地产开发有限公司	旧宫镇南郊农场	大兴区
449	康和园	京房售证字（2007）435 号	北京震环房地产开发有限公司	黄村镇康庄路 27 号	大兴区
450	万达大湖居	京房售证字（2007）436 号	北京景藏健康置业有限公司	安立路 81 号（景藏健康公园内）	朝阳区
451	首创生活园二期	京房售证字（2007）440 号	北京首创新资置业有限公司	朝阳路十里堡 1 号、2 号用地（A5-1、A5-2、A5-3 地块）	朝阳区
452	富力又一家园	京房售证字（2007）439 号	北京华恩房地产开发有限公司	豆各庄乡鲁店北路北	朝阳区
453	玉龙嘉苑	京房售证字（2007）437 号	北京星火玉龙房地产开发有限公司	南口镇南辛路东侧	昌平区
454	恒奥中心	京房售证字（2007）441 号	北京市恒奥房地产开发有限公司	太平桥大街 13 号	西城区
455	八龙桥雅苑	京房售证字（2007）434 号	北京慧友房地产开发有限责任公司	桥梓镇前桥梓村（绿荫小镇）住宅项目（八龙桥雅苑 5-30 号楼）.	怀柔区
456	圣华里	京房售证字（2007）442 号	北京市龙鼎华源房地产开发有限责任公司	田村畅茜园小区四期圣华园北地块	海淀区
457	溪雅苑	京房售证字（2007）446 号	北京福洲房地产开发有限公司	长阳镇溪雅苑	房山区
458	中赫新天家园	京房售证字（2007）438 号	北京新天朝来房地产开发有限公司	来广营乡来广营村新天国际城 I 区（D1）地块	朝阳区
459	国海中心	京房售证字（2007）443 号	中房京贸房地产开发有限公司	复兴路 17 号公主坟环岛东北角 D 座	海淀区
460	曼城家园	京房售证字（2007）445 号	曼城置业（北京）有限公司	梨园镇小稿村	通州区
461	中海风情苑	京房售证字（2007）444 号	北京嘉益德房地产开发有限公司	小红门乡小红门居住区一期 C 地块	朝阳区
462	随园	京房售证字（2007）447 号	北京市昌平房地产开发总公司	城东富松住宅小区	昌平区
463	北潞馨家园	京房售证字（2007）448 号	北京昊远隆基房地产开发总公司	良乡卫星城西侧北潞馨家园住宅小区	房山区
464	安宁庄上第摩码园	京房售证字（2007）452 号	北京当代房地产开发有限责任公司	西三旗清河南库居住 D-4 地块	海淀区

续表

序号	项目名称	销售证号	开发商	地址	区县
465	假日风景家园	京房售证字（2007）449 号	北京中粮万科假日风景房地产开发有限公司	小屯路 108 号 C 地块	丰台区
466	新兴年代家园	京房售证字（2007）450 号	北京新宇心愿房地产开发有限公司	太平路 36 号院	海淀区
467	拱辰星园	京房售证字（2007）451 号	北京港龙房地产开发有限责任公司	良乡地区拱辰星园 3、4、5 号楼	房山区
468	丽水莲花家园	京房售证字（2007）454 号	北京市天叶房地产开发公司	广外大街北侧（三统碑危改小区 1、2、3 号楼）	宣武区
469	西杉创意园	京房售证字（2007）455 号	北京西山产业投资有限公司	四季青镇西山地区（西山产业投资基地西区）	海淀区
470	学府树家园	京房售证字（2007）453 号	北京华润新镇置业有限责任公司	清河镇住宅及配套 H-8 地块	海淀区
471	丰盛大厦	京房售证字（2007）457 号	北京荟宏房地产开发有限责任公司	北丰 C2 楼（北丰危改小区公建 4 号楼）	西城区
472	金泰枫景园	京房售证字（2007）456 号	北京金泰恒业有限责任公司	石门村路一号	朝阳区
473	御庭陶然家园	京房售证字（2007）458 号	壹瓶房地产开发（北京）有限公司	陶然亭路 2 号双柳树危改小区（一期）7、8、9、10 号楼	宣武区
474	世纪星城兴业园	京房售证字（2007）459 号	北京顺华房地产开发有限公司	永顺镇杨庄村（世纪星城一期 6 组团）	通州区
475	彩虹园小区	京房售证字（2007）463 号	北京顺兴广厦房地产开发有限公司	密云镇沙河村车站路西侧。	密云县
476	金祺大厦	京房售证字（2007）460 号	金融街控股股份有限公司	金融街 F 区 3 号地（金祺大厦）	西城区
477	丽泽雅园	京房售证字（2007）462 号	北京东兴联房地产开发有限责任公司	东管头丽泽城市花园（A4 区）二期 J 座	丰台区
478	都城大厦综合楼	京房售证字（2007）461 号	北京鲁能陶然房地产开发有限公司	南横街东口都城大厦	宣武区
479	水岸庄园	京房售证字（2007）466 号	北京润泽庄苑房地产开发有限公司	来广营乡清河营村	朝阳区
480	善缘综合楼	京房售证字（2007）464 号	北京钰阳创业房地产开发有限公司	百善镇百善村	昌平区
481	珠江华景家园	京房售证字（2007）468 号	北京合生北方房地产开发有限公司	西大望路 23 号（珠江帝景家园 C 区）	朝阳区
482	新源国际公寓（一期）	京房售证字（2004）194 号	北京千禧房地产开发有限公司	新源南路 5 号	朝阳区

续表

序号	项目名称	销售证号	开发商	地址	区县
483	府上嘉园	京房售证字（2007）477号	北京安瑞房地产开发有限公司	六铺炕4号楼	东城区
484	上奥世纪中心	京房售证字（2007）473号	北京实创房地产开发公司	西三旗环岛东北角	昌平区
485	上北创业中心	京房售证字（2007）472号	北京东亚信鸿国际会展中心有限公司	回龙观镇C09地块	昌平区
486	雍景天成（南区）	京房售证字（2007）471号	北京八大处房地产开发有限公司	苹果园街道田村路西黄村八大处旧村改造一期工程（3）	石景山区
487	龙之湾嘉园	京房售证字（2007）470号	北京英才房地产开发有限公司	天竺开发区21号地	顺义区
488	中粮福临门大厦	京房售证字（2007）465号	北京兆泰置地（集团）股份有限公司	朝阳门南大街东侧	朝阳区
489	颖泽洲商厦	京房售证字（2007）467号	北京城建富源通房地产开发有限公司	南菜园颖泽洲小区3区沿街商业综合楼	延庆县
490	香堤漫步庄园	京房售证字（2007）469号	北京龙湖庆华置业有限公司	牛栏山张庄村南部	顺义区
491	世纪星城兴业园	京房售证字（2007）475号	北京顺华房地产开发有限公司	永顺镇杨庄村（世纪星城一期5组团）	通州区
492	太阳宫金星园	京房售证字（2007）476号	北京太阳宫房地产开发有限公司	太阳宫乡夏家坟太阳宫新区（太阳星城）F区二期6、8、10、11、12、15、16、18号楼、会所、地下车库	朝阳区
493	世华水岸家园	京房售证字（2007）474号	北京城建投资发展股份有限公司	南苑乡石榴庄住宅小区一期B区（B地块）	丰台区
494	上第摩码园	京房售证字（2007）478号	北京当代房地产开发有限责任公司	西三旗清河南库居住D-4地块	海淀区
495	南宫智苑	京房售证字（2007）480号	北京南宫恒业房地产开发有限公司	王佐镇南宫苑生态居住区2期	丰台区
496	北美佳苑	京房售证字（2007）479号	北京静水园房地产开发有限公司	宋庄镇疃里村	通州区
497	赏云轩嘉园1#-8#住宅楼	京房售证字（2007）481号	北京青和行置业有限公司	密云镇南菜园村	密云县
498	马连洼竹园	京房售证字（2007）483号	北京亿城山水房地产开发有限公司	东北旺乡马连洼村马连洼竹园小区Y3、Y4、Y7、Y8、Y11、Y12及地下车库	海淀区

续表

序号	项目名称	销售证号	开发商	地址	区县
499	珠江逸景家园	京房售证字（2007）482 号	北京珠江房地产开发有限公司	马驹桥国家环保产业园区 A1-4-1	通州区
500	鑫丰家园	京房售证字（2007）486 号	北京鑫丰信德房地产开发有限公司	西四环	丰台区
501	滨河小区	京房售证字（2007）484 号	北京市大龙房地产开发有限公司	滨河小区东侧	顺义区
502	新东大厦商住小区	京房售证字（2007）485 号	北京麟骁房地产开发有限公司	新东路西侧	密云县
503	城南嘉园益城园 16 号楼	京房售证字（2007）487 号	北京龙腾房地产开发有限公司	南苑乡槐房村槐房新村一期	丰台区
504	尚学名厦	京房售证字（2007）488 号	北京中顺超科房地产开发有限公司	学院南路 11-15 号	海淀区
505	北街家园	京房售证字（2007）489 号	北京罗顿沙河建设发展有限公司	沙河镇高教园区一期 A 区（D-11 地块）住宅及配套	昌平区
506	定福家园南里	京房售证字（2007）经 38 号	北京城建房地产开发有限公司	平房乡黄渠村	朝阳区
507	平乐园小区西一、西二区 R1 住宅及配套等 3 项，平乐园小区西一、西二区 R3 住宅等 5 项	京房售证字（2007）492 号	北京首驰昱达房地产开发有限公司	南磨房乡平乐园小区西一区、西二区	朝阳区
508	国奥村	京房售证字（2007）493 号	国奥投资发展有限公司	林萃东路	朝阳区
509	慈云嘉园	京房售证字（2007）496 号	三能达置业有限公司	慈云寺危改小区二期用地	朝阳区
510	瑞雪春堂	京房售证字（2007）494 号	北京瑞雪春堂房地产有限公司	良乡卫星城东南侧	房山区
511	鸿铭中心	京房售证字（2007）491 号	北京东方鸿铭房地产开发有限公司	左家庄后街 5 号	朝阳区
512	沙顺路 96 号院	京房售证字（2007）495 号	北京久长房地产开发有限公司	小汤镇中心街南侧	昌平区
513	万科紫台家园	京房售证字（2007）490 号	北京万科置业有限公司	小屯村万科熙园住宅及配套商业用地	丰台区

附表2 2007年新建商品期房买卖指导价

一季度东城区新建商品期房买卖价格监测区域市场价格

监测区域	区域范围	项目类型	平均成交均价（元/m²）	成交总套数（套）	总成交建筑面积（m²）	套平均成交建筑面积（m²）	套平均成交价格（元/套）
安定门外	东至东土城路、西至人定湖公园、南至北二环东路、北至东城区界	普通住宅	9906	2	304	152	1507963
东北二环内	东至东二环路、西至鼓楼大街－地安门大街－南池子大街、南至前门东大街－崇文门东大街、北至北二环路	普通住宅	22000	1	300	300	6608800
		办公	23161	49	20972.84	428	9913126
东直门外	东至春秀路、西至东二环路、南至东城区界、北至东城区界	普通住宅	21170	82	7569	92	1954084
		公寓	19755	2	205	102	2022797

一季度西城区新建商品期房买卖价格监测区域房屋交易市场价格

监测区域	区域范围	项目类型	平均成交均价（元/m²）	成交总套数（套）	总成交建筑面积（m²）	套平均成交建筑面积（m²）	套平均成交价格（元/套）
西北二环内	东至西二环路、西至三里河路、南至莲花池东路、北至西城区界	普通住宅	16516	383	29829	78	1286286
		办公	18024	61	129930	2130	38390812
西直门外、阜成门、复兴门外	东至鼓楼大街－地安门大街－北长街、西至西二环路、南至前门西大街－宣武门东大街－宣武门西大街、北至北二环路	普通住宅	20107	35	7392	211	4246736
		办公	17721	14	5040	360	6379968
德外		普通住宅	10967	12	2014	168	1840787

一季度崇文区新建商品期房买卖价格监测区域房屋交易市场价格

监测区域	区域范围	项目类型	平均成交均价（元/m²）	成交总套数（套）	总成交建筑面积（m²）	套平均成交建筑面积（m²）	套平均成交价格（元/套）
前门、崇外、东花市	东至崇文区界、西至前门大街、南至朱市口东大街－广渠门内大街、北至前门东大街－崇文门东大街	普通住宅	12114	479	44702	93	1130531
		办公	13170	152	8458.88	56	732938
永定门外	永外街道行政区域	普通住宅	7902	56	5856	105	826396

一季度宣武区新建商品期房买卖价格监测区域房屋交易市场价格

监测区域	区域范围	项目类型	平均成交均价（元/m^2）	成交总套数（套）	总成交建筑面积（m^2）	套平均成交建筑面积（m^2）	套平均成交价格（元/套）
椿树、大栅栏、陶然亭、天桥	东至前门大街－永定门内大街、西至宣武门外大街－菜市口大街、南至永定门西滨河路、北至宣武门东大街－前门西大街	普通住宅	19735	26	7555	291	5734347
		办公	9955	68	6645	98	972885
广安门外	广外街道行政区域	普通住宅	9574	390	40903	105	1004118
		公寓	17767	54	7790	144	2563149
		办公	8145	91	19055	209	1705491
广内、牛街	东至宣武门外大街－菜市口大街、西至广安门北滨河路－广安门南滨河路、南至右安门西街－右安门东街、北至宣武门大街	普通住宅	10313	109	12646	116	1196592

一季度朝阳区新建商品期房买卖价格监测区域房屋交易市场价格

监测区域	区域范围	项目类型	平均成交均价（元/m^2）	成交总套数（套）	总成交建筑面积（m^2）	套平均成交建筑面积（m^2）	套平均成交价格（元/套）
安慧	东至地铁十三号 西至八达岭高速 南至北四环 北至西五环	普通住宅	12571	247	36478	148	1856598
		公寓	12728	221	22468	102	1293968
甘露园	东至东五环 西至东四环 南至通惠河 北至姚家园路	普通住宅	14919	520	77101	148	2212061
北五环外	东至京承高速 西至八达岭高速 南至北五环 北至清河	普通住宅	9092	524	68755	131	1192959
		公寓	9637	120	16548	138	1329034
		办公	7069	242	18119	75	529270
东四环南路	东至东五环 西至朝阳区界 南至朝阳区界 北至化工路	普通住宅	7234	17	2154	127	916602
		公寓	16833	47	6908	147	2474255
		办公	15063	6	1725	287	4330144
管庄	东至朝阳区界 西至东五环 南至京秦铁路 北至朝阳北路		7080	1527	151709	99	703390
酒仙桥	东至东北五环 西至东四环北路 南至东风南路、七棵树路 北至酒仙桥北路	普通住宅	13301	575	83921	146	1941336
		公寓	11167	39	5084	130	1455633

续表

监测区域	区域范围	项目类型	平均成交均价（元/m²）	成交总套数（套）	总成交建筑面积（m²）	套平均成交建筑面积（m²）	套平均成交价格（元/套）
三里屯	东至东三环　西至东二环　南至通惠河　北至亮马河	普通住宅	15860	120	18543	155	2450779
		公寓	19550	189	26876	142	2780065
劲松	东至东四环路　西至西二环路　南至华威南路、松榆南路　北至建国路	普通住宅	13563	958	103481	108	1465000
		公寓	12303	5	1032	206	2538621
六里屯	东至东四环路　西至东三环路　南至建国路　北至亮马河	普通住宅	10938	1052	124761	119	1297192
		公寓	13441	138	19110	138	1861256
望京	东至东五环路西至北四环路　南至京顺　北至北五环东路	普通住宅	9207	1208	167196	138	1274251
		公寓	9067	61	5014	82	745299
		办公	10315	277	18383	66	684578
三元桥	东至机场高速路　西至地铁 13 号线　南至亮马河　北至太阳宫路	普通住宅	13853	252	43917	174	2414253
		办公	17174	20	5284	264	4537576
东坝		普通住宅	8551	380	39188	103	881814
豆各庄		普通住宅	7292	485	66429	137	998731
健翔桥		普通住宅	14244	443	75761	171	2435947
		公寓	10464	89	48376	544	5687593
区域外		普通住宅	17671	33	14210	431	7609213
		公寓	19491	8	2487	311	6059716

一季度海淀区新建商品期房买卖价格监测区域房屋交易市场价格

监测区域	区域范围	项目类型	平均成交均价（元/m²）	成交总套数（套）	总成交建筑面积（m²）	套平均成交建筑面积（m²）	套平均成交价格（元/套）
甘家口	东至三里河路 西至西三环北路、翠微路 南至莲花池东路 北至西直门外大街、紫竹院路	普通住宅	14837	57	12034	211	3132517
		办公	15600	27	8761	324	5062097
海淀镇		办公	13063	17	2541	149	1952658
上地	东至海淀区界　西至颐阳路　南至北五环　北至京包铁路线	普通住宅	9699	633	73628	116	1128181
		办公	8992	184	25053	136	1224392
西三旗	东至海淀区界、西至安宁庄西路－安宁庄路－城铁十三号线、南至北五环路、北至海淀区界	普通住宅	8422	1430	141720	99	834682

续表

监测区域	区域范围	项目类型	平均成交均价（元/m^2）	成交总套数（套）	总成交建筑面积（m^2）	套平均成交建筑面积（m^2）	套平均成交价格（元/套）
四季青	东至蓝靛厂南路　西至长润路　南至彰化村路北至蓝靛厂路	普通住宅	12288	490	66575	136	1669587
		办公	12521	52	8341	160	2008456
田村路	东至翠微路　西至八角东路　南至莲花池西路　北至大台铁路	普通住宅	8934	15	2394	160	1425897
万柳	东至中关村大街　西至昆明湖路、蓝靛厂北路　南至长春桥路、北三环西路北至西苑南路、海淀路	普通住宅	23094	28	6961	249	5741638
		公寓	16793	67	4578	68	1147371
中关村	东至八达岭高速　西至中关村大街　南至北三环西路　北至北四环中路	普通住宅	12442	22	1161	53	656687
		公寓	14127	263	15892	60	853657
		办公	10505	6	1549	258	2711420
翠微	东至西三环路、西至西四环路、南至太平路－太平东路、北至阜成路	普通住宅	11392	80	11995	150	1708052
紫竹院	东至中关村南大街　西至蓝靛厂南路　南至紫竹院路　北至长春桥路	普通住宅	15744	22	4020	183	2876512
		办公	13190	60	11359	189	2497133
北太平庄		普通住宅	11393	8	1136	142	1618286
北洼		普通住宅	8868	8	1344	168	1489390

一季度丰台区新建商品期房买卖价格监测区域房屋交易市场价格

监测区域	区域范围	项目类型	平均成交均价（元/m^2）	成交总套数（套）	总成交建筑面积（m^2）	套平均成交建筑面积（m^2）	套平均成交价格（元/套）
方庄	东至方庄路、西至永外大街、南至南三环东路、北至北二环路	普通住宅	9073	336	42899	128	1158383
六里桥	东至西二环路、西至西三环中路、南至丽泽路、北至莲花池东路	普通住宅	8724	97	11778	121	1059337
		办公	8500	1	118	118	999005
南三环	东至京津塘高速公路、西至京开高速路、南至南四环路、北至北三环路	普通住宅	8417	563	69586	124	1040339
		办公	9776	121	22100	183	1785615

续表

监测区域	区域范围	项目类型	平均成交均价（元/m²）	成交总套数（套）	总成交建筑面积（m²）	套平均成交建筑面积（m²）	套平均成交价格（元/套）
南四环外	东至西四环南路、西至西五环路、南至南五环路、北至京石高速公路	普通住宅	7857	192	21494	112	879516
青塔	东至西三环中路、西至张仪村路、南至京石高速公路丰台北路、北至莲花池西路西延长线	普通住宅	7992	1485	161554	109	869499
西南三环至西南四环	东至西三环南路南三环西路、西至西四换南路、南至南四环西路、北至丰台北路	普通住宅	8016	789	84389	107	857344
		办公	8242	23	3745	163	1342013
右安门外	东至永定门外大街、西至西三环南路、南至南三环西路、北至丽泽路	普通住宅	8337	310	32432	105	872217
长辛店镇		普通住宅	5375	152	20649	136	730205

一季度石景山区新建商品期房买卖价格监测区域房屋交易市场价格

监测区域	区域范围	项目类型	平均成交均价（元/m²）	成交总套数（套）	总成交建筑面积（m²）	套平均成交建筑面积（m²）	套平均成交价格（元/套）
金顶山	东至八大处路、西至金顶山路、南至苹果园路、北至金顶山路	普通住宅	4846	1	95	95	460031
八宝山	东至玉泉路、西至西五环路、南至京原铁路、北至石景山路	普通住宅	8772	556	58531	105	923446

一季度通州区新建商品期房买卖价格监测区域房屋交易市场价格

监测区域	区域范围	项目类型	平均成交均价（元/m²）	成交总套数（套）	总成交建筑面积（m²）	套平均成交建筑面积（m²）	套平均成交价格（元/套）
永顺	东至新华北街、西至市场北路－通惠北路、南至通惠河、北至京哈高速公路	普通住宅	6242	618	53719	87	542624
九棵树	东至九棵树东路、西至半壁店大街、南至市公路局技校、北至运河西大街	普通住宅	5172	58	5470	94	487822

续表

监测区域	区域范围	项目类型	平均成交均价（元/m^2）	成交总套数（套）	总成交建筑面积（m^2）	套平均成交建筑面积（m^2）	套平均成交价格（元/套）
梨园	东至玉桥中路、西至京塘路、南至玉桥中路、北至运河东大街	普通住宅	5347	553	68592	124	663284
玉桥		普通住宅	4893	41	3926	96	468553
马驹桥镇	马驹桥镇行政区域	普通住宅	6047	124	14364	116	700470
新华		普通住宅	6276	3	425	142	888129
胡各庄乡		普通住宅	4501	12	1607	134	602634

一季度大兴区新建商品期房买卖价格监测区域房屋交易市场价格

监测区域	区域范围	项目类型	平均成交均价（元/m^2）	成交总套数（套）	总成交建筑面积（m^2）	套平均成交建筑面积（m^2）	套平均成交价格（元/套）
黄村镇	黄村镇行政区域	普通住宅	5798	1462	164500	113	652336
旧宫镇	旧宫镇行政区域	普通住宅	5255	4	513	128	673804
西红门镇	西红门镇行政区域	普通住宅	5314	119	11908	100	531741

一季度昌平区新建商品期房买卖价格监测区域房屋交易市场价格

监测区域	区域范围	项目类型	平均成交均价（元/m^2）	成交总套数（套）	总成交建筑面积（m^2）	套平均成交建筑面积（m^2）	套平均成交价格（元/套）
百善镇	百善镇行政区域	普通住宅	6684	17	6687	393	2629256
北七家镇	北七家镇行政区域	普通住宅	11418	79	26890	340	3886394
昌平镇	昌平镇行政区域	普通住宅	3714	197	23047	117	434483
		公寓	5105	179	8719	49	248686
东小口镇	东小口镇行政区域	普通住宅	7092	344	34957	102	720718
小汤山镇	小汤山镇行政区域	普通住宅	8168	239	52263	219	1786174
南邵镇	南邵镇行政区域	普通住宅	8816	6	2330	388	3422954
阳坊镇	阳坊镇行政区域	普通住宅	4076	49	5785	118	481248
回龙观镇	回龙观镇行政区域	普通住宅	4612	579	62836	109	500510
沙河镇		普通住宅	6512	361	48902	135	882078

一季度顺义区新建商品期房买卖价格监测区域房屋交易市场价格

监测区域	区域范围	项目类型	平均成交均价（元/m^2）	成交总套数（套）	总成交建筑面积（m^2）	套平均成交建筑面积（m^2）	套平均成交价格（元/套）
仁和镇	仁和镇行政区域	普通住宅	6340	603	79541	132	836282
天竺镇	天竺镇行政区域	普通住宅	13169	59	22420	380	5004243

续表

监测区域	区域范围	项目类型	平均成交均价（元/m²）	成交总套数（套）	总成交建筑面积（m²）	套平均成交建筑面积（m²）	套平均成交价格（元/套）
杨镇镇	杨镇镇行政区域	普通住宅	3026	235	22220	95	286148
后沙峪镇		普通住宅	8280	59	12619	214	1771073
李遂镇		普通住宅	9935	10	2380	238	2364907
牛山镇		普通住宅	11109	7	2714	388	4307413

一季度房山区新建商品期房买卖价格监测区域房屋交易市场价格

监测区域	区域范围	项目类型	平均成交均价（元/m²）	成交总套数（套）	总成交建筑面积（m²）	套平均成交建筑面积（m²）	套平均成交价格（元/套）
长阳镇	长阳镇行政区域	普通住宅	4687	523	63504	121	569143
良乡镇	良乡行政区域	普通住宅	3880	147	17587	120	464160
窦店镇		普通住宅	3649	643	66827	104	379210
阎村镇		普通住宅	3760	116	14908	129	483227

一季度门头沟区新建商品期房买卖价格监测区域房屋交易市场价格

监测区域	区域范围	项目类型	平均成交均价（元/m²）	成交总套数（套）	总成交建筑面积（m²）	套平均成交建筑面积（m²）	套平均成交价格（元/套）
龙泉镇	龙泉镇行政区域	普通住宅	5058	46	6099	133	670681

一季度怀柔区新建商品期房买卖价格监测区域房屋交易市场价格

监测区域	区域范围	项目类型	平均成交均价（元/m²）	成交总套数（套）	总成交建筑面积（m²）	套平均成交建筑面积（m²）	套平均成交价格（元/套）
怀柔镇	怀柔镇行政区域	普通住宅	4991	215	30740	143	713565
庙城镇		普通住宅	7536	19	3332	175	1321676

一季度平谷区新建商品期房买卖价格监测区域房屋交易市场价格

监测区域	区域范围	项目类型	平均成交均价（元/m²）	成交总套数（套）	总成交建筑面积（m²）	套平均成交建筑面积（m²）	套平均成交价格（元/套）
平谷镇	平谷镇行政区域	普通住宅	3086	230	26024	113	349147
黄松峪乡		普通住宅	6098	6	622	104	632532

一季度北京经济技术开发区新建商品期房买卖价格监测区域房屋交易市场价格

监测区域	区域范围	项目类型	平均成交均价（元/m²）	成交总套数（套）	总成交建筑面积（m²）	套平均成交建筑面积（m²）	套平均成交价格（元/套）
北京经济技术开发区	经济技术开发区行政区域	普通住宅	6626	4	1266	316	2096661

一季度密云县新建商品期房买卖价格监测区域房屋交易市场价格

监测区域	区域范围	项目类型	平均成交均价（元/m²）	成交总套数（套）	总成交建筑面积（m²）	套平均成交建筑面积（m²）	套平均成交价格（元/套）
密云镇	密云镇行政区域	普通住宅	3479	59	7910	134	466361
溪翁庄镇		普通住宅	4753	13	2300	177	840959

一季度延庆县新建商品期房买卖价格监测区域房屋交易市场价格

监测区域	区域范围	项目类型	平均成交均价（元/m²）	成交总套数（套）	总成交建筑面积（m²）	套平均成交建筑面积（m²）	套平均成交价格（元/套）
延庆县		普通住宅	4025	153	15663	102	412058

二季度东城区新建商品期房买卖价格监测区域市场价格

监测区域	区域范围	项目类型	平均成交均价（元/m²）	成交总套数（套）	总成交建筑面积（m²）	套平均成交建筑面积（m²）	套平均成交价格（元/套）
安定门外	东至东土城路、西至人定湖公园、南至北二环东路、北至东城区界	普通住宅	9860	1	202	202	1990635
		办公	13651	9	5122	569	7769305
东直门外	东至春秀路、西至东二环路、南至东城区界、北至东城区界	普通住宅	25073	83	9086	109	2744676
		公寓	22749	24	2205	92	2090419
东北二环内	东至东二环路、西至鼓楼大街－地安门大街－南池子大街、南至前门东大街－崇文门东大街、北至北二环路	办公	15528	18	3784	210	3264730

二季度西城区新建商品期房买卖价格监测区域市场价格

监测区域	区域范围	项目类型	平均成交均价（元/m²）	成交总套数（套）	总成交建筑面积（m²）	套平均成交建筑面积（m²）	套平均成交价格（元/套）
西北二环内	东至西二环路、西至三里河路、南至莲花池东路、北至西城区界	普通住宅	17593	518	64804	125	2200918
		办公	26962	10	23165	2316	62458066
西直门外、阜成门、复兴门外	东至鼓楼大街－地安门大街－北长街、西至西二环路、南至前门西大街－宣武门东大街－宣武门西大街、北至北二环路	普通住宅	15235	129	22944	178	3311594
德胜门外		办公	15510	53	48670	918	14243290

二季度崇文区新建商品期房买卖价格监测区域市场价格

监测区域	区域范围	项目类型	平均成交均价（元/m^2）	成交总套数（套）	总成交建筑面积（m^2）	套平均成交建筑面积（m^2）	套平均成交价格（元/套）
前门、崇外、东花市	东至崇文区界、西至前门大街、南至朱市口东大街－广渠门内大街、北至前门东大街－崇文门东大街	普通住宅	13865	309	25288	82	1134723
		办公	14017	28	2252	80	1127211
天坛、体育馆路、龙潭	东至广渠门南滨河路、西至前门大街－天桥南大街、南至永定门东滨河路－左安门西滨河路、北至朱市口东大街－广渠门内大街	普通住宅	13319	219	24133	110	1467694
永定门外	永外街道行政区域	普通住宅	6136	46	3183	69	424582

二季度宣武区新建商品期房买卖价格监测区域市场价格

监测区域	区域范围	项目类型	平均成交均价（元/m^2）	成交总套数（套）	总成交建筑面积（m^2）	套平均成交建筑面积（m^2）	套平均成交价格（元/套）
椿树、大栅栏、陶然亭、天桥	东至前门大街－永定门内大街、西至宣武门外大街－菜市口大街、南至永定门西滨河路、北至宣武门东大街－前门西大街	普通住宅	14119	10	1862	186	2629459
广安门外	广外街道行政区域	普通住宅	10007	257	27601	107	1074665
		公寓	19733	46	7189	156	3084085
		办公	8178	794	41773	53	430268
广内、牛街	东至宣武门外大街－菜市口大街、西至广安门北滨河路－广安门南滨河路、南至右安门西街－右安门东街、北至宣武门大街	普通住宅	13679	24	3571	149	2035504
广内		办公	9894	4	690	172	1706048

二季度朝阳区新建商品期房买卖价格监测区域市场价格

监测区域	区域范围	项目类型	平均成交均价（元/m²）	成交总套数（套）	总成交建筑面积（m²）	套平均成交建筑面积（m²）	套平均成交价格（元/套）
安慧	东至地铁十三号 西至八达岭高速 南至北四环 北至西五环	普通住宅	15905	468	78156	167	2656110
		公寓	18291	67	9023	135	2463388
		办公	11379	107	18823	176	2001733
甘露园	东至东五环 西至东四环 南至通惠河 北至姚家园路	普通住宅	11244	717	78176	109	1225973
北五环外	东至京承高速 西至八达岭高速 南至北五环 北至清河	普通住宅	13628	820	121585	148	2020392
		公寓	12689	3	589	196	2491027
		办公	5382	14	1089	78	418719
东四环南路	东至东五环 西至朝阳区界 南至朝阳区界 北至化工路	普通住宅	10421	812	86947	107	1115872
		公寓	9550	14	964	69	657245
		办公	10995	76	8184	108	1184054
管庄	东至朝阳区界 西至东五环 南至京秦铁路 北至朝阳北路	普通住宅	8473	2257	231504	103	869111
酒仙桥	东至东北五环 西至东四环北路 南至东风南路、七棵树路 北至酒仙桥北路	普通住宅	15554	1071	165734	155	2406935
		公寓	12055	65	8862	136	1643525
		办公	12605	21	1167	56	700336
三里屯	东至东三环 西至东二环 南至通惠河 北至亮马河	普通住宅	18540	18	3360	187	3462531
		公寓	21301	564	78916	140	2980448
		办公	25446	372	77611	209	5308871
劲松	东至东四环路 西至西二环路 南至华威南路、松榆南路 北至建国路	普通住宅	15532	768	87263	114	1764738
		公寓	14540	97	7555	78	1132415
		办公	11577	10	993	99	1150071
六里屯	东至东四环路 西至东三环路 南至建国路 北至亮马河	普通住宅	13131	1045	93170	89	1170718
		办公	11681	78	11727	150	1756177
望京	东至东五环路 西至北四环路 南至京顺 北至北五环东路	普通住宅	11350	746	104653	140	1592213
		公寓	10904	28	2399	86	934369
		办公	11056	686	55319	81	891577
三元桥	东至机场高速路 西至地铁13号线 南至亮马河 北至太阳宫路	普通住宅	16707	359	56975	159	2651481
		公寓	17414	58	7943	137	2384823
		办公	17016	73	17314	237	4035785
小关	东至地铁13号线 西至八达岭高速 南至黄寺大街、外馆斜街、青年沟路 北至北四环	普通住宅	17074	80	5253	66	1121102

续表

监测区域	区域范围	项目类型	平均成交均价（元/m²）	成交总套数（套）	总成交建筑面积（m²）	套平均成交建筑面积（m²）	套平均成交价格（元/套）
东坝		普通住宅	9114	148	20887	141	1286237
豆各庄		普通住宅	8240	623	76588	123	1013032
垡头		普通住宅	5934	4	301	75	446553
健翔桥		普通住宅	18501	107	18618	174	3219199

二季度海淀区新建商品期房买卖价格监测区域市场价格

监测区域	区域范围	项目类型	平均成交均价（元/m²）	成交总套数（套）	总成交建筑面积（m²）	套平均成交建筑面积（m²）	套平均成交价格（元/套）
甘家口	东至三里河路　西至西三环北路、翠微路　南至莲花池东路　北至西直门外大街、紫竹院路	普通住宅	13058	8	1171	146	1911866
		办公	14062	32	8746	273	3843459
北太平庄		办公	14247	5	1214	243	3458739
北洼		办公	14354	15	4747	316	4542466
上地		办公	8391	261	63851	245	2052709
西三旗	东至海淀区界、西至安宁庄西路－安宁庄路－城铁十三号线、南至北五环路、北至海淀区界	普通住宅	10524	1732	186550	108	1133572
四季青	东至蓝靛厂南路　西至长润路　南至彰化村路　北至蓝靛厂路	普通住宅	14187	171	26428	155	2192622
		办公	16344	31	6717	217	3541542
田村路	东至翠微路　西至八角东路　南至莲花池西路　北至大台铁路	普通住宅	5531	398	50195	126	697555
万柳	东至中关村大街　西至昆明湖路、蓝靛厂北路　南至长春桥路、北三环西路　北至西苑南路、海淀路	普通住宅	27459	16	4586	287	7869658
		公寓	18544	3	167	56	1034945
中关村	东至八达岭高速　西至中关村大街　南至北三环西路　北至北四环中路	普通住宅	15800	22	2176	99	1562586
		公寓	16033	124	8999	73	1163561
翠微	东至西三环路、西至西四环路、南至太平路－太平东路、北至阜成路	普通住宅	15005	97	14244	147	2203336

续表

监测区域	区域范围	项目类型	平均成交均价（元/m^2）	成交总套数（套）	总成交建筑面积（m^2）	套平均成交建筑面积（m^2）	套平均成交价格（元/套）
紫竹院	东至中关村南大街　西至蓝靛厂南路　南至紫竹院路　北至长春桥路	普通住宅	20344	43	4710	110	2228183
		办公	19866	73	21689	297	5902396
北四环外		普通住宅	15391	15	2704	180	2774855
区域外		普通住宅	14997	1	205	205	3076852

二季度丰台区新建商品期房买卖价格监测区域市场价格

监测区域	区域范围	项目类型	平均成交均价（元/m^2）	成交总套数（套）	总成交建筑面积（m^2）	套平均成交建筑面积（m^2）	套平均成交价格（元/套）
方庄	东至方庄路、西至永外大街、南至南三环东路、北至北二环路	普通住宅	12236	135	17697	131	1604009
六里桥	东至西二环路、西至西三环中路、南至丽泽路、北至莲花池东路	普通住宅	9564	74	9049	122	1169586
		办公	9016	12	4695	391	3527705
南三环	东至京津塘高速公路、西至京开高速路、南至南四环路、北至北三环路	普通住宅	8804	545	67750	124	1094442
		办公	10600	96	13969	146	1542343
青塔	东至西三环中路、西至张仪村路、南至京石高速公路丰台北路、北至莲花池西路西延长线	普通住宅	9642	916	111203	121	1170530
西南三环		普通住宅	9155	761	81785	107	983907
西南四环		普通住宅	7721	202	24538	121	987949
		办公	9276	5	751	150	1392815
右安门外	东至永定门外大街、西至西三环南路、南至南三环西路、北至丽泽路	普通住宅	11519	545	50035	92	1057507
长辛店镇		普通住宅	8637	119	22456	189	1629878

二季度石景山区新建商品期房买卖价格监测区域市场价格

监测区域	区域范围	项目类型	平均成交均价（元/m^2）	成交总套数（套）	总成交建筑面积（m^2）	套平均成交建筑面积（m^2）	套平均成交价格（元/套）
杨庄	东至西五环路、西至金顶山路－北辛安路、南至石景山路、北田村路	普通住宅	10882	173	18535	107	1165839

续表

监测区域	区域范围	项目类型	平均成交均价（元/m²）	成交总套数（套）	总成交建筑面积（m²）	套平均成交建筑面积（m²）	套平均成交价格（元/套）
八宝山	东至玉泉路、西至西五环路、南至京原铁路、北至石景山路	普通住宅	9870	921	79038	86	846983

二季度通州区新建商品期房买卖价格监测区域市场价格

监测区域	区域范围	项目类型	平均成交均价（元/m²）	成交总套数（套）	总成交建筑面积（m²）	套平均成交建筑面积（m²）	套平均成交价格（元/套）
永顺	东至新华北街、西至市场北路－通惠北路、南至通惠河、北至京哈高速公路	普通住宅	5553	113	13335	118	655312
九棵树	东至九棵树东路、西至半壁店大街、南至市公路局技校、北至运河西大街	普通住宅	7425	139	15930	115	850927
梨园	东至玉桥中路、西至京塘路、南至玉桥中路、北至运河东大街	普通住宅	6154	485	47266	97	599751
马驹桥镇	马驹桥镇行政区域	普通住宅	6711	248	37301	150	1009432
区域外		普通住宅	8181	26	6870	264	2161715

二季度大兴区新建商品期房买卖价格监测区域市场价格

监测区域	区域范围	项目类型	平均成交均价（元/m²）	成交总套数（套）	总成交建筑面积（m²）	套平均成交建筑面积（m²）	套平均成交价格（元/套）
黄村镇	黄村镇行政区域	普通住宅	6411	1822	194598	107	684699
旧宫镇	旧宫镇行政区域	普通住宅	5129	38	3568	94	481673
西红门镇	西红门镇行政区域	普通住宅	6427	266	27331	103	660339

二季度昌平区新建商品期房买卖价格监测区域市场价格

监测区域	区域范围	项目类型	平均成交均价（元/m²）	成交总套数（套）	总成交建筑面积（m²）	套平均成交建筑面积（m²）	套平均成交价格（元/套）
北七家镇	北七家镇行政区域	普通住宅	6318	11	2141	195	1229784
昌平镇	昌平镇行政区域	普通住宅	4604	39	4684	120	552988
		公寓	6026	29	1367	47	284128
东小口镇	东小口镇行政区域	普通住宅	8320	443	46204	104	867802
小汤山镇	小汤山镇行政区域	普通住宅	6212	245	29841	122	756614
阳坊镇	阳坊镇行政区域	普通住宅	4421	44	6329	144	635982

续表

监测区域	区域范围	项目类型	平均成交均价（元/m²）	成交总套数（套）	总成交建筑面积（m²）	套平均成交建筑面积（m²）	套平均成交价格（元/套）
回龙观镇	回龙观镇行政区域	普通住宅	8785	674	86087	128	1122095
少河镇		普通住宅	6717	968	99516	103	690528

二季度顺义区新建商品期房买卖价格监测区域市场价格

监测区域	区域范围	项目类型	平均成交均价（元/m²）	成交总套数（套）	总成交建筑面积（m²）	套平均成交建筑面积（m²）	套平均成交价格（元/套）
仁和镇	仁和镇行政区域	普通住宅	5997	1492	172664	116	694016
杨镇镇	杨镇镇行政区域	普通住宅	3387	214	21286	99	336919

二季度房山区新建商品期房买卖价格监测区域市场价格

监测区域	区域范围	项目类型	平均成交均价（元/m²）	成交总套数（套）	总成交建筑面积（m²）	套平均成交建筑面积（m²）	套平均成交价格（元/套）
长阳镇	长阳镇行政区域	普通住宅	5345	514	64701	126	672780
良乡镇	良乡行政区域	普通住宅	4371	250	30139	121	526999
窦店镇		普通住宅	3776	428	47392	111	418139
阎村镇		普通住宅	4289	313	40829	130	559499

二季度门头沟区新建商品期房买卖价格监测区域市场价格

监测区域	区域范围	项目类型	平均成交均价（元/m²）	成交总套数（套）	总成交建筑面积（m²）	套平均成交建筑面积（m²）	套平均成交价格（元/套）
龙泉镇	龙泉镇行政区域	普通住宅	5624	38	5196	137	768990
区域外		普通住宅	6335	323	33576	104	658566

二季度怀柔区新建商品期房买卖价格监测区域市场价格

监测区域	区域范围	项目类型	平均成交均价（元/m²）	成交总套数（套）	总成交建筑面积（m²）	套平均成交建筑面积（m²）	套平均成交价格（元/套）
怀柔镇	怀柔镇行政区域	普通住宅	7870	275	38311	139	1096338
庙城镇		普通住宅	6074	25	3606	144	876108

二季度平谷区新建商品期房买卖价格监测区域市场价格

监测区域	区域范围	项目类型	平均成交均价（元/m²）	成交总套数（套）	总成交建筑面积（m²）	套平均成交建筑面积（m²）	套平均成交价格（元/套）
平谷镇	平谷镇行政区域	普通住宅	3450	586	58519	100	344516

二季度密云县新建商品期房买卖价格监测区域市场价格

监测区域	区域范围	项目类型	平均成交均价（元/m^2）	成交总套数（套）	总成交建筑面积（m^2）	套平均成交建筑面积（m^2）	套平均成交价格（元/套）
密云镇	密云镇行政区域	普通住宅	3930	195	27953	143	563417

三季度东城区新建商品期房买卖价格监测区域市场价格

<table>
<tr><th>监测区域</th><th>区域范围</th><th>项目类型</th><th>平均成交均价（元/m^2）</th><th>成交总套数（套）</th><th>总成交建筑面积（m^2）</th><th>套平均成交建筑面积（m^2）</th><th>套平均成交价格（元/套）</th></tr>
<tr><td rowspan="2">东北二环内</td><td rowspan="2">东至东二环路、西至鼓楼大街－地安门大街－南池子大街、南至前门东大街－崇文门东大街、北至北二环路</td><td>普通住宅</td><td>31616</td><td>1</td><td>300</td><td>300</td><td>9497446</td></tr>
<tr><td>办公</td><td>16069</td><td>6</td><td>1722</td><td>287</td><td>4612007</td></tr>
<tr><td rowspan="3">东直门外</td><td rowspan="3">东至春秀路、西至东二环路、南至东城区界、北至东城区界</td><td>普通住宅</td><td>25312</td><td>154</td><td>15120</td><td>98</td><td>2485219</td></tr>
<tr><td>公寓</td><td>26373</td><td>154</td><td>15002</td><td>97</td><td>2569212</td></tr>
<tr><td>办公</td><td>15848</td><td>15</td><td>2769</td><td>185</td><td>2925668</td></tr>
<tr><td>安定门外</td><td></td><td>办公</td><td>11103</td><td>6</td><td>111</td><td>19</td><td>206253</td></tr>
</table>

三季度西城区新建商品期房买卖价格监测区域市场价格

<table>
<tr><th>监测区域</th><th>区域范围</th><th>项目类型</th><th>平均成交均价（元/m^2）</th><th>成交总套数（套）</th><th>总成交建筑面积（m^2）</th><th>套平均成交建筑面积（m^2）</th><th>套平均成交价格（元/套）</th></tr>
<tr><td rowspan="3">西北二环内</td><td rowspan="3">东至西二环路、西至三里河路、南至莲花池东路、北至西城区界</td><td>普通住宅</td><td>22056</td><td>74</td><td>7523</td><td>102</td><td>2242097</td></tr>
<tr><td>公寓</td><td>21792</td><td>2</td><td>392</td><td>196</td><td>4271836</td></tr>
<tr><td>办公</td><td>19852</td><td>7</td><td>19857</td><td>2837</td><td>56315645</td></tr>
<tr><td rowspan="2">西直门外、阜成门、复兴门外</td><td rowspan="2">东至鼓楼大街－地安门大街－北长街、西至西二环路、南至前门西大街－宣武门东大街－宣武门西大街、北至北二环路</td><td>普通住宅</td><td>22797</td><td>9</td><td>1864</td><td>207</td><td>4720222</td></tr>
<tr><td>办公</td><td>13444</td><td>29</td><td>12053</td><td>416</td><td>5587719</td></tr>
<tr><td>德外</td><td></td><td>办公</td><td>15107</td><td>18</td><td>1517</td><td>84</td><td>1273547</td></tr>
</table>

三季度崇文区新建商品期房买卖价格监测区域市场价格

<table>
<tr><th>监测区域</th><th>区域范围</th><th>项目类型</th><th>平均成交均价（元/m^2）</th><th>成交总套数（套）</th><th>总成交建筑面积（m^2）</th><th>套平均成交建筑面积（m^2）</th><th>套平均成交价格（元/套）</th></tr>
<tr><td rowspan="2">前门、崇外、东花市</td><td rowspan="2">东至崇文区界、西至前门大街、南至朱市口东大街－广渠门内大街、北至前门东大街－崇文门东大街</td><td>普通住宅</td><td>14609</td><td>324</td><td>34312</td><td>106</td><td>1547120</td></tr>
<tr><td>办公</td><td>13974</td><td>94</td><td>5770</td><td>61</td><td>857844</td></tr>
</table>

续表

监测区域	区域范围	项目类型	平均成交均价（元/m²）	成交总套数（套）	总成交建筑面积（m²）	套平均成交建筑面积（m²）	套平均成交价格（元/套）
天坛、体育馆路、龙潭	东至广渠门南滨河路、西至前门大街－天桥南大街、南至永定门东滨河路－左安门西滨河路、北至朱市口东大街－广渠门内大街	普通住宅	15408	187	23247	124	1915518

三季度宣武区新建商品期房买卖价格监测区域市场价格

监测区域	区域范围	项目类型	平均成交均价（元/m²）	成交总套数（套）	总成交建筑面积（m²）	套平均成交建筑面积（m²）	套平均成交价格（元/套）
椿树、大栅栏、陶然亭、天桥	东至前门大街－永定门内大街、西至宣武门外大街－菜市口大街、南至永定门西滨河路、北至宣武门东大街－前门西大街	普通住宅	13392	3	628	209	2802851
		办公	11691	22	3344	152	1776992
广安门外	广外街道行政区域	普通住宅	12518	433	40700	94	1176604
		公寓	20097	26	7266	279	5616621
		办公	11621	1127	41482	37	427725
广内、牛街	东至宣武门外大街－菜市口大街、西至广安门北滨河路－广安门南滨河路、南至右安门西街－右安门东街、北至宣武门大街	普通住宅	14315	85	7835	92	1319436
		办公	12385	32	3689	115	1427618

三季度朝阳区新建商品期房买卖价格监测区域市场价格

监测区域	区域范围	项目类型	平均成交均价（元/m²）	成交总套数（套）	总成交建筑面积（m²）	套平均成交建筑面积（m²）	套平均成交价格（元/套）
安慧	东至地铁十三号　西至八达岭高速　南至北四环　北至西五环	普通住宅	16841	291	26616	91	1540358
		公寓	23675	54	8343	154	3657647
百子湾		普通住宅	12463	895	81276	91	1131808
		公寓	10805	13	948	73	787759
		办公	11797	65	7458	115	1353618
甘露园	东至东五环　西至东四环　南至通惠河　北至姚家园路	普通住宅	17895	851	143991	169	3027843
		办公	11763	86	12647	147	1729843

续表

监测区域	区域范围	项目类型	平均成交均价（元/m²）	成交总套数（套）	总成交建筑面积（m²）	套平均成交建筑面积（m²）	套平均成交价格（元/套）
北五环外	东至京承高速 西至八达岭高速 南至北五环 北至清河	普通住宅	15894	769	106122	138	2193341
		办公	8337	1573	107559	68	570073
东坝金盏		普通住宅	11069	187	22443	120	1328472
东四环南路	东至东五环 西至朝阳区界 南至朝阳区界 北至化工路	普通住宅	13727	102	16776	164	2257647
豆各庄		普通住宅	10230	384	48264	126	1285755
管庄	东至朝阳区界 西至东五环 南至京秦铁路 北至朝阳北路	普通住宅	9662	1876	190954	102	983489
机场高速以西		普通住宅	11805	1131	142274	126	1485034
健翔桥		普通住宅	18844	636	119129	187	3529716
酒仙桥	东至东北五环 西至东四环北路 南至东风南路、七棵树路 北至酒仙桥北路	普通住宅	17177	994	141025	142	2437072
		公寓	12049	8	1089	136	1639905
		办公	13683	103	6025	58	800406
劲松	东至东四环路 西至西二环路 南至华威南路、松榆南路 北至建国路	普通住宅	17410	996	123175	124	2153102
		公寓	16747	268	17605	66	1100141
		办公	11545	22	2138	97	1121909
六里屯	东至东四环路 西至东三环路 南至建国路 北至亮马河	普通住宅	14784	965	108817	113	1667118
		办公	14553	112	7448	66	967697
望京	东至东五环路 西至北四环路 南至京顺 北至北五环东路	普通住宅	12008	1577	189176	120	1440498
		公寓	13653	377	40253	107	1457757
		办公	12543	275	31422	114	1433215
三元桥	东至机场高速路 西至地铁13号线 南至亮马河 北至太阳宫路	普通住宅	19947	274	53123	194	3867225
		公寓	19400	138	32059	232	4506730
		办公	18118	41	7172	175	3169379
小关	东至地铁13号线 西至八达岭高速 南至黄寺大街、外馆斜街、青年沟路 北至北四环	普通住宅	17670	194	12436	64	1132708
		办公	16961	1	23584	23584	400000000
左家庄		普通住宅	19308	78	16152	207	3998407
		公寓	17244	190	33062	174	3000609
		办公	14301	28	5863	209	2994695

续表

监测区域	区域范围	项目类型	平均成交均价（元/m²）	成交总套数（套）	总成交建筑面积（m²）	套平均成交建筑面积（m²）	套平均成交价格（元/套）
三里屯	东至东三环　西至东二环　南至通惠河　北至亮马河	公寓	32718	316	68950	218	7139066
		办公	24184	178	26744	150	3633553

三季度海淀区新建商品期房买卖价格监测区域市场价格

监测区域	区域范围	项目类型	平均成交均价（元/m²）	成交总套数（套）	总成交建筑面积（m²）	套平均成交建筑面积（m²）	套平均成交价格（元/套）
北太平庄		普通住宅	9883	7	751	107	1060838
		办公	13957	12	4697	391	5463328
甘家口	东至三里河路　西至西三环北路、翠微路　南至莲花池东路　北至西直门外大街、紫竹院路	普通住宅	24585	42	13371	318	7826581
		办公	15490	40	15127	378	5857959
上地	东至海淀区界　西至颐阳路　南至北五环　北至京包铁路线	普通住宅	10390	44	8541	194	2016886
		办公	9868	292	40318	138	1362456
西三旗	东至海淀区界、西至安宁庄西路－安宁庄路－城铁十三号线、南至北五环路、北至海淀区界	普通住宅	12246	1743	208020	119	1461544
四季青	东至蓝靛厂南路　西至长润路　南至彰化村路　北至蓝靛厂路	普通住宅	14459	37	5784	156	2260488
		办公	18988	68	20081	295	5607490
田村路	东至翠微路　西至八角东路　南至莲花池西路　北至大台铁路	普通住宅	12405	269	47190	175	2170875
万柳	东至中关村大街 西至昆明湖路、蓝靛厂北路 南至长春桥路、北三环西路 北至西苑南路、海淀路	普通住宅	31242	6	1839	307	9577492
		公寓	17248	6	398	66	1143997
中关村	东至八达岭高速　西至中关村大街　南至北三环西路　北至北四环中路	公寓	17610	664	38250	58	1014432
		办公	16743	598	62214	104	1741844
翠微	东至西三环路、西至西四环路、南至太平路－太平东路、北至阜成路	普通住宅	14551	21	3500	167	2425264
		公寓	5743	314	46203	147	845016

续表

监测区域	区域范围	项目类型	平均成交均价（元/m²）	成交总套数（套）	总成交建筑面积（m²）	套平均成交建筑面积（m²）	套平均成交价格（元/套）
紫竹院	东至中关村南大街 西至蓝靛厂南路 南至紫竹院路 北至长春桥路	普通住宅	22633	62	7701	124	2811067
		办公	14868	25	4388	176	2609612

三季度丰台区新建商品期房买卖价格监测区域市场价格

监测区域	区域范围	项目类型	平均成交均价（元/m²）	成交总套数（套）	总成交建筑面积（m²）	套平均成交建筑面积（m²）	套平均成交价格（元/套）
菜户营		普通住宅	13832	354	42722	121	1669303
长辛店		普通住宅	8329	84	9344	111	926463
东铁匠营		普通住宅	13335	155	25496	164	2193442
		公寓	14571	15	1329	89	1290739
		办公	9109	45	5263	117	1065251
方庄	东至方庄路、西至永外大街、南至南三环东路、北至北二环路	普通住宅	13162	125	16090	129	1694188
		办公	9960	16	2880	180	1792792
六里桥	东至西二环路、西至西三环中路、南至丽泽路、北至莲花池东路	普通住宅	11160	236	24549	104	1160909
		办公	12854	17	2917	172	2205876
马家堡角门		普通住宅	9013	161	19787	123	1107681
		办公	12590	70	8148	116	1465474
南四环外	东至西四环南路、西至西五环路、南至南五环路、北至京石高速公路	普通住宅	9796	104	10186	98	959445
青塔	东至西三环中路、西至张仪村路、南至京石高速公路丰台北路、北至莲花池西路西延长线	普通住宅	13128	520	66759	128	1685455
世界公园		普通住宅	10767	509	34284	67	725197
		公寓	9717	294	21594	73	713696
		办公	10060	82	10247	125	1257181
宛平		普通住宅	6288	462	35724	77	486208
西南三环		普通住宅	10792	275	27216	99	1068091
右安门外	东至永定门外大街、西至西三环南路、南至南三环西路、北至丽泽路	普通住宅	8000	1	135	135	1077520

三季度石景山区新建商品期房买卖价格监测区域市场价格

监测区域	区域范围	项目类型	平均成交均价（元/m^2）	成交总套数（套）	总成交建筑面积（m^2）	套平均成交建筑面积（m^2）	套平均成交价格（元/套）
杨庄	东至西五环路、西至金顶山路－北辛安路、南至石景山路、北田村路	普通住宅	12825	633	87679	139	1776413
金顶山	东至八大处路、西至金顶山路、南至苹果园路、北至金顶山路	普通住宅	10780	1	131	131	1416492
八宝山	东至玉泉路、西至西五环路、南至京原铁路、北至石景山路	普通住宅	11830	716	70882	99	1171160

三季度通州区新建商品期房买卖价格监测区域市场价格

监测区域	区域范围	项目类型	平均成交均价（元/m^2）	成交总套数（套）	总成交建筑面积（m^2）	套平均成交建筑面积（m^2）	套平均成交价格（元/套）
永顺	东至新华北街、西至市场北路－通惠北路、南至通惠河、北至京哈高速公路	普通住宅	7111	52	5050	97	690544
九棵树	东至九棵树东路、西至半壁店大街、南至市公路局技校、北至运河西大街	普通住宅	7363	197	22960	117	858114
梨园	东至玉桥中路、西至京塘路、南至玉桥中路、北至运河东大街	普通住宅	6612	101	11250	111	736561
马驹桥镇	马驹桥镇行政区域	普通住宅	8822	424	56924	134	1184359

三季度大兴区新建商品期房买卖价格监测区域市场价格

监测区域	区域范围	项目类型	平均成交均价（元/m^2）	成交总套数（套）	总成交建筑面积（m^2）	套平均成交建筑面积（m^2）	套平均成交价格（元/套）
黄村镇	黄村镇行政区域	普通住宅	6859	1528	173138	113	777145
旧宫镇	旧宫镇行政区域	普通住宅	7235	337	29477	87	632807
康庄镇	康庄镇行政区域	普通住宅	4365	3	485	162	705948
西红门镇	西红门镇行政区域	普通住宅	6705	65	8796	135	907339

三季度昌平区新建商品期房买卖价格监测区域市场价格

监测区域	区域范围	项目类型	平均成交均价（元/m²）	成交总套数（套）	总成交建筑面积（m²）	套平均成交建筑面积（m²）	套平均成交价格（元/套）
北七家镇	北七家镇行政区域	普通住宅	5956	4	780	195	1161069
昌平镇	昌平镇行政区域	普通住宅	6164	40	4998	125	770064
		公寓	6333	48	2772	58	365675
东小口镇	东小口镇行政区域	普通住宅	9282	297	36284	122	1133948
小汤山镇	小汤山镇行政区域	普通住宅	7547	194	21965	113	854427
阳坊镇	阳坊镇行政区域	普通住宅	3999	11	1742	158	633367
回龙观镇	回龙观镇行政区域	普通住宅	9928	489	59196	121	1201789
沙河镇	沙河镇行政区域	普通住宅	7747	664	55877	84	651898

三季度顺义区新建商品期房买卖价格监测区域市场价格

监测区域	区域范围	项目类型	平均成交均价（元/m²）	成交总套数（套）	总成交建筑面积（m²）	套平均成交建筑面积（m²）	套平均成交价格（元/套）
仁和镇	仁和镇行政区域	普通住宅	6794	1325	155489	117	797219
杨镇镇	杨镇镇行政区域	普通住宅	3835	169	17726	105	402274

三季度房山区新建商品期房买卖价格监测区域市场价格

监测区域	区域范围	项目类型	平均成交均价（元/m²）	成交总套数（套）	总成交建筑面积（m²）	套平均成交建筑面积（m²）	套平均成交价格（元/套）
长阳镇	长阳镇行政区域	普通住宅	6182	318	39902	125	775659
窦店镇	窦店行政区域	普通住宅	4152	190	22768	120	497588
良乡镇	良乡行政区域	普通住宅	5241	487	53604	110	576820
阎村镇	阎村行政区域	普通住宅	4991	138	21081	153	762471

三季度门头沟区新建商品期房买卖价格监测区域市场价格

监测区域	区域范围	项目类型	平均成交均价（元/m²）	成交总套数（套）	总成交建筑面积（m²）	套平均成交建筑面积（m²）	套平均成交价格（元/套）
龙泉镇	龙泉镇行政区域	普通住宅	5165	3	433	144	745921
区域外		普通住宅	6412	163	16963	104	667218

三季度怀柔区新建商品期房买卖价格监测区域市场价格

监测区域	区域范围	项目类型	平均成交均价（元/m²）	成交总套数（套）	总成交建筑面积（m²）	套平均成交建筑面积（m²）	套平均成交价格（元/套）
怀柔镇	怀柔镇行政区域	普通住宅	4100	222	24102	109	445117
庙城镇	庙城镇行政区域	普通住宅	4326	74	5899	80	344823
杨宋镇	杨宋镇行政区域	普通住宅	7368	1	324	324	2387341

三季度平谷区新建商品期房买卖价格监测区域市场价格

监测区域	区域范围	项目类型	平均成交均价（元/m²）	成交总套数（套）	总成交建筑面积（m²）	套平均成交建筑面积（m²）	套平均成交价格（元/套）
平谷镇	平谷镇行政区域	普通住宅	3256	372	38781	104	339419

三季度密云县新建商品期房买卖价格监测区域市场价格

监测区域	区域范围	项目类型	平均成交均价（元/m²）	成交总套数（套）	总成交建筑面积（m²）	套平均成交建筑面积（m²）	套平均成交价格（元/套）
密云镇	密云镇行政区域	普通住宅	3206	671	70280	105	335770

三季度延庆县新建商品期房买卖价格监测区域市场价格

监测区域	区域范围	项目类型	平均成交均价（元/m²）	成交总套数（套）	总成交建筑面积（m²）	套平均成交建筑面积（m²）	套平均成交价格（元/套）
延庆县	延庆县	普通住宅	2329	146	13962	96	222685

三季度开发区新建商品期房买卖价格监测区域市场价格

监测区域	区域范围	项目类型	平均成交均价（元/m²）	成交总套数（套）	总成交建筑面积（m²）	套平均成交建筑面积（m²）	套平均成交价格（元/套）
开发区		公寓	9124	321	13749	43	390783

四季度东城区新建商品期房买卖价格监测区域市场价格

监测区域	区域范围	项目类型	平均成交均价（元/m²）	成交总套数（套）	总成交建筑面积（m²）	套平均成交建筑面积（m²）	套平均成交价格（元/套）
安定门外	东至东土城路、西至人定湖公园、南至北二环东路、北至东城区界	普通住宅	21935	13	1988	153	3354561
		办公	18092	9	2058	229	4137319
东北二环内	东至东二环路、西至鼓楼大街－地安门大街－南池子大街、南至前门东大街－崇文门东大街、北至北二环路	办公	12481	10	5414	541	6756911

续表

监测区域	区域范围	项目类型	平均成交均价（元/m²）	成交总套数（套）	总成交建筑面积（m²）	套平均成交建筑面积（m²）	套平均成交价格（元/套）
东直门外	东至春秀路、西至东二环路、南至东城区界、北至东城区界	普通住宅	26432	123	8891	72	1910641
		公寓	29040	56	5488	98	2845915

四季度西城区新建商品期房买卖价格监测区域市场价格

监测区域	区域范围	项目类型	平均成交均价（元/m²）	成交总套数（套）	总成交建筑面积（m²）	套平均成交建筑面积（m²）	套平均成交价格（元/套）
西北二环内	东至西二环路、西至三里河路、南至莲花池东路、北至西城区界	普通住宅	20089	27	4856	180	3612739
		公寓	20992	224	42400	189	3973481
		办公	22841	82	246595	3007	68687526
西直门外、阜成门、复兴门外	东至鼓楼大街－地安门大街－北长街、西至西二环路、南至前门西大街－宣武门东大街－宣武门西大街、北至北二环路	普通住宅	24359	2	499	249	6074169
德胜门外	东至北辰路，西至新街口外大街，南至德胜门东大街，北至裕民路	办公	15585	34	31993	941	14665293

四季度崇文区新建商品期房买卖价格监测区域市场价格

监测区域	区域范围	项目类型	平均成交均价（元/m²）	成交总套数（套）	总成交建筑面积（m²）	套平均成交建筑面积（m²）	套平均成交价格（元/套）
前门、崇外、东花市	东至崇文区界、西至前门大街、南至朱市口东大街－广渠门内大街、北至前门东大街－崇文门东大街	普通住宅	19199	217	26989	124	2387801
		办公	27095	5	365	73	1976308
天坛、体育馆路、龙潭	东至广渠门南滨河路、西至前门大街－天桥南大街、南至永定门东滨河路－左安门西滨河路、北至朱市口东大街－广渠门内大街	普通住宅	18709	301	51984	173	3231116

四季度宣武区新建商品期房买卖价格监测区域市场价格

监测区域	区域范围	项目类型	平均成交均价（元/m²）	成交总套数（套）	总成交建筑面积（m²）	套平均成交建筑面积（m²）	套平均成交价格（元/套）
椿树、大栅栏、陶然亭、天桥	东至前门大街－永定门内大街、西至宣武门外大街－菜市口大街、南至永定门西滨河路、北至宣武门东大街－前门西大街	普通住宅	14645	1	251	251	3681899
		办公	16837	13	39852	3066	51615385
广安门外	广外街道行政区域	普通住宅	19546	122	8908	73	1427166
		公寓	19510	14	2434	174	3391545
		办公	12587	256	8969	35	441005
广内、牛街	东至宣武门外大街－菜市口大街、西至广安门北滨河路－广安门南滨河路、南至右安门西街－右安门东街、北至宣武门大街	普通住宅	14166	225	22784	101	1434414
		办公	12477	52	6695	129	1606527

四季度朝阳区新建商品期房买卖价格监测区域市场价格

监测区域	区域范围	项目类型	平均成交均价（元/m²）	成交总套数（套）	总成交建筑面积（m²）	套平均成交建筑面积（m²）	套平均成交价格（元/套）
安慧	东至地铁十三号　西至八达岭高速　南至北四环　北至西五环	普通住宅	16306	680	74278	109	1781109
		公寓	24199	14	6853	489	11844752
甘露园	东至东五环　西至东四环　南至通惠河　北至姚家园路	普通住宅	14666	228	32584	143	2095976
		办公	11938	12	1684	140	1675579
北五环外	东至京承高速　西至八达岭高速　南至北五环　北至清河	普通住宅	14986	1302	163235	125	1878792
		公寓	16524	54	3275	61	1002252
		办公	9735	501	42482	85	825491
东四环南路	东至东五环　西至朝阳区界　南至朝阳区界　北至化工路	普通住宅	17431	841	113870	135	2360192
管庄	东至朝阳区界　西至东五环　南至京秦铁路　北至朝阳北路	普通住宅	10992	1389	147708	106	1168941
酒仙桥	东至东北五环　西至东四环北路　南至东风南路、七棵树路　北至酒仙桥北路	普通住宅	18499	450	65755	146	2703112
		办公	16466	21	1227	58	962086

续表

监测区域	区域范围	项目类型	平均成交均价（元/m^2）	成交总套数（套）	总成交建筑面积（m^2）	套平均成交建筑面积（m^2）	套平均成交价格（元/套）
劲松	东至东四环路　西至西二环路　南至华威南路、松榆南路　北至建国路	普通住宅	21327	223	29158	131	2788555
		公寓	18231	49	3484	71	1296176
六里屯	东至东四环路　西至东三环路　南至建国路　北至亮马河	普通住宅	17282	415	47889	115	1994223
望京	东至东五环路　西至北四环路　南至京顺　北至北五环东路	普通住宅	14331	538	68756	128	1831559
		公寓	18103	83	10964	132	2391223
		办公	16209	131	8608	66	1065065
三元桥	东至机场高速路　西至地铁13号线　南至亮马河　北至太阳宫路	普通住宅	24145	171	28420	166	4012840
		公寓	22568	144	26088	181	4088627
		办公	20936	62	4659	75	1573213
小关	东至地铁13号线　西至八达岭高速　南至黄寺大街、外馆斜街、青年沟路　北至北四环	普通住宅	16929	42	5889	140	2373860
百子湾	东至东五环路，西至东四环路，南至京沈高速路，北至百子湾路－建国路	普通住宅	18164	393	36971	94	1708758
		公寓	23000	7	1351	193	4440269
		办公	12856	81	8796	109	1396076
东坝	东至朝阳区界，西至东五环北路，南至石各庄路－常营路，北至机场高速路	普通住宅	13414	142	19330	136	1825995
豆各庄	东至朝阳区界，西至东五环外南路，南至朝阳区界，北至京沈高速路	普通住宅	12383	267	33823	127	1568631
机场高速以西	东至机场高速，西至京承高速，南至东北五环路，北至温榆河	普通住宅	13626	597	60929	102	1390641
健翔桥	东至天辰路－北辰东路，西至八达岭高速路，南至小关路，北至科荟西路	普通住宅	15878	117	21111	180	2864962
		公寓	24226	135	30315	225	5440267
三里屯	东至东三环　西至东二环　南至通惠河　北至亮马河	公寓	29874	462	53819	116	3480084
		办公	20743	477	117873	247	5125916
左家庄	东至东四环北路，西至春秀路，南至工体北路－农展馆南路－朝阳公园南路，北至霄云路－东直门外斜街	公寓	33816	98	19390	198	6690684
		办公	15100	4	29941	7485	113030000

四季度海淀区新建商品期房买卖价格监测区域市场价格

监测区域	区域范围	项目类型	平均成交均价（元/m²）	成交总套数（套）	总成交建筑面积（m²）	套平均成交建筑面积（m²）	套平均成交价格（元/套）
甘家口	东至三里河路 西至西三环北路、翠微路 南至莲花池东路 北至西直门外大街、紫竹院路	普通住宅	18946	3	1091	364	6890332
		公寓	27044	53	4126	78	2105520
		办公	16456	118	13341	113	1860408
上地	东至海淀区界 西至颐阳路 南至北五环 北至京包铁路线	普通住宅	11303	195	29582	152	1714676
		办公	9735	103	60325	586	5701526
西三旗	东至海淀区界、西至安宁庄西路－安宁庄路－城铁十三号线、南至北五环路、北至海淀区界	普通住宅	13950	900	121756	135	1887250
		办公	13000	3	1565	522	6781320
四季青	东至蓝靛厂南路 西至长润路 南至彰化村路 北至蓝靛厂路	普通住宅	13384	29	5644	195	2604965
		办公	17080	38	7627	201	3428166
田村路	东至翠微路 西至八角东路 南至莲花池西路 北至大台铁路	普通住宅	12475	64	8246	129	1607329
		办公	12817	65	19077	293	3761888
北太平庄	东至八达岭高速路－德外大街，西至学院路－西土城路－西直门北大街，南至德胜门西大街，北至北四环中路	普通住宅	10576	5	742	148	1569587
翠微	东至西三环路、西至西四环路、南至太平路－太平东路、北至阜成路	普通住宅	15806	170	19975	117	1857220
		公寓	5848	33	5218	158	924636
		办公	21896	91	17502	192	4211251
紫竹院	东至中关村南大街 西至蓝靛厂南路 南至紫竹院路 北至长春桥路	普通住宅	24118	23	3622	157	3797607
		公寓	22773	3	253	84	1922859
		办公	18635	28	7890	282	5251293
万柳	东至中关村大街 西至昆明湖路、蓝靛厂北路 南至长春桥路、北三环西路 北至西苑南路、海淀路	公寓	18645	4	350	88	1631706
中关村	东至八达岭高速 西至中关村大街 南至北三环西路 北至北四环中路	公寓	20116	75	4640	62	1244542
		办公	14612	34	3836	113	1648651

四季度丰台区新建商品期房买卖价格监测区域市场价格

监测区域	区域范围	项目类型	平均成交均价（元/m²）	成交总套数（套）	总成交建筑面积（m²）	套平均成交建筑面积（m²）	套平均成交价格（元/套）
方庄	东至方庄路、西至永外大街、南至南三环东路、北至北二环路	普通住宅	16232	149	16177	109	1762397
六里桥	东至西二环路、西至西三环中路、南至丽泽路、北至莲花池东路	普通住宅	7294	5	621	124	905920
		公寓	16383	17	3062	180	2951252
西南三环		普通住宅	13469	181	15489	86	1152656
		公寓	11264	237	20190	85	959549
西南三环至西南四环	东至西三环南路南三环西路、西至西四换南路、南至南四环西路、北至丰台北路	办公	11518	48	4200	87	1007753
青塔	东至西三环中路、西至张仪村路、南至京石高速公路丰台北路、北至莲花池西路西延长线	普通住宅	13353	323	37306	115	1542252
菜户营		普通住宅	15748	159	17856	112	1768603
宛平		普通住宅	9754	603	39076	65	632115
右安门外	东至永定门外大街、西至西三环南路、南至南三环西路、北至丽泽路	普通住宅	13694	123	13109	107	1459493
马家堡角门	东至南苑路，西至京开高速路，南至南四环路，北至南三环路	普通住宅	17296	126	18292	145	2510998
		办公	13524	73	8264	113	1530890
长辛店镇	东至西五环路，西至丰台区界，南至丰台区界，北至丰台区界	普通住宅	4493	128	14758	115	518003
东铁匠营	东至丰台区界，西至南苑路，南至西四环路，北至南三环东路	普通住宅	13637	270	36382	135	1837570
		公寓	15117	76	7830	103	1557487
		办公	10178	108	12663	117	1193392

四季度石景山区新建商品期房买卖价格监测区域市场价格

监测区域	区域范围	项目类型	平均成交均价（元/m²）	成交总套数（套）	总成交建筑面积（m²）	套平均成交建筑面积（m²）	套平均成交价格（元/套）
杨庄	东至西五环路、西至金顶山路－北辛安路、南至石景山路、北田村路	普通住宅	5613	185	21394	116	649106
金顶山	东至八大处路、西至金顶山路、南至苹果园路、北至金顶山路	普通住宅	4763	120	12736	106	505470
八宝山	东至玉泉路、西至西五环路、南至京原铁路、北至石景山路	普通住宅	6069	963	115600	120	728567

四季度通州区新建商品期房买卖价格监测区域市场价格

监测区域	区域范围	项目类型	平均成交均价（元/m²）	成交总套数（套）	总成交建筑面积（m²）	套平均成交建筑面积（m²）	套平均成交价格（元/套）
京哈高速公路以北区域	东至公路二环、西至通州区界、南至京哈高速公路、北至潞苑中街	普通住宅	8428	7	1539	220	1852993
永顺	东至新华北街、西至市场北路－通惠北路、南至通惠河、北至京哈高速公路	普通住宅	8907	95	10461	110	980811
九棵树	东至九棵树东路、西至半壁店大街、南至市公路局技校、北至运河西大街	普通住宅	7725	210	18779	89	690846
		公寓	17139	7	1449	207	3548571
梨园	东至玉桥中路、西至京塘路、南至玉桥中路、北至运河东大街	普通住宅	8205	319	28222	88	725905
马驹桥镇	马驹桥镇行政区域	普通住宅	8255	1185	118271	100	823888

四季度大兴区新建商品期房买卖价格监测区域市场价格

监测区域	区域范围	项目类型	平均成交均价（元/m²）	成交总套数（套）	总成交建筑面积（m²）	套平均成交建筑面积（m²）	套平均成交价格（元/套）
黄村镇	黄村镇行政区域	普通住宅	7757	810	90765	112	869204
		办公	7231	23	2035	88	639698
旧宫镇	旧宫镇行政区域	普通住宅	9551	386	32692	85	808937
西红门镇	西红门镇行政区域	普通住宅	8305	737	64692	88	728968

四季度昌平区新建商品期房买卖价格监测区域市场价格

监测区域	区域范围	项目类型	平均成交均价（元/m²）	成交总套数（套）	总成交建筑面积（m²）	套平均成交建筑面积（m²）	套平均成交价格（元/套）
沙河镇	沙河镇行政区域	普通住宅	8199	551	42282	77	629126
北七家镇	北七家镇行政区域	普通住宅	9451	7	1390	199	1877041
昌平镇	昌平镇行政区域	普通住宅	6168	252	24059	95	588841
		公寓	6323	23	1310	57	360174
东小口镇	东小口镇行政区域	普通住宅	8976	26	2560	98	883765
		办公	6774	2	129	65	438118
小汤山镇	小汤山镇行政区域	普通住宅	10751	26	4363	168	1804260
阳坊镇	阳坊镇行政区域	普通住宅	2524	1	160	160	404208
回龙观镇	回龙观镇行政区域	普通住宅	11330	192	23849	124	1407331
		办公	9542	872	47544	55	520260

四季度顺义区新建商品期房买卖价格监测区域市场价格

监测区域	区域范围	项目类型	平均成交均价（元/m²）	成交总套数（套）	总成交建筑面积（m²）	套平均成交建筑面积（m²）	套平均成交价格（元/套）
仁和镇	仁和镇行政区域	普通住宅	7575	1017	118654	117	883826
牛栏山镇	牛栏山镇行政区域	普通住宅	9842	493	40351	82	805555
天竺镇	天竺镇行政区域	普通住宅	3320	52	4314	83	275418
杨镇镇	杨镇镇行政区域	普通住宅	4276	124	12617	102	435054

四季度房山区新建商品期房买卖价格监测区域市场价格

监测区域	区域范围	项目类型	平均成交均价（元/m²）	成交总套数（套）	总成交建筑面积（m²）	套平均成交建筑面积（m²）	套平均成交价格（元/套）
长阳镇	长阳镇行政区域	普通住宅	6563	2433	247208	102	666876
阎村镇	阎村镇行政区域	普通住宅	5442	15	2093	140	759312
窦店镇	窦店镇行政区域	普通住宅	5036	150	19832	132	665869
良乡镇	良乡行政区域	普通住宅	5996	351	38998	111	666144

四季度门头沟区新建商品期房买卖价格监测区域市场价格

监测区域	区域范围	项目类型	平均成交均价（元/m²）	成交总套数（套）	总成交建筑面积（m²）	套平均成交建筑面积（m²）	套平均成交价格（元/套）
龙泉镇	龙泉镇行政区域	普通住宅	8303	314	33550	107	887170

四季度怀柔区新建商品期房买卖价格监测区域市场价格

监测区域	区域范围	项目类型	平均成交均价（元/m^2）	成交总套数（套）	总成交建筑面积（m^2）	套平均成交建筑面积（m^2）	套平均成交价格（元/套）
怀柔镇	怀柔镇行政区域	普通住宅	4563	254	31151	123	559632
庙城镇	庙城镇行政区域	普通住宅	4511	385	30865	80	361661

四季度平谷区新建商品期房买卖价格监测区域市场价格

监测区域	区域范围	项目类型	平均成交均价（元/m^2）	成交总套数（套）	总成交建筑面积（m^2）	套平均成交建筑面积（m^2）	套平均成交价格（元/套）
平谷镇	平谷镇行政区域	普通住宅	3471	104	12163	117	405991

四季度北京经济技术开发区新建商品期房买卖价格监测区域市场价格

监测区域	区域范围	项目类型	平均成交均价（元/m^2）	成交总套数（套）	总成交建筑面积（m^2）	套平均成交建筑面积（m^2）	套平均成交价格（元/套）
北京经济技术开发区	经济技术开发区行政区域	普通住宅	8674	5	1121	224	1945305
		公寓	9925	297	12701	43	424441

四季度密云县新建商品期房买卖价格监测区域市场价格

监测区域	区域范围	项目类型	平均成交均价（元/m^2）	成交总套数（套）	总成交建筑面积（m^2）	套平均成交建筑面积（m^2）	套平均成交价格（元/套）
密云镇	密云镇行政区域	普通住宅	3585	361	40052	111	397744

附表 3　2007 年二手房指导价格表

单位：元/m²

序号	区县	区域	区域范围	第一季度成交均价	第二季度成交均价	第三季度成交均价	第四季度成交均价
1	东城	安外、德外	东至 13 号地铁沿线、西至新街口外大街、南至北二环、北至北三环中路	10410	11151	12905	13669
2	东城	东直门外	东至东三环北路、西至东二环、南至朝阳北路、北至东直门外大街	10851	11993	13328	13968
3	东城	东北二环内	东城区安定门、北新桥、交道口、东四、景山、东华门、朝阳门、建国门街道行政区域	12134	13052	15492	14804
4	西城	新街口、什刹海	西城区新街口、什刹海街道行政区域	11836	14400	14325	17653
5	西城	金融街	西城区金融街、西长安街街道行政区域	12161	15839	17159	13705
6	西城	展览路、月坛	西城区展览路、月坛街道行政区域	11478	12669	14329	15483
7	崇文	花市、前门	崇文区前门、崇文门外、东花市街道行政区域	10553	11175	13771	16095
8	崇文	天坛、龙潭湖	崇文区天坛、龙潭湖街道行政区域	9558	10555	13289	13736
9	宣武	椿树、广内	宣武区广安门内、椿树、大栅栏街道行政区域	10371	11118	13250	13323
10	宣武	陶然亭、白纸坊	宣武区牛街、白纸坊、陶然亭、天桥街道行政区域	9564	9918	12003	12315
11	宣武	广外	宣武区广安门外街道行政区域	8636	9650	11173	11801
12	朝阳	亚运村	东至京承高速公路、西至北辰西路、南至北三环、北至北四环东路	8872	9847	11434	12047
13	朝阳	安慧	东至京承高速公路、西至天辰西路及北辰西路、南至北四环东路、北至北五环	8389	9438	10956	11823
14	朝阳	北苑	东至京承高速公路、西至仰山大沟、南至北五环东路、北至京包铁路	7687	8325	9664	11078
15	朝阳	东坝	东至温榆河、西至东五环、南至朝阳北路、北至京承高速公路	5654	5832	9765	9543
16	朝阳	望京、酒仙桥	东至东北五环、西至东北四环、南至东风南路、北至京承高速公路	7850	8672	10988	10745
17	朝阳	太阳宫	东至东北四环、西至东北三环、南至亮马桥路、北至京承高速公路	9488	10112	12671	12915
18	朝阳	柳芳、左家庄	东至燕莎桥、西至东土城路、南至东直门外大街、北至北三环东路	9563	10685	11581	13155
19	朝阳	朝阳公园	东至东四环北路、西至东三环北路、南至朝阳北路、北至亮马桥路	9043	10175	15163	14751

续表

序号	区县	区域	区域范围	第一季度成交均价	第二季度成交均价	第三季度成交均价	第四季度成交均价
20	朝阳	CBD	东至东四环中路、西至东二环中路、南至通惠河北路、北至朝阳北路	9713	11777	15194	14449
21		东八里庄、青年路	东至东五环、西至东四环中路、南至朝阳路、北至姚家园路	7717	8564	10720	12095
22		四惠、甘露园	东至东五环、西至东四环中路、南至广渠路、北至朝阳路	8070	9541	11720	10688
23		双井	东至东四环中路、西至东二环、南至广渠门外大街、北至通惠河北路	9752	10635	14124	13650
24		劲松	东至东三环南路、西至东二环、南至华威南路、北至京秦铁路线	8220	9003	10495	11541
25		松愉、磨房	东至东四环南路、西至东三环南路、南至十里河桥、北至广渠路	8619	9556	11212	11489
26		定福庄、管庄	东至朝阳区边界、西至东五环中路、南至京泰铁路、北至石各庄路延长线	6002	7110	8166	9067
27		双桥农场	东至朝阳区边界、西至东五环南路、南至京沈高速公路、北至京泰铁路	5601	6877	7049	8373
28		东南四－五环沿线	东至东五环南路、西至东四环南路、南至朝阳区边界、北至广渠路	7611	8007	10524	10765
29		黑庄户	东至朝阳区区界、西至五环路、南至朝阳区区界、北至京沈高速公路	0	7292	11354	9723
30		机场	朝阳区五环外首都机场高速沿线及首都机场街道行政区域	0	5388	6612	7649
31	海淀	北太平庄	东至新街口外大街、西至高梁桥斜街、南至德胜门西大街、北至学院南路	10755	11812	14358	15111
32		紫竹院、甘家口	东至三里河路、高梁斜街、西至西三环北路、南至玉渊潭公园、北至魏公村路	10869	11729	14619	16202
33		羊坊店、五棵松	东至三里河路、西至西四环中路、南至莲花池东路、北至永定河引水渠	9474	10212	12270	12782
34		定慧寺	东至西三环北路、西至西四环北路、南至永定河引水渠、北至板井路	9776	10862	12852	13746
35		永定路	东至西四环中路、西至玉泉路、南至莲石东路、北至四环西路	8492	9401	12373	11657
36		万柳	东至苏州街、西三环北路、西至西四环北路、南至板井路、北至北四环西路	9974	13335	15776	15620
37		中关村	东至中关村东路、西至苏州街、南至魏公村路、北至成府路	10934	11646	12949	14681
38		学院路	东至志新西路、花园路、西至中关村东路、南至学院南路、北至清华东路	10679	11042	12417	14754

续表

序号	区县	区域	区域范围	第一季度成交均价	第二季度成交均价	第三季度成交均价	第四季度成交均价
39	海淀	八达岭高速三－四环沿线	东至北辰西路、西至志新西路、花园路、南至北三环中路、北至大屯路	9681	10411	12143	12842
40		杏石口路	东至西四环北路、西至五环路、南至海淀区区界、北至闵庄路	8380	11808	15904	15111
41		圆明园、颐和园	东至13号地铁沿线、西至西五环北路、南至闵庄路、北四环中路、成府路、北至北五环西路	9555	9853	11037	11669
42		学清路	东至天辰路、西至13号地铁沿线、南至清华东路、大屯路、北至北五环中路	9372	10788	12847	13248
43		清河	东至海淀区界、西至城铁13号线、南至北五环中路、北至小营西路	7357	8530	9184	9513
44		西三旗	东至海淀区界、西至城铁13号线、南至小营西路、北至海淀区界	7446	8082	9437	10299
45		上地	东至城铁13号线、西至上地西路、南至上地南路、北至西北旺路	9380	9182	10822	11735
46		马连洼	东至上地西路、西至黑山扈路、南至北五环西路、北至西北旺路	7985	9230	10742	11901
47		西北旺	海淀区西北旺镇行政区域	0	9336	11044	13034
48	丰台	永外、方庄	东至丰台区界、西至崇文区左边界、南至南三环东路、北至南二环东路	8587	8511	10212	10949
49		菜户营、西罗园	东至崇文区界、西至西三环南路、南至南三环西路、北至丽泽路、南二环东路	7618	8326	9780	9748
50		六里桥	东至宣武区界、西至西三环南路、南至丽泽路、北至莲花池东路	8004	8827	10175	11154
51		京石高速三－四环沿线	东至西三环南路、西至丰台区界、青塔西路、南至吴家村路、丰台北路、北至莲花池西路	7359	8371	9435	10174
52		梅市口路	东至青塔西路、西至西五环、南至京石高速、北至吴家村路	6593	0	7975	8698
53		丰台镇	东至西三环、京开高速、西至西四环南路、南至南四环西路、北至丰台北路	6754	7513	8795	9051
54		马家堡、西马场	东至南苑路、西至京开高速、南至南四环中路、北至南三环西路	7654	8341	9453	10569
55		刘家窑、大红门	东至丰台区界、西至南苑路、南至南四环中路、北至南三环东路	7468	8193	9424	9771
56		南苑	东至丰台区区界、西至槐房路、南至丰台区区界、北至南四环中路	5804	6273	7671	7927

续表

序号	区县	区域	区域范围	第一季度成交均价	第二季度成交均价	第三季度成交均价	第四季度成交均价
57	丰台	新发地	东至槐房路、西至樊羊路、南至丰台区界、北至南四环中路	5771	6581	7505	8284
58	丰台	世界公园、宛平	东至西南四环、樊羊路、西至永定河、南至丰台区界、北至京石高速公路	5665	5947	6645	8547
59	石景山	鲁谷、八宝山、老山	东至玉泉路、西至西五环中路、南至石景山区界、北至石景山区界	7396	8337	9401	10237
60	石景山	苹果园、八角、金顶街	东至西五环中路、西至金顶山路延长至永定河、南至京原路、北至金顶山路	6643	7225	8059	8952
61	昌平	回龙观	昌平区回龙观地区行政区域	5730	6694	7617	7784
62	昌平	东小口	昌平区东小口地区行政区域	5106	6154	7013	6473
63	昌平	北七家	昌平区北七家镇行政区域	4481	5073	6180	5598
64	昌平	城南、城北	昌平区城南、城北街道行政区域	4583	6042	6585	7181
65	大兴	黄村	大兴区黄村镇行政区域	5034	5602	6385	7507
66	大兴	旧宫	大兴区旧宫镇行政区域	5652	5282	6528	7375
67	大兴	林校	大兴区林校路街道行政区域	4727	5531	5765	5812
68	大兴	清源	大兴区清源街道行政区域	4918	5537	6254	7446
69	大兴	西红门	大兴区西红门镇行政区域	4767	5655	6450	7048
70	大兴	兴丰	大兴区兴丰街道行政区域	0	5830	6019	7376
71	大兴	瀛海	大兴区瀛海镇行政区域	0	4772	6249	7894
72	通州	潞城	通州区潞城镇行政区域	4825	2250	7055	7493
73	通州	通州北苑、玉桥梨园	通州区北苑、玉桥街道，梨园地区行政区域	5348	6209	7283	7630
74	通州	新华中仓、永顺	通州区新华、中仓街道，永顺地区行政区域	4626	6139	6554	7148
75	顺义	胜利、光明、石园	顺义区胜利、光明、石园街道行政区域	4606	3775	5789	7184
76	顺义	天竺	顺义区天竺地区行政区域	4866	5490	7417	7632
77	顺义	李桥	顺义区李桥镇行政区域	0	5086	0	5791
78	顺义	后沙峪	顺义区后沙峪地区行政区域	0	5654	8662	6857
79	房山	良乡	房山区良乡地区行政区域	4119	5828	4759	5352
80	门头沟	大峪、城子、龙泉、东辛房	门头沟区大峪、城子、东辛房街道，龙泉镇行政区域	4812	3415	6127	7374
81	平谷	平谷镇	平谷区兴谷、滨河街道，渔阳地区行政区域	1446	5813	0	0
82	怀柔	怀柔镇	怀柔区泉河、龙山街道，怀柔地区行政区域	3903	1403	4625	0
83	亦庄	亦庄镇	大兴区亦庄镇行政区域内，凉水河以北区域	6587	7142	9650	10384

续表

区属	典型区域名称	典型区域范围	一季度租赁指导价格（元/月）			典型区域名称	典型区域范围	租赁指导价格（元/平方米·月）		
			1居室	2居室	3居室			2季度	3季度	4季度
崇文区	前门东花市地区	东至忠实里一巷、西至前门大街、南至广渠门内大街、北至前门东大街		2367		花市、前门地区	东至东二环、西至前门大街、南至珠市口东大街及延长线、北至前门东大街	41	44	45
崇文区	体育馆路、龙潭地区	东至广渠门滨河路、西至崇文门外大街、南至南二环路、北至广渠门内大街	1573	2059		天坛、龙潭湖地区	东至东二环、西至永定门内大街、南至南二环、北至珠市口东大街	33	35	39
崇文区	椿树大栅栏地区	东至前门大街、西至长椿街、南至骡马市大街、北至宣武门东大街	1713	2312		椿树、广内地区	东至前门大街、西至广安门南滨河路、南至广安门内大街、北至宣武门西大街	36	39	41
宣武区	广内白纸坊西便门地区	东至牛街、西至西护城河、南至右安门西街、北至西便门东街	1533	1721		陶然亭、白纸坊地区	东至永定门内大街、西至广安门南滨河路、南至右安门东滨河路、北至广安门内大街	33	37	34
宣武区	牛街陶然亭地区	东至永内大街、西至牛街、南至白纸坊东街、北至骡马市大街	1433	1710						
宣武区	天宁寺鸭子桥地区	东至西二环、西至手帕口南街、南至三路居路、北至莲花池东路	1375	1625		广外地区	东至广安门南滨河路、西至宣武区区界、南至宣武区区界、北至莲花池东路	30	31	37
宣武区	小红庙马连道地区	东至手帕口南街、西至西客站南路延长线、南至三路居路、北至莲花池东路	1468	1654						
朝阳区	亚运村安慧地区	东至北苑路、西至北辰东路、南至北四环中路、北至科荟路	1636	1947		亚运村地区	东至京承高速公路、西至北辰西路、南至北三环、北至北四环东路	34	38	43
朝阳区	世纪村小营地区	东至关庄路、西至北苑路、南至北四环中路、北至辛店路	1578	2425		安慧地区	东至京承高速公路、西至天辰西路及北辰西路、南至北四环东路、北至北五环	31	35	36

续表

区属	典型区域名称	典型区域范围	一季度租赁指导价格（元/月）			典型区域名称	典型区域范围	租赁指导价格（元/平方米·月）		
			1居室	2居室	3居室			2季度	3季度	4季度
朝阳区	小关地区	东至轻轨13号线、西至安立路、南至北三环东路、北至北四环东路	1635	2015		北苑地区	东至京承高速公路、西至仰山大沟、南至北五环东路、北至京包铁路	26	29	35
	安贞安华地区	东至安立路、西至八达岭高速公路、南至外馆斜街、北至北四环中路	1717	1991		东坝地区	东至温榆河、西至东五环、南至朝阳北路、北至京承高速公路	20	22	19
	和平里地区	东至太阳宫桥、西至小黄庄北街、南至安定门东滨河路、北至北三环东路	1496	1753		望京、酒仙桥地区	东至东北五环、西至东北四环、南至东风南路、北至京承高速公路	33	38	40
	柳芳三元桥地区	东至燕莎桥、西至东土城路、南至新源南路、北至太阳宫桥	1675	2121	3050	太阳宫地区	东至东北四环、西至东北三环、南至亮马桥路、北至京承高速公路	45	48	45
	三里屯地区	东至枣营路、西至春秀路、南至关东店北街、北至亮马河路	1805	2564		柳芳、左家庄地区	东至燕莎桥、西至东土城路、南至东直门外大街、北至北三环东路	37	42	44
	朝外建外地区	东至东大桥路、西至东二环、南至通惠河、北至新源南路	1990	2454		朝阳公园地区	东至东四环北路、西至东三环北路、南至朝阳北路、北至亮马桥路	40	41	51
	京广国贸地区	东至大望路、西至东大桥路、南至通惠河、北至关东店北街	2075	2959		CBD地区	东至东四环中路、西至东二环中路、南至通惠河北路、北至朝阳北路	44	45	51
	团结湖地区	东至东四环中路、西至东三环中路、南至建国路、北至农展馆南路	1708	2149		东八里庄、青年路地区	东至东五环、西至东四环中路、南至朝阳路、北至姚家园路	31	38	41
	东八里庄地区	东至兴隆西街、西至东四环中路、南至京通路、北至姚家园路	1668	1803	2825	四惠、甘露园地区	东至东五环、西至东四环中路、南至广渠路、北至朝阳路	32	33	36

续表

区属	典型区域名称	典型区域范围	一季度租赁指导价格（元/月）			典型区域名称	典型区域范围	租赁指导价格（元/平方米·月）		
			1居室	2居室	3居室			2季度	3季度	4季度
朝阳区	定福庄地区	东至双桥路、西至东五环中路、南至京通路、北至定福北路北口	1183	1463		双井地区	东至东四环中路、西至东二环、南至广渠门外大街、北至通惠河北路	43	47	49
朝阳区	劲松地区	东至东三环南路、西至东二环、南至华威南路、北至京秦铁路线	1495	1881		劲松地区	东至东三环南路、西至东二环、南至华威南路、北至京秦铁路线	35	35	36
朝阳区	松榆地区	东至东四环南路、西至东三环南路、南至十里河桥、北至广渠路	1664	2265		松榆、磨房地区	东至东四环南路、西至东三环南路、南至十里河桥、北至广渠路	32	35	38
朝阳区	酒仙桥地区	东至京包铁路、西至东三环北路、南至东风南路、北至酒仙桥北路	1514	2310		定福庄地区	东至朝阳区边界、西至东五环中路、南至京泰铁路、北至石各庄路延长线	21	26	24
朝阳区	望京地区	东至望京街、西至望京西路、南至京顺路、北至利泽西街	1700	2305		双桥农场地区	东至朝阳区边界、西至东五环南路、南至京沈高速公路、北至京泰铁路	17	21	20
朝阳区						十八里店地区	东至东四环南路、西至朝阳区边界、南至南四环东路、北至松榆南路	29	41	42
朝阳区						东南四－五环沿线地区	东至东五环南路、西至东四环南路、南至朝阳区边界、北至广渠路	30	23	27
海淀区	万泉庄地区	东至苏州街、西三环路、西至西四环北路、南至板井路、北至四环西路	1835	2253		北太平庄地区	东至新街口外大街、西至高梁桥斜街、南至德胜门西大街、北至学院南路	41	42	44
海淀区	文慧园地区	东至新街口外大街、西至四道口路、南至德胜门西大街、北至北三环中路	2067	2470		紫竹院、甘家口地区	东至三里河路、高梁斜街、西至西三环北路、南至玉渊潭公园、北至魏公村路	38	41	44

续表

区属	典型区域名称	典型区域范围	一季度租赁指导价格（元/月）			典型区域名称	典型区域范围	租赁指导价格（元/平方米·月）		
			1居室	2居室	3居室			2季度	3季度	4季度
海淀区	西八里庄地区	东至西三环北路、西至西四环北路、南至阜成路、北至板井路	1510	2070		羊坊店、五棵松地区	东至三里河路、西至西四环中路、南至莲花池东路、北至永定河引水渠	33	34	37
	北京西客站地区	东至三里河路南延长线、西至西三环中路、南至莲花池东路、北至复兴门外大街	1954	2253	2700	定慧寺地区	东至西三环北路、西至西四环北路、南至永定河引水渠、北至板井路	33	37	37
	中关村大街沿线地区	东至四道口路、西至苏州街、南至西直门外大街、北至北四环西路	1921	2433		永定路地区	东至西四环中路、西至玉泉路、南至莲石东路、北至四环西路	30	29	33
	一线地铁沿线地区	东至木樨地桥、西至西四环中路、南至莲花河、北至阜成路	1450	2263		万柳地区	东至苏州街、西三环北路、西至西四环北路、南至板井路、北至北四环西路	38	41	43
	甘家口地区	东至三里河路、西至西三环北路、南至玉渊潭南路、北至紫竹院路	1637	2091		中关村地区	东至中关村东路、西至苏州街、南至魏公村路、北至成府路	39	44	48
	牡丹园地区	东至八达岭高速路、西至轻轨13号线、南至北三环中路、北至北四环中路	1600	2245		学院路地区	东至志新西路、花园路、西至中关村东路、南至学院南路、北至清华东路	38	45	44
	学院路四环外地区	东至八达岭高速公路、西至颐和园路、南至北四环、北至后八家路	1527	2371	2900	八达岭高速三－四环沿线地区	东至北辰西路、西至志新西路、花园路、南至北三环中路、北至大屯路	35	39	39
	四环以外永定路地区	东至西四环路、西至玉泉路、南至莲花河、北至京门铁路线	1200	1416		圆明园、颐和园地区	东至13号地铁沿线、西至西五环北路、南至闵庄路、北四环中路、成府路、北至北五环西路	33	45	35

续表

区属	典型区域名称	典型区域范围	一季度租赁指导价格（元/月）			典型区域名称	典型区域范围	租赁指导价格（元/平方米·月）		
			1居室	2居室	3居室			2季度	3季度	4季度
海淀区	清河地区	东至海淀区界、西至城铁13号线、南至清河路、北至建材城路	1315	1661	2075	学清路地区	东至天辰路、西至13号地铁沿线、南至清华东路、大屯路、北至北五环中路	37	45	42
	上地地区	东至城铁13号线、西至上地西路、南至朱房路、北至东马连洼路	1903	1750		清河地区	东至海淀区界、西至城铁13号线、南至北五环中路、北至小营西路	24	29	29
						西三旗地区	东至海淀区界、西至城铁13号线、南至小营西路、北至海淀区界	25	27	28
						上地地区	东至城铁13号线、西至上地西路、南至上地南路、北至西北旺路	30	36	36
						马连洼地区	东至上地西路、西至黑山扈路、南至北五环西路、北至西北旺路	28	30	33
丰台区	青塔地区	东至西四环北路、西至玉泉路、南至吴家村路、北至莲花河	1247	1450	2400	永外、方庄地区	东至丰台区界、西至崇文区左边界、南至南三环东路、北至南二环东路	28	31	33
	方庄地区	东至成寿寺路北口、西至景泰路、南至南三环东路、北至南二环东路	1368	1879		菜户营、西罗园地区	东至崇文区界、西至西三环南路、南至南三环西路、北至丽泽路、南二环东路	25	27	28
	丰台镇地区	东至万柳桥、西至大瓦窑桥、南至海鹰路、北至京石高速公路	1325	1437	2150	六里桥地区	东至宣武区界、西至西三环南路、南至丽泽路、北至莲花池东路	32	30	32

续表

区属	典型区域名称	典型区域范围	一季度租赁指导价格（元/月）			典型区域名称	典型区域范围	租赁指导价格（元/平方米·月）		
			1居室	2居室	3居室			2季度	3季度	4季度
丰台区	六里桥地区	东至广安门滨河路、西至万丰路、南至丰台北路、北至莲花池东路	1383	1842		京石高速三-四环沿线地区	东至西三环南路、西至丰台区界、青塔西路、南至吴家村路、丰台北路、北至莲花池西路	23	24	25
	南三环外地区	东至成寿寺路、西至京开高速路、南至南四环中路、北至南三环中路	1381	1591	2008	梅市口路地区	东至青塔西路、西至西五环、南至京石高速、北至吴家村路	18	27	30
						丰台镇地区	东至西三环、京开高速、西至西四环南路、南至南四环西路、北至丰台北路	20	24	24
						马家堡、西马场地区	东至南苑路、西至京开高速、南至南四环中路、北至南三环西路	23	26	27
						刘家窑、大红门地区	东至丰台区界、西至南苑路、南至南四环中路、北至南三环东路	26	29	31
						世界公园、宛平地区	东至西南四环、樊羊路、西至永定河、南至丰台区界、北至京石高速公路	18	21	18
						新发地地区	东至槐房路、西至樊羊路、南至丰台区界、北至南四环中路	16	24	25
						南苑地区	东至丰台区区界、西至槐房路、南至丰台区区界、北至南四环中路	21	40	23

续表

区属	典型区域名称	典型区域范围	一季度租赁指导价格（元/月）			典型区域名称	典型区域范围	租赁指导价格（元/平方米·月）		
			1 居室	2 居室	3 居室			2 季度	3 季度	4 季度
石景山区	鲁谷地区	东至八宝山南路、西至西五环中路、南至京原铁路、北至田村山南路	1150	1541		鲁谷、八宝山、老山地区	东至玉泉路、西至西五环中路、南至石景山区界、北至石景山区界	25	27	29
石景山区	八角苹果园地区	东至西五环中路、西至金顶街北街、南至丰沙铁路、北至东下庄路	1061	1410		苹果园、八角、金顶街地区	东至西五环中路、西至金顶山路延长至永定河、南至京原路、北至金顶山路	22	23	25
昌平区	昌平镇地区	昌平镇行政区域	875	962		回龙观地区	昌平区回龙观地区行政区域	18	21	21
昌平区	昌平区 13 号城铁沿线地区	昌平区行政区域内 13 号城铁沿线南北 3 公里范围	1107	1458	2225	东小口地区	昌平区东小口地区行政区域	15	19	20
昌平区						北七家地区	昌平区北七家镇行政区域	13	17	13
大兴区	黄村镇地区	黄村镇行政区域	762	948	1248	清源地区	大兴区清源街道行政区域	15	17	17
大兴区	旧宫镇地区	旧宫镇行政区域	875	1100		西红门地区	大兴区西红门镇行政区域	14	14	15
大兴区						黄村镇地区	大兴区黄村镇行政区域	15	16	
大兴区						兴丰地区	大兴区兴丰街道行政区域	15	16	22
大兴区						旧宫镇地区	大兴区旧宫镇行政区域	16	18	18
通州区	通州镇地区	东至温榆河路、西至新华大街、南至运河东大街、北至京通高速路	1063	1190		通州北苑、玉桥梨园地区	通州区北苑、玉桥街道，梨园地区行政区域	21	18	19
通州区	永顺地区	通州区永顺地区行政区域	538	691	817					
通州区	北苑街道地区	东至新华大街、西至通州区区界、南至运河西大街、北至京通高速路	900	1123		新华中仓、永顺地区	通州区新华、中仓街道，永顺地区行政区域	22	17	17
通州区	玉桥街道、梨园地区	通州区玉桥街道、梨园地区行政区域	1035	1134	1700					
亦庄	北京经济技术开发区	亦庄北京经济技术开发区	1576	1804		北京经济技术开发区	亦庄镇行政区域内，凉水河以北区域	26	27	26

附表5　2007年房地产开发企业名录

序号	企业编码	企业名称	资质等级
东城区			
1	DC-A-0014	北京天鸿宝业房地产股份有限公司	一级
2	DC-A-0026	北京天鸿集团公司	一级
3	DC-A-0033	北京东方康泰房地产开发经营有限责任公司	一级
4	DC-A-0067	北京宝晟住房股份有限公司	一级
5	DC-A-0073	华纺房地产开发公司	一级
6	DC-A-0090	北京天鸿房地产开发有限责任公司	一级
7	DC-A-0001	北京王府井置业投资有限公司	二级
8	DC-A-0023	北京市东方置地投资有限公司	二级
9	DC-A-0042	北京海晟房地产开发有限公司	二级
10	DC-A-0072	北京宏业房地产开发有限责任公司	二级
11	DC-A-0074	北京市新兴房地产开发总公司	二级
12	DC-A-5025	北京当代鸿运房地产经营开发有限公司	二级
13	DC-A-0028	北京一商集团有限责任公司	三级
14	DC-A-0093	北京中色房地产开发有限公司	三级
15	DC-A-0097	北京中海油房地产开发有限责任公司	三级
16	DC-A-5010	北京市万发房地产开发股份有限公司	三级
17	DC-A-5042	神华房地产有限责任公司	三级
18	DC-B-0105	北京亿洋星城房地产开发有限公司	三级
19	DC-B-0110	北京华利工体北房地产开发有限公司	三级
20	DC-B-0112	北京万亨房地产公司	三级
西城区			
1	XC-A-0228	金融街控股股份有限公司	一级
2	XC-A-0232	北京西都地产发展有限公司	一级
3	XC-A-0247	北京城建房地产开发有限公司	一级
4	XC-A-0282	北京市天创房地产开发公司	一级
5	XC-A-0294	北京城市开发集团有限责任公司	一级
6	XC-A-0315	北京天恒房地产股份有限公司	一级
7	XC-A-6126	北京大成开发集团有限公司	一级
8	XC-A-6128	北京首都开发控股（集团）有限公司	一级
9	XC-B-0263	华润置地（北京）股份有限公司	一级
10	XC-A-0220	北京佳友房地产开发公司	二级
11	XC-A-0225	北京金易房地产开发有限公司	二级
12	XC-A-0227	北京市嘉鸿房地产开发有限公司	二级
13	XC-A-0231	北京德胜投资有限责任公司	二级
14	XC-A-0233	北京金融街建设开发有限责任公司	二级
15	XC-A-0240	北京兆泰置地（集团）股份有限公司	二级
16	XC-A-0245	北京市华远地产股份有限公司	二级
17	XC-A-0259	北京市通达房地产开发建设总公司	二级
18	XC-A-0297	北京天创世缘房地产开发有限公司	二级
19	XC-A-0302	北京世安住房股份有限公司	二级

续表

序号	企业编码	企业名称	资质等级
20	XC-A-0357	国联房地产公司	二级
21	XC-A-0371	新华房地产开发公司	二级
22	XC-A-6132	北京市大成房地产开发总公司	二级
23	XC-B-0266	北京敬远房地产开发有限公司	二级
24	XC-A-6142	北京中建恒基建设投资有限公司	二级
25	XC-A-0206	北京九合创业房地产开发有限公司	三级
26	XC-A-0210	北京市利达汇通房地产开发公司	三级
27	XC-A-0230	北京市兴地房地产经营开发公司	三级
28	XC-A-0241	北京荟宏房地产开发有限公司	三级
29	XC-A-0249	中国海洋置业公司	三级
30	XC-A-0271	北京盈泰房地产开发有限公司	三级
31	XC-A-0275	北京华润京通房地产开发有限公司	三级
32	XC-A-0325	北京政兴房地产开发有限公司	三级
33	XC-A-0385	北京亚华房地产开发有限责任公司	三级
34	XC-A-0388	中国华联房地产开发公司	三级
35	XC-A-0394	通利房地产开发经营公司	三级
36	XC-B-0340	北京融金房地产开发有限公司	三级
37	XC-A-6147	北京凯帝克房地产开发有限公司	三级
38	XC-B-0264	北京英蓝置业有限公司	三级
崇文区			
1	CW-A-0501	北京市崇文区城市建设开发公司	一级
2	CW-A-0502	北京兴隆置业有限公司	一级
3	CW-A-0517	中冶置业有限责任公司	一级
4	CW-A-0503	北京城和房地产开发有限责任公司	二级
5	CW-A-0505	国瑞兴业（北京）置业有限公司	二级
6	CW-A-0515	北京国瑞兴业地产有限公司	二级
7	CW-A-0518	北京鸿运置业股份有限公司	二级
8	CW-A-0519	北京能源房地产开发有限责任公司	二级
9	CW-A-0543	北京崇开嘉信房地产开发有限公司	二级
10	CW-A-0550	北京崇文新世界房地产发展有限公司	二级
11	CW-B-0574	北京崇裕房产开发有限公司	二级
12	CW-A-0527	百荣投资控股集团有限公司	二级
13	CW-A-0514	北京信茂房地产开发有限公司	三级
14	CW-A-0540	北京岳安实业股份有限公司	三级
15	CW-B-0554	北京新康房地产发展有限公司	三级
宣武区			
1	XW-A-0429	北京新中实经济发展有限责任公司	一级
2	XW-A-0430	北京市宣武区城市建设综合开发总公司	一级
3	xw-A-0474	北京房开置业股份有限公司	一级
4	XW-A-5303	北京建工集团有限责任公司	一级
5	XW-A-0404	北京国际建设集团总公司	二级

续表

序号	企业编码	企业名称	资质等级
6	XW-A-0418	北京中实恒业房地产开发有限责任公司	二级
7	XW-A-0432	北京裕昌置业股份有限公司	二级
8	XW-A-0435	北京润博房地产开发有限公司	二级
9	XW-A-0438	北京科林房地产开发有限公司	二级
10	XW-A-0440	北京中房长远房地产开发有限责任公司	二级
11	XW-A-0450	北京裕泰达房地产开发有限公司	二级
12	XW-A-0461	北京宣兴房地产开发股份有限公司	二级
13	XW-A-0468	壹瓶房地产开发（北京）有限公司	二级
14	XW-A-0469	茂华控股集团有限公司	二级
15	XW-A-0470	北京大栅栏投资有限责任公司	二级
16	XW-A-0473	北京大厚房地产开发有限责任公司	二级
17	XW-A-5302	北京依莲轩房地产开发有限责任公司	二级
18	WX-A-5304	恒迅科创（北京）置业有限公司	二级
19	XW-A-5306	北京国信房地产开发有限责任公司	二级
20	XW-B-0490	北京庄胜房地产开发有限公司	二级
21	XW-A-0402	北京富卓创业房地产开发有限公司	二级
22	XW-B-0484	北京鲁能陶然房地产开发有限公司	二级
23	xw-a-0411	北京中融物产有限责任公司	三级
24	XW-A-0412	北京嘉里锦华房地产开发有限公司	三级
25	XW-A-0413	北京世纪鸿房地产开发有限责任公司	三级
26	XW-A-0420	北京市天枫房地产开发有限公司	三级
27	XW-A-0426	北京金华房地产开发公司	三级
28	XW-A-0427	北京大宅房地产开发中心	三级
29	XW-A-0428	北京茂屋房地产开发有限责任公司	三级
30	XW-A-0433	北京天桥投资开发公司	三级
31	XW-A-0447	北京常青藤房地产集团有限公司	三级
32	XW-A-0464	北京华电房地产开发有限责任公司	三级
33	XW-A-0467	北京陶然房地产开发有限责任公司	三级
34	XW-A-0495	北京市二商集团有限责任公司	三级
35	XW-A-5301	富力（北京）地产开发有限公司	三级
36	XW-A-5305	未来建设集团有限公司	三级
37	XW-A-5315	北京恒嘉置业有限公司	三级
38	xw-A-5327	北京公交四达枢纽站投资有限公司	三级
39	XW-B-0477	北京金马四方房地产开发有限公司	三级
40	XW-B-0482	北京港旅房地产开发有限公司	三级
朝阳区			
1	CY-B-0636	远洋地产有限公司	一级
2	CY-A-0647	北京北辰房地产开发股份有限公司	一级
3	CY-A-0661	北京华汇房地产开发中心（大屯）	一级
4	CY-A-0675	华翰投资集团有限公司	一级
5	CY-A-0727	北京国华置业有限公司	一级

续表

序号	企业编码	企业名称	资质等级
6	CY-A-0728	北京住总房地产开发有限责任公司	一级
7	CY-A-0732	北京金隅嘉业房地产开发公司	一级
8	CY-A-0739	北京市朝阳城市建设综合开发公司（区）	一级
9	CY-A-0841	北京富力城房地产开发有限公司	一级
10	CY-A-0845	北京万方源房地产开发有限公司	一级
11	CY-B-3619	北京北辰实业股份有限公司	一级
12	CY-A-5968	亚太房地产开发集团股份有限公司	一级
13	CY-A-0687	北京北化房地产开发有限公司	一级
14	CY-A-0604	北京京朝房地产开发有限公司（区）	二级
15	CY-A-0622	北京嘉源置业投资有限公司	二级
16	CY-A-0623	北京朝来绿色家园房地产开发有限公司（来广营）	二级
17	CY-A-0631	北京源海房地产开发有限公司	二级
18	CY-B-0638	北京红石建外房地产开发有限公司	二级
19	CY-A-0643	北京旭日房地产开发有限责任公司（洼里）	二级
20	CY-A-0671	北京奥林匹克置业投资有限公司	二级
21	CY-A-0677	三能达置业有限公司	二级
22	CY-B-0701	北京世纪朝阳房地产开发有限公司	二级
23	CY-A-0703	北京电子城有限责任公司	二级
24	CY-B-0722	北京香江兴利房地产开发有限公司	二级
25	CY-A-0778	中银建置业有限公司	二级
26	CY-A-0783	北京市朝阳区房地产经营开发公司（区）	二级
27	CY-A-0790	北京天翌房地产开发有限责任公司（高碑店）	二级
28	CY-A-0795	北京世纪华侨城实业有限公司	二级
29	CY-A-0811	北京京通天泰房地产开发有限公司（三间房）	二级
30	CY-A-0822	北京永同昌京都房地产开发有限公司	二级
31	CY-A-0853	北京力维斯凯亚房地产开发有限公司	二级
32	CY-A-0855	北京嘉业住房股份有限公司	二级
33	CY-B-0863	北京合生北方房地产开发有限公司	二级
34	CY-A-0875	北京商务中心区开发建设有限责任公司（区）	二级
35	CY-A-3617	北京太阳宫房地产开发有限公司	二级
36	CY-A-3622	北京天运房地产综合开发经营有限责任公司	二级
37	CY-B-3665	北京柏宇兴业房地产开发公司	二级
38	CY-A-3718	北京达义北方置业有限公司	二级
39	CY-B-3724	北京奥中兴业房地产开发有限公司	二级
40	CY-A-3725	北京富华园房地产开发有限公司	二级
41	CY-A-3747	北京国兴嘉业房地产开发有限责任公司	二级
42	CY-B-3780	北京东环望京房地产有限公司	二级
43	CY-A-3796	北京新奥集团有限公司	二级
44	CY-A-5945	北京高盛华房地产开发有限公司	二级
45	CY-A-5969	北京元亨房地产开发有限公司	二级

续表

序号	企业编码	企业名称	资质等级
46	CY-A-6018	北京京冠房地产开发有限公司	二级
47	CY-B-0701	棕榈泉置业有限公司	二级
48	CY-A-3782	北京世博宏业房地产开发有限公司	二级
49	CY-A-0615	北京金朝城乡建设开发股份有限公司（区）	二级
50	CY-A-0606	杰盛华房地产开发有限责任公司	三级
51	CY-A-0611	北京新纪房地产开发有限责任公司（太阳宫）	三级
52	CY-A-0614	北京新华联恒业房地产开发有限公司	三级
53	CY-A-0645	北京龙天陆房地产开发有限公司	三级
54	CY-A-0655	北京亿本房地产开发有限公司	三级
55	CY-A-0695	北京鸿天泽房地产开发有限公司	三级
56	CY-B-0710	北京城锋房地产开发有限公司	三级
57	CY-A-0716	北京柏宏房地产开发有限公司	三级
58	CY-A-0718	博华紫光置业有限公司	三级
59	CY-A-0719	北京市绿化隔离地区基础设施开发建设有限公司	三级
60	CY-A-0735	北京华阳房地产发展有限责任公司（区）	三级
61	CY-B-0742	北京世纪城市房地产开发有限公司	三级
62	CY-A-0744	北京中鼎基业房地产开发有限公司	三级
63	CY-B-0745	北京紫玉山庄房地产开发有限公司	三级
64	CY-A-0767	北京顺长房地产开发有限公司（管庄）	三级
65	CY-B-0780	北京太平洋城房地产开发有限公司	三级
66	CY-A-0819	北京将台房地产开发有限公司（将台）	三级
67	CY-B-0829	北京合生绿洲房地产开发有限公司	三级
68	CY-A-0844	北京大洋房地产开发有限公司（十八里店）	三级
69	CY-A-0856	北京博成房地产有限公司	三级
70	CY-B-0862	北京合生愉景房地产开发有限公司	三级
71	CY-A-0870	北京方晟房地产开发有限责任公司	三级
72	CY-A-0896	北京怡景城房地产开发有限公司	三级
73	CY-B-3602	北京胡姬花园房地产开发有限公司	三级
74	CY-A-3632	北京世纪恒丰房地产开发有限公司	三级
75	CY-A-3636	北京成荣房地产发展有限公司	三级
76	CY-B-3690	北京远中房地产开发有限公司	三级
77	CY-A-3692	北京京德顺房地产开发有限公司	三级
78	CY-A-3710	北京浙金都房地产开发有限公司	三级
79	CY-A-3738	北京世茂投资发展有限公司	三级
80	CY-A-3755	北京中环通泰房地产开发有限公司	三级
81	CY-A-3768	北京金远房地产开发有限公司	三级
82	CY-A-3785	北京照杰房地产开发有限公司	三级
83	CY-A-5937	北京天伦房地产开发经营公司	三级
84	CY-B-5943	北京新松房地产开发有限公司	三级
85	CY-A-5966	北京恒世基业房地产开发有限责任公司	三级

续表

序号	企业编码	企业名称	资质等级
86	CY-A-0890	北京世纪龙祥房地产开发有限公司	三级
海淀区			
1	HD-A-0914	北京万通先锋置业股份有限公司	一级
2	HD-A-0952	北京市威凯房地产开发经营公司	一级
3	HD-A-0992	北京海开房地产集团公司	一级
4	HD-A-0993	北京高校房地产开发总公司	一级
5	HD-A-0995	北京市云建房地产开发有限责任公司	一级
6	HD-A-1013	北新建材（集团）有限公司	一级
7	HD-A-1077	北京城建投资发展股份有限公司	一级
8	HD-A-1084	北京城建兴华地产有限公司	一级
9	HD-A-3864	北京永泰房地产开发有限责任公司	一级
10	HD-A-6533	中国水电建设集团中环房地产有限公司	一级
11	HD-A-0950	北京金源鸿大房地产开发有限公司	一级
12	HD-A-1005	北京澳林房地产开发有限公司	一级
13	HD-A-0925	北京安地房地产开发有限责任公司	二级
14	HD-A-0928	北京泰跃房地产开发有限责任公司	二级
15	HD-A-0929	北京万柳置业集团有限公司	二级
16	HD-A-0938	北京市公交房地产开发公司	二级
17	HD-A-0951	北京市京门房地产开发公司	二级
18	HD-A-0980	北京德成置地房地产开发有限公司	二级
19	HD-A-0991	北京万景房地产开发有限责任公司	二级
20	HD-A-1000	北京德成兴业房地产开发有限公司	二级
21	HD-A-1019	北京海淀科技园建设股份有限公司	二级
22	HD-A-1022	北京实创科技园开发建设股份有限公司	二级
23	HD-A-1045	北京京师大房地产开发有限责任公司	二级
24	HD-A-1071	北京海开房地产股份有限公司	二级
25	HD-A-1072	北京亚信房地产开发有限责任公司	二级
26	HD-A-1073	北京中关村科学城建设股份有限公司	二级
27	HD-A-1074	北京科技园置业有限公司	二级
28	HD-A-3805	北京万城置地房地产开发有限公司	二级
29	HD-A-3815	北京西三旗高新建材城经营开发有限公司	二级
30	HD-A-3818	北方房地产开发有限责任公司	二级
31	HD-A-3821	北京科技园建设股份有限公司	二级
32	HD-A-3835	北京颐安房地产股份有限公司	二级
33	HD-A-3863	北京罗兰德房地产开发有限公司	二级
34	HD-A-5439	北京时代华人房地产开发有限公司	二级
35	HD-A-5472	中国新兴置业公司	二级
36	HD-A-5494	北京世博伟业房地产开发有限公司	二级
37	HD-A-6508	北京科技园置地有限公司	二级
38	HD-A-6544	北京元亨房地产开发有限公司	二级
39	HD-A-0902	北京嘉海房地产开发有限责任公司	三级
40	HD-A-0905	北京同方房地产开发有限公司	三级

续表

序号	企业编码	企业名称	资质等级
41	HD-A-0912	北京市保福房地产开发有限公司	三级
42	HD-A-0913	北京市海青曙光房地产开发中心	三级
43	HD-A-0923	北京中物信和房地产开发有限公司	三级
44	HD-A-0932	北京锦绣大地房地产开发有限公司	三级
45	HD-A-0953	北京市立元房地产开发有限责任公司	三级
46	HD-A-0954	北京市安达房地产开发公司	三级
47	HD-A-0978	北京成大房地产开发有限公司	三级
48	HD-A-1001	北京融科智地房地产开发有限公司	三级
49	HD-A-1025	北京中物理想房地产开发有限公司	三级
50	HD-A-1032	北京实创房地产开发公司	三级
51	HD-A-1046	北京北大博雅投资有限公司	三级
52	HD-A-1055	北京金悦鑫房地产开发有限公司	三级
53	HD-A-1059	北京中关村永丰产业基地发展有限公司	三级
54	HD-B-1093	北京鼎固房地产开发有限公司	三级
55	HD-B-1098	北京海天房地产开发有限公司	三级
56	HD-A-3827	北京市御水苑房地产开发有限责任公司	三级
57	HD-A-3848	北京亚太友谊房地产开发房地产开发有限责任公司	三级
58	HD-A-3867	北京海湾京城房地产开发有限公司	三级
59	HD-A-3881	北京城建置业有限公司	三级
60	HD-A-5479	北京市金梦圆房地产开发有限公司	三级
61	HD-A-0935	北京市鲁艺房地产开发有限责任公司	三级
62	HD-A-0956	北京龙海苑开发建设有限责任公司	三级
63	HD-A-3836	北京创辉房地产开发有限公司	三级
64	HD-A-3843	北京辉煌世纪房地产开发有限公司	三级
丰台区			
1	FT-A-1162	北京市丰台区城市建设综合开发公司	一级
2	FT-A-6206	北京城市开发股份有限公司	一级
3	FT-A-1101	北京鸿基世业房地产开发有限公司	二级
4	FT-A-1106	北京丰台科技园建设发展有限公司	二级
5	FT-A-1113	北京世纪景房地产开发有限公司	二级
6	FT-A-1117	北京市新时特房地产开发有限公司	二级
7	FT-A-1121	北京玺萌置业有限公司	二级
8	FT-A-1123	北京市丰台区鸿华房地产开发经营公司	二级
9	FT-A-1129	北京银地房地产开发有限责任公司	二级
10	FT-A-1130	北京市永联房地产开发有限责任公司	二级
11	FT-A-1131	华凯投资集团有限公司	二级
12	FT-A-1134	北京益恒房地产开发有限责任公司	二级
13	FT-A-1136	北京东兴联房地产开发有限责任公司	二级
14	FT-A-1137	北京国电房地产开发有限公司	二级
15	FT-A-1138	泛华工程有限公司	二级
16	FT-A-1147	北京华世房地产开发公司	二级
17	FT-A-1180	北京龙腾房地产开发有限公司	二级

续表

序号	企业编码	企业名称	资质等级
18	FT-A-1195	北京万年花城房地产开发有限责任公司	二级
19	FT-A-1200	保利（北京）房地产开发有限公司	二级
20	FT-A-4009	北京中筑置业有限公司	二级
21	FT-A-4021	北京懋源房屋开发有限公司	二级
22	FT-A-4033	北京新鸿基盛城置业有限公司	二级
23	FT-A-4095	北京恒政通房地产开发管理有限责任公司	二级
24	FT-A-4096	国润建设集团有限公司	二级
25	FT-B-1152	北京怡海花园房地产开发有限公司	二级
26	FT-B-4010	北京中关村丰台园道丰科技商务园建设发展有限公司	二级
27	FT-A-1102	北京市小井房地产开发有限责任公司	三级
28	FT-A-1133	北京庄维房地产开发有限责任公司	三级
29	FT-A-1150	北京丰业房地产开发有限公司	三级
30	FT-A-1157	北京东方恒嘉房地产开发有限公司	三级
31	FT-A-1167	北京华诚达房地产开发有限公司	三级
32	FT-A-1169	北京宏基源房地产开发有限公司	三级
33	FT-A-1176	北京昕启龙房地产开发有限公司	三级
34	FT-A-1178	北京恒旭房地产开发有限公司	三级
35	FT-A-4011	北京富民住房股份有限公司	三级
36	FT-A-4023	北京匠心置业有限公司	三级
37	FT-A-4027	北京京大昆仑房地产开发有限公司	三级
38	FT-A-4034	北京金泰房地产开发有限责任公司	三级
39	FT-A-4039	北京诚信杰房地产开发有限公司	三级
40	FT-A-4043	北京航天海鹰房地产开发公司	三级
41	FT-A-4047	北京青龙恒源房地产开发有限公司	三级
42	FT-A-4050	北京天鸿安信房地产开发有限公司	三级
43	FT-A-4063	北京寅丰房地产开发有限责任公司	三级
44	FT-A-4082	北京筑鼎源置业有限公司	三级
45	FT-A-6218	北京晓松房地产开发有限公司	三级
46	FT-A-4072	北京金兰甫房地产开发有限公司	三级
47	FT-A-4075	北京金丰国际企业家俱乐部有限公司	三级
48	FT-A-1183	北京南宫恒业房地产开发有限公司	三级
石景山区			
1	SJ-A-1201	北京市石景山区城市建设开发公司	一级
2	SJ-A-1205	北京首钢房地产开发有限公司	一级
3	SJ-A-1223	北京东和伟业房地产开发有限公司	二级
4	SJ-A-1202	北京实兴腾飞置业发展公司	二级
5	SJ-A-1205	北京首钢房地产开发有限公司	二级
6	SJ-A-1211	北京京汉房地产开发有限公司	二级
7	SJ-A-1229	北京天海兆业房地产开发有限公司	二级
8	SJ-A-1206	北京盛世兆业房地产开发有限责任公司	三级
9	SJ-A-1207	北京八大处房地产开发有限公司	三级
10	SJ-A-6304	北京安德信房地产有限公司	三级

续表

序号	企业编码	企业名称	资质等级
通州区			
1	通开企［2001］192 号	北京市通州区房地产开发总公司	一级
2	建开企［2007］661	北京瑞景房地产开发有限公司	一级
3	TZ-A-2252	京市民望房地产开发有限责任公司	二级
4	TZ-A-2253	北京顺开房地产开发有限公司	二级
5	TZ-A-2257	北京宏泰旸房地产开发有限公司	二级
6	TZ-A-2278	北京联成房地产开发有限公司	二级
7	TZ-A-2280	北京嘉利恒德房地产开发有限公司	二级
8	TZ-A-2287	北京金致达房地产开发有限公司	二级
9	TZ-A-2295	北京凯瑞房地产开发有限公司	二级
10	TZ-A-2316	北京百年房地产开发有限公司	二级
11	TZ-A-2324	北京金时代置业有限公司	二级
12	TZ-A-2353	北京东杰房地产开发有限公司	二级
13	TZ-A-2356	昊宇房地产开发有限公司	二级
14	TZ-A-2359	北京富利华房地产开发有限公	二级
15	TZ-A-2369	北京市京工房地产开发有限公司	二级
16	TZ-A-4170	北京君合百年房地产开发有限公司	二级
17	TZ-A-5718	北京鹏润房地产开发有限责任公司	二级
18	TZ-A-5730	北京珠江房地产开发有限公司	二级
19	TZ-B-2266	北京新华联伟业房地产有限公司	二级
20	TZ-B-2296	北京新华联房地产开发有限公司	二级
21	TZ-B-2298	北京武夷房地产开发有限公司	二级
22	TZ-B-2347	北京津华通达房地产开发有限公司	二级
23	TZ-A-2351	北京瑞景房地产开发有限公司	二级
24	TZ-A-2254	北京市开原房地产开发有限责任公司	三级
25	TZ-A-2255	北京潞隆房地产开发有限责任公司	三级
26	TZ-A-2256	北京永泰宏基房地产开发有限公司	三级
27	TZ-A-2260	北京怡园伟业房地产开发有限公司	三级
28	TZ-A-2261	北京中博房地产开发有限公司	三级
29	TZ-A-2262	北京马桥神龙房地产开发有限公司	三级
30	TZ-A-2263	北京市欣达园房地产开发有限公司	三级
31	TZ-A-2270	北京新建房地产开发有限公司	三级
32	TZ-A-2271	北京贵源房地产开发有限公司	三级
33	TZ-A-2273	北京景欣世纪房地产开发有限公司	三级
34	TZ-A-2274	北京富河房地产开发有限责任公司	三级
35	TZ-A-2279	北京市宏远置业房地产开发公司	三级
36	TZ-A-2286	北京天行雅坤房地产开发有限公司	三级
37	TZ-A-2291	北京筑高房地产开发有限公司	三级
38	TZ-A-2294	北京华源京都房地产开发有限公司	三级
39	TZ-A-2297	北京隆鹤房地产开发有限公司	三级
40	TZ-A-2301	北京富新房地产开发有限责任公司	三级
41	TZ-A-2306	北京市天河运通房地产开发有限公司	三级

续表

序号	企业编码	企业名称	资质等级
42	TZ-A-2314	北京东安恒新房地产开发有限公司	三级
43	TZ-A-2320	北京中天和置业有限公司	三级
44	TZ-A-2322	北京黄海房地产开发有限公司	三级
45	TZ-A-2326	中水金海（北京）房地产有限公司	三级
46	TZ-A-2329	北京中泽房地产开发有限公司	三级
47	TZ-A-2334	北京市紫金恒房地产开发有限责任公司	三级
48	TZ-A-2335	北京民兴房地产开发有限公司	三级
49	TZ-A-2346	北京同马房地产开发有限公司	三级
50	TZ-A-2348	北京万佳房地产开发有限公司	三级
51	TZ-A-2350	北京顺华房地产开发有限公司	三级
52	TZ-A-2355	北京福润达房地产开发有限公司	三级
53	TZ-A-2358	北京东润投资集团有限公司	三级
54	TZ-A-2361	北京颐西房地产开发有限公司	三级
55	TZ-A-2362	北京盛达兴业房地产开发有限公司	三级
56	TZ-A-2363	北京天旭运河房地产开发有限责任公司	三级
57	TZ-A-2364	北京万德福房地产开发有限公司	三级
58	TZ-A-2372	北京金五环房地产开发有限公司	三级
59	TZ-A-4104	北京源泉房地产开发有限公司	三级
60	TZ-A-4137	北京新纪元房地产开发有限公司	三级
61	TZ-A-4143	北京鹏程房地产开发有限公司	三级
62	TZ-A-4169	北京东亚房地产开发有限公司	三级
63	TZ-B-5776	北京恒帝隆房地产开发有限公司	三级
64	TZ-A-5727	北京联东金桥置业有限责任公司	三级
65	TZ-A-2275	北京运河新城房地产开发有限公司	三级
66	TZ-A-2290	北京豪光房地产开发公司	三级
67	TZ-A-2366	北京实地房地产开发有限责任公司	三级
大兴区			
1	DX-A-1856	北京市大兴城镇建设综合开发集团公司	一级
2	DX-A-1861	北京华润曙光房地产开发有限公司	一级
3	DX-A-1903	北京东和嘉业房地产开发有限公司	一级
4	DX-A-1761	北京兴集房地产开发有限公司	二级
5	DX-A-1772	北京艺苑房地产开发有限责任公司	二级
6	DX-A-1777	北京美晟房地产开发有限责任公司	二级
7	DX-A-1814	北京日月房地产开发有限公司	二级
8	DX-A-1829	北京春光房地产开发有限公司	二级
9	DX-A-1840	北京龙熙房地产开发有限责任公司	二级
10	DX-A-1849	北京方正房地产开发有限公司	二级
11	DX-A-1854	北京银信兴业房地产有限公司	二级
12	DX-A-1872	北京金冠达房地产开发有限公司	二级
13	DX-A-1891	北京鸿坤伟业房地产开发有限公司	二级
14	DX-A-1950	北京顺驰置地达兴房地产开发有限公司	二级
15	DX-A-1751	北京兴广厦房地产开发有限责任公司	三级

续表

序号	企业编码	企业名称	资质等级
16	DX-A-1752	北京京南住房开发有限责任公司	三级
17	DX-A-1753	北京震环房地产开发有限公司	三级
18	DX-A-1760	北京顺苑房地产开发有限公司	三级
19	DX-A-1764	北京日月星房地产开发有限责任公司	三级
20	DX-A-1767	北京儒林房地产开发有限责任公司	三级
21	DX-A-1771	北京兴创房地产开发有限公司	三级
22	DX-A-1773	北京嘉友房地产开发集团有限公司	三级
23	DX-A-1774	北京兴红顺房地产开发有限公司	三级
24	DX-A-1778	北京宣颐房地产开发有限责任公司	三级
25	DX-A-1783	北京汇瀛房地产开发有限公司	三级
26	DX-A-1791	北京大兴华房地产集团	三级
27	DX-A-1792	北京鑫起达房地产开发有限责任公司	三级
28	DX-A-1793	北京首创风度房地产开发有限责任公司	三级
29	DX-A-1794	北京阳光苑房地产开发有限公司	三级
30	DX-A-1802	北京爱达星房地产开发有限公司	三级
31	DX-A-1816	北京彼得房地产开发有限公司	三级
32	DX-A-1835	北京兴海创业投资管理有限公司	三级
33	DX-A-1839	北京万成房地产开发有限责任公司	三级
34	DX-A-1855	北京军建利司达房地产开发有限公司	三级
35	DX-A-1858	北京德鸿基房地产开发有限公司	三级
36	DX-A-1898	北京中坤锦绣房地产开发有限公司	三级
37	DX-A-1904	北京龙熙顺景房地产开发有限责任公司	三级
38	DX-A-1948	北京旭东置业有限公司	三级
39	DX-A-1964	北京永旭置业有限公司	三级
40	DX-A-5846	北京广厦京都置业有限公司	三级
41	DX-A-5846	北京广厦京都置业有限公司	三级
42	DX-A-1784	北京兴涛房地产开发有限责任公司	三级
怀柔区			
1	HR-A-2817	北京万通地产股份有限公司	一级
2	HR-A-2801	北京飞腾房地产开发有限公司	二级
3	HR-A-2802	北京宏怀房地产开发有限公司	二级
4	HR-A-2803	北京慧友房地产开发有限责任公司	二级
5	HR-A-2823	北京合成房地产开发有限责任公司	二级
6	HR-A-2902	北京星泰房地产开发有限公司	二级
7	HR-A-2907	北京新荣房地产开发有限公司	二级
8	HR-A-2936	北京金地鸿业房地产开发有限公司	二级
9	HR-B-2966	北京万置房地产开发有限公司	二级
10	HR-B-2985	北京京伯房地产开发有限公司	二级
11	HR-A-4254	北京万通龙山置业有限公司	二级
12	HR-A-4256	北京中鑫源房地产开发集团有限公司	二级
13	HR-A-4274	北京国融置业有限公司	二级
14	HR-A-2804	北京大地房地产开发有限责任公司	三级

续表

序号	企业编码	企业名称	资质等级
15	HR-A-2813	北京雁栖房地产开发公司	三级
16	HR-A-2818	北京京北鑫民房地产开发有限公司	三级
17	HR-A-2868	北京同方星城置业有限公司	三级
18	HR-A-2876	北京银科房地产开发有限公司	三级
19	HR-A-2903	北京远坤房地产开发有限公司	三级
20	HR-A-2908	华睿房地产开发有限公司	三级
21	HR-B-2917	北京金马文华园房地产开发有限公司	三级
22	HR-A-2948	北京佳汇房地产开发有限公司	三级
23	HR-A-2961	北京恒宇佳泰房地产开发有限公司	三级
24	HR-B-2970	北京建华时代房地产有限公司	三级
25	HR-A-2973	北京红石实业有限责任公司	三级
26	HR-B-2982	北京恒华房地产开发有限公司	三级
27	HR-B-2986	北京恒阳华隆房地产有限公司	三级
28	HR-A-4209	北京玉泉新城房地产开发有限公司	三级
29	HR-A-4231	北京阳光金都置业有限公司	三级
30	HR-A-4247	北京华安泰房地产开发有限公司	三级
31	HR-A-2822	北京晨益房地产开发有限责任公司	三级
32	HR-A-2929	北京首创阳光房地产有限责任公司	三级
顺义区			
1	SY-A-2401	北京市大龙房地产开发有限公司	一级
2	SY-A-2419	北京万科企业有限公司 3604	一级
3	SY-A-2433	北京建升房地产开发有限公司	一级
4	SY-A-2443	北京甄氏房地产开发有限公司	一级
5	SY-A-2456	北京东方太阳城房地产开发有限责任公司	一级
6	SY-A-4621	北京仁和日升房地产开发有限公司	一级
7	SY-A-2402	北京市天竺房地产开发公司	二级
8	SY-A-2403	北京天源房地产开发有限公司	二级
9	SY-A-2404	北京隆华广厦房地产开发有限公司	二级
10	SY-A-2410	北京英才房地产开发有限公司	二级
11	SY-A-2417	北京绿水源房地产开发有限公司	二级
12	SY-A-2445	北京泰福恒房地产开发有限责任公司	二级
13	SY-A-2454	北京新城房地产开发有限公司	二级
14	SY-A-2471	北京顺义新城建设开发有限公司	二级
15	SY-A-2476	北京渔阳兴顺房地产开发公司	二级
16	SY-A-2483	北京龙湖置业有限公司	二级
17	SY-A-4618	北京京泰鸿房地产开发有限公司	二级
18	SY-A-4621	北京仁和日升房地产开发有限公司	二级
19	SY-A-4657	北京金汉房地产开发有限公司	二级
20	SY-A-4685	北京首都机场房地产有限公司	二级
21	SY-A-6412	北京实力房地产开发有限公司	二级
22	SY-A-2418	北京碧水源房地产开发有限公司	三级
23	SY-A-2422	北京市房顺房地产开发有限责任公司	三级

附表4　2007年住房租赁指导价格

区属	典型区域名称	典型区域范围	一季度租赁指导价格（元/月）		
			1居室	2居室	3居室
东城区	安定门外地区	东至东土城路、西至人定湖公园、南至北二环东路、北至裕民路东延长线	1600	2136	
东城区	朝内建内地区	东至东二环中路、西至南池子大街、南至前门东大街、北至朝阳门内大街	2106	2736	
东城区	东四北新桥地区	东至东二环、西至鼓楼大街、南至朝阳门内大街、北至北二环	1650	2245	
东城区	东直门外地区	东至亮马河西段、西至东二环北路、南至吉市口八条、北至安定门东滨河路	1654	2327	
西城区	德胜门外地区	东至鼓楼外大街、西至新街口外大街、南至北二环、北至裕民路	1603	2030	
西城区	金融街、西长安街地区	西城区金融街、西长安街行政区域	1670	2330	
西城区	新街口、什刹海地区	东至地安门外大街、西至新街口北大街、南至西安门大街、北至德胜门东大街	1675	2399	
西城区	月坛三里河地区	东至西二环、西至三里河路、南至莲花池东路、北至阜成门外大街	1671	2285	
西城区	展览路地区	东至新街口内大街、西至三里河路、南至阜成门外大街、北至德胜门西大街	1692	2287	2520

典型区域名称	典型区域范围	租赁指导价格（元/平方米·月）		
		2季度	3季度	4季度
安定门外、德胜门外地区	东至13号地铁沿线、西至新街口外大街、南至北二环、北至北三环中路	35	41	41
东直门外地区	东至东三环北路、西至东二环、南至朝阳北路、北至东直门外大街	52	53	62
东北二环内地区	二环内东城区行政区域	43	46	50
新街口、什刹海地区	东至西城行政区界、西至西二环、南至阜成门内大街及西安门大街、北至北二环	36	39	43
金融街地区	西城区金融街、西长安街行政区域	38	51	60
展览路、月坛地区	东至西二环、西至三里河路、南至莲花池东路、北至西城区行政区界	38	43	42

续表

序号	企业编码	企业名称	资质等级
24	SY-A-2424	北京市宏城房地产开发有限公司	三级
25	SY-A-2426	北京天马房地产开发中心	三级
26	SY-A-2428	北京市裕鑫房地产开发有限公司	三级
27	SY-A-2447	北京首汽房地产开发有限公司	三级
28	SY-A-2451	北京埃力生房地产开发有限公司	三级
29	SY-A-2453	北京顺鑫佳宇房地产开发有限公司	三级
30	SY-A-2455	北京摩林房地产开发有限公司	三级
31	SY-A-2466	北京宏顺兴房地产开发有限公司	三级
32	SY-A-2470	北京鑫程愿景房地产开发有限公司	三级
33	SY-A-2475	北京英诚房地产开发有限公司	三级
34	SY-A-2478	北京都禾房地产开发有限公司	三级
35	SY-A-2486	北京京龙天诚房地产开发有限公司	三级
36	SY-A-2490	北京大地林肯房地产开发有限公司	三级
37	SY-A-2498	中国航空集团建设开发有限公司	三级
38	SY-B-4603	北京丽高房地产开发有限公司（B）	三级
39	SY-A-4612	北京恒实房地产开发有限公司	三级
40	SY-B-4619	北京丽来房地产开发有限公司	三级
41	SY-B-4643	北京百顺达房地产开发有限公司	三级
42	SY-A-4686	北京东君房地产开发有限公司	三级
43	SY-A-2412	北京辰光家园房地产开发有限公司	三级
44	SY-A-2425	北京华忆园房地产开发有限公司	三级
昌平区			
1	CP-A-2017	北京新龙房地产开发有限公司	一级
2	CP-A-2097	北京百环房地产实业有限公司	一级
3	CP-A-2240	顺天通房地产开发集团有限公司	一级
4	CP-A-2097	北京百环房地产实业有限公司	一级
5	CP-A-2240	顺天通房地产开发集团有限公司	一级
6	CP-A-2002	北京市昌平房地产开发总公司	二级
7	CP-A-2004	北京中北房地产开发有限责任公司	二级
8	CP-A-2035	北京碧水庄园房地产开发有限公司	二级
9	CP-A-2057	北京翰宏基业房地产开发有限公司	二级
10	CP-A-2074	顺驰置地（北京）房地产开发有限公司	二级
11	CP-A-2132	北京铭嘉房地产开发有限公司	二级
12	CP-A-2149	北京时光房地产开发有限公司	二级
13	CP-B-2116	北京枫树置业有限公司	二级
14	CP-A-2017	北京新龙房地产开发有限公司	二级
15	CP-A-2005	北京法政实业有限公司	三级
16	CP-A-2006	北京九台房地产开发有限责任公司	三级
17	CP-A-2010	北京元龙房地产开发有限责任公司	三级
18	CP-A-2012	北京玫瑰园别墅有限公司	三级
19	CP-A-2022	北京兆恒房地产开发有限公司	三级
20	CP-A-2025	北京中关村国际商城发展有限公司	三级

续表

序号	企业编码	企业名称	资质等级
21	CP-A-2026	北京润杰房地产开发有限公司	三级
22	CP-A-2032	北京天成天房地产开发有限公司	三级
23	CP-A-2039	北京世涛基业房地产开发有限公司	三级
24	CP-A-2041	北京天运通房地产开发有限责任公司	三级
25	CP-A-2047	北京市玉龙吉胜房地产开发有限公司	三级
26	CP-A-2063	北京中联亚房地产开发有限公司	三级
27	CP-A-2066	北京达华庄园房地产开发有限公司	三级
28	CP-A-2068	北京天元广建房地产开发有限公司	三级
29	CP-A-2076	北京昌信回龙园别墅有限公司	三级
30	CP-A-2096	北京钰阳创业房地产开发有限公司	三级
31	CP-A-2101	北京鸿安兴业房地产开发有限公司	三级
32	CP-A-2144	北京天鸿嘉诚房地产开发有限公司	三级
33	CP-A-2160	北京中关村生命科学园发展有限责任公司	三级
34	CP-A-2165	北京金成华房地产开发有限公司	三级
35	CP-A-2171	北京佰嘉置业有限公司	三级
36	CP-A-2204	北京兴昌高科技发展总公司	三级
37	CP-A-2031	北京天龙苑房地产开发有限公司	三级
38	CP-A-2140	北京三元盛泰房地产开发有限公司	三级
39	CP-A-2194	北京金环房地产开发有限公司	三级
平谷区			
1	PG-A-2557	北京佳隆房地产有限公司	一级
2	PG-A-2616	北京市裕发房地产开发集团	一级
3	PG-A-5146	北京城乡房屋建设开发有限责任公司	一级
4	PG-A-2619	北京嘉铭房地产开发有限责任公司	一级
5	PG-A-2687	北京市住邦房地产开发有限责任公司	一级
6	PG-A-5159	北京金都房地产实业股份有限公司	一级
7	PG-A-2506	北京强佑房地产开发公司	二级
8	PG-A-2517	北京万润房地产开发有限公司	二级
9	PG-A-2521	北京都市房地产开发有限责任公司	二级
10	PG-A-2588	北京泰格经济开发公司	二级
11	PG-A-2605	北京华森置业有限公司	二级
12	PG-A-2610	北京盛业房地产开发有限公司	二级
13	PG-A-2626	北京当代房地产开发有限责任公司	二级
14	PG-A-2629	北京乾元房地产开发有限公司	二级
15	PG-A-2642	北京祥辉房地产开发有限公司	二级
16	PG-A-2702	北京福环房地产开发有限公司	二级
17	PG-A-2703	北京嘉轩房地产开发有限公司	二级
18	PG-A-2739	北京金第房地产开发有限责任公司	二级
19	PG-A-2753	北京林河兴业房地产开发有限公司	二级
20	PG-A-2761	北京阳光嘉业房地产有限公司	二级
21	PG-A-2797	北京天润置地房地产开发（集团）有限公司	二级
22	PG-A-3401	北京住总正华开发建设集团有限公司	二级

续表

序号	企业编码	企业名称	资质等级
23	PG-A-2540	北京景旭房地产开发有限公司	二级
24	PG-A-2614	融合置地有限公司	二级
25	PG-A-3406	北京海欣方舟房地产开发有限公司	二级
26	PG-A-2510	北京融利达房地产开发有限公司	二级
27	PG-A-2519	北京裕泰房地产开发公司	三级
28	PG-A-2507	北京智能通达房地产开发有限公司	三级
29	PG-A-2533	北京中民信房地产开发有限公司	三级
30	PG-A-2536	北京诚信兴业房地产有限公司	三级
31	PG-A-2541	北京千禧福临房地产开发有限公司	三级
32	PG-A-2547	北京倚基土地开发有限公司	三级
33	PG-A-2600	北京远望君安房地产开发有限公司	三级
34	PG-A-2606	北京恒森房地产开发有限公司?	三级
35	PG-A-2633	北京观远房地产开发公司	三级
36	PG-A-2658	北京市裕发东瑞房地产开发有限公司	三级
37	PG-A-2678	北京时代金侨房地产开发有限公司	三级
38	PG-A-2685	北京贝迪克集团	三级
39	PG-A-2699	北京怡禾房地产开发有限公司	三级
40	PG-A-2720	北京首建建设有限责任公司	三级
41	PG-A-2773	北京龙洋房地产开发有限责任公司	三级
42	PG-A-2796	北京城韵房地产开发有限公司	三级
43	PG-A-3404	北京斯贝兰房地产开发公司	三级
44	PG-A-3516	北京宇飞房地产开发有限公司	三级
45	PG-A-3531	北京润丰房地产开发有限公司	三级
46	PG-A-3554	北京华油房地产开发有限公司	三级
47	PG-A-3555	北京都鹏房地产开发有限公司	三级
48	PG-A-3572	北京中弘投资有限公司	三级
49	PG-A-5101	北京东方万杰房地产开发有限公司	三级
50	PG-A-5154	北京市平谷区和平农工商联合总公司	三级
51	PG-B-2502	首创置业方舟房地产发展有限公司	三级
52	PG-A-2624	北京永安兴业房地产开发有限公司	三级
53	PG-A-3466	北京金基力房地产开发有限公司	三级
54	PG-A-3600	北京典雅房地产开发有限公司	三级
55	PG-A-3507	北京华野投资管理有限公司	三级
房山区			
1	FS-A-1314	北京昊远隆基房地产开发总公司	一级
2	FS-A-1315	北京集达房地产开发有限公司	一级
3	FS-A-1378	北京市泰华房地产开发集团有限公司	一级
4	FS-A-1341	北京市碧桂园房地产开发有限公司	一级
5	FS-A-1302	北京九鼎房地产开发有限责任公司	二级
6	FS-A-1308	北京银信光华房地产开发有限公司	二级
7	FS-A-1327	北京玺萌房地产开发有限公司	二级
8	FS-A-1335	北京阳光绿城房地产开发有限公司	二级

续表

序号	企业编码	企业名称	资质等级
9	FS-A-1357	北京福州房地产开发有限公司	二级
10	FS-A-1365	北京高盛房地产开发有限公司	二级
11	FS-A-1364	北京田家园房地产开发有限责任公司	二级
12	FS-B-1384	北京日兴房地产发展有限公司	二级
13	FS-A-1387	北京韩村河房地产开发有限公司	二级
14	FS-B-1406	北京荣丰房地产开发有限公司	二级
15	FS-A-1407	北京龙建诚信房地产开发有限公司	二级
16	FS-A-1409	北京中铁华升房地产开发有限责任公司	二级
17	FS-A-1440	北京万达广场房地产开发有限公司	二级
18	FS-A-1471	北京楠溪房地产开发有限公司	二级
19	FS-A-1508	北京玉亭房地产开发有限公司	二级
20	FS-A-1529	北京国锐房地产开发有限公司	二级
21	FS-A-1545	北京韩建集团有限公司	二级
22	FS-A-1307	北京东方鸿铭房地产开发有限公司	三级
23	FS-A-1309	北京盛荣房地产开发有限责任公司	三级
24	FS-A-1324	北京市鸿翔房地产开发有限责任公司	三级
25	FS-A-1326	北京永兴达房地产开有限公司	三级
26	FS-A-1329	北京金恒通房地产开发有限公司	三级
27	FS-A-1332	北京祥龙房地产开发有限公司	三级
28	FS-A-1339	北京锦秋知春房地产开发有限公司	三级
29	FS-A-1343	北京华风腾龙房地产开发有限公司	三级
30	FS-A-1346	北京燕都金鑫房地产开发有限公司	三级
31	FS-A-1351	北京汇豪房地产开发建设有限公司	三级
32	FS-A-1359	北京广明兴华房地产开发有限公司	三级
33	FS-A-1361	北京天景泰房地产开发有限公司	三级
34	FS-A-1363	北京森阳房地产开发有限责任公司	三级
35	FS-A-1366	北京长龙房地产开发有限公司	三级
36	FS-A-1368	北京安顺园房地产开发有限公司	三级
37	FS-A-1373	北京泰斗通房地产开发有限公司	三级
38	FS-A-1385	北京汇金房地产开发有限公司	三级
39	FS-B-1450	北京锦绣花园投资发展有限公司	三级
40	FS-A-1340	北京聚源置业有限公司	三级
门头沟区			
1	MT-A-1554	北京市国信嘉业房地产开发有限公司	一级
2	MT-A-1553	北京京西百灵房地产开发有限公司	二级
3	MT-A-1620	北京新兴建业房地产开发有限公司	二级
4	MT-A-1551	北京雅世置业有限公司	三级
5	MT-A-1552	北京颐德房地产开发有限公司	三级
6	MT-A-1557	北京中宸房地产开发有限公司	三级
7	MT-A-1559	北京石龙工业开发区投资开发总公司	三级
8	MT-A-1567	北京博龙置业有限责任公司	三级
9	MT-A-1571	北京中协诚达房地产开发有限公司	三级

续表

序号	企业编码	企业名称	资质等级
10	MT-A-1574	北京万年基业建设投资有限公司	三级
11	MT-A-1592	北京峻成房地产开发有限责任公司	三级
12	MT-A-1601	北京天平房地产开发经营有限责任公司	三级
13	MT-A-1628	北京永兴嘉业房地产开发有限公司	三级
14	MT-A-1671	北京市祺洋房地产开发有限责任公司	三级
15	MT-A-1711	北京西达房地产开发有限公司	三级
16	MT-B-1716	北京建华置地房地产开发有限公司	三级
17	MT-A-5223	华岳原林投资（北京）有限公司	三级
密云县			
1	MY-A-3001	北京市密云县房地产开发总公司	一级
2	MY-A-4386	北京方恒房地产开发有限公司	一级
3	MY-A-3130	凤凰城房地产开发集团有限公司	一级
4	MY-A-3003	北京恒居房地产开发公司	二级
5	MY-A-3012	北京世豪房地产开发有限责任公司	二级
6	MY-A-3037	北京全联房地产开发有限公司	二级
7	MY-A-3078	北京人济房地产开发集团有限公司	二级
8	MY-A-3119	北京昆泰嘉业房地产开发有限公司	二级
9	MY-A-3124	北京名流未来置业有限公司	二级
10	MY-A-3136	北京亿城房地产开发有限公司	二级
11	MY-A-3165	昊宇东方集团有限公司	二级
12	MY-A-4315	北京通润房地产开发有限公司	二级
13	MY-A-4335	北京中海地产有限公司	二级
14	MY-A-4471	北京九洲房地产综合开发有限责任公司	二级
15	MY-A-4522	德润房地产开发集团有限公司	二级
16	MY-B-3137	北京三九建业房地产开发有限公司	二级
17	MY-A-3194	北京魏公元鼎房地产开发集团有限公司	二级
18	MY-A-3006	北京烨庆房地产开发有限公司	三级
19	MY-A-3007	北京海城房地产开发有限公司	三级
20	MY-A-3015	北京中加兴业房地产开发有限公司	三级
21	MY-A-3079	北京鸿润房地产开发有限公司	三级
22	MY-A-3110	北京君龙房地产开发有限公司	三级
23	MY-A-3135	北京兴源房地产开发有限公司	三级
24	MY-A-3169	北京光大房地产开发有限公司	三级
25	MY-A-3177	北京中加伟业房地产开发有限公司	三级
26	MY-A-3191	北京嘉恒基业房地产开发有限公司	三级
27	MY-A-4350	北京市长地房地产开发建设有限责任公司	三级
28	MY-A-4379	北京中鸿房地产开发集团有限公司	三级
29	MY-A-4397	北京世博元房地产开发有限公司	三级
30	MY-A-4517	北京市一正房地产开发有限公司	三级
31	MY-A-4539	北京融创房地产开发有限公司	三级
32	MY-B-3120	北京美迪亚置业有限公司	三级
33	MY-A-3005	北京嘉翼宸房地产开发有限责任公司	三级

续表

序号	企业编码	企业名称	资质等级
34	MY-A-3025	北京百世园房地产开发有限公司	三级
35	MY-A-4306	北京信远福缘房地产开发有限公司	三级
36	MY-A-6601	美林房地产开发集团有限公司	三级
37	MY-B-3109	北京新松家园房地产开发有限公司	三级
延庆县			
1	YQ-A-3236	北京翔峰房地产开发有限公司	一级
2	YQ-A-3201	北京中北长城房地产开发有限公司	二级
3	YQ-A-3204	北京市广厦房地产开发公司	二级
4	YQ-A-3208	北京京西北房地产开发有限公司	二级
5	YQ-A-3209	北京夏都房地产开发有限公司	二级
6	YQ-A-3217	北京正华房地产开发有限责任公司	二级
7	YQ-A-3252	北京龙庆房地产开发有限公司	二级
8	YQ-A-3280	北京宏济创业房地产开发有限公司	二级
9	YQ-A-3206	北京华野房地产开发有限公司	三级
10	YQ-A-3207	北京中盛鑫房地产开发有限公司	三级
11	YQ-A-3211	北京市延庆县南菜园房地产开发公司	三级
12	YQ-A-3216	北京建雄房地产开发有限责任公司	三级
13	YQ-A-3222	北京光华建业房地产开发有限公司	三级
14	YQ-A-3255	北京正鹏房地产开发有限公司	三级
15	YQ-A-3293	北京蓝德汇丰房地产开发有限公司	三级
经济技术开发区			
1	JK-A-3319	北京经开投资开发股份有限公司	二级
2	JK-A-3324	北京经济技术投资开发总公司	二级
3	JK-A-3307	北京金地远景房地产开发有限公司	二级
4	JK-A-3323	北京汇德甫房地产开发有限公司	二级
5	JK-A-3302	北京朝林房地产开发有限公司	三级

附表6　2007年房地产评估机构名单（按资质划分）

序号	机构名称	办公地址	资质证书	注册资金（万元）
一级资质				
1	北京东华天业房地产评估有限公司	宣武区右安门内大街65号弘棉商务大厦408室	建房估证字［2005］042号	200
2	北京华信房地产评估有限公司	东城区东长安街12号	建房估证字［2005］045号	100
3	北京仁达房地产评估有限公司	西城区车公庄大街9号院五栋大楼B座1－401室	建房估证字［2005］040号	200
4	北京市金利安房地产咨询评估有限责任公司	海淀区蓝靛厂南路25号嘉友国际大厦801室	建房估证字［2005］034号	100
5	北京中大行房地产评估有限公司	海淀区阜成路北三街轻苑大厦903－907室	建房估证字［2005］041号	100
6	北京市中恒业房地产评估有限责任公司	西城区东煤厂胡同24号	建房估证字［2005］032号	200
7	北京宝孚房地产评估事务所有限公司	海淀区车公庄西路甲19号华通大厦362B室	建房估证字［2005］046号	200
8	北京龙泰房地产评估有限责任公司	海淀区首体南路22号国兴大厦19层	建房估证字［2005］043号	500
9	北京银房兆华房地产土地评估有限责任公司	宣武门外大街6号庄胜广场北办公楼1113－1116号	建房估证字［2005］044号	200
10	北京首佳房地产评估有限公司	海淀区紫竹院路116号嘉豪国际中心B座七层	建房估证字［2005］033号	200
11	北京银地房地产评估事务所	海淀区西三环北路50号豪柏大厦C1	建房估证字［2006］005号	120
12	北京北方房地产咨询评估有限责任公司	西城区金融大街27号投资广场A601室	建房估证字［2005］047号	100
13	北京百成首信房地产评估有限公司	朝阳区团结湖路甲3号	建房估证字［2005］035号	500
14	北京圣元房地产评估咨询有限公司	海淀区知春路113号银网中心A座304室	建房估证字［2004］004号	200
15	北京国地房地产土地评估有限公司	海淀区中关村南大街17号韦伯时代中心3号楼1401室	建房估证字［2005］037号	500
16	杜鸣联合房地产评估（北京）有限公司	西城区西直门南大街2号成铭大厦C座3层	建房估证字［2005］039号	200
17	北京康正宏基房地产评估有限公司	朝阳区裕民路12号中国国际科技会展中心B座1003	建房估证字［2005］036号	100
18	北京中资房地产土地评估有限公司	海淀区首体南路22号国兴大厦17层A2	建房估证字［2006］023号	200
19	北京建亚恒泰房地产评估有限公司	朝阳区向军南里甲5号雨霖大厦9层	建房估证字［2005］066号	200

续表

序号	机构名称	办公地址	资质证书	注册资金（万元）
20	北京永利行房地产评估顾问有限公司	东城区东长安街一号东方广场东一办公楼 610 室	建房估证字［2006］022 号	200
21	北京京城捷信房地产评估有限公司	朝阳区芍药居甲 2 号内 1 楼 5 层	建房估证字［2005］070 号	200
22	北京海创房地产评估有限公司	海淀区丹棱街 18 号 605、606 室	建房估证字［2006］002 号	200
23	北京高地经典房地产评估有限责任公司	西城区太平桥大街 98 号院 5 号楼 1 门 101	建房估证字［2006］006 号	200
24	北京银通安泰房地产评估有限公司	朝阳区朝阳北路 199 号摩码大厦 1811 室	建房估证字［2005］069 号	100
25	北京中地华夏房地产评估有限公司	西城区复兴门南大街甲 2 号天银大厦 A 座西区 716 室	建房估证字［2006］001 号	200
26	北京华天通房地产评估有限公司	海淀区甘家口 21 号楼	建房估证字［2005］067 号	200
27	北京京港房地产估价有限公司	海淀区西三环北路 100 号金玉大厦 1101 室	建房估证字［2005］065 号	200
28	北京中企华房地产估价有限公司	朝阳区朝外大街 22 号泛利大厦 912A 室	建房估证字［2006］007 号	100
29	中鸿广厦房地产评估顾问（北京）有限公司	朝阳区建国路 93 号万达广场 6 号楼 1501 室内	建房估证字［2005］049 号	200
二级资质				
1	北京国土联房地产评估中心有限公司	海淀区学院南路 68 号吉安大厦 4012 室	京建房估资准字（2000）第 0006 号	100
2	北京建正房地产评估有限责任公司	朝阳区东土城路甲 6 号	京建房估资准字（2000）第 0011 号	100
3	北京宝业恒房地产评估有限公司	崇文区广渠门外大街远洋德邑 1510 室	京建房估资准字（2000）第 0014 号	100
4	北京中恒房地产评估有限公司	崇文区崇外大街 5 号新世界太华公寓 A 座 701 室	京建房估资准字（2000）第 0019 号	100
5	北京鸿天涉外房地产土地估价有限责任公司	西城区复兴门内大街 156 号北京国际金融大厦 D 座 10 层 51 室	京建房估资准字（2000）第 0021 号	100
6	北京诚达信房地产评估有限公司	大兴区科技大厦 608	京建房估资准字（2000）第 0026 号	100
7	北京潞通房地产土地评估有限公司	通州区车站路 1 号	京建房估资准字（2000）第 0028 号	200
8	北京中威君平房地产价格评估有限责任公司	宣武区南滨河路 23 号立恒名苑 3 号楼 1702 室	京建房估资准字（2000）第 0029 号	100
9	北京大公黛安房地产估价有限公司	朝阳区东土城路甲 8 号林达大厦 A－16B	京建房估资准字（2000）第 0031 号	100
10	北京圣达恒业房地产土地评估有限公司	海淀区万权泉河路 68 号紫金庄园 9 栋 401	京建房估资准字（2000）第 0039 号	100

续表

序号	机构名称	办公地址	资质证书	注册资金（万元）
11	北京安泰祥土地房地产评估有限责任公司	石景山区玉泉路65号院北5号楼	京建房估资准字（2001）第0041号	100
12	北京源恒房地产估价有限公司	丰台区右外大街2号迦南大厦A座22F	京建房估资准字（2001）第0056号	430
13	北京兴远房地产土地评估有限公司	大兴区兴业路3段68号	京建房估资准字（2001）第0062号	100
14	北京中商房地产评估有限公司	西城区月坛南街26号	京建房估资准字（2001）第0069号	100
15	北京西域房地产价格评估有限公司	西城区车公庄大街3号新华里16号院6号楼3单元101室	京建房估资准字（2001）第0071号	100
16	北京信永中和房地产评估有限公司	东城区朝阳门北大街8号富华大厦在C座11层	京建房估资准字（2001）第0076号	100
17	北京天润房地产价格评估有限公司	丰台区北大地四里甲12号	京建房估资准字（2002）第0079号	100
18	北京宏成房地产价格评估有限公司	开发区宏达北路10号803室	京建房估资准字（2002）第0086号	100
19	北京华正房地产土地评估有限公司	朝阳区水堆子东路14号国风写字楼401室	京建房估资准字（2003）第0113号	200
20	北京建正合生房地产评估有限公司	朝阳区东土城路甲6号五环商贸写字楼五层	京建房估资准字（2004）第0119号	100
21	北京市国盛房地产评估有限责任公司	东城区东直门外大街48号东方银座D座23C	京建房估资准字（2000）第0020号	100
22	北京中鼎联合房地产评估有限公司	东城区建国门内大街18号恒基中心办公楼2座501室	京建房估资准字（2001）第0064号	200
23	北京中诚亿房地产评估有限责任公司	朝阳区和平里北街5号院2号综合楼	京建房估资准字（2001）第0065号	100
24	北京华源房地产评估有限公司	东城区东中街32号楼306室	京建房估资准字（2005）第0142号	200
25	北京大地评估有限公司	海淀区阜成路115号北京印象7号写字楼1303A室	京建房估资准字（2003）第0112号	100
26	北京盛华翔伦房地产评估有限责任公司	朝阳区安立路60号润枫德尚B座1303室	京建房估资准字（2003）第0102号	100
三级资质				
1	北京中恒永兴房地产评估事务所有限公司	朝阳区朝外大街96号	京建房估资准字（2000）第0005号	105
2	北京华颂永兴房地产评估有限公司	东城区和平里南街龙绍衡大厦六层	京建房估资准字（2000）第0027号	50
3	北京市鹏程万里房地产评估事务所有限责任公司	宣武区虎坊路11号107室	京建房估资准字（2000）第0032号	50

续表

序号	机构名称	办公地址	资质证书	注册资金（万元）
4	第一太平戴维斯房地产评估（北京）有限公司		京建房估资准字（2000）第0034号	50
5	北京益量行房地产评估有限公司	海淀区苏州街75号	京建房估资准字（2000）第0037号	100
6	北京宝鼎兴业房地产评估有限公司	东城区东四十条21号568室	京建房估资准字（2000）第0038号	50
7	北京中土源房地产评估有限公司	海淀区学院南路34号中商信大厦514室	京建房估资准字（2001）第0040号	100
8	北京鼎轩房地产评估有限责任公司	西城区月坛北街26号恒华商务中心第三座12B07室	京建房估资准字（2001）第0047号	50
9	北京鑫泰房地产估价有限公司	东城区东直门南大街9号华普花园B902室	京建房估资准字（2001）第0051号	100
10	北京京都房地产评估有限责任公司	朝阳区建外大街22号赛特广场五层	京建房估资准字（2001）第0055号	80
11	北京华腾房地产评估有限公司	朝阳区中纺街30号	京建房估资准字（2001）第0059号	50
12	北京宣房房地产评估有限公司	宣武区广安门南街32号	京建房估资准字（2001）第0066号	70
13	北京普阳房地产评估事务所	东城区育群胡同21号	京建房估资准字（2001）第0068号	70
14	北京世纪咨元房地产评估有限责任公司	海淀区复兴路丙12号	京建房估资准字（2001）第0070号	50
15	北京崇方房地产评估有限公司	崇文区东花市大街2号	京建房估资准字（2002）第0073号	100
16	北京瑞欧房地产评估咨询有限责任公司	房山区良乡西路3号	京建房估资准字（2002）第0077号	50
17	北京浩诚业房地产评估有限公司	西城区棉花胡同55号	京建房估资准字（2002）第0078号	50
18	北京绿都房地产评估中心	平谷区平谷镇府前大街32号	京建房估资准字（2002）第0080号	30
19	北京昌房房地产评估有限责任公司	昌平区昌平镇南环东路32号楼10号	京建房估资准字（2002）第0081号	100
20	北京科讯达房地产评估有限公司	西城区展览馆路14号中俊酒店412室	京建房估资准字（2002）第0083号	200
21	北京正平房地产评估有限公司	延庆县妫水北街19号	京建房估资准字（2002）第0084号	50
22	北京明鉴同创房地产评估有限责任公司	顺义区顺通路西侧办公楼二层	京建房估资准字（2002）第0088号	50
23	北京天兴房地产评估事务所	东城区宝钞胡同9号	京建房估资准字（2002）第0093号	62

续表

序号	机构名称	办公地址	资质证书	注册资金（万元）
24	北京博达伟业房地产价格评估有限公司	大兴区黄村镇双河北里21号楼2－1301室	京建房估资准字（2003）第0097号	100
25	北京世纪方廉房地产评估事务所	丰台区芳城园一区3号楼A702室	京建房估资准字（2003）第0098号	40
26	北京鼎春德房地产评估有限公司	朝阳区惠新南里6号天建大厦705室	京建房估资准字（2003）第0099号	110
27	北京中锋房地产评估有限公司	西城区阜成门北大街6号国际投资大厦c座1102室	京建房估资准字（2003）第0100号	50
28	北京中锐行房地产评估有限公司	怀柔区雁栖工业开发区二区31号	京建房估资准字（2003）第0101号	50
29	北京华城房地产土地评估有限公司	朝阳区东土城路13号金孔雀艺术大厦828号	京建房估资准字（2003）第0105号	50
30	北京申和天成房地产评估有限公司	西城区宏汇园小区18号楼4层	京建房估资准字（2003）第0107号	100
31	北京统信房地产评估有限责任公司	海淀区北三环西路43号青云当代大厦12B04	京建房估资准字（2003）第0111号	100
32	北京惠通信业房地产估价有限公司	大兴区双河北里甲21号楼106室	京建房估资准字（2003）第0114号	50
33	北京贵恒信房地产评估有限公司	朝阳区朝外大街1号金麒大厦12A09室	京建房估资准字（2003）第0115号	50
34	北京海基伟业房地产评估事务所	海淀区蓝靛厂南路牛顿办公区820室	京建房估资准字（2004）第0118号	50
35	北京中海润房地产评估有限公司	海淀区西直门北大街41号天兆家园2幢B单元501室	京建房估资准字（2004）第0122号	50
36	北京瑞华腾房地产评估有限公司	通州区玉带河大街26号楼212室	京建房估资准字（2004）第0124号	50
37	北京申洋房地产评估有限公司	顺义区建新南区甲32号楼	京建房估资准字（2004）第0126号	200
38	北京中坤房地产评估有限公司	朝阳区北苑家园绣菊园12号楼903室	京建房估资准字（2004）第0128号	50
39	北京金地房地产评估有限公司	通州区天桥湾16号楼441室	京建房估资准字（2004）第0130号	200
40	北京海评兴业房地产评估有限公司	海淀区燕山大酒店1505室	京建房估资准字（2004）第0134号	50
41	北京岳华中天房地产评估有限公司	朝阳区霄云路26号鹏润大厦B1201－1203	京建房估资准字（2004）第0135号	100
42	北京德祥长江房地产评估有限责任公司	朝阳区东大桥路关东店北街1号国安大厦12层	京建房估资准字（2006）第0146号	200
43	北京京昌房地产价格评估有限责任公司	昌平区城区镇鼓楼东街36号一层4号	京建房估资准字（2003）第0095号	50

续表

序号	机构名称	办公地址	资质证书	注册资金（万元）
44	北京金诚立信房地产估价有限公司	顺义区府前西街南侧	京建房估资准字（2005）第0141号	200
45	北京房兴房地产评估有限公司	海淀区阜成路33号院内综合楼702室	京建房估资准字（2006）第0145号	50
46	北京开元恒基房地产估价有限公司	房山区政通路19号	京建房估资准字（2006）第0147号	100
47	名洋灏正房地产土地评估（北京）有限公司	兴化路11号兴化商务大厦511	京建房估资准字（2006）第0148号	200
48	北京新兴宏基房地产评估有限责任公司	西坝河南路1号302室	京建房估资准字（2006）第0151号	50
49	北京国衡兴业房地产评估有限责任公司	柳芳南里甲5号106室	京建房估资准字（2006）第0149号	50
50	北京友诚房地产评估有限公司	西城区展览路14号319房间	京建房估资准字（2005）第0137号	50
51	北京石鉴兴业房地产评估有限公司	海淀区西三环中路8号8号楼302室	京建房估资准字（2005）第0138号	50
52	北京跃泽房地产估价有限公司	大兴区瀛海镇下十号村	京建房估资准字（2005）第0143号	50
53	北京中逸茂业房地产估价事务所有限公司	西城区金融街投资广场27号A座706室	京建房估资准字（2003）第0109号	50
54	北京国泰宏业房地产评估有限公司	海淀区友谊宾馆雅园公寓63942号	京建房估资准字（2004）第0117号	100
55	北京德平纵横房地产评估有限公司	昌平区科技园区超前路9号	京建房估资准字（2003）第0096号	50
56	北京明卓房地产评估事务所	海淀区西翠路5号2号楼1403室	京建房估资准字（2004）第0120号	30
57	北京诚志房地产评估中心	昌平区回龙观龙腾苑三区21－1－302	京建房估资准字（2004）第0132号	30
58	北京京丰房地产评估有限公司	丰台区大井东里甲2号	京建房估资准字（2005）第0139号	50
三级暂定资质				
1	北京中天平房地产评估有限公司	顺义区顺通路李桥段7号	京建房估资准字（2000）第0003号	105
2	北京房业源房地产评估咨询有限公司	海淀区车公庄西路乙19号车公庄科研业务楼207室	京建房估资准字（2000）第0033号	216
3	北京保丰房地产评估有限公司	宣武区长椿街59号	京建房估资准字（2001）第0057号	40
4	海翔房地产价格评估事务所	海淀区西三环中路19号甲78号	京建房估资准字（2002）第0089号	30
5	总参管理保障部房地产评估事务所	海淀区新外大街23号	京建房估资准字（2002）第0090号	100

续表

序号	机构名称	办公地址	资质证书	注册资金（万元）
6	北京祥泰不动产评估有限责任公司	东城区胜古中路1号院3号楼5单元5162室	京建房估资准字（2002）第0091号	30
7	北京市银城房地产评估有限责任公司	东城区和平里强佑家园4号楼14－15单元C号	京建房估资准字（2002）第0092号	60
8	北京市伟拓晋丰房地产评估有限公司	朝阳区吉庆里小区蓝筹名座E座2区16层	京建房估资准字（2004）第0116号	100
9	北京中衡嘉业房地产评估有限公司	丰台区芳群园四区22号楼金城中心910	京建房估资准字（2004）第0125号	30
10	北京亿富房地产评估有限公司	海淀区万柳阳春光华家园2号楼906室	京建房估资准字（2004）第0127号	50
11	北京天健房地产评估有限公司	西城区金融街投资广场27号A座17层	京建房估资准字（2004）第0129号	50
12	北京一鸿房地产评估有限公司	西城区万通新世界A1901室	京建房估资准字（2004）第0131号	30
13	北京邦邦房地产评估有限公司	朝阳区延静东里甲3号308室	京建房估资准字（2004）第0136号	50
14	北京瑞德联盟房地产估价有限公司	通州区通胡大街5号17楼125单元5A	京建房估资准字（2005）第0140号	50
15	北京精诚益远房地产评估有限公司	房山区良乡凯旋大姐建设路18号－C429	京建房估资准字（2006）第01501号	50
16	北京亚洲竞发房地产评估有限公司	海淀区知春路108号豪景大厦A座13层	京建房估资准字（2005）第0144号	50
17	北京峰天房地产估价有限公司	海淀区西直门北大街47号院2号楼1单元133室	京建房估资准字（2003）第0104号	50
18	北京铭海远房地产评估有限公司	西城区新街口西里三区	京建房估资准字（2007）第0152号	50
19	北京中财金润土地和房地产评估有限公司	朝阳区北苑北辰B三区傲城融富中心B座1405	京建房估资准字（2007）第0153号	50
20	北京富地宏业房地产评估有限公司	通州区天桥湾	京建房估资准字（2007）第0154号	100
21	北京金典天平房地产评估有限责任公司	海淀区北三环东路77号60号楼北影招待所618室	京建房估资准字（2007）第0155号	100
22	北京公介房地产评估事务所	平谷区平谷镇府前大街31号4－401室	京建房估资准字（2007）第0156号	50
23	北京为天成房地产评估有限公司	怀柔区开放里46号乙楼	京建房估资准字（2007）第0157号	50
24	北京中益信达房地产评估有限公司	怀柔区府前街3号2单元802室	京建房估资准字（2007）第0158号	50
25	方圆联合房地产土地评估（北京）有限公司	海淀区北四环中路海泰大厦1625室	京建房估资准字（2007）第0159号	50

《北京市房地产年鉴》是一部反映我市历年房地产业发展变化的资料性工具书，通过为全社会提供必要的房地产业信息，服务于北京市政府优化首都投资环境、加快经济发展速度以及更好地服务全社会的整体目标。通过连续五年的出版，得到了相关领导的高度肯定，成为房地产投资开发、交易、中介、物业管理等单位和个人决策和发展不可或缺的参考文献，取得了良好的社会效应。

《北京市房地产年鉴2008》作为一部资料性丛书，收集了北京市2007年房地产业发生的重大事件和各项统计数据，内容全面、翔实、富于时效性，涵盖了北京市城市规划建设、土地供应与市场、房地产开发、房地产交易市场、权属登记状况、物业管理及房屋设备管理等13个方面。

《北京市房地产年鉴2008》由北京市副市长陈刚任编委会主任，北京市建委主编，北京市国土资源局、北京市发改委、北京市规划委、北京市统计局、中国人民银行营业管理部和北京市住房公积金管理中心等相关部门的参与编写，北京市城建研究中心负责具体编撰，通过精心准备，充分论证，从根本上保证了年鉴的权威性和政治高度。